城市新貌　　　（邱宇　摄）

大事如皋

CHRONICLE OF EVENTS IN RUGAO

中共江苏省如皋市委员会
江苏省如皋市人民政府 主办
江苏省如皋市档案馆 编

2021

方志出版社
Publishing House of Local Records

图书在版编目（CIP）数据

大事如皋. 2021 / 江苏省如皋市档案馆编. —北京：方志出版社，2022.07

ISBN 978-7-5144-5273-0

Ⅰ. ①大… Ⅱ. ①江… Ⅲ. ①如皋—地方史—大事记—2021 Ⅳ. ①K295.34

中国版本图书馆CIP数据核字(2022)第155662号

责任编辑：李晓晓

责任校对：刘玉霞

责任印制：赵楚

出 版 者：方志出版社

地　　址：北京市朝阳区潘家园东里9号（国家方志馆4层）

邮　　编：100021

网　　址：http://www.zgfzcb.cn

发　　行：方志出版社图书营销中心（010-67110500）

印　　刷：南通彩虹印刷有限责任公司

开　　本：889毫米×1194毫米　1/16

印　　张：21

字　　数：639千字

版　　次：2022年7月第1版

印　　次：2022年7月第1次印刷

定　　价：300.00元

《大事如皋(2021)》编纂委员会

主 任 委 员：何益军　王鸣昊

副主任委员：丁兴华　顾　凡　刘晓洁　张亚鸾

委　　　员：吴小平　陈建军　纪成如　冒海清　谢晓明

　　　　　　章礼君

主　　　编：谢晓明

副　主　编：陈　红　陈永圣　杨海鹏　刘宁宁

编　　　辑：吴红梅　沈红莲　李小霞　周春燕　丁小雁

　　　　　　陈建华　蔡　超　刘薇薇

序

岁聿云暮，日月其除。在历史的坐标系中，2021 年注定是谱写华章、永载史册的一年。

2021 年，是中国共产党成立 100 周年，也是实现“十四五”发展目标的夯基之年。面对宏观环境复杂多变、经济下行压力加大、要素资源约束趋紧的叠加影响，如皋市委、市政府认真贯彻中央和江苏省委、南通市委决策部署，以思想解放优化发展赛道，以重点突破带动全局提升，在克难奋进中优作风、聚合力、攻关键，全市经济社会发展乘势而上、起势突破、蓄势奋进，现代化如皋建设实现良好开局。

回首 2021，如皋始终抓牢发展第一要务，全年地区生产总值突破 1400 亿元，一般公共预算收入 77.8 亿元，经济总量、综合实力分别跃居全国百强县(市)第 16 位、第 21 位。一批重特大项目、科创型项目成功落地，新签约 10 亿元以上项目 32 个，新开工制造业重特大项目 15 个，日达精密、正海磁材、斯堪尼亚重卡等引领型项目落地落实，培育超百亿、超五十亿企业各 1 家，新增国家级专精特新“小巨人”企业 2 家，新增上市企业 3 家，全市上下在转型发展的赛道上持续用劲、奋力奔跑，干出了“如皋力度”，跑出了“如皋速度”。

回首 2021，如皋大力实施“创新如皋”三年行动计划，出台科技 23 条、人才 22 条激励政策，入选首批省创新型示范县市创建名单。载体平台提档升级，省级农高区、龙游河科创走廊等一批高能级平台载体谋划建设，卓远半导体获批国家高端外国专家引进计划，新瑞药业荣获国家颠覆性技术创新大赛优胜奖，高企净增数、省重点研发计划数、省国际科技合作项目数、省科学技术获奖数、南通“揭榜挂帅”项目数均列南通第一，全市创新引领步伐加快，发展动能持续增强。

回首 2021，如皋努力推动城市形象与乡村风貌同步提升，一体化构建“一主一副”城市新格局。北沿江高铁如皋西站正式获批，张靖皋长江大桥、张皋过江通道开工建设，沪陕高速扩建、通皋大道二期等重点工程有序推进，惠政路龙游河桥等 24 条城市主次干道提档升级，内序外畅的综合交通网络加快构建。两河风光带、龙游河三期、龙游湾公园生态景观示范带、青年人才公寓国际社区等一批城市功能性项目扎实推进，入选全国水系连通及水美乡村建设试点县、全国绿色种养循环农业试点县，“自己的河道自己管”有序开展，城乡面貌提升可观可感，“美丽如皋”建设成效充分彰显。

回首 2021，如皋全面落实以人民为中心的发展思想，以民生改善促进共同富裕，全年财政民生支出占比 80.9%。全力做好富民增收文章，新增就业 2.8 万人，“双联双助”实现帮村帮户全覆盖。如皋师范学校第二附属小学、如皋师范学校第三附属小学等建成启用，教育现代化年度监测得分连续五年领跑全省，人民医院新院区启动建设，高分通过国家卫生城市复审，区域供水三期和水质提升工程竣工通水，全国文明典范城市创建扎实推进，全市上下涌现出了全国最美家庭、教育世家、优秀党务工作者和中国好人等一批先进典型，人民群众的幸福感更加充实、更有保障、更可持续。

历尽天华成此景，人间万事出艰辛。一年来，如皋发生的每一点变化、战胜的每一次考验、取得的每一份成绩，都离不开上级党委、政府的坚强领导，都饱含着全市人民的智慧心血、拼搏付出。在此，谨借《大事如皋(2021)》出版之际，向所有为如皋发展做出贡献的人们表示衷心的感谢并致以崇高的敬意！

征程万里风正劲，重任千钧再扬帆。2022 年是中共二十大召开之年，也是全面落实省市党代会精神的开局之年，让我们高举习近平新时代中国特色社会主义思想伟大旗帜，在江苏省委、南通市委的坚强领导下，团结带领全市广大干部群众，传承和弘扬如皋治沙精神，昂扬斗志、乘势聚力、勇往直前，高质量建设南通跨江融合发展样板区，以优异成绩迎接中共二十大胜利召开！

编　者

2022 年 5 月

编 辑 说 明

《大事如皋》是以马克思列宁主义、毛泽东思想、邓小平理论、“三个代表”重要思想、科学发展观、习近平新时代中国特色社会主义思想为指导，坚持辩证唯物主义和历史唯物主义的立场、观点和方法，以时间为序，收录如皋市经济、政治、文化、社会、生态文明等方面情况的一部重要档案文献资料，旨在为各级领导、各部门了解全市的工作动态和发展情况、总结经验、指导工作等提供系统的档案信息服务。

《大事如皋(2021)》记录和反映了如皋市2021年度全市范围内发生的重大事件及市委、市政府为民办实事项目，以图文并茂的形式记述市委、市政府的重要工作、重大活动和重大政策、各部门的重大活动、各界人士关注的重大事件、与人民群众生活密切相关的重大项目，记录成就，展示风貌，保存史料。

全书由“关怀指导、热点聚焦、新闻人物、发展成就、荣誉先进、组织机构、要文选录、大事记”8个部分的内容组成。

关怀指导　主要记录和反映重要领导以及社会重要人物在如皋的活动情况。

热点聚焦　选取全市2021年事关全局、有广泛和长远影响的大事、要事、特事，重点加以记述。

新闻人物　简要介绍2021年度作出重大贡献、获得全国性表彰、取得突出成就，或产生重大影响，或担任重要职务的市内外如皋籍人士，以及在如皋工作的非如皋籍人士的重大成就、重要事迹。

发展成就 记录和展示全市2021年经济社会发展所取得的重大成就和亮点，记述市委、市政府确定的为民办实事项目的落实情况。

荣誉先进 选录获得国家级、省部级、南通市级和如皋市级奖励和荣誉称号的人物、成果、活动等，以时间为序进行记述。

组织机构 反映2021年度新进市领导履历、全市组织机构设置和四套班子、各单位各部门2021年度在职的正、副职负责人员名录。若2021年度职务有变动的，则注明任职、免职时间。

要文选录 选录市委、市政府重要专题报告和相关部门的情况公报。

大事记 按时间顺序逐条记载2021年如皋经济、政治、军事、文化、社会、生态文明等方面的情况、部门工作动态、重大活动和事（案）件等。

目　录

■关怀指导

■热点聚焦

重要会议

重大活动

重要事件

重大项目

■发展成就

■荣誉先进

■组织机构

■要文选录

专题报告

政府工作报告

部门公报

■大事记

关怀指导

Guanhuai Zhidao

财政部农业农村司司长吴奇修调研如皋现代农业发展情况

5月19日，财政部农业农村司司长吴奇修（左三）在搬经镇高标准农田建设现场调研　　（邱宇 摄）

5月19日，财政部农业农村司司长吴奇修率调研组到如皋市调研现代农业发展情况。南通市委副书记、统战部部长沈雷及如皋市领导何益军、张百璘陪同调研。

一下车，吴奇修便直奔搬经镇高标准农田建设现场。2016年以来，搬经镇累计投入资金1.2亿元，高质高效建设高标准农田3.7万亩，形成“田成方、林成网、渠相通、路相连、旱能灌、涝能排”的现代农业发展格局，为集约化生产、机械化作业、产业化经营夯实了基础。“我们选准‘国家地理标志农产品’黑塌菜，以村级集体经营为主，在项目区建成2100亩黑塌菜种植基地，4月份在北京举行的黑塌菜专场推介会上，这款‘富民菜’‘长寿菜’广受首都市民的好评。”站在田边，市委书记何益军向吴奇修介绍如皋市借力特色农产品，加快发展特色现代农业的如皋路径，他表示，“十四五”期间，如皋市规划建设高标准农田29.5万亩，预计到2025年年底，全市高标准农田占耕地面积的比重将达80%以上。

吴奇修对如皋市推进高标准农田建设的做法和成效给予高度评价。他指出，建设高标准农田是实施乡村振兴战略的首要任务，是巩固和提高粮食生产能力、保障国家粮食安全的关键举措，更是一项惠民、利民、利地方的系统工程。他要求如皋市结合实际，优化项目规划，细化工作措施，全力推进项目落地落实，助力农业高质量发展，助推乡村振兴。

顾庄生态园里，以“云头雨足美人腰、左顾右盼两弯半”为特色的“如派”盆景在细雨中摇曳生姿。吴奇修一行走进顾庄社区居民王广明家的特色庭院，一边参观他的花木盆景作品，一边与他拉家常。看到王广明一大家子住着三层楼房，日子过得红红火火，吴奇修十分高兴，忍不住称赞道：“如皋不仅特色农业发展的大环境好，连老百姓生活的小环境也十分好。”他希望如皋市继续将花卉苗木这一特色农业做大做强，探索花木产业发展新模式、新业态，通过致富带头人的示范带动，让更多农户走上增收致富路。

交通运输部海事局党组书记、局长曹德胜带队调研如皋市水上绿色综合服务区

6月17日，交通运输部海事局党组书记、局长曹德胜与全国各直属海事局主要领导调研如皋市水上绿色综合服务区。南通市副市长王洪涛，如皋市委副书记、市长王鸣昊陪同调研。

调研中，曹德胜一行先后走进长江汇线下体验店、红色驿站、流动党员活动室、调度大厅、政务大厅、趸船等处，就“加快推进水上综合服务区建设”“加快船舶水污染物联合监管与服务信息推广应用”两项交通运输部“我为群众办实事”项目开展情况进行深入了解。在调度大厅，曹德胜仔细听取快反处置中心、搜救服务中心和港航调度中心的建设运行情况。在政务大厅，曹德胜对政务自助服务终端操作方法进行了细致询问。

如皋水上绿色综合服务区是由如皋市委、市政府和南通海事局全力打造的“高质量绿色综合服务示范区”，是国内首家政府全额投资、规模最大、功能最全的水上绿色综合服务区，也是国内首家全面使用绿色清洁能源实现“零排放”的水上绿色综合服务区，为服务长江大保护、服务长江航运发展作出了积极贡献。服务区的建设充分体现了共建、共治、共享、共赢的理念，拥有绿色航运服务站、绿色船民服务站、绿色生态服务站、绿色救助服务站、小型船舶待泊基地等，可提供生活、休闲、航修、政务、应急和防污染等服务，致力于为船员打造一个温馨港湾。

6月17日，交通运输部海事局党组书记、局长曹德胜(中排左三)一行参观港航调度中心

(如皋市交通产业集团　提供)

商务部欧洲司司长翟谦调研如皋市外贸情况

6月21日，商务部欧洲司司长翟谦(中)带队在南通斯密特森光电科技有限公司调研 (邱宇 摄)

6月21日，商务部欧洲司司长翟谦带队调研如皋市外贸情况。市领导何益军、王鸣昊、丁兴华、顾凡陪同调研。

翟谦一行实地走访南通斯密特森光电科技有限公司，深入生产一线，详细了解企业产品优势、销售模式以及发展中遇到的瓶颈等情况。南通斯密特森光电科技有限公司以“引领中高端天文望远镜国际市场、发展大口径天文望远镜及天文台的尖端领域”为战略目标，不断开发新产品，扩大市场占有率，其产品广泛用于宇宙奥秘科普教学、安保监控、交通、航天等重要行业和领域。企业先后被评为国家知识产权优势企业、国家知识产权示范企业、国家第二批“专精特新”小巨人企业。

在得知企业订单饱满，正积极推进二期项目时，翟谦勉励企业继续加大研发力度，扩大竞争优势，在保持国外市场份额的同时，进一步开拓国内市场，为我国青少年天文科普事业作出新的贡献。

座谈会上，市委书记何益军介绍如皋市外贸基本情况。他说一直以来，如皋市积极引导外贸企业转型升级，对重点外贸企业进行多次调研走访，帮助企业分析并解决存在的困难和问题，支持企业开拓国内外市场，提高产品附加值，提升企业核心竞争力；努力打造外贸出口转型基地，组织特色产业企业参加各类国际展会，提升企业产品知名度，转变对外贸易经营方式；发展跨境电商新业态，坚持以新理念引领发展，结合如皋市实际，培育进出口贸易新动能，全市开放型经济工作取得了阶段性成效。

在听取相关介绍后，翟谦表示，如皋不仅有着悠久的文化底蕴，而且交通区位优势明显、国际合作架构清晰，是一座发展潜力大的友好型城市。在新冠肺炎疫情肆虐全球以及构建国内国际双循环的大背景下，如皋要进一步贯彻“环保低能耗”的绿色发展理念，大力发展数字经济，为实现“双碳目标”作出更大的贡献。他希望，如皋继续面向企业实际需求，帮助企业解决好原材料供给不足、人力资源缺乏等问题。欧洲司也将进一步关注和支持如皋经济社会发展，为对欧高质量合作提供更多帮助。

国家医疗保障局基金监管司副司长段政明调研如皋市医疗保障智能监控工作

4月19日，国家医疗保障局基金监管司副司长段政明率队到如皋，调研如皋市医疗保障智能监控工作开展情况。市领导王鸣昊、张亚鸾陪同调研。

调研组参观了如皋市医保服务窗口和医保智能（视频）监控中心，实地了解如皋市医保经办服务情况，并查看医保智能监控系统，听取科室运行、智能系统建设等情况汇报。

在听取如皋市医疗保障智能监控工作开展情况汇报后，调研组对如皋市医保监管工作给予肯定。段政明指出，如皋市在医保经办服务和监管方面都做积极探索，在工作中做到了有制度、有措施、有行动，通过分片区对医保进行监管针对性更强，切实扛起了监管部门的责任。他表示，监管是医疗保障机构重要的职能，医疗保障机构要按照“谁支出，谁监管”的原则，压实主体责任，做到守土有责、守土尽责，从根本上杜绝欺诈骗保行为。医疗保障监管要做好稽核工作。稽核工作的开展是为了保障定点医疗机构服务协议的进一步履行，在实际工作中相关职能部门要做到稽核机构、费用、人员三个全覆盖，保障稽核工作有成果，为参保人员提供更好的服务；要把握稽核工作开展的时间节点，把行政监管和经办稽核有机结合，切实保证医疗保障基金安全。他希望，如皋市能进一步做好《医疗保障基金使用监督管理条例》宣传普及工作，让医疗保障系统单位及工作人员、定点医药机构及人员、广大参保人员能懂法、知法、守法、用法。

市委副书记、市长王鸣昊表示，医疗保障工作是民生底线，如皋市将不断提高工作水平和工作能力，积极为民服务。医疗保障监管工作关乎公序良俗的维护和老百姓的民心所向，如皋市将常态化开展医疗保障监管工作，充分发挥稽核监管体系作用，确保医疗保障监控工作出实效。

一汽解放集团董事长胡汉杰到如皋考察

4月20日，中国一汽集团总经理助理、一汽解放集团董事长胡汉杰一行到如皋考察相关产业发展情况。市领导何益军、王鸣昊、丁兴华、顾留忠参加活动。

4月20日，一汽解放与江苏汤臣签署战略合作协议　（汤乾玮 摄）

胡汉杰一行实地走访江苏汤臣汽车零部件有限公

司、江苏华永复合材料有限公司等处，深入生产一线，详细了解生产工艺、产品性能、技术创新等方面的情况。

在随后的一汽解放与江苏汤臣战略合作协议签署仪式上，市委书记何益军在致辞时表示，如皋抢抓长江经济带发展、长三角一体化发展等多重国家战略机遇，围绕打造长三角最具资源和成本优势的中高端产业集聚区的发展愿景，加快重塑"一个深水良港、两条过江通道、三座高铁站点、五条高速公路"的综合交通新格局，已经集聚了40多家汽车及汽车零部件企业。作为"国车长子"的一汽解放是新中国第一个民族汽车品牌，历史悠久、发展基础雄厚，江苏汤臣作为载重卡车零部件的制造企业，聚力创新智造、深耕轻量化技术，逐步成长为汽车重大结构件轻量化领域的领头羊，希望双方强强联合，进一步细化合作。如皋将持续擦亮"如意如皋"营商环境服务品牌，牢固树立"金牌店小二"的意识，为项目提供高效便捷、贴心周到的优质服务，让更多的优秀项目在如皋落户生根、开花结果。

胡汉杰表示，一汽解放与江苏汤臣的合作由来已久，江苏汤臣以明确的用人导向和持续的科技创新，在与同类企业竞争中，技术优势明显，发展方向有特色。如皋也有着长远的发展眼光、一流的投资环境，优质企业得到了有力的政策和服务支持，发展提速，体现了地方政府的创新意识和担当精神。一汽解放将深入调研如皋产业格局，找准合作切入点、落脚点，进一步加强沟通交流，实现合作共赢。

活动中，与会嘉宾共同见证双方签约。

江苏省政府党组成员胡广杰调研如皋民政工作慰问受灾群众

5月11日，江苏省政府党组成员胡广杰一行到如皋市调研民政工作，并走访慰问部分受风灾影响的民政对象。市委书记何益军、副市长张百璘陪同调研。

5月11日，江苏省政府党组成员胡广杰（前排中）一行走访慰问如皋市部分受风灾影响的民政对象 （汤乾玮 摄）

白蒲镇的低保户蒋怀国和五保户钱正益两家农户，受风灾影响较为严重，所居住的二层楼房屋顶均严重破损。灾情发生后的第二天，当地镇政府便上门询问受灾情况、帮助灾后重建。"目前家里还有什么困难？""要保重好身体，党和政府会全力帮助你们。"胡广杰仔细询问受灾农户灾后重建、生产生活情况，并鼓励他们坚定信心，勇敢面对困难，努力改善生活条件。胡广杰叮嘱民政部门要多关心困难群众，及时了解他们的所需所求，切实帮助他们解决实际困难，把各项惠民政策落到实处。

“你们一天要办理多少业务？”在白蒲镇为民服务中心，胡广杰认真查看服务流程、了解办事审批情况。该中心民政服务窗口可以提供最低生活保障对象、特困人员供养的资格认定，低收入家庭、支出型贫困家庭的认定等业务办理。胡广杰对民政窗口的一站式服务给予充分肯定，并提出要按照政务服务改革的要求，进一步提升民政行政审批管理和服务水平。

“人间重晚晴，最美夕阳红。”走进白蒲镇敬老院，一幅温馨而又幸福的老年生活场景映入眼帘，有的老人津津有味地看着电视剧，有的在健身器材上锻炼身体，还有的围坐在一起打着牌……“老人的医疗保障能到位吗？”“每天的菜谱会更新吗？”胡广杰仔细查看敬老院硬件设施和功能室设置情况，详细了解敬老院的功能布局，并同老人亲切交谈，详细询问他们在敬老院内的生活娱乐等情况。当得知在工作人员的悉心照料下，敬老院已有两名百岁老人时，胡广杰很是满意。他强调，要进一步建立健全养老服务工作机制，完善养老服务体系，让入院老人的晚年生活开心、舒适和温馨。

胡广杰一行还前往如皋市红十四军纪念公园，了解如皋市红色教育基地的党史学习教育开展情况。

调研中，胡广杰充分肯定如皋市民政各项工作。他要求如皋市做强民政系统机构改革各项工作，做好社会保障体系建设，推进社会治理创新，推动民政工作再上新台阶。

江苏省交通运输厅厅长陆永泉到如皋调研

9月9日，江苏省交通运输厅厅长陆永泉带领调研组到如皋，对如皋市农村物流、交邮融合等工作进行调研。南通市副市长王洪涛，如皋市领导王鸣昊、黄文斌参加活动。

陆永泉一行先后到磨头镇交通运输综合服务站、城北街道平园池村进行实地调研。

在磨头镇交通运输综合服务站，陆永泉一行深入交邮融合便民服务大厅、磨头镇仓配运营中心、分拣中心等处，详细了解如皋市农村物流工作和交邮融合工作。如皋市紧紧围绕乡村振兴战略，积极推动城乡公交、邮政快递跨行业融合发展，倾力打造“交邮融合、客货同网”农村物流品牌，开创了如皋农村物流发展新模式，成功创成省农村物流示范县市，“交邮融合、客货同网”服务品牌入选交通运输部首批农村物流服务品牌名单。当了解到磨头镇交通运输综合服务站实现不同快递企业在同一平台服务融合，由镇村公交顺班次带至沿途各行政村村邮站，再借助邮政快递系统送递网络发送到户时，调研组给予肯定，认为该形式实现了公交与邮政快递行业的融合发展，彻底打通了快递下乡的“最后一百米”。

在平园池村，陆永泉一行慢车通过市交通局投资建设的建养一体化道路，并通过听取汇报和查看现场的方式，了解如皋市“四好农村路”建设等工作。自2016年以来，如皋市以进一步服务群众平安、幸福、快乐、致富出行和夯实农村物流硬基础为总目标，高点定位、自我加压、严格管理，推动“四好农村路”建设工作取得了显著成效，2018年创成江苏省“四好农村路”示范县，为如皋市农村物流的发展夯实了坚实的基础。调研组表示，如皋通过“四好农村路”建设，进一步推进农村物流快速发展，带动了“资金流”“信息流”聚集，实实在在推动了农村经济发展，助推了乡村振兴。

江苏省科技厅专家组到如皋开展省级农业高新技术产业示范区创建评审

9月7日，江苏省科技厅一级巡视员段雄带领专家组到如皋，就如皋市省级农业高新技术产业示范区创建进行评审。南通市副市长王晓斌，如皋市领导何益军、王鸣昊、陈鸣华参加活动。

专家组一行实地调研了江苏皋德食材有限公司、江苏和府餐饮管理有限公司、南通欧意姆制冷设备有限公司、江苏花名堂农业科技发展有限公司、农高区规划展示馆等处。

市委书记何益军在专家论证会上致辞。他说，如皋市立足独特的长寿资源禀赋和良好的农业产业基础，正式启动省级农业高新技术产业示范区（以下简称“农高区”）创建工作，就是希望通过农高区这一创新平台，为乡村全面振兴赋予更多的科技元素、注入更强的创新动力。全市农高区规划编制、创建申报、启动区建设等多项工作进展顺利，也吸引了江苏省农业科学院、江南大学、南京农业大学等一批高校院所的加盟支持。何益军表示，会后，如皋市将充分吸收各位专家的意见建议，进一步对标找差、全面提升，围绕“一轴双核三基地”总体发展格局，紧扣“绿色健康”主题，加快实现长寿资源与生命健康产业的充分嫁接、农文旅产业的深度融合，全力推动创建工作迈上新高度、再上新台阶。

论证会上，市委常委、副市长陈鸣华汇报了申创省级农高区建设发展规划和实施方案。听取汇报后，专家组就农高区建设发展规划及实施方案进行了认真评审论证，并围绕发展定位、项目招引、科技资源引入等方面提出建议。

就下一步工作开展，段雄指出，要更大范围集聚科创资源，通过高端平台载体的引进，培养和造就一批科技领军人才；要更高层次发展高新产业，利用和发挥好自身优势，做好健康产业这篇大文章；要更大力度培育创新企业，着力打造以高新技术企业为主力军的创业产业集群；要更大决心创新体制机制，促进科技与经济紧密结合、创新成果和产业发展紧密对接，当好农业体制机制创新的先行军，擦亮健康长寿金字招牌，着力打造江苏沿海地区现代农业绿色健康发展创新样板区。

会议最后，市委副书记、市长王鸣昊就支持省级农业高新技术产业示范区创建工作作表态发言。

9月7日，南通省级农业高新技术产业示范区专家论证会召开　　（吴青青　摄）

江苏省档案馆领导调研如皋市档案工作

9 月 26—28 日，江苏省档案馆副馆长孙敏率队到如皋调研档案工作。副市长张亚鸾参加活动。

调研组首先实地调研江苏省档案馆如皋电影史料馆，在了解了该馆馆藏、红色电影档案资源开发利用等情况后，对相关工作的开展表示肯定，并对该馆今后的发展提出了要求。

9 月 27 日，江苏省档案馆副馆长孙敏（左一）一行参观中国工农红军南通如皋红军小学（周春燕 摄）

在红色资源丰富的江安镇，调研组瞻仰徐芳德烈士纪念碑、红十四军建军纪念碑、中共如皋第一个支部遗址等革命遗址遗迹，走进红色周庄、红军小学等地，详细了解革命老区江安镇红色资源的开发利用情况。在位于红色革命摇篮鄂岱村的江苏中汇档案管理服务有限公司，调研组听取如皋市档案馆关于如皋红色档案资源开发利用、江安镇关于红色资源开发利用及中汇档案相关情况的汇报，肯定如皋市红色档案资源开发利用方面的特色和亮点，并就进一步强化红色档案资源特别是“中国共产党江苏如皋县委印”宣传开发提出意见和建议。

活动中，调研组赴长江镇实地调研镇档案中心建设、管理等情况，对如皋市强化基层档案规范化管理、全面建立镇（区、街道）档案中心、探索“村档镇管”的做法表示肯定，对今后进一步规范管理提出良好建议。

南通市委副书记、市长王晖调研如皋乡村振兴工作

4 月 15 日，南通市委副书记、市长王晖到如皋调研乡村振兴工作。市委书记何益军，副市长黄文斌、张百璘陪同调研。

王晖首先到如城街道贺洋社区 9 组、10 组河南居住线，听取了如皋市农村分散农户生活污水治理项目推进情况汇报，并实地了解了 4 家农户生活污水治理情况。为提升农户生活污水治理成效，进一步探索更加高效优质的处理装置，如皋市在推进“如皋市分散农户生活污水处理装置”的基础上，联合东南大学朱光灿教授，在如城街道贺洋社区9 组、10 组河南居住线进行试点建设，形成了分散农户生

4月15日，南通市委副书记、市长王晖（左三）一行在“花名堂”了解微型盆景 （邱宇 摄）

活污水治理“2.0升级版”的两种推进模式：第一种模式是适用于功能性水体的河南居住线农户的分散式生化处理设备，具体工艺为“三格式化粪池+两格生物接触氧化池+一格污泥自回流沉淀池”；第二种模式是适用于非功能性水体的农户的田园利用渗虑系统，具体工艺为“三格式化粪池+一格球形填料泵池+土壤利用渗滤”。同时委托专业团队，对已建的试点装置进行监测，为全面推进农村生活污水处置设施建设提供技术支撑。到2021年4月，已有10户施工结束。调研中，王晖不时针对农村生活污水处理现状、设施处理能力、用电量、水样检测等情况进行提问。他要求，要按照“简单、实用、耐久、符合老百姓生活习惯”的要求，坚持多措并举，努力完成好农村分散农户生活污水处理工作。项目的推进要切实做到方便群众、满足生产、施工便捷，为努力改善人居环境、打造“水清岸绿”的美丽乡村贡献力量。

位于如皋工业园区（如城街道）的“花名堂”专门打造微型盆景，短短几年，“花名堂”的微型盆景就从如皋市飞向了大江南北，与国内50多个城市的大型超市商场长期签约合作，店铺超70家，年销售额突破千万元。王晖参观了各种花样的微型盆栽，并与公司创始人刘小飞进行了交流，仔细询问了公司的发展情况。花架上，罗汉松、澳洲杉、赤楠等各种水培盆景琳琅满目。王晖对刘小飞发明的水培盆景大加赞赏，并鼓励他将产业继续做大做强，力争走出国门、走向国际。

在花木大世界（如皋）国际园艺城，王晖参观了江苏盆景博物馆。“万物皆有情，盆景知春秋”。江苏盆景博物馆用实体盆景与图片相结合的方式，通过多种展示手段，全面展现盆景的独特技艺、创新成就和文化内涵，并具体介绍了苏派、扬派、通派等各大派系的特点。王晖说，花木产业是典型的绿色产业、富民产业，要顺应社会化服务需求，充分利用互联网、物联网等新一代信息技术，补齐产业链短板，在富民增收、乡村振兴中发挥更大作用。

南通市委书记王晖到如皋调研

10 月 28 日，南通市委书记王晖（中）一行在南通荣威娱乐用品有限公司调研 （邱宇 摄）

10 月 28 日，南通市委书记王晖到如皋，就贯彻落实南通市第十三次党代会精神，全面冲刺全年目标等工作开展调研。他强调，要坚持以习近平新时代中国特色社会主义思想为指导，认真贯彻落实南通市第十三次党代会决策部署，抢抓新机遇，增创新优势，决战决胜全年目标任务，奋力打造跨江融合发展样板区。南通市委常委、秘书长王洪涛及如皋市领导何益军、王鸣昊、丁兴华、卢志敏、吴海军参加调研。

南通荣威娱乐用品有限公司主要生产各类充气式运动休闲产品，产品出口到全球 120 多个国家。王晖希望企业在加快推进自动化、智能化改造的同时，强化创新资源集聚，实现更高质量发展。日达智能终端精密模组项目利用原有厂房改建，从洽谈到厂房封顶仅用 4 个多月时间，一期项目建成投产后，年销售将超 120 亿元。王晖说，日达项目建设展现了如皋服务重大项目的高效率和高水平，要继续增强服务意识，想方设法为企业创新发展营造更好环境，同时，注重发挥龙头企业带动作用，加快集聚产业链上下游企业。调研中，王晖强调，企业要切实扛起安全生产主体责任，落实落细各项措施，加强员工安全生产教育，坚决守牢安全生产底线。

在实地查看长江镇田王村分散农户生活污水治理、河道整治现场时，王晖指出，分散农户生活污水治理是 2020 年重要的为民办实事项目，要在前期工作的基础上，健全完善长效管理机制，加强整村推进，确保把实事办出实效、办到群众心坎上；要按照全市区域治水的总体安排，系统梳理水系，强化控源截污，确保国考、省考断面水质达标。调研中，王晖还详细了解农村人居环境整治、秸秆禁烧等情况，指出要加快推进农村破旧、危旧房屋及辅房整治，全面提升农民生活环境；积极探索秸秆资源利用新路子，从源头上解决秸秆焚烧问题。

在随后召开的座谈会上，王晖听取如皋市工作汇报。他指出，如皋重大项目数量增多，改革创新持续发力，跨江融合步伐加快，民生福祉不断增进，高质量发展迈出坚实步伐。南通市委对如皋发展寄予厚望，南通市第十三次党代会赋予如皋打造跨江融合发展样板区的目标定位，希望如皋充分发挥区位交通、载体平台、产业集群、融合基础等方面优势，努力在跨江融合高质量发展上走在最前列。

王晖指出，四季度是定全年、保全局的关键阶段，要紧紧围绕高质量考核和月度评估指标，咬定目标，全力冲刺，做到以天保旬、以旬保月、以月保季、以季保年，确保完成各项既定目标任务。要跑出项目建设加速度，努力招引一批科技含量高的科创项目、成长性好的服务业项目和延链补链强链项目，推动项目早达产、早见效，打造产业集群高地；挖掘内需消费增长点，最大限度激发消费潜力，加大优质消费供给，大力发展文旅消费；注重发展新型贸易业态，全力畅通对外循环，有力保障外贸企业产业链、供应链畅通，千方百计稳定外贸出口，为全市发展多作贡献。

王晖强调，要以更严的要求抓好党的建设，坚决扛好管党治党主体责任，以高质量党建引领高质量发展。要深化党史学习教育，扎实开展“两在两同”建新功、“攻坚有我”显担当行动，融合推进“我为群众办实事”实践活动和“奋进现代化、跑赢新赛程”主题实践活动，强化党组织的政治功能、组织功能和服务功能，坚持党建引领基层治理，真正把党建优势转化为治理优势，为高质量发展提供坚强保障。

如皋市委书记何益军表示，全市上下将认真贯彻落实南通市委部署要求，围绕“打造跨江融合发展样板区”的战略目标，强化领导班子建设，特别是要树立正确的政绩观和科学的发展观，重整行装再出发。全市干部群众要进一步提振精气神、奋勇争先，紧跟南通高歌猛进的步伐，全力冲刺年度目标，奋力谱写如皋现代化建设新篇章。

热点聚焦

Redian　Jujiao

·重要会议·

中共如皋市委十二届十二次全体(扩大)会议召开

1月5日,中共如皋市委十二届十二次全体(扩大)会议召开　　(邱宇 摄)

1月5日,中共如皋市委十二届十二次全体(扩大)会议在市行政中心礼堂召开。会议全面贯彻中共十九大和十九届二中、三中、四中、五中全会以及中央经济工作会议精神,深入落实习近平总书记视察江苏重要讲话指示精神,按照省委十三届九次全会和南通市委十二届十三次全会部署要求,回顾总结2020年工作,研究部署"十四五"和2021年工作,审议《中共如皋市委关于制定如皋市国民经济和社会发展第十四个五年规划和二〇三五年远景目标的建议(草案)》,动员全市上下在新起点上开好局、起好步,加快跨江融合,高质量建设长江以北最强县市,奋力谱写"强富美高"新如皋现代化篇章。

市委书记何益军代表市委常委会向大会作题为《高质量建设长江以北最强县市 奋力谱写"强富美高"新如皋现代化篇章》的工作报告。与会人员分组讨论并审议此报告。何益军还就《中共如皋市委关于制定如皋市国民经济和社会发展第十四个五年规划和二〇三五年远景目标的建议(草案)》起草的有关情况向大会作了说明。

市委副书记丁兴华通报2020年度各镇(区、街道)项目建设考核结果,宣读关于授予2020年下半年南通市重特大高端制造业项目开工节点奖的决定;会议向年度项目建设先进单位授予流动红旗,向获得2020年下半年南通市重特大高端制造业项目开工节点奖的单位授予奖牌;长江镇、丁堰镇、经济技术开发区、下原镇、市发改委、市科技局负责人在会上作交流发言。

全会一致通过《中共如皋市委关于制定如皋市国民经济和社会发展第十四个五年规划和二〇三五年远景目标的建议（草案）》《中国共产党如皋市第十二届委员会第十二次全体（扩大）会议决议（草案）》。

市委副书记、代市长王鸣昊就做好当前工作提出要求，全市上下要以强烈的政治责任感和使命感，把贯彻落实全会精神作为当前首要任务，明确目标取向，谋划思路措施，深化工作部署，一项一项抓落实，一步一步抓推进，确保各项决策部署落地落实、见实见效。同时要以贯彻落实好这次全会精神为契机，统筹兼顾抓当前，一着不让抓开局，确保实现首季"开门红"，为全年各项任务开好局、起好步。要着力抓好年度考核、城建工程、项目建设等重点工作的收官扫尾；要奋力起跑，重点关注主要指标，迅速掀起招商热潮，持续推动项目建设，热心服务企业发展，加快启动城建工程，不断提高生态颜值，确保实现良好开局；春节临近，要妥善安排好群众生活，精准帮扶困难群众，保障群众薪酬权益，加大民生需求供给，确保基本民生保障；要加强治理，扎实做好疫情防控，强化安全生产工作，抓好矛盾排查化解，落实应急值守制度，确保社会大局稳定；要坚守底线，确保年关风清气正。

何益军就做好下一阶段工作强调，一要胸怀大格局，始终做到高点定位、奋勇争先。四大主功能区要进一步明确目标，加快发展，争做更大贡献。各条线、各板块也要做到你追我赶、奋勇争先，主动放眼苏南先进地区，找准竞争对手，既横向比实力、比速度，又纵向比进步、比变化，在攀高比强中干出争雄势、拼出新位次、争做大贡献。市级机关各部门都要立足本职、胸怀全局，突出高标准、坚持高追求，服务企业比效率、服务基层比质量、服务发展比贡献，为暖企惠民贡献力量。全市上下都要有"起步即冲刺，开局即决战"的劲头，以"跳高摘桃"的决心，把高点定位、奋勇争先贯穿到工作的各领域、各方面，真正以各条线、各板块的"百花齐放"，推动全市发展的"春色满园"，为高质量建设长江以北最强县市争作贡献。二要展现新作为，始终做到精准施策、狠抓重点。毫不动摇抓好经济运行，用好用足各项稳企援企政策。要强化经济运行监测，认真梳理盘点各项重点指标，抓好查漏补缺和巩固提升，确保一季度"开门红"，为全年实现"十四五"目标"开局红"打下基础。要毫不动摇推动产业发展，继续坚定不移把招商引资、项目建设、产业转型摆在更加突出的位置，切实抢抓机遇、集聚资源，推动招商大突破、项目大建设、产业大升级，努力夯实根基、赢得未来。要毫不动摇推动科技创新，科技局等主管部门要切实转变思路，加强思考和研究，跳出业务考核的条条框框，统筹推进区域、产业创新工作，完善人才、配套等科技创新政策体系，进一步强化科技创新引领作用。四大主功能区要树立以科技创新破解矛盾解决问题的意识，加大科技创新载体建设，紧盯细分行业的科技创新，以龙头企业为引领推动更多产业集聚。要毫不动摇推动集成改革，市委改革办和相关部门要统筹推进全市行政、经济、社会等各领域的改革工作，树立起系统改革思维，围绕事关如皋长远发展的重大问题开展前瞻性研究、全局性谋划，尽快形成集成改革方案，不断释放改革系统集成的叠加放大效应。三要坚持高要求，始终做到永葆初心、筑牢底线。要做好民生工作，持续改善民生。要做好安全工作，坚持底线思维，聚焦企业生产、危化品、建筑等重点行业领域，开展安全风险隐患排查，推动专项整治向深处走、往实处落，坚决遏制重特大事故发生。要做好换届工作，把党的领导贯穿换届工作始终，着力选优配强，严明换届纪律，营造风清气正的换届环境，同时各级党员干部必须严格落实中央八项规定精神，严格遵守廉洁过节各项纪律要求。

如皋市召开总结表彰暨作风效能建设大会

2月20日，如皋市召开总结表彰暨作风效能建设大会，回顾总结2020年工作，表彰先进典型，分析存在问题，部署2021年经济工作，动员以先进典型为榜样，进一步解放思想、提振精神，迅速淡化节日氛围，以更加高昂的斗志全面投入各项工作中去。何益军、王鸣昊、司祝建、张元健、丁兴华等市四套班子全体领导出席会议。

市委副书记、代市长王鸣昊主持会议。市委副书记丁兴华宣读《市委、市政府关于表彰2020年度先进集体和先进个人的决定》。大会为高质量发展先进集体和先进个人进行颁奖。倪张根等一批星级企业家代表接受现场表彰。与会人员观看专题片《人心向背的硬仗》。市委常委、市纪委书记秦金春通报作风效能建设情况。高新区（城南街道）、丁堰镇、市投资服务中心、森松（江苏）重工有限公司、思源电气股份有限公司负责人在会上进行交流发言。

市委书记何益军指出，回首2020年，高质量发展新成效展现全市上下团结拼搏、锐意进取的精神面貌，值得大力学习和弘扬。他说，刚刚过去的2020年，是如皋经济社会发展取得丰硕成果的一年。2020年，如皋实力有了新提升、如皋形象有了新变化、如皋气魄有了新注解、如皋情怀有了新诠释。过去的一年，如皋发生的每一点变化、经受的每一次考验、取得的每一份成绩，都浸润着全市人民的智慧和汗水，凝聚着各行各业的付出和努力。

何益军指出，此次大会表彰的先进集体和个人都是各类先进典型的优秀代表，在为他们喝彩的同时，更要从他们身上汲取砥砺前行的力量。要学习先进典型争先创优、勇攀一流的精神，学习先进典型攻坚克难、改革创新的勇气，学习先进典型以人为本、发展惠民的情怀，学习先进典型爱岗敬业、吃苦奉献的品质。

何益军指出，过去的一年是极为特殊的一年，是让我们铭记深刻的一年。面对突如其来的新冠肺炎疫情，145万如皋人民同呼吸、共命运，肩并肩、心连心，绘就了团结就是力量的时代画卷。广大医务工作者白衣为甲、逆行而上，用生命守护生命，用真情战胜疫情。广大党员干部勇当先锋、敢打头阵，“我是党员我先上”的口号不绝于耳。广大基层工作者听令而行、闻令而动，顶着星星月亮、冒着严寒风霜，日夜值守在基层卡点、不停穿梭于小区楼群，用坚守和汗水诠释着真情无悔、敢于担当。社会各界风雨同舟、尽其所能，一份份爱心、一件件壮举，汇聚成一往无前的钢铁洪流。

何益军指出，奋进2021，高质量发展需要我们聚焦做实产业、壮大实体经济，全力推动经济持续健康发展。一要坚持以加快发展为第一要务，在激发内生动力上迈出新步伐。围绕高质量发展导向，打好产业转型升级组合拳，促进结构优化、动能转化、效益提升，奋力推动经济发展再上新台阶。要全力以赴做实产业、坚定不移加快创新、千方百计培强企业。二要坚持以项目建设为第一抓手，在积蓄发展势能上取得新突破。牢固树立“项目为零、一切为零”意识，紧紧扭住项目建设牛鼻子，全力推动项目建设再突破，加快培育更多新的经济增长点。招商引资要选优选强，项目推进要快速高效，载体建设要提质增效。三要坚持以企业需求为第一导向，在服务高质量发展上展现新作为。全市上下要进一步强化服务意识、优化服务举措、延伸服务触角，全力构建亲清政商关系、提升服务效能，以高质量服务推动提升高质量发展成效。要持续优化营商环境，持续提升服务水平，持续增强亲商氛围。

何益军指出，展望2021，高质量建设长江以北最强县市需要我们昂扬斗志、砥砺奋进，全力打好“十四五”开局战。2021年是“十四五”开局之年，做好各项工作事关全局、至关重要。我们必须把在疫情防控保平安、克难奋进求发展中展现出的如皋担当、如皋情怀、如皋作风转化为高质量建设长江以北最强县市的强大动力，把舵掌得更稳、把劲鼓得更足，用创新的力量助推发展，用拼搏的力量书写辉

2 月 20 日，如皋市总结表彰暨作风效能建设大会现场 （邱宇 摄）

煌，用今天的奋斗成就明天的荣光。一要增强功成有我的使命感，让唯实惟先成为发展导向。要坚决防止“乱折腾”，坚决消除“不担当”，坚决杜绝“做虚功”。二要增强时不我待的紧迫感，让立说立行成为自觉行动。要以“干”字当头，用好发展“窗口期”；以“实”字为要，跑好发展“接力赛”；以“拼”字求进，打好发展“主动仗”。三要增强重任在肩的责任感，让善作善成成为鲜明特质。广大党员要自觉加强理论学习，强化实践锻炼，克服“本领恐慌”，努力成为做好工作的行家里手。要提升适应发展的能力，增强驾驭工作的水平，强化狠抓落实的本领。四要增强如临深渊的危机感，让清正清明成为永恒底色。2021 年，市委将坚定不移推动全面从严治党向纵深发展，为各项事业健康发展提供坚强有力政治保证。营造风清气正的政治生态，构筑廉洁自律的坚强防线，树立有为有位的用人导向。

政协如皋市第十四届委员会第五次会议召开

2 月 22—24 日，中国人民政治协商会议如皋市第十四届委员会第五次会议在市行政中心礼堂召开。市政协主席张元健，市政协党组副书记、副主席人选缪小华，副主席冒平、杜永红、郑振明、严世斌、刘晓洁，秘书长许映亮在主席台就座。

开幕式和闭幕式分别由冒平、张元健主持。

开幕式上，市委书记何益军代表市委向大会的胜利召开表示热烈的祝贺。他说，过去的 2020 年极不平凡、令人难忘，我们风雨兼程、一路同行，有热泪、有汗水、有感悟，也有太多的感动，大家都付出了巨大努力，比往年更加辛苦，成绩也因此更为珍贵。一年来，市政协坚持党的全面领导，牢牢把握团结和民主两大主题，围绕中心、服务大局，深入一线、反映实情，政治协商、民主监督、参政议政职能作用有效发挥，形成专题协商报告 16 份、委员书面建言 46 篇，涉及“十四五”发展、长三角一体化、园区共建、科技创新、学前教育等多领域，为市委、市政府科学决策提供有益参考。对市政协一年来的工作，市委是满意的，社会各界也是充分认可的。

何益军指出，2021 年是“十四五”开局之年，是中国共产党建党 100 周年，也是现代化建设进程中具有特殊重要性的一年。市委将一如既往重视和支持政协工作，把政协工作纳入重要议事日程和工作考核内容，及时研究解决工作推进中的重大问题，确保人民政协政治有地位、建言有机会、出力有舞台、工作有作为。他同时要求，各镇（区、街道）、各部门要进一步提高对人民政协地位和作用的认识，把政

2月22日，中国人民政治协商会议如皋市第十四届委员会第五次会议开幕式现场 （邱宇 摄）

协工作纳入工作全局一体谋划、一体推进，加强同政协组织的联系配合，认真听取、办理政协的意见和建议，自觉接受政协的民主监督，形成加强和改进人民政协工作的合力，不断开创政协工作新局面。

市政协主席张元健作政协如皋市第十四届委员会常务委员会工作报告。他说，2020年是全面建成小康社会和“十三五”规划的收官之年。一年来，市政协常委会深入学习贯彻习近平新时代中国特色社会主义思想和中共十九大及十九届二中、三中、四中、五中全会精神，在中共如皋市委坚强领导下，认真落实中央、省委、市委关于政协工作新部署新要求，在共同抗击新冠肺炎疫情的同时，积极履职，担当作为，突出重点抓好五项工作，同时紧扣团结和民主两大主题，认真履行政治协商、民主监督、参政议政职能，充分发挥建言资政、凝聚共识作用，围绕中心、服务大局，统筹推进各项工作。

张元健指出，2021年是开启全面建设社会主义现代化国家新征程，向第二个百年奋斗目标进军的起步之年，也是如皋奋力建设长江以北最强县市的发力之年。市政协常委会将在中共如皋市委的坚强领导下，全面聚焦市委十二届十二次全体（扩大）会议的各项工作部署，高效协商议政，广泛凝聚共识，以更高的政治站位，创新的履职形式，务实的作风形象，为高质量建设长江以北最强县市，奋力谱写“强富美高”新如皋现代化篇章，彰显政协作为，体现政协担当，作出政协贡献。重点抓好五个方面工作：提高站位，坚定方向，夯实共同思想政治基础；聚焦中心，服务大局，助力开启现代化新征程；创新履职，双向发力，发挥协商民主重要作用；同心同行，聚识聚力，激发各界团结奋斗热情；强基固本，锤炼品行，加强政协履职能力建设。

市政协副主席严世斌向大会报告市政协十四届四次会议以来提案工作情况。市政协十四届四次会议以来，广大政协委员和各专门委员会，共提交提案458件，立案376件，其中集体提案和联名提案91件，占立案总数的24.2%。对立案交办的提案，市委、市政府高度重视，各承办单位坚持协商办理、序时推进、有质办结。其中，已经解决、列入计划解决及相关建议已被采纳353件，占93.88%；列入2021年或后期办理计划8件，占2.13%；所提问题留作参考或因客观原因暂不能解决15件，占3.99%。委员对提案办理结果满意率为95.2%，基本满意率为4.8%，为高水平全面建成小康社会作出积极贡献。

会议通过《政协如皋市第十四届委员会第五次会议选举办法》，缪小华当选为市政协十四届委员会副主席。

会议通报政协如皋市第十四届委员会第五次会议提案审查情况。

会议一致通过《中国人民政治协商会议如皋市第十四届委员会第五次会议决议》。

如皋市十七届人大五次会议召开

2月23日，如皋市第十七届人民代表大会第五次会议现场

（汤乾玮 摄）

2月23—26日，如皋市第十七届人民代表大会第五次会议在市行政中心礼堂召开。

来自全市各条战线的人大代表出席会议。开、闭幕式应到代表为408名，实到代表分别为376名、378名，符合法定人数。

开幕式上，市委副书记、代市长王鸣昊代表市人民政府向大会作工作报告。王鸣昊在报告中总结回顾2020年和“十三五”工作。过去的2020年是极不平凡的一年，市政府在市委的正确领导下，在市人大、市政协的监督支持下，深入学习贯彻习近平新时代中国特色社会主义思想和中共十九大及十九届二中、三中、四中、五中全会精神，坚持稳中求进工作总基调，坚持新发展理念，坚持高质量发展，抢抓长三角一体化发展机遇，围绕“奋力建设长江以北最强县市”目标，统筹疫情防控和经济社会发展，较好完成全年目标任务。实现地区生产总值1305亿元、同比增长5.3%；一般公共预算收入72亿元，税占比84.7%，南通第一；固定资产投资476.5亿元、同比增长10.1%，社会消费品零售总额458亿元、同比增长7%，进出口总额248.9亿元、同比增长1.1%；城镇、农村居民人均可支配收入分别为49118元、23599元，同比增长4.6%、7.7%；城镇登记失业率降至1.74%；完成上级下达节能减排任务。

王鸣昊指出，“十三五”时期，如皋经济社会发展取得历史性成就，为建设长江以北最强县市奠定了坚实基础。五年来，我们始终坚持发展为要，深入践行高质量发展新理念，突出总量与质量并行，综合实力显著跃升；五年来，我们始终坚持改革为先，坚定践行“改革不停顿、开放不止步”重要遵循，突出开放与开发并驱，发展活力显著增强；五年来，我们始终坚持品质为重，认真践行“城市让生活更美好”发展要求，突出精致与精细并重，城乡面貌显著变化；五年来，我们始终坚持生态为基，积极践行“绿水青山就是金山银山”发展理念，突出治标与治本并施，环境质量显著提升；五年来，我们始终坚持民生为本，自觉践行以人民为中心的发展思想，突出富民与惠民并举，群众生活显著改善。

王鸣昊指出，今后五年是如皋扛起历史使命、加速迈向社会主义现代化的起步期，是加快战略机遇转化、全面融入长三角一体化的窗口期，也是建设长江以北最强县市、实现更高质量发展的关键期。我们唯有胸怀大局、把握大势，准确识变、科学应变、主动求变，善于认识机遇、用好机遇、转化机遇，更加彻底地解放思想，更加科学地应对挑战，方能在危机中育先机、于变局中开新局。我们唯有谋定战略、完善战术，聚焦聚力关键抓手，以投资拉动、科技驱动、资本带动为引领，以产业升级、城市更新、交通转型为重点，全神贯注、全力以赴、全面突破，方能在新一轮区域竞争中抢占先机、赢得主动。我们唯有保持定力、高点定位，鼓足“比学赶超”的争先劲头、激发“滚石上山”的“狼性”斗志，一张蓝图绘到底、一棒接着一棒传、一任接着一任干，方能乘势而上、行稳致远，昂首阔步迈进“十四五”。

2021年，如皋将按照省、南通和如皋市委全会部署，围绕高质量建设长江以北最强县市，立足新发展阶段、践行新发展理念、构建新发展格局，突出“三做一建”（做实产业、做优城市、做好民生、建强队伍）工作重点，更好统筹发展和安全，确保“十四五”开好局、全面建设社会主义现代化起好步，以优异成绩庆祝建党100周年。

会议通过《关于如皋市人民政府工作报告的决议》《关于如皋市国民经济和社会发展第十四个五年规划和二〇三五年远景目标纲要的决议》《关于如皋市2020年国民经济和社会发展计划执行情况与2021年国民经济和社会发展计划报告的决议》《关于如皋市2020年财政预算执行情况及2021年财政预算报告的决议》《关于如皋市人大常委会工作报告的决议》《关于如皋市人民法院工作报告的决议》《关于如皋市人民检察院工作报告的决议》。

会议通报大会收到的代表建议、意见及处理情况。

会议决定将《关于全力打造一流“如意”营商环境品牌、为建设长江以北最强县市赋能助力的议案》《关于坚持以创建国家创新型城市为引领、大力实施创新驱动发展战略的议案》立为大会议案，交由市人民政府办理。

闭幕式上，市委书记何益军代表市委向全市各级人大组织，向全体人大代表和人大工作者，表示衷心的感谢，并致以崇高的敬意。何益军指出，2021年是“十四五”规划开局之年，也是全面建设社会主义现代化国家新征程的开启之年，做好全年各项工作意义重大、影响深远。站在“两个一百年”奋斗目标的历史交汇点上，我们必须大力发扬孺子牛、拓荒牛、老黄牛精神，以一心为民的情怀胸襟、敢于开拓的精神状态、夙夜在公的工作作风，肩扛使命再出发，接续奋斗新征程，全力推动市委全会和市“两会”各项决策部署落地生根，共同创造如皋更加美好的明天。

如皋市召开全市党史学习教育动员会议

3月11日，如皋市召开全市党史学习教育动员会议，深入学习贯彻习近平总书记重要讲话精神，认真落实中央和江苏省委、南通市委部署要求，动员全市广大党员以崇高的政治觉悟、昂扬的精神状态、务实的工作作风开展好党史学习教育，以优异的成绩迎接党的百年华诞。何益军、王鸣昊、司祝建、张元健、丁兴华等市四套班子领导参加会议。

市委书记、市委党史学习教育领导小组组长何益军在会上作动员讲话。他指出，要提高政治站位，深刻领悟党史学习教育的重大意义，真正从百年党史中汲取继续前行的智慧力量。开展党史学习教育，是砥砺初心使命、坚定信仰信念，不断提升政治判断力、增强政治领悟力、坚定政治执行力的必然要求。学习百年党史，就是要以史为镜、以史明志，在学思践悟中不忘初心使命、坚定信仰信念，不断把中华民族伟大复兴历史伟业推向前进。开展党史学习教育，是体悟人民力量、赢得人民支持，不断为人民谋利益、为人民谋幸福、依靠人民创造历史伟业的必然要求。学习百年党史，就是要以史为证、以史固本，在学思践悟中坚持人民主体地位，牢固树立宗旨意识，厚植我们党立于不败之地的强大根基。开展党史学习教育，是坚持光荣传统、发扬优良作风，提高党的创造力、增强党的凝聚力、提升党的战斗力的必然要求。学习百年党史，就是要以史为戒、以史明德，在学思践悟中勇于自我革命、善于革故鼎新，永葆党的

3月11日，全市党史学习教育动员会议现场　　（邱宇 摄）

生机活力。开展党史学习教育，是把握历史规律、汲取经验智慧，不断展现新气象、开启新征程、开创新局面的必然要求。学习百年党史，就是要以史为鉴、以史增智，在学思践悟中汲取历史滋养，坚定前进信心，不断开辟新时代中国特色社会主义事业新境界。

何益军要求，要聚焦重点任务，高标准高质量开展学习教育，切实把学习成效转化为工作动力和发展成果。要全面准确把握内容要求，通过学习教育，深刻铭记感悟中国共产党团结带领人民矢志奋斗的光辉历程、初心宗旨、伟大贡献、伟大精神、宝贵经验，系统掌握党的创新理论，尤其是习近平新时代中国特色社会主义思想，做到学史明理、学史增信、学史崇德、学史力行。要不折不扣抓好“六个专题”，着力开展好专题学习、专题培训、专题党课、专题宣讲、专题宣传教育、专题民主生活会和组织生活会。要高质高效推进“两个实践”，着力开展好“我为群众办实事”实践活动，把党史学习教育同解决突出民生问题结合起来，着力为群众办实事、解难题，出实招、谋实效；着力开展好“奋进现代化跑赢新赛程”主题实践活动，在发展速度上争先进位、在发展质量上扛旗夺杯、在贡献份额上追赶超越，奋力推动科技创新、产业培育、城市建设、民生改善各项工作迈上新台阶。

何益军强调，要加强组织领导，全方位全过程压紧压实责任，推进全市党史学习教育走深走实、取得实效。要压实领导责任，强化督促指导，切实推动广大党员干部把思想和行动统一到中央和江苏省委、南通市委的决策部署上来，以饱满的精神状态积极投身党史学习教育。要把握正确导向，注重探索创新，牢牢把握党的历史发展的主题和主线、主流和本质，在拓展学习主体、整合学习资源、丰富学习形式等方面狠抓创新，不断增强党史学习教育的感染力、吸引力和影响力。要突出学干结合，抓好宣传引导，把党史学习教育与市委中心工作结合起来，与“办实事、开新局”结合起来，与“不忘初心、牢记使命”主题教育常态化结合起来，有力有序、有条不紊推进各项工作，引导党员干部在深入学习教育中不断激发干事创业的精气神。

市委副书记、市长王鸣昊要求，要提高站位，不折不扣把党史学习教育各项任务落细落实，更好地从党的伟大百年征程中汲取前进的智慧和奋进的力量。要精心组织，把规定动作做优做实，把自选动作做出如皋特色，提升学习教育的参与度和覆盖面，增强学习教育的吸引力和感染力。要学以致用，切实将学习教育成果转化为高质量建设长江以北最强县市，勇当全省“两争一前列”排头兵的强大动力和实际成效，奋力谱写“强富美高”新如皋建设的现代化新篇章，以优异成绩迎接建党100周年。

会议还邀请上海市委党校刘宗洪教授作题为《重温党的百年历程 牢记党的初心使命》的专题辅导报告。

如皋市召开科技创新大会

4月22日，如皋市科技创新委员会揭牌活动现场

（汤乾玮 摄）

4月22日，如皋市召开科技创新大会，进一步动员全市上下深入实施创新驱动战略，全力加快创新型城市建设。市领导何益军、王鸣昊、丁兴华等出席大会。

市委副书记丁兴华主持会议。市委常委、组织部部长朱莹滢宣读《2020年度全市科技创新省级以上先进单位名单》。南通市科技局党组书记、局长赵玉峰和市委书记何益军共同为如皋市科技创新委员会揭牌。

“对企业的研发投入实行‘奖上加奖’，以此表明我们希望科技型企业实现‘铺天盖地’的强烈渴求。”市委副书记、市长王鸣昊对“科技二十三条”激励政策进行解读。“科技二十三条”激励政策指的是如皋市最新研究出台的《关于实施创新驱动战略推动经济高质量发展的激励意见》，含8个部分、共23条，主要内容涵盖推动科技产业融合、提升企业自主创新能力、支持平台载体建设、促进科技成果转化、加大金融扶持力度、加强知识产权保护、加强高端人才引育、优化科技创新服务等。科技创新激励政策的奖励设置，对标的是南通“高标准”，瞄准的是周边县市“高尺度”，23条政策中，有9条是首次新增或大幅突破的，有16条是优于以往政策和周边县市的，奖励力度更大、惠及范围更广、政策导向更强，是市委、市政府在现阶段拿出的最有诚意的“政策包”。

会上，何益军总结“十三五”期间如皋市科技创新工作取得的成绩，指明今后创新发展的方向路径。他说，“十三五”以来，如皋市深入落实新发展理念，凝心聚力、务实笃行，加快推进以科技创新为核心的全面创新，取得明显成效，创新实力显著提升，先后创成全国科普示范县（市）、国家知识产权强县工程示范县（区）；创新主体不断壮大，拥有国家高新技术企业270家；创新要素加速集聚，人才竞争力提升至全省县域前十强，集聚产学研合作项目550项，新增南通市级以上企业研发平台44家；创新环境持续优化，累计兑现科技奖励资金1.12亿元，发放科技金融贷款6亿元，累计分别建成国家级、省级孵化器2家和3家，国家级星创天地1家，省级众创空间3家。

就做好全年科技创新工作，何益军要求，要立足发展定位、现实方位、未来地位，把科技创新作为践行新理念的重要抓手、赢得区域竞争的强劲引擎、建设最强县市的硬核支撑，进一步增强科技创新的使命感、责任感、紧迫感，把科技创新作为引领高质量发展的关键一招、核心动力和战略举措，坚定不移地走好科技创新赋能如皋高质量发展之路；要坚持高点定位，突出产业转型升级、强化企业主体、做强创新载体、人才引进培育、构建创新生态，打好产创融合的主动仗、高企培育的关键仗、平台集聚功能的协同仗、集聚创新人才的攻坚仗、营造创新高地的根本仗，奋力建设长三角科技创新高地；要坚持同心同向，做好协同性推进，强化组织领导和要素保障，更快推动创新、更好服务创新、更加尊崇创新，广泛凝聚创新创业的强大合力。企业家要把得准方向、舍得了投入、耐得住寂寞，勇做创新型企业家，在创新路上继续开疆拓土、再立新功。

会上，市科技创新委员会、南通大学技术转移中心、高新区（城南街道）、中国银行如皋支行、卓远半导体等单位相关负责人进行交流发言。会议以视频形式召开，各镇（区、街道）设立分会场进行收听收看。

如皋市吹响创建“文明典范城市”冲锋号

6月4日，如皋市“文明典范城市”创建动员大会召开

（邱宇 摄）

6月4日，如皋市召开“文明典范城市”创建动员大会，动员全市上下锚定新目标新定位，以最大决心、最佳状态、最实举措，在更高起点上建设更高水平的全国文明城市，确保实现全国文明城市荣誉称号“三连冠”，高质量建成全国首批文明典范城市。何益军、王鸣昊、司祝建、张元健、丁兴华等市四套班子领导出席会议。

市委副书记丁兴华就《如皋市“文明典范城市”创建三年行动计划（2021—2023年）》及配套的实施方案进行解读；市委常委、宣传部部长高峰宣读《关于表彰2018—2020年度如皋市深化高质量全国文明城市建设突出贡献集体和个人的决定》。

市委书记何益军指出，自2017年获评全国文明城市以来，如皋市立足建设群众满意的高质量文明城市，举全市之力、集全民之智，持续发力、久久为功，推动城市发展与百姓福祉在文明创建中深度融合，实现从城市形象到城市品牌、从城市管理到城市治理、从日常文明习惯养成到市民道德素养提升的一系列蝶变，以前五届全国县级文明城市第11名的优异成绩，成功蝉联全国县级文明城市荣誉。这份沉甸甸的荣誉，是全市人民携手共建、辛勤付出的结果。

何益军强调，创建文明典范城市，是顺应文明城市创建新形势、开启精神文明建设新征程的内在要求，是立足最强县市建设新阶段、谱写“强富美高”现代化新篇章的应有之义，是满足群众美好生活新期待、构建基层社会治理新格局的重要举措，全市上下要强化思想引领，以理论武装定航向，以道德建设固根基，以奋斗精神强动力，聚焦创建内涵提“高度”；要突出精细科学，聚焦问题抓整改，聚焦功能抓项目，聚焦品牌抓创新，聚焦创建内容延“深度”；要立足全域推进，各镇（区、街道）既要塑造可观的“外在美”，又要提升可感的“内在美”，聚焦创建范围拓“广度”；要坚持人民至上，把创建同回应群众期盼、完善基层治理体系、凝聚发展共识相结合，聚焦创建成果强“温度”。

何益军要求，要强化整体协同，优化机制，增强合力，夯实责任，营造浓厚氛围，全面凝聚“砥砺奋进再拼搏”的强大合力，确保各项工作落到实处、取得实效，率先跻身全国文明典范城市行列。

就贯彻落实会议精神，市委副书记、市长王鸣昊要求，全市上下要高站位谋划部署，拿出水滴石穿的定力和久久为功的韧劲，保持创建常态、巩固创建成效，争当高质量创建文明典范城市的表率；要硬举措组织推进，聚焦重点难点、坚持问题导向、深入对标找差，在补齐短板弱项的同时积极打造亮点特色；要严要求压实责任，在构建常态长效机制、形成全员参与合力上狠下功夫，以决战决胜姿态坚决打赢文明典范城市创建战。

市四套班子主要领导为新一届市民巡访团成员代表颁发聘书。市公安局、城管局、市场监督管理局、如城街道负责人进行交流发言。

会议以视频会议的形式开到各村(社区)。

如皋市举行“七一”大党课暨二季度“村(社区)书记大讲坛”

为庆祝中国共产党成立100周年，6月26日，如皋市举行“七一”大党课暨二季度“村(社区)书记大讲坛”，回顾党的光辉历程，重温党的优良传统。何益军、王鸣昊、司祝建、张元健、丁兴华等市四套班子领导参加活动。

与会人员实地参观城南街道建设社区、下原镇老坝村、白蒲镇邓杨村、九华镇郑甸社区和龙舌村、长江镇田王村、搬经镇高明庄社区7个基层治理典型。

在老坝村，市委书记何益军详细听取该村网格化服务管理的先进做法。老坝村深入探索“网格先锋+网格驿站+网格工作站”三级治理体系建设，通过开展微党课、微服务、微议事、微调解、微治理等方式，把群众关心关切的问题解决在身边，化解在基层。何益军对该村的有益尝试表示肯定，希望该村继续积极探索，解剖基层治理优秀经验，建立网格服务管理清单，争取为全市提供可资借鉴的治理样板。

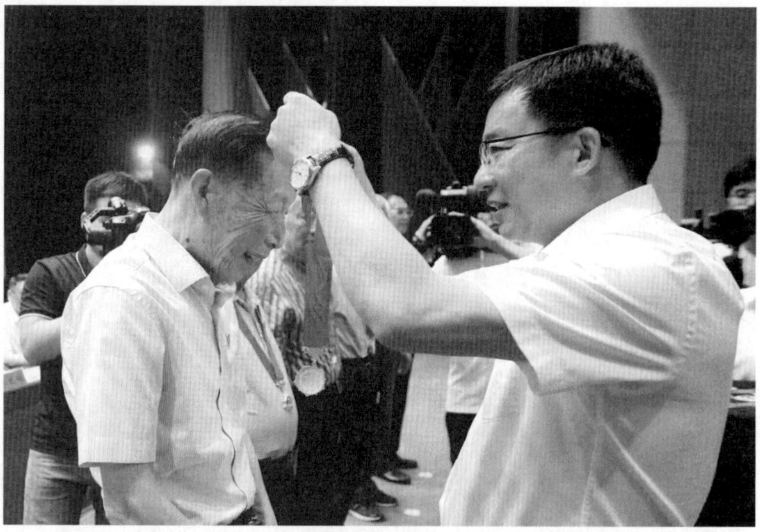

6月26日，市领导为老党员代表佩戴“光荣在党50年”纪念章 (邱宇 摄)

在随后的会议上，何益军领誓，全体与会党员重温入党誓词。

何益军以“永远跟党走　奋进新征程”为主题，回顾党的百年奋斗历程，深刻感悟党的初心使命，为大家上了一堂专题党课。他说，2021年是中国共产党的百年华诞、是“十四五”开局之年，也恰逢如皋市撤县建市30周年，置身新时代，如皋已经站在新的起点。全市上下要回首来时路，深入学习革命战争年代先辈们不惧牺牲、勇往直前的斗争精神，社会主义建设时期开拓者们自力更生、艰苦奋斗的奉献精神，改革开放以来建设者们解放思想、抢抓机遇的创业精神和新时代先进典型们主动作为、奋发有为的进取精神，在赓续精神血脉中接续奋斗前行。要坚定脚下路，准确把握好解放思想和守住底线的关系，胆子要大，步子要稳，把正确的政绩观和科学的发展观贯彻到解决问题和选人用人的全过程中来；准确把握加快发展与减少折腾的关系，步子要快，更要踩得实，摆脱传统粗放的发展模式和不切实际的“瞎折腾”，以更多的资源解决民生和发展的问题；要准确把握建强队伍与破解矛盾的关系，强化基层党组织战斗堡垒作用，牢牢把控发展主动权。要砥砺前行路，坚定信仰信念、锤炼担当本领、发扬革命传统，在强化使命担当中凝聚奋进力量，以良好的形象和过硬的素质推动党和人民的事业不断向前发展。

在谈及基层社会治理时，何益军强调，要坚持党建引领，牢固树立“抓基层、强队伍”鲜明导向，将基层组织真正建成服务群众的桥梁阵地、凝聚民心的组织堡垒；要深化四治融合，努力构建“小网格、大服务”善治格局，真正实现自治接地气、法治全覆盖、德治润人心、智治强集成的治理体系；要突出改革创新，积极探索“积分制、清单化”管理体系，厘清村居权力内容、明确服务流程、规范履职行为，强化村级民主监督考核，不断提升群众参与率和获得感，让群众逐渐成为基层治理的主体。

会上，8 名村（社区）党组织书记围绕“党建引领基层治理，共建和美村居”主题作交流发言。

会议还为老党员代表颁授“光荣在党 50 年”纪念章，对如皋市先进基层党组织、星级村（社区）党组织，如皋市优秀共产党员、优秀党务工作者、“五强”型村（社区）党组织书记标兵进行表彰。

中国共产党如皋市第十三次代表大会召开

7 月 28—29 日，中国共产党如皋市第十三次代表大会在市行政中心礼堂召开。

王鸣昊、何益军分别主持开幕式和闭幕式大会。大会应到代表 397 名，开幕式实到代表 367 名，闭幕式实到代表 379 名，符合法定人数。

7 月 28 日，中国共产党如皋市第十三次代表大会开幕　　（邱宇　摄）

开幕式上，何益军代表中国共产党如皋市第十二届委员会作题为《勇担新使命　砥砺再出发　奋力谱写如皋现代化建设新篇章》的报告。

何益军说，中国共产党如皋市第十三次代表大会是一次承前启后、继往开来、肩负着重要历史使命的大会。大会的主要任务是，深入学习贯彻中共十九大和十九届二中、三中、四中、五中全会精神，全面贯彻落实习近平总书记重要讲话特别是视察江苏重要讲话指示精神，总结市第十二次党代会以来的工作，确定今后五年的奋斗目标和主要任务，选举产生中共如皋市第十三届委员会和中共如皋市第十三届纪律检查委员会，动员全市各级党组织和广大党员干部团结带领全市人民，勇担新使命，砥砺再出发，奋力谱写如皋现代化建设新篇章。

何益军说，市第十二次党代会以来的五年，是应对重大挑战、经受重大考验、实现持续发展的五年。五年来，市委坚持以习近平新时代中国特色社会主义思想为指引，团结带领全市人民，直面风险挑战，锐意攻坚克难，全力推动经济社会平稳较快发展，完成"十三五"规划确定的目标任务，书写高水平全面建成小康社会的如皋篇章，形成建设"强富美高"新如皋的生动局面。稳增长、调结构、转方式，综合实力更加强劲；以改革破难题、以开放激活力、以创新增动力，改革创新更具活力；以城带乡、协调并进，创成苏中苏北首个县级全国文明城市，并高分蝉联，城乡建设更显质感；以民生幸福为工作标尺，多措并举提升群众获得感，民生福祉更为殷实；认真开展"两学一做"学习教育、"不忘初心、牢记使命"主题教育和党史学习教育，党的建设更有成效。

何益军指出，站在新的历史起点上，全市上下必须认识到未来五年中，江苏落实习近平总书记"争当表率、争做示范、走在前列"要求、谱写"强富美高"新篇章进入关键期，南通长三角一体化沪苏通核心三角强支点城市建设等战略部署纵深推进，为如皋发展带来诸多机遇。今后五年，如皋在现代化新征程中应该大有可为；今后五年，如皋在现代化新征程中理应有所作为；今后五年，如皋在现代化新征程中更要主动作为。

今后五年工作的指导思想和总体要求是：坚持以习近平新时代中国特色社会主义思想为指引，深入贯彻落实中央及江苏省委、南通市委各项决策部署，把握新发展阶段、贯彻新发展理念、服务新发展格局，以推动高质量发展为主题，以改革创新为动力，以满足人民日益增长的美好生活需要为根本目的，围绕"挺进县域二十强、争创文明典范城"目标，深入实施"产业兴市、创新强市、生态立市"核心战略，全力发展高质量经济、建设高标杆城市、创造高品质生活、抓好高标准党建，勇当长三角北翼高质量发展排头兵，奋力谱写如皋现代化建设新篇章。

中国共产党如皋市第十二届纪律检查委员会工作报告以书面形式提请大会审议。

开幕式后，各代表团按照大会日程安排，对中国共产党如皋市第十二届委员会和中国共产党如皋市第十二届纪律检查委员会的工作报告进行认真审议。

大会一致通过《中国共产党如皋市第十三次代表大会关于中国共产党如皋市第十二届委员会报告的决议（草案）》和《中国共产党如皋市第十三次代表大会关于中国共产党如皋市第十二届纪律检查委员会工作报告的决议（草案）》。

市委人大工作会议暨
纪念如皋人大设立常委会 40 周年大会召开

8月24日，市委人大工作会议暨纪念如皋人大设立常委会40周年大会召开，总结成绩经验，部署工作任务，奋力开创新时代如皋人大工作新局面。何益军、王鸣昊、司祝建、张元健等市四套班子领导出席会议。

8月24日，市委人大工作会议暨纪念如皋人大设立常委会40周年大会现场　（邱宇 摄）

市委副书记、市长王鸣昊主持会议。

市委书记何益军代表市委对市人大设立常委会40周年表示热烈祝贺。他说，40年来，历届人大及其常委会始终高举中国特色社会主义思想伟大旗帜，认真履行宪法和法律赋予的职责，坚持党的领导、人民当家做主、依法治国有机统一，紧扣市委决策部署，持之以恒推动监督、讨论决定重大事项、人事任免、代表工作和自身建设不断取得新突破。

就做好新时代人大工作，何益军要求，要提高政治站位，深刻认识新时代人大工作的重要意义，深入学习贯彻习近平总书记关于坚持和完善人民代表大会制度的重要思想，认清独特优势，坚定制度自信，不断丰富和拓展人民代表大会制度的实践特色、时代特色，要在如皋现代化建设新征程中，主动献策献力，积极履职尽责，广泛凝聚力量，使各项工作更好地反映民意、符合实际、推动发展。要聚焦中心大局，自觉扛起新时代人大工作的使命担当，以更深入的调查研究破解发展难题，紧扣“产业兴市、创新强市、生态立市”核心战略，准确把握全市“十四五”期间重点工作，多找“问题症结”、多谋“前瞻方案”、多提“管用建议”；要以更有力的监督问效推动工作落实，找准监督重点、提升监督质效，推动和支持“一府一委两院”改进工作；要以更健全的议事决策促进有效治理，充分发挥根本政治制度的保证作用，及时把党委决策部署转变为全市人民的共同意志，以治理合力提升治理效能，充分发挥引领群众参与治理的工作优势，贯彻共建共治共享理念。要发挥代表作用，持续提升新时代人大工作的履职效能，始终密切“两个联系”，强化代表履职保障，提升代表履职实效。要持续加强党对人大工作的全面领导，支持和保证人大依法行使职权、开展工作，加强人大自身建设，不断提升新时代人大工作整体质效。

会上，长江镇党委、丁堰镇党委、城北街道人大工委、东陈镇人大主席团负责人就相关工作进行交流。

与会人员还共同参观以“砥砺四十载　奋进新时代”为主题的图片展，回顾人民代表大会制度在雉水大地的生动实践。

中共如皋市委十三届三次全体(扩大)会议召开

12 月 31 日，中共如皋市委十三届三次全体(扩大)会议召开

(邱宇 摄)

12 月 31 日，中共如皋市委十三届三次全体(扩大)会议在市行政中心礼堂开幕。会议的主要任务是，以习近平新时代中国特色社会主义思想为指引，全面贯彻落实中共十九大和十九届历次全会精神，按照中央、江苏省委经济工作会议和省、市党代会部署要求，总结 2021 年工作，安排 2022 年任务，动员全市各级党组织和广大党员干部，解放思想再出发，振奋精神勇向前，团结带领全市上下大力弘扬如皋治沙精神，乘跨江之势、聚创新之力，高质量建设南通跨江融合发展样板区。

市委书记何益军代表市委常委会向大会作题为《弘扬治沙精神 全面乘势聚力 高质量建设南通跨江融合发展样板区》的工作报告。与会人员分组讨论并审议此报告。

市委常委、副市长陈鸣华通报 2021 年全市产业项目建设考评结果，以及 2021 年 20 亿元以上高端制造业项目获奖情况。大会向年度项目建设先进单位授予流动红旗。高新区、丁堰镇、东陈镇负责人进行交流发言。

参会市委委员以举手表决的方式，审议通过《中国共产党如皋市第十三届委员会第三次全体(扩大)会议决议(草案)》。

就做好当前工作，市委副书记、市长王鸣昊指出，重点指标要对标对表抓进位冲首季，增加紧迫意识，攻坚难点指标，全力冲刺“开门红”；项目建设要一着不让抓招引强推进，加大招商引资力度，推动项目建设扩量提质；城建工程要攻坚克难抓扫尾早编排，尽快确定城建计划，抓紧推进工程扫尾，及早谋划开工项目；实体经济要千方百计抓调度优服务，强化企业服务，精准能耗管控，抓实政策惠企；疫情防控要科学精准抓常态筑防线，抓重点人员排查，抓重点环节管理，抓重点场所防控；风险防范要全力以赴抓稳定保平安，突出抓好安全生产，有效化解社会风险，加强社会治安管理；民生需求要尽心尽力抓保障暖民心，关心特殊困难群体，强化民生保障供给，科学统筹资金兑付；其他工作要统筹兼顾抓收官早谋划，深入推进污染防治，坚决守牢廉洁底线，切实加强值班值守，维护社会和谐稳定。

就贯彻落实好全会精神，市委书记何益军强调，要对标对表总目标，准确把握大方向，坚持远近结合，按照工作项目化、项目清单化、清单责任化的要求，进一步明确阶段性目标，分解节点性任务，制定具体化方案，环环相扣、雷厉风行，以一个个小目标的高效完成推动大目标的顺利实现；要坚持破立并举，敢想敢干、善作善成，用好跨江融合这一重大机遇，把牢项目建设这一关键抓手，释放科技创新这一最大变量，不断构筑高质量发展的最强动能；要坚持知行合一，大力弘扬治沙精神，以逢山开路、遇水架桥的勇气，一以贯之、只争朝夕的拼劲，不断跨越前进，高效推动各项工作向纵深突破，奋力开创高质量发展“新局面”。要夯实稳的基本盘，保持进的好势头，增强工作的主动性，切实把“稳字当头、稳中求进”

贯穿2022年经济工作各领域和全过程，持续猛攻招商引资和项目建设，持续激活科技创新活力，努力在新一轮竞争中抢占先机、赢得主动；要增强工作的精准性，深入落实“六稳”“六保”任务，大力实施制造业三年倍增行动，不断夯实高质量发展的实体根基；要增强工作的系统性，既要注重精准施力、重点突破，着力补齐短板弱项，构筑增长优势，也要突出协同发力，防止顾此失彼，全力推动一季度实现“开门红”。要鼓足创业精气神，唱响争先主旋律，把学习弘扬治沙精神作为当前及今后一个时期的重要任务，推动治沙精神走进干群内心、融入发展血脉，切实把精神力量转为追赶超越、奋勇争先的生动格局，转化为争第一、创唯一的过硬成果，全面掀起新一轮发展“大热潮”，为高质量建设南通跨江融合发展样板区、谱写“强富美高”新如皋现代化建设新篇章贡献更大力量。

·重大活动·

2021中国羽——全国小微盆景展暨盆景交易大会在如皋举行

5月28日,2021中国羽——全国小微盆景展暨盆景交易大会在如皋市开幕。中国盆景艺术家协会会长鲍世骐,中国盆景艺术家协会秘书长苏放,江苏省农业技术推广总站副站长、江苏省花卉协会秘书长顾鲁同,以及如皋市领导丁兴华、钱志刚、杜永红出席开幕式。

开幕式上,如皋市领导与嘉宾代表共同按下大会启动键,并为全国小微盆景展金奖、银奖获得者颁奖。

市委副书记丁兴华在开幕式上致辞。他说,如皋大力发展花木盆景产业,集聚国家农业科技园区、盆景大观国家AAAA级旅游景区、中国小微盆景基地等高端载体和平台,花木盆景生产面积达到20万亩以上,年销售额达到200亿元。他指出,2020年以来,如皋适应行业发展的规律,顺应市场发展的需求,正式启动《中国小微盆景基地建设5年发展规划》,计划打造集小微盆景种植、出口、资材生产与供应、展销展示、线上线下销售等全产业链集散中心,全力推动小微盆景走出小众、面向大众,飞入寻常百姓家。他表示,此次活动既是小微盆景的展示展销大会,更是小微盆景产业的招商盛会,希望更多的人可以与如皋共谋合作、共赢未来,共同开启盆景产业化、小微化、国际化的发展新征程。

此次小微盆景展聚集全国各地精品小微盆景400多盆(组),突破传统的单一盆景排列组合形式,通过多元化集中展陈评比,展示各地盆景特色,为广大盆景爱好者和从业者献上一场盆景艺术的盛宴。

全国半导体材料标准暨技术研讨会在如皋举行

6月9日,全国半导体材料标准暨技术研讨会在如皋举行。市委书记何益军,有色金属技术经济研究院有限责任公司党委书记、执行董事林如海出席会议。

何益军在致辞时说,如皋市坚持把标准化作为助力高质量发展的有效途径,纵深推进国家基层标准化改革创新先行区创建等各项工作。截至2021年,全市拥有全国标准化分委会秘书处单位2个、工作组8个,企业主导制定国际标准2项、国家标准48项、行业标准98项,新增国家级标准化试点示范项目10个、省级6个,获评中国标准创新贡献奖2项。特别是在光电及第三代半导体产业方面,江苏卓远半导体有限公司、海迪科(南通)光电科技有限公司、江苏秦烯新材料有限公司等一批重点企业,深耕行业细分领域,加强核心技术攻关,在产品质量提升、标准化制定等方面取得一些突破性进展,创造多个国际一流、国内唯一,为产业"裂变式"发展、高质量发展注入强劲动力。何益军表示,他衷心期待如皋这方水边高地演变成财富的高地、人才的高地、标准的高地,希望大家借助此次会议,与如皋携手同行、共谋发展,共创半导体产业的精彩"窗口"。如皋也将以更加开放的胸怀、更加包容的态度、更加积极的

6月9日，市委书记何益军在全国半导体材料标准暨技术研讨会上致辞 （邱宇 摄）

姿态，全方位打造一流“如意”营商环境，竭尽所能为企业提供精心精准精细的周到服务，推动实现企业、产业和城市多方共赢。

有色金属技术经济研究院有限责任公司是全国半导体材料标准化分技术委员会的挂靠单位，是半导体材料标委会各项工作得以顺利开展的坚强后盾。林如海在致辞时说，多年来，全国半导体材料标准化分技术委员会紧紧围绕行业发展需求，建立和完善协调配套的标准群，全面启动新材料、绿色制造、资源综合利用等领域的标准化工作。下一步，有色技经院将一如既往地支持标委会的各项工作，使半导体材料标准在行业发展中发挥更大的作用。

高新区（城南街道）负责人从半导体产业发展规划、高端人才、产业配套、激励政策等方面进行产业推介。与会专家围绕高纯红磷行业现状及发展趋势、磷化铟单晶衬底量产技术的现状及发展趋势、碳化硅衬底产业技术现状及发展态势等进行讲解。

力星股份高端滚动体发展论坛暨风电大球扩产项目投产仪式举行

6月18日，江苏力星通用钢球股份有限公司高端滚动体发展论坛暨风电大球扩产项目投产仪式在如皋市举办。工信部装备工业司副巡视员王建宇、中国轴承工业协会理事长周宇、中国机电一体化技术应用协会会长李亚平、江苏省工信厅装备工业处处长申高青等，以及如皋市领导何益军、王鸣昊、丁兴华出席活动。

活动中，与会嘉宾代表一起按下力星股份风电大球扩产项目投产启动键。该项目总投资1.38亿元，重点发展5MW级以上风力发电专用钢球、海洋工程装备用大型精密轴承钢球等，形成新增月产1200吨高端大型滚动体生产能力，进一步提升力星股份在高端大型滚动体领域的产能规模。

在随后举办的“锻长板　补短板”高端滚动体发展论坛上，如皋市委书记何益军在致辞时指出，力星股份作为如皋市智能装备制造领域的行业尖兵，以“三十年磨一剑”的毅力，蓄势提能、厚积品质，走出一条以科技创新为引领，从小到大、勇攀高峰的辉煌之路，先后成为国家知识产权示范企业、国家火炬计划重点高新技术企业、全国制造业单项冠军示范企业。力星股份董事长施祥贵被盛赞为“如皋的任正非”，发扬“不忘初心、挑战自我、勇于登攀、实业报国”的企业家精神，带领全体力星人艰苦创业、辛勤奋斗,将力星建成了全国滚动轴承标准化技术委员会滚动体分技术委员会秘书处单位,并成长为全国钢球行业的排头兵和世界钢球行业排名第二的知名企业。此次风电大球扩产项目的正式投产,势必将为如皋智能装备制造产业发展注入新动能。

6月18日,江苏力星通用钢球股份有限公司风电大球扩产项目投产仪式现场 (邱宇 摄)

他希望力星股份以此为契机,接续奋斗、再攀新高,持续增强产品核心竞争力,不断向世界级企业迈进。他表示,市委、市政府将一如既往地秉承"金牌店小二"理念,打造"如意"营商环境品牌,全力以赴支持企业高质量发展,让企业心无旁骛深耕业务,持续做大做强。

王建宇表示,在国家强基工程的引导和市场需求的拉动下,力星股份研发生产的轨道交通用高精度滚子轴承实现了技术和规模应用的重大突破。风电大球扩产项目顺利投产、高端精密滚动体项目相继开工建设,力星在高端滚动体发展道路上做出了行业的表率。30多年来,力星股份专注深耕轴承滚动体产业发展,通过不断提升产品质量水平和企业技术创新能力,跻身国际滚动体行业的前列,为我国轴承工业迈向轴承制造强国贡献了企业力量。

市委副书记、市长王鸣昊指出,中国轴承强国建设步伐的日益加快,给滚动体市场国产化带来了良好的发展机遇,举办此次论坛可谓恰逢其时,推动了企业之间的技术交流与合作,带动了区域联动发展。他表示,此次论坛的举办对于如皋市滚动体产业发展是一场及时雨,将成为如皋市滚动体产业加速发展的推进器。

活动现场,洛阳LYC轴承有限公司、中浙高铁轴承有限公司、洛阳新强联回转支承股份有限公司、大连冶金轴承股份有限公司、国机精工股份有限公司还分别与江苏力星通用钢球股份有限公司签署战略合作协议。

如皋市举行烈士纪念日缅怀先烈公祭活动暨《烈士光荣证》颁授仪式

9月30日是第八个烈士纪念日。当日,如皋市在烈士陵园举行烈士纪念日缅怀先烈公祭活动暨《烈士光荣证》颁授仪式,纪念为民族独立解放、人民和平幸福而英勇献身的烈士。市委书记何益军向沈银亮烈士的遗属代表颁授《烈士光荣证》。

公祭活动由市委副书记、市长王鸣昊主持。

何益军宣读祭文。他说,从播下革命火种的小小红船,到领航复兴伟业的巍巍巨轮,回望党的百年奋斗历程,无数革命先烈舍小家为国家、抛头颅洒热血,用鲜血和生命书写了气壮山河的英雄史诗。革命先烈不怕牺牲、英勇斗争的伟大精神构筑起了中国共产党人的精神谱系,为立党兴党强党提供了丰厚滋养。一个有希望的民族不能没有英雄,一个有前途的国家不能忘记先烈。如皋是革命老区,红十四军发源地,有着辉煌的革命斗争历程和光荣的革命传统。在新民主主义革命时期,一批又一批如皋儿女紧跟党的步伐,自发支持革命,诞生了中国工农红军第十四军这支传奇队伍,涌现了"火烧竹篱笆""苏中七战七捷"等一大批可歌可泣的壮举。在有名可考的3800多名革命先烈中,有南通地区最早的共产党员、点燃江海大地革命火种的吴亚鲁;有身先士卒、浴血沙场的红十四军军长何昆、政委李超时;有前赴后继、视死如归的8位中共如皋县委书记……他们真正用行动诠释了"为有牺牲多壮志,敢教日月换新天"的豪情壮志。历史不会忘记,胜利的丰碑是无数先烈用热血和生命铸就的。我们更不会忘记,如今的光明和幸福生活是烈士们用鲜血换来的。为了实现民族崇高理想而倒下的忠魂烈骨,为了祖国和人民的利益而甘于奉献的仁人志士,都是中华民族的脊梁,他们的事迹和精神都是激励我们前行的强大力量。

9月30日,如皋市举行烈士纪念日缅怀先烈公祭活动暨《烈士光荣证》颁授仪式 (邱宇 摄)

何益军指出,历史川流不息,精神代代相传。站在"两个一百年"奋斗目标的历史交汇点上,要大力传承红色基因,赓续红色血脉,鼓起迈进新征程、奋进新时代的精气神。当前,如皋迎来了百年未有之机遇,正处在加速发展、追赶跨越关键时期,一定要坚持和传承革命先烈绝对忠诚的政治品格、敢于负责的无畏勇气、踏实干事的扎实作风、善作善成的过硬本领、廉洁从政的道德操守,紧紧围绕"挺进县域二十强、争创文明典范城"目标,攻坚克难、敢于担当、积极作为,全力发展高质量经济、建设高标杆城市、创造高品质生活、抓好高标准党建,以赶考姿态奋进现代化建设新征程,为勇当长三角北翼高质量发展排头兵而不懈努力,为奋力谱写如皋现代化建设新篇章作出新的更大贡献。

市四套班子全体领导,市法院院长、市检察院检察长;各镇(区、街道)主要负责人、分管退役军人事务工作负责人、人武部部长、退役军人服务站站长;市级机关各部门(含垂直管理部门)主要负责人及分管党务工作的负责人;驻如皋部队官兵代表;烈属代表;社会各界代表;学生代表等参加活动。

活动现场,少先队员献唱《我们是共产主义接班人》。在向烈士敬献花篮后,市委、市人大、市政府、市政协主要领导、部队官兵代表、烈士遗属代表分别上前整理挽联,表达对烈士的崇高敬意和深切哀思。随后,全体人员向革命烈士纪念碑三鞠躬,并按秩序缓步前行,祭扫烈士墓、献上鲜花,追思革命先烈的丰功伟绩。

如皋市举行“才聚雉水 智汇皋地”2021高层次人才项目产业融合汇巅峰对决活动

为深入实施人才强市战略，加快推进“创新如皋”建设，全面提升全市招才引智工作水平，10月27日，如皋市举行“才聚雉水　智汇皋地”2021高层次人才项目产业融合汇巅峰对决活动。市委书记何益军，二级巡视员、省科协学会部部长李政，市委常委、组织部部长、统战部部长朱莹滢，副市长(挂职)、市科技镇长团团长唐余宽参加活动。

何益军在活动中致辞。他说，如皋市抢抓“一带一路”、长三角一体化发展、苏南国家自主创新示范区建设等国家战略机遇，深入实施创新驱动和人才强市战略，聚焦六大产业链条，高标准组建科创委，量身定制“科技23条”“人才22条”，精心打造人才科技金融一站式服务平台、高层次人才“一卡通”服务，高质量建设孵化器、青年人才公寓国际社区，孵化企业689家，吸引高层次人才1.2万余人，本土培育国家级人才4人，数量居南通第一，跃居全国科技创新百强县第17位，正成为人才和创新要素加速集聚的智慧高地。他表示，时代呼唤人才，发展需要人才，迈上现代化建设的新征程，如皋正奋力打造“跨江融合发展样板区”，勇当长三角北翼高质量发展排头兵，比以往任何时候都需要人才、渴望人才，也更有条件成就人才。他希望，与会的各位专家、人才代表能够积极建言献策、穿针引线；各行业各领域的佼佼者能够广泛凝聚创新共识、激发创业激情；国内外的高层次人才能够合作加盟、共谋发展，全面架起创新桥梁、扬起共赢之帆。他要求，全市上下要继续建强载体、提升服务、优化生态，最大限度地为人才创新创业提供一流环境，让如皋这片水边的高地成为人才的高地、信息的高地、资本的高地，让投资者、创业者在如皋这片双创沃土上收获丰硕的果实。

朱莹滢介绍如皋的发展环境和人才政策。她说，如皋素有“江苏历史文化名城、中国花木盆景之都、世界长寿养生福地”的美誉，是全国文明城市、中国人居环境奖城市、中国优秀旅游城市、国家生态市。千年的传承造就如皋深厚的文化底蕴，便捷的交通带来如皋独特的区位优势，持续的积累奠定如皋坚实的产业基础，如火的热情打造如皋一流的服务环境。为深入贯彻落实中央人才工作会议精神，持续推进人才发展体制机制改革，着力打造创新创业“皋”地，积极构建“如鱼得水、如鸟归林”的一流创新生态，让人才“近悦远来”，10月22日，市委、市政府正式出台《关于加快建设人才高地，推动如皋高质量发展的若干政策意见》，诚挚欢迎各界人才选择如皋、兴业如皋，创造辉煌成就，书写美好未来。

活动中，创成汇平台如皋市招才引智工作站揭牌。

随后，涉及智能装备制造、汽车及零部件、高端新材料、新一代信息技术、生命健康等领域的21个创新创业项目集中亮相，项目负责人通过现场或线上路演展开激烈角逐，评审团进行现场提问并打分，最终评出一等奖1个、二等奖2个、三等奖3个、优胜奖6个。

现场还举行颁奖典礼，与会嘉宾为获奖项目代表颁奖。

第四届中国·如皋第三代半导体晶体及装备论坛举行

10月27日，第四届中国·如皋第三代半导体晶体及装备论坛举行。乌克兰工程院院士杨为佑，中科院半导体研究所原副所长、“十三五”国家重点研发计划“战略性先进电子材料专项”总体专家组组长陈弘达等专家及企业代表，市领导何益军、司祝建、张元健、丁兴华、钱志刚、顾凡、郑振明参加活动。

10月27日，第四届中国·如皋第三代半导体晶体及装备论坛项目签约现场　（邱宇　摄）

市委副书记丁兴华主持活动。此次论坛以“新机遇、芯发展”为主题，重点探讨国内产业链短板环节——晶体材料及装备的发展现状、存在的掣肘及解决方案，分析第三代半导体领域面临的机遇与挑战，共议特色发展路径，搭建合作交流平台，吸引更多的优质企业及资源入驻如皋，推动产业集聚发展。

“如皋半导体产业潜力巨大。”如皋市委书记何益军在致辞中介绍，如皋市紧扣打造“长三角最具资源和成本优势的中高端产业集聚区”，重点发展六大优势产业，把半导体产业作为全市重点发展的战略性新兴产业，出台产业发展实施意见予以支持，重点引进上下游企业和研发机构落户，集聚了江苏迅镭激光科技有限公司、海迪科(南通)光电科技有限公司、江苏卓远半导体有限公司、江苏秦烯新材料有限公司等一大批优质企业，催生了卓远中乌第三代半导体、如皋化合物半导体等一批产业研究院，初步构建了覆盖半导体材料、设备、制造、封装测试、产业应用的完整产业链条。他希望与会嘉宾一如既往地关心支持如皋发展，尤其是半导体产业的发展，充分发挥人脉资源广、技术能力强的优势，积极宣传如皋、走进如皋，共同为如皋半导体产业发展贡献更多智慧力量、形成更多合作成果。

第三代半导体产业技术创新战略联盟理事长吴玲、中国工程院院士陈良惠通过视频向大会致辞，并就如皋市相关产业未来发展提出专业化的建议。

活动中，如皋高新区结合产业推介，发布第三代半导体产业发展规划。与会嘉宾为“如皋高新区众创空间”“如皋高新区科技企业孵化器”“如皋·创源上海科创孵化基地”等科创产业载体揭牌，12个产业项目及科技人才项目现场集中签约。

与会嘉宾以第三代半导体产业现状及趋势等主题，围绕市场、技术、设备等领域作主旨演讲。部分专家代表和企业负责人就第三代半导体发展的突破口及创新模式进行互动讨论。

与会嘉宾还实地考察软件园二期、南通世睿电力科技有限公司、江苏卓远半导体有限公司等处。

2021 年如皋科技人才洽谈会开幕

10 月 28 日，2021 年如皋科技人才洽谈会开幕。中科院院士、清华大学教授费维扬，南通大学校长施卫东等来自全国近 80 所知名高校院所的 200 多位专家学者和国内外部分知名企业、院校、机构、协会负责人齐聚如皋共话发展。省科技厅副厅长蒋洪，省人社厅副厅长朱从明，南通市委副书记、宣传部部长沈雷以及何益军、王鸣昊、司祝建、张元健、丁兴华等如皋市四套班子领导出席活动。

10 月 28 日，2021 年如皋科技人才洽谈会科技创新平台项目揭牌仪式 （邱宇 摄）

此次洽谈会主题为“智汇皋地 创新未来”。市委副书记、市长王鸣昊主持开幕式。

与会嘉宾首先共同观看如皋市科技人才宣传片《科创皋地扬帆起》。

市委书记何益军以《雉水凭潮起 等您踏浪来》为题作主旨演讲。此次演讲以水为媒，介绍如皋市独一无二的城市底蕴、传承千年的历史文脉和开放创新的强大基因，展现如皋市缘水而生、依水而建、因水而兴的独特魅力。

何益军还从区位优势、产业特色等方面进一步推介如皋。他说，当前，长江经济带、长三角一体化发展等重大战略的叠加交汇，为如皋借势发展、追赶超越带来重大机遇；通州湾新出海口江海联运枢纽和南通新机场空铁枢纽的建设，为如皋全面对接上海、加快融入长三角敞开方便之门。与此同时，如皋市新材料、汽车及零部件、电子信息、高端成套设备及关键零部件、新型电力装备、生命健康等六大优势产业集群链式发展，逐步形成较为完备的产业体系，“一轴串联、双核引领、三区联动、全域协同”的区域创新矩阵正在推进，发展要素十分充足，金融、创新等政策支持有力。如皋比任何时候都渴求人才、渴求项目，也比以往任何时候都更有条件成就人才、成就事业，希望能与更多的人才、项目在长三角一体化大潮中，追江赶海、踏浪前行。

沈雷在致辞时表示，南通市第十三次党代会明确提出：突出创新驱动，建设更高水平国家创新型城市。南通正在大力推进区域创新协同化、科技创新产业化、创新体系生态化，以南通沿江科创带建设为主抓手，着力激发第一动力、集聚第一资源。如皋作为南通沿江科创带的重要支点，产业生态好、创新生态好、自然生态好，科技创新蓬勃兴起。希望与会专家为南通和如皋的创新发展把脉指向、出谋划策，也希望海内外英才能够选择南通、选择如皋。

蒋洪在讲话时指出，如皋市委、市政府历来高度重视科技创新工作，紧扣上级决策部署，积极抢抓长三角一体化发展机遇，大力实施创新驱动发展战略，在国际交流合作、科技人才引进等方面取得突出成绩。科技人才洽谈会是如皋举办多年的品牌活动，有力地促进科技交流合作、创新资源集聚、创新成果转化、产业项目招引等工作，希望如皋勇当全省科技创新排头兵，为推动全省县域科技创新体系建设作出如皋贡献。

朱从明在讲话时表示，如皋市委、市政府秉承人才是第一资源的理念，以支持人才创新创业、促进成果转化为重点，以优化打造“1+6”人才政策体系为支撑，创新创业服务体系日渐完善，爱才敬才优才的氛围日益浓厚。省人社厅将一如既往关注支持如皋人才工作，在专业技术人才、高技能人才和高级管理人才三支队伍建设、人力资源服务、“双创大赛”等人才项目工程推进中持续给予支持。

随后，费维扬宣布2021年如皋科技人才洽谈会开幕，与会领导共同完成启动仪式。高校领导代表、创新创业代表、客商代表围绕各自领域进行交流发言。

活动为5名“如皋市2021年科技强企人物”进行颁奖；为“上海交大闵行科技园·如皋联合创新中心”、“如皋·创源上海科创孵化基地”和江苏集萃食品生物应用技术研究所有限公司揭牌。

2021年如皋科技人才洽谈会共计签约项目45个，投资总额562亿元。

2021中国江苏乡土人才技艺技能大赛盆景制作项目决赛在如皋举行

12月21日，2021中国江苏乡土人才技艺技能大赛盆景制作项目决赛在如皋市江苏盆景博物馆举行。活动由省人力资源和社会保障厅、省农业农村厅、省总工会等部门共同主办，南通市人力资源和社会保障局、如皋市人民政府、中国花卉协会盆景分会承办。江苏省人力资源和社会保障厅党组成员、副厅长朱从明，南通市人民政府副市长赵闻斌，如皋市领导何益军、顾留忠参加活动。

12月21日，2021中国江苏乡土人才技艺技能大赛盆景制作项目决赛启动仪式现场 （邱宇 摄）

如皋，素有“中国花木盆景之都”的美誉，拥有国内规模最大、档次最高的综合性交易市场集群，是国际国内花木盆景重要的原产地、盆景艺术交流和交易的集散地。如派盆景连续20多年装点人民大会堂和中南海，在国内外各类盆景艺术大赛中亦是屡获佳绩，其制作技艺已被列为“国家级非物质文化遗产代表性项目”，是全国首个盆景类地理标志证明商标。2021年，如皋市花木盆景栽培面积达20万亩，品种1300多个，从业人员10万多人，全产业链产值超200亿元，2020年如皋盆景拔尖人才获国家级金奖超10个。

市委书记何益军在活动中致辞。他说，如皋大力发展盆景国粹，出台小微盆景基地财政补贴政策，启动《中国盆景艺术大师培养五年行动计划》，形成以盆景为核心、花卉苗木为基础、园林施工为支撑的全产业链，“如派”盆景的国际影响力不断扩大。他表示，如皋市的发展正迎来新一轮黄金机遇期，围绕“挺进县域二十强、争创文明典范城”两大目标，如皋正全力打造“跨江融合发展样板区”，勇当长三角北翼高质量发展排头兵。如皋市将以承办此次决赛为契机,深入抓好传统特色产业和先进制造业发展,在全市积极弘扬工匠精神,持续培养含“乡土人才”在内的各类技能人才,进一步推动如派盆景在新的时代浪潮中,向产业链中高端纵深发展,让蟠扎、修剪等传统技艺在传承与创新中融合碰撞、焕发活力。

朱从明在讲话时指出,实施乡村振兴战略,关键在于人才振兴。举办乡土人才技艺技能大赛是推动技艺传承、提升乡土人才素质的重要途径。此次盆景制作大赛紧贴花木盆景行业发展,汇聚众多盆景制作高手同台竞技,对弘扬精益求精的工匠精神和永不懈怠的攀登精神,引导激励广大花木盆景从业人员学习知识、钻研业务,打造新时代花木盆景行业乡土人才队伍必将起到积极的推动作用。他希望,大家能以举办此次大赛为契机,进一步培育壮大乡土人才队伍,建立健全乡土人才制度体系,打造一支带领技艺传承、带强产业发展、带动群众致富的乡村人才振兴生力军,为谱写新时代“强富美高”新江苏建设现代化篇章,作出新的更大的贡献。

在 2021 中国江苏乡土人才技艺技能大赛盆景制作项目决赛启动仪式上,朱从明、何益军等与会领导共同按下启动键。

此次决赛中,共有来自全省各地的 56 名选手参加角逐,展示各自花卉盆景制作“绝活儿”,并在交流中促进花卉盆景制作的技艺、技能提升。

·重 要 事 件·

星球石墨在上交所科创板正式挂牌上市

3月24日，南通星球石墨股份有限公司在上交所科创板正式挂牌上市，领导和嘉宾共同敲响开市锣　(邱宇　摄)

3月24日，南通星球石墨股份有限公司在上交所科创板正式挂牌上市，成为如皋市首家科创板上市企业，如皋市上市企业总数达到8家。市领导何益军、王鸣昊、司祝建、张元健、丁兴华、石慧宏、顾留忠、刘栩、冒平出席企业挂牌仪式。

活动中，市委书记何益军，市委副书记、市长王鸣昊，南通星球石墨股份有限公司董事长钱淑娟等共同敲响开市锣。

星球石墨一直坚持自主创新，深耕石墨材料应用及设备制造领域，是国家制造业单项冠军示范企业、国家首批专精特新小巨人企业、中国大型石墨化工设备研发生产基地，主导、参与制定国际标准1项、国家标准7项、行业标准8项，拥有发明专利38项，多项产品及工艺技术获得科学技术进步奖及专利奖。

何益军在企业上市仪式上致辞，向星球石墨的成功上市表示热烈的祝贺。他说，星球石墨在上交所挂牌上市，是企业发展史上的一个重要里程碑，希望星球石墨以上市为契机，锐意进取、乘势而上，不断提升产品竞争力、市场占有率，以更加优异的业绩回报社会、回馈投资者。

“十四五”时期，如皋市把打造资本市场“如皋板块”，作为推动经济高质量发展、裂变式发展的战略抓手，全市已拥有上市企业8家，并形成了报会企业、后备企业等上市梯队。

何益军表示，星球石墨的正式上市，标志着如皋市企业上市科创板实现突破，也标志着如皋“十四五”企业上市工作实现良好开局。在资本市场注册制改革的大背景之下，如皋市将一如既往地支持企业上市和上市企业的发展，全力提供全方位、全过程的高效服务，加快培育高质量上市后备企业集群，鼓励支持更多优质企业借力资本市场实现跨越发展。

活动中，星球石墨和上海证券交易所签订《科创板上市协议书》，并互换上市纪念品。

第四届“MLILY 梦百合 0 压床垫杯”世界围棋公开赛决赛在如皋市开幕

4 月 28 日，第四届“MLILY 梦百合 0 压床垫杯”世界围棋公开赛决赛开幕式现场　　（汤乾玮　摄）

4 月 28 日，第四届“MLILY 梦百合 0 压床垫杯”世界围棋公开赛决赛在如皋市开幕。中国围棋协会主席林建超、中国围棋协会副主席华学明等棋坛名宿及如皋市领导何益军、王鸣昊、高峰、张亚鸾、刘晓洁出席活动。

“MLILY 梦百合杯世界围棋公开赛”是由梦百合家居科技股份有限公司与中国围棋协会共同创办的一项世界围棋大赛。第四届“MLILY 梦百合 0 压床垫杯”世界围棋公开赛于 2019 年 10 月在北京开幕，8 强赛和半决赛的赛期先后两次推迟，最终于 2020 年 12 月 28 日至 2021 年 1 月 4 日在如皋市成功举办，江苏籍棋手芈昱廷九段和棋坛新贵谢科九段最终进入决赛，角逐冠军。此届世界围棋公开赛决赛是新冠肺炎疫情以来全球范围内举办的首个线下围棋职业赛事决赛。

5 月 5 日下午，第四届“MLILY 梦百合 0 压床垫杯”世界围棋公开赛决赛决胜局（第 5 局）落下帷幕，芈昱廷九段执白 298 手中盘战胜谢科九段，最终以 3:2 的比分再度加冕梦百合杯。

市委书记何益军在开幕活动上致辞。他说，一直以来，如皋市立足地方特色，持续发展文体产业，推动文体旅深度融合，成功打造“梦百合杯”世界围棋公开赛、支云足球主场赛事、如皋马拉松、环太湖国际自行车俱乐部巡回赛、全国田径投掷项群赛、铁人三项赛等六大特色品牌赛事。成功举办第 20 届亚洲老将田径锦标赛、如皋国际马拉松赛等高水平赛事，连续举办三届全国老将田径锦标赛。2018 年，主场位于如皋市的南通支云足球俱乐部成功冲甲，连续 4 年被中国足协评为“最佳人气赛区”。何益军指出，体育是竞技的平台，也是交流的桥梁，更是友谊的纽带。两位参赛选手历经鏖战，挺进决赛，必将为大家带来水平高超、精彩绝伦的围棋“饕餮盛宴”，必将推动如皋市围棋运动乃至文体事业更上新台阶，必将成为扩大开放、增进友谊、促进交流的重要平台，进一步提升如皋市的对外影响力和美誉度。

梦百合家居成立于 2003 年，“MLILY 梦百合”是该公司旗下知名品牌。历经十余年的发展，梦百合已在中国、美国、塞尔维亚、西班牙、泰国建立横跨东西方的五大研发中心和生产基地，产品畅销美、日、英等全球 73 个国家和地区，在全球拥有近 5000 个销售终端。近几年“MLILY 梦百合杯”世界围棋公开赛的成功举办，也为其品牌推广和市场开拓提供强劲的助力。

如皋市大力实施“体育强市”战略，伴随着高质量发展的浪潮，如皋体育事业迈上新台阶，全民健身活动蔚然成风，体育文化事业蒸蒸日上，连续多年举办的“梦百合杯”比赛也已成为如皋市一张闪亮的体育名片，如皋人民在享受围棋盛宴的同时，也将自身热情、好客、文明、真诚的良好形象传递出去，“世界长寿之乡、花木盆景之都、历史文化名城”——如皋也进一步被国际社会所熟知。

如皋水上绿色综合服务区正式运营

6月11日，如皋水上绿色综合服务区正式运营暨如皋市港航综合调度中心试运行启动，“智信皋港”平台上线仪式在如皋港举行。副市长顾凡参加活动。

6月11日，如皋水上绿色综合服务区正式运营 （邱宇 摄）

如皋水上绿色综合服务区由长110米的“威龙趸”以及3艘60米、65米、70米趸船和待泊基地共同组成，是长江流域乃至全国最大的水上绿色综合服务区，可同时服务30条万吨及以下内河船舶，为船民提供餐饮住宿、医疗卫生、购物休闲、船舶保养及配件销售等多项服务，为船员打造长江中的温馨港湾。

“我在江上有个家”

“我今天就下单，先给我的孙子买一把玩具枪。”泰富68号油船轮机长梅德高乐开了花。对梅德高来说，随着服务区的正式运营，自己就有了一个可以填写收货地址的“家”，从此常年在江上工作生活的他，与陆上的往来更加畅通。

甲板上，2架无人机凌空飞起，将物品稳稳当当地投放到所需船只上。线上下单购买、2公里范围内无须停泊、5分钟闪电送达，30公斤承载力的无人机配送方式，为江上物流运输提供了高效的智能航运服务，真正解决了江上配送最后一公里的难题。

在服务区超市，船主老陈正陪着妻子在水上超市购物。“这里啥都有，菜很新鲜，价格也很好，太方便了。”老陈兴奋地说道。

为了让长江上“流动党员”找到归属感，水上综合服务区设立党员活动室，为他们提供生产技能培训、党建知识学习、远程互动交流和休息娱乐健身的“一站式”服务，让每一位党员船员，都能感受到党组织的温暖。同时，服务区的海事自助服务站，还能为船员提供政策查询、业务办理、简单行政备案、行政许可和审批报备等业务，全方位推进政务服务、船员服务、船舶维修不出区，全力打造“最多跑一次”的一站式服务。

万里长江“威龙”现

“如皋水上绿色综合服务区可提供的服务包括所有靠管船舶零排放、船上生活垃圾生活污水全接收、在航船舶排放全达标，以及内河船舶生活垃圾免费接收、生活污水免费接收、免费水上交通、免费锚泊的‘一零两全四免费’的绿色服务，这是服务船只、保护沿江环境的一项重要举措。”南通海事局党委书记、局长沈道明介绍说。

在服务区，船舶污染物可实现全封闭式转移，真正做到绿色“零排放”。这里是一处船只船员休整补给的“绿色港湾”，也是一座守护长江生态的“绿色哨岗”。接下来，服务区将全面打造“功能全面、办事便捷、服务优质、船民满意”的长江如皋水上绿色综合服务示范区，服务长江航运绿色发展，为推动长江经济带高质量发展提供重要支撑。

中国工农红军南通如皋红军小学正式授旗授牌

在庆祝中国共产党成立 100 周年之际，为传承红色基因，赓续革命精神，6 月 23 日，全国红军小学建设工程理事会在如皋市东燕小学举行“中国工农红军南通如皋红军小学”授旗授牌仪式。

6 月 23 日，“中国工农红军南通如皋红军小学”授旗授牌仪式活动现场 (汤乾玮 摄)

第十二届全国政协委员、中国人民解放军原总参四部部长万晓援少将，全国红军小学建设工程理事会副理事长兼秘书长、全国红办把红色基因一代代传下去工作领导小组秘书长方强，时任通海特委书记刘瑞龙之女、全国红军小学建设工程理事会副理事长刘延淮，以及姜永华、杨曹明、何益军、司祝建、张元健、高峰、夏森、张亚莺等南通和如皋市领导参加授旗授牌仪式。

仪式现场，方强宣读成立“中国工农红军南通如皋红军小学”的决定，万晓援为“中国工农红军南通如皋红军小学”授校旗，刘延淮和刘瑞龙之子刘延申为“中国工农红军南通如皋红军小学”授校牌。全国红军小学建设工程理事会向“中国工农红军南通如皋红军小学”转赠曾飘扬在天安门广场的国旗，赠送“习近平总书记和少先队员在一起”的挂像。方强为“中国工农红军南通如皋红军小学”授习近平总书记对红军小学建设工程重要指示题词牌。

“中国工农红军南通如皋红军小学”的前身是东燕庄小学。1930 年，红十四军军长何昆到达如皋西乡东燕庄，在东燕庄小学东南角一间老教室内建立指挥部，进行红十四军建军筹备工作，并正式对外打出红十四军旗号。市委书记何益军在致辞中说，如皋素有“华东红色革命摇篮”的美誉，中国工农红军第十四军是江苏境内唯一的一支正规红军，其开辟的以如皋为中心的通海如泰革命根据地，是土地革命时期全国 15 块红军游击区之一；苏中七战七捷中有“三战”奏凯于如皋境内。红色的基因深深根植雉水大地，是滋养如皋儿女的精神源泉，鼓舞全市上下砥砺前行的不竭动力。

“我们现在的幸福生活和尊严，是无数的鲜血和生命换来的。”刘延淮在授旗授牌仪式上讲话，她希望“中国工农红军南通如皋红军小学”的学生们要时刻牢记习近平总书记的谆谆教诲。

龙华 24 烈士之一的汤士伦的后代汤煜宸，是“中国工农红军南通如皋红军小学”三(2)班的学生。他说，“红十四军英雄人物以及他们艰苦斗争的故事我背得滚瓜烂熟”，先辈们英勇不屈的革命精神，是永不熄灭的精神火炬，是取之不尽的精神财富，他和同学们将以先辈们为楷模，把革命的红旗一代一代永远扛下去。“一代人有一代人的使命。今天，历史的接力棒传到了我们的手上。”少先队员代表曾思涵在献词中表示，他们将刻苦学习，争做合格的共产主义接班人。

全国红军小学建设工程理事会向“中国工农红军南通如皋红军小学”赠送指定读物书籍，红十四军后代向“中国工农红军南通如皋红军小学”捐赠奖教基金。方强带领“中国工农红军南通如皋红军小学”全体学生进行了宣誓。

“中国共产党江苏如皋县委印”被认定为一级革命文物

6 月 28 日，“中国共产党江苏如皋县委印”定级评审会在如皋市档案馆举行。评审会由省文物局组织，中国第二历史档案馆研究馆员、《民国档案》主编杨斌，南京博物院典藏部副主任、研究馆员杨海涛和常熟市博物馆研究馆员周公太组成专家组，经鉴定后认定印章为一级革命文物。

“中国共产党江苏如皋县委印”1965 年秋出土于如皋。当时县民政科翻建旧房(原国民党看守所)，在清理下水道时发现一个砖形圆拱，内有一只平边铁锅，锅盖上有一双绣花鞋，锅内有百余发子弹、一把刺刀、一副脚镣以及这枚印章。自印章出土后至 20 世纪 80 年代，县委组织专门人员多次对印章的来历进行调查，经走访当年在如皋工作和战斗过的老领导、老同志，并梳理党史、查找史料，认定这枚印章原属于 1929 年 1 月牺牲的时任中共如皋县委书记徐芳德。1929 年 1 月 16 日的上海《申报》和 1 月 17 日的《通通日报》均有徐芳德被捕的报道，文中明确提到被缴获物品中包括“‘中国共产党江苏如皋县委印’一方(石质)”。

6 月 28 日，“中国共产党江苏如皋县委印”定级评审会

(如皋市档案馆 提供)

从 1927 年 7 月如皋县委成立至 1933 年短短几年间，如皋 8 位县委书记中有 7 位光荣牺牲，牺牲时平均年龄仅 25 岁。这枚印章见证了土地革命时期中共早期地方基层组织成长和发展的风云历程，记录着共产党人“革命理想高于天”的崇高信仰，生动诠释了中国共产党的伟大宗旨和先驱者们赴汤蹈火、前赴后继的革命精神，激励人们坚定理想信念、践行初心使命，薪火相传、砥砺前行，具有很高的历史价值和十分深远的现实意义。

为永远纪念那段波澜壮阔的红色历史，献礼中国共产党成立 100 周年，市档案馆向文物部门申请对印章进行定级评审，专家组现场出具鉴定意见，认为该印是目前发现的中国共产党组织史上县一级党组织最早的印章，极具革命历史文物价值，来源清楚，时代明确，弥足珍贵；该印有历史文献记载，见于新闻报道；该印有明确的出土地点和时间；该印为青田石篆刻印章，保存完好，章法规整，刀法遒劲，确认是原件真品，一致同意评定为一级革命文物，同时也是南通市唯一的一级革命文物。

张靖皋长江大桥前期工作调研座谈会在如皋召开

8 月 28 日，张靖皋长江大桥前期工作调研座谈会在如皋市召开 （邱宇 摄）

8 月 28 日，张靖皋长江大桥前期工作调研座谈会在如皋市召开。省交通运输厅党组成员，省交通工程建设局党组书记、局长蒋振雄，省铁路办二级巡视员、省交通工程建设局副局长缪玉玲，省交通工程建设局党组成员、副局长杨玉冬，南通市交通运输局党委书记、局长周建飞，以及如皋市领导何益军、王鸣昊、程瑞琴、黄文斌、杜永红参加会议。

会议听取设计单位、长江镇、市自然资源和规划局等单位就开工前有关工作情况的汇报，并就张靖皋长江大桥与沿江公路互通设置方案、大桥先行用地及搬迁等工作进行深入讨论。

张靖皋长江大桥是国家发改委印发的《长江干线过江通道布局规划(2020—2035)》中的公路过江通道之一，也是《长江三角洲区域一体化发展规划纲要》江苏实施方案中完善过江通道建设布局、近期加快推进建设的七条过江通道之一。项目建设对落实长三角一体化发展国家战略，促进江苏省内早日实现跨江融合、拥江发展，建设高水平扬子江城市群等具有重要意义。

市委书记何益军表示，良好的基础设施建设不仅能为经济发展提供有力保障，也能带动经济社会高质量发展。随着沪苏通长江公铁大桥的开通，如皋市迎来更多新的发展机遇。下一步，如皋市将进一步提高思想站位，立足大局，服务全局，全力做好张靖皋长江大桥的各项前期工作。

蒋振雄对南通市、如皋市在项目工可报批等工作过程中所付出的艰辛努力以及着眼长远、顾全大局的风格表示肯定和赞许，他赞扬南通及如皋特别讲大局、特别讲政治、特别能干事、特别能成事，并希望双方继续共同努力，力争项目初步设计尽早获批。

张靖皋长江大桥项目位于江阴大桥和沪苏通大桥之间，工程全长 29.849 千米，其中跨江段及引桥长度为 12.007 千米(北航道桥长 1.208 千米、南航道桥长 3.017 千米、引桥长 7.782 千米)，两岸接线段长度 17.842 千米。

该项目线路起自如皋石庄镇西侧与沪陕高速公路交叉处，向南经石庄工业园、如皋港区后，于如皋华泰重工厂区处进入长江，设置主跨 1208 米的北航道桥跨越长江如皋中汊，经靖江民主沙岛后，设置主跨 2300 米的南航道桥跨越长江主江航道，于张皋汽渡西侧登陆，向南沿现状及规划 259 省道布线，先后跨越南沿江公路、港丰公路、规划金港专用铁路，止于张家港疏港高速公路晨阳互通，接现状张家港疏港高速公路。

该项目工程建设周期 6 年。全线按高速公路标准建设，其中跨江段及引桥(如皋南互通至张家港北互通)采用双向八车道，设计速度 100 公里/小时，路基宽度 42 米，桥梁净宽 2×18.75 米；两岸接线路段采用双向六车道，设计速度 120 公里/小时，路基宽度 34.5 米，桥梁净宽 2×15 米。

这其中，全长 7859 米的跨江大桥是过江通道的控制性工程，超长的跨度是由南、北两座航道桥组成。其中，南航道桥采用梁跨布置为(2300+717)米、缆跨布置为(660+2300+1220)米的双塔双跨吊整体钢箱梁悬索桥方案，这座大桥一旦建成，将创下六项世界之最：世界最大跨径桥梁、最大跨径悬索桥、最高钢混组合索塔、最长主缆、最大锚碇基础、最长吊索。

如皋市石庄教育发展基金会成立

12月12日，江苏省石庄高级中学建校70周年办学精神研讨暨石庄教育发展基金会成立仪式在石庄高级中学举行。

12月12日，江苏省石庄高级中学建校70周年办学精神研讨暨如皋市石庄教育发展基金会成立仪式现场 （如皋市教育局 提供）

活动邀请中国科学院院士、东华大学材料学院院长、博士生导师朱美芳，中国科学院过程工程研究所研究员、博士生导师曹宏斌，东华大学基建后勤处处长汤跃宁，中信资本控股有限公司总裁张海涛，施耐德电气（中国）有限公司上海分公司高级副总裁谢佶隽，南通小樱时装有限公司董事长殷志祥等校友代表。市委书记何益军，市委常委、常务副市长顾留忠，南通市教育局副局长张俊出席活动。市委办公室主任杜晓峰、市教育局局长郭其龙、石庄镇党委书记陈飞等参加活动。

市委书记何益军代表如皋市委、市政府向石庄高级中学广大校友和全体师生员工表示诚挚的祝贺，向长期关心和支持如皋经济社会发展的石庄高级中学优秀校友致以崇高的敬意和衷心的感谢。他说，石庄教育发展基金会的成立，彰显了优秀校友和企业家们心系教育、造福桑梓，以善心善举孕育、孵化如皋崇文重教的新风尚。市委、市政府将坚定不移地实施科教兴市、人才强市战略，始终如一以最好的资源、最大的力度支持石庄中学做优做强，把石庄中学打造成如皋教育一块新的“金字招牌”。希望学校立足新起点，进一步强精神、强管理、强师资、强品牌，担当起全市教育改革发展的先行者、示范者。

会上，石庄镇党委书记陈飞介绍教育发展基金会成立情况。基金会理事长张海涛致辞。与会嘉宾共同见证如皋市石庄教育发展基金会成立仪式。如皋市石庄教育发展基金会的捐款来源于社会人士及石庄各学校各届的校友捐资，已经筹集近300万元资金，这笔基金将用于奖励为石庄教育作出突出贡献的教师和品学兼优的学生，引进和留住优秀的教师资源，帮助贫困学生，支持教育设施的建设等。

在石中精神研讨会上，石庄中学校长邹晨光及教师代表、历届校友代表讲述了“心中的石中精神”，表示一定会传承精神、坚守信仰，在今后的人生道路上“不畏艰难、不懈追求、不断超越”。2000届校友代表邵海宝宣读倡议书。与会嘉宾为年度卓越学生、“感动石中”年度人物、年度卓越团队、年度开拓创新奖颁奖。

曹宏斌回顾在石庄中学求学的日子，虽然当时条件艰苦，但是求学过程颇为快乐，大家努力学习并乐在其中。他要求同学们一定要有强健的体魄,因为身体比学习更重要;要有远大的目标,脚踏实地地努力,通过学习去实现。中国工程院院士孙友宏向大会云寄语。他说,石庄中学的老师精益求精,为学生成长尽责的工作作风,体现了石中教师的责任内涵,体现了石中"明德任责"的校训。朱美芳回忆了1979年独自离家到石庄中学读书的情景,从条件艰苦到逐步适应石中生活,她感动于老师从学习到生活各方面的悉心教导和帮助,他们甘为人梯、默默奉献的精神已经深深融入校友的血液之中。朱美芳透露,希望今后在母校成立一个材料实验室,帮助培养同学们的科学精神;同学们也要扛起责任,未来要力争活跃在全国乃至世界的舞台上,展现出精彩人生。

超达装备在深交所正式鸣钟上市

12月23日,南通超达装备股份有限公司首次公开发行A股上市仪式现场 (邱宇 摄)

12月23日,南通超达装备股份有限公司在深交所正式鸣钟上市,如皋市上市企业总数达到9家。市领导何益军、张元健、丁兴华、顾留忠、顾凡、刘栩出席企业上市仪式。

活动中,与会嘉宾共同敲响开市钟。

南通超达装备股份有限公司是国内领先的汽车内外饰模具供应商,主要从事模具、汽车检具、自动化工装设备及零部件的研发、生产与销售,凭借稳定可靠的产品质量、规模高效的生产能力和良好的性价比,获得佛吉亚、安通林、欧拓等国内外知名汽车零部件制造商的广泛认同。公司是高新技术企业,具有较强的技术优势,拥有"江苏省企业技术中心"和"江苏省大型复杂模具工艺及制造工程技术研究中心",拥有100余项专利。

市委书记、如皋经济技术开发区党工委书记何益军在企业上市仪式上致辞,向超达装备的成功上市表示热烈的祝贺。他说超达装备在深交所鸣钟上市,不仅是企业发展史上的一个重要里程碑,也是资本市场如皋板块发展壮大的又一重大成果,希望超达装备立足新起点,抢抓新机遇,继往开来,再接再厉,努力争创更大的成就,为推动如皋经济社会高质量发展、我国汽车内外饰模具产业发展做出更大的贡献。

何益军表示,在新发展理念的引领下,如皋市抢抓"一带一路"、长三角一体化发展、苏南国家自主创新示范区建设等契机,加快建设六大百亿级优势产业链。在如皋现代化建设新征程中,如皋市将始终如一地支持企业上市和上市企业的发展,积极营造一流营商环境,竭尽所能地为企业上市提供全方位、全过程的高效服务,加快培育高质量上市后备企业集群,让企业进入资本市场的热情竞相迸发,创造丰厚财富的源泉充分涌流,希望更多的人才在如皋这片热土上继续投资创业、实现合作共赢。

·重大项目·

香港立讯智能终端精密模组项目落户如皋

1月16日,如皋市智能终端精密模组项目签约活动现场

(邱宇 摄)

1月16日,香港立讯有限公司总投资超100亿元的智能终端精密模组项目在如皋签约。南通市委书记徐惠民,香港立讯有限公司董事王来胜,南通市委常委、秘书长姜东,南通市副市长潘建华及如皋市领导何益军、王鸣昊、丁兴华、顾留忠参加活动。

智能终端精密模组项目位于如皋市长江镇,预计总投资超100亿元,其中设备投资68亿元。该项目自2020年8月20日正式开始洽谈;2020年9月13日,香港立讯有限公司与如皋市签订框架协议;2020年10月2日,施工单位正式进场施工;2020年12月23日,项目主体已全部封顶并开始移交,预计将在一年内实现开工、投产、转化、销售。2021年一期投产后,预计可年产智能终端精密模组1.37亿套,年应税销售120亿元、纳税3.6亿元,对如皋市深度嵌入全球顶级科技产业链、实现"十四五"良好开局具有重要意义。

在南通市委书记徐惠民的见证下,如皋市委副书记、市政府代市长王鸣昊与香港立讯有限公司董事王来胜签约。

市委书记何益军在致辞时说,如皋市积极抢抓重大发展机遇,紧紧围绕"工业投入三年超千亿,百强排名挺进前二十""高质量建设长江以北最强县市"的目标定位,始终把发展经济的着力点放在实体经济上,持续掀起大抓项目、抓大项目的实干热潮,充分激发科技创新驱动和项目投入拉动"两大动力",2020年累计签约10亿元以上项目32个、新开工亿元以上项目72个,各项经济指标呈现稳中有进、稳中向好的强劲态势,经济社会发展迈上了崭新台阶。长江镇区位优势独特、资源禀赋丰富、平台载体完善,是如皋跨江融合的前沿区、城市发展的副中心。随着张皋过江通道、北沿江高铁等一批重大交通工程的规划建设,长江镇区域枢纽地位日益凸显,港产城融合不断深化,正加快从一个镇向一座城转变。他指出,这次项目的成功签约,既是如皋市深入贯彻江苏省委和南通市委全会精神的生动实践,也是开局起步"十四五"的铿锵行动。项目投产后,必将为长江镇加快转型升级、实现跨越发展提供强大动能,为如皋市提升科技创新能力、打造现代产业体系提供有力支撑。他表示,如皋市委、市政府将始终秉持"项目为王"的理念,持续激发"狼性"精神,全力以赴做好服务保障,与企业一道全力打造区域产业新地标;希望项目方倒排工期、挂图作战,推动项目快建设、快投产、快见效,加快在"双循环"新格局中集聚新的优势、实现更大发展。

活动中,与会领导参观项目建设现场、观看项目建设视频。

金鹰(如皋)产业园奠基仪式举行

3月31日,新加坡金鹰集团(如皋)产业园项目奠基仪式现场

(邱宇 摄)

3月31日,新加坡金鹰集团(如皋)产业园项目奠基仪式在长江镇举行。该项目是新加坡金鹰集团在中国单一城市、单一省份投资最大的综合性项目。南通市委书记徐惠民,新加坡金鹰集团董事局主席陈江和,省委统战部副部长、省侨办主任王华,南通市政协主席黄巍东,南通市委常委、秘书长姜东,南通市副市长潘建华以及如皋市领导何益军、王鸣昊、司祝建、张元健、丁兴华等参加奠基仪式。

市委副书记、市长王鸣昊主持奠基仪式。

市委书记何益军在奠基仪式上致辞。他说,如皋地处中国最具发展活力的长三角地区,是一座因水而生、依水而兴、缘水而美的魅力之城。这里水长流,树长绿,人长寿,有着深厚的历史底蕴和优越的发展环境。如皋市紧紧围绕"高质量建设长江以北最强县市"的目标定位,坚持"实体为本、产业强市"的发展理念,始终把发展经济的着力点放在实体经济上,坚定不移加快项目引进和项目建设,智能装备、高端新材料、新一代信息技术等产业加速崛起,全市经济社会实现跨越发展,综合实力位居全国百强县市第19位。何益军指出,新加坡金鹰集团自创办以来一直坚持"开发永续资源,创造美好生活"的宗旨,逐步发展壮大成为世界知名的跨国工业集团。金鹰(如皋)产业园项目的奠基,既是金鹰集团产业化运营、集团化发展的又一臻品,也是如皋抢抓"一带一路"新机遇、推进高质量发展的又一成果。他表示,如皋市将全力提供高效服务,对项目建设、运营管理中遇到的困难和问题,第一时间研究、第一时间解决,确保项目健康、有序、高效推进;将全力抢抓工程进度,实行全流程紧盯紧靠,提供全方位、高质量、精准化的服务,推动项目早日竣工投产、早日发挥效益。

陈江和在致辞时说,如皋水陆交通便利,是"一带一路"、长江经济带、长三角一体化的重要节点城市,活力十足。2020年6月18日,金鹰集团在如皋计划投资410亿元项目隆重签约。这是该公司在中国单一城市、单一省份投资最大的综合性项目,这更是该公司对如皋营商环境所投的高度信任票。9个月来,金鹰集团如皋项目团队与当地市委、市政府及有关方面团结协作,攻坚克难,项目得以快速推进,顺利落地,体现了江苏效率,展现了金鹰风格。陈江和表示,金鹰集团将坚持"开发永续资源,创造美好生活"的企业宗旨,坚持"保护环境,为客户创造价值,实现利民、利国、利业"的经营原则,把金鹰集团在全球的资源、技术、人才、管理优势与如皋的区位、基础设施、产业配套优势结合起来,坚持高起点规划,高标准建设,高效能管理,节能降耗,减碳增效,打造世界一流的高质量发展产业园区,助力江苏率先实现碳达峰、碳中和的可持续发展目标,推动如皋地区上下游产业共同发展。

金鹰(如皋)产业园位于长江镇,计划总投资410亿元,产业园包括总投资200亿元的白卡纸项目和总投资60亿元的莱赛尔纤维项目等。

思源电气百亿智能装备产业园暨中压开关项目落户经济技术开发区

3月31日，如皋经济技术开发区(城北街道)与思源电气股份有限公司，就百亿智能装备产业园暨中压开关项目达成合作协议。思源电气股份有限公司董事长董增平、党委书记陈照平，如皋市领导何益军、王鸣昊、丁兴华、顾凡参加签约仪式。

3月31日，如皋经济技术开发区、思源电气股份有限公司百亿智能装备产业园暨中压开关项目签约仪式 (邱宇 摄)

思源电气股份有限公司成立于1993年12月，是国内知名专业从事电力技术研发、设备制造、工程服务的上市公司，荣膺国家重点火炬计划高新技术企业、中国能源装备十佳民企、上海市创新型企业等荣誉称号。思源电气的产业链不断扩大，产品覆盖超高压、高压开关设备、变压器、继电保护及自动化系统、无功补偿装置、测量监测装置、电力电子设备、汽车电子等专业领域，是一家高度重视自主创新和研发投入、具备现代科学管理理念的智能制造企业。据了解，思源电气股份有限公司在经济技术开发区已累计投入50亿元，此次将再投资20亿元用于新建智能中压开关项目，“十四五”期间将打造成年销售额超百亿元的智能装备产业园。此次投资新建的智能中压开关项目，建成后预计年产销达30亿元、年税收不低于9000万元。

市委书记何益军在交流时说，非常高兴再次见证思源电气新项目落户如皋。思源电气在如皋的发展既有体量的增长，又有质量的提升，是高质量发展的标杆企业。他表示，高压输变电产业是如皋市“十四五”产业规划中的重要一环，接下来，市委、市政府将围绕产业链、创新链、科技人才、金融政策等方面，进一步加大产业培育、支持力度。他强调，思源电气作为如皋市高压输变电行业的龙头企业，各有关部门和经济技术开发区要以更大的力度、更实的举措、更优的服务推动企业加快发展，让企业投资放心、发展顺心。

董增平说，思源电气在如皋投资建设多个项目，均取得良好成效，实现发展上的良性循环，这离不开如皋市委、市政府及经济技术开发区对公司的关心与支持。他表示，如皋是个投资兴业的好地方，公司对如皋的发展和签约项目充满信心与期待。接下来，思源电气也将不断提升产业发展层次，为如皋高压输变电产业发展作出更多努力，为如皋经济社会高质量发展作出更大的贡献。

交流结束后，与会领导共同见证项目签约。

全市科技人才洽谈会重大项目集中开工活动暨高性能稀土永磁体研发生产基地开工仪式举行

10月29日，如皋市举行2021年如皋科技人才洽谈会重大项目集中开工活动暨高性能稀土永磁体研发生产基地开工仪式。此次集中开工活动采取“主会场+分会场”形式举行，共有16个产业项目集中开工、4个孵化器开园入驻以及青年人才公寓国际社区开工建设。市领导何益军、王鸣昊、司祝建、张元健、丁兴华、陈鸣华、顾凡在主会场参加活动。

市委副书记、市长王鸣昊主持开工仪式。

市委书记何益军为活动致辞，他说，2021年以来，如皋市围绕产业链部署创新链、打造人才链、完善产业生态链，深入开展“重大项目质态提升年”活动，新开工重特大制造业项目12个，高质量发展的步伐愈发矫健。当前，如皋市正深入贯彻落实南通和如皋市党代会精神，深入实施“产业兴市、创新强市、生态立市”核心战略，加快打造跨江融合发展样板区。他表示，此次开工仪式既是贯彻落实党代会精神的重要举措，也是打好“十四五”开局之战的务实行动，集中开工的16个项目，必将为如皋市构建现代产业体系提供更强劲的支撑；成功开园的4个园区和1个科技创新重要配套工程项目，也将为如皋市打造创新要素集聚区注入充沛动能。

何益军强调，抓项目就是抓发展，谋创新就是谋未来。全市上下要不断强化“项目为王”理念，以有求必应、马上就办的工作标准，一如既往地为项目建设提供精准有力的保障，全力推动项目快建设、快投产、快见效；要不断强化创新发展意识，以“人无我有、人有我优”的工作追求，一如既往地为科技人才提供无微不至的服务，大力营造“如鱼得水、如鸟归林”的一流创新生态，为勇当长三角北翼高质量发展排头兵汇聚强大力量。

高性能稀土永磁体研发生产基地项目负责人在讲话中说，公司将在如皋基地上全面投入已有科技和人才资源，把如皋基地打造成为工艺先进、设备适宜、物流高效、自动化、智能化、环境友好的现代化工厂，为如皋经济社会发展作出积极贡献。

活动还视频连线分会场项目开工、主功能区孵化器开园现场。

· 重 大 工 程 ·

城市建设大会战暨龙游河三期项目开工仪式举行

2 月 27 日，2021 年如皋市城市建设大会战暨龙游河三期项目开工仪式举行。随着市委书记何益军宣布开工，如皋市一批重点城市建设项目集中开工建设。王鸣昊、司祝建、张元健、丁兴华等市领导出席开工仪式。

市委常委、政法委书记程瑞琴主持开工仪式。

2 月 27 日，2021 年如皋市城市建设大会战暨龙游河三期项目开工仪式 (邱宇 摄)

2021 年如皋市计划实施 96 项城建、交通项目，其中的 28 项城建重点项目涵盖市政基础设施、民生公益、生态环境、城市交通、搬迁改造等领域。这些项目是完善城市功能、提升城市品质、优化城市生态、增进民生福祉的重要保障，是事关如皋市高质量发展和全市人民美好生活的重要内容，是建设美丽宜居城市、创建全国生态园林城市的重要支撑。此次集中开工的龙游河三期、汪明路新建、72 号 D 安置房建设、春晖苑改造、宏济苑改造、如港路改造提升、长江镇敏学路建设等七项工程，打响 2021 年如皋市城建大会战的第一仗，将进一步完善城市基础设施和城市功能，有效提升城市建设形象和品位，提高城市美誉度和群众幸福指数。城发集团承建的龙游河三期工程北起中央大道，南至大明河，西邻海阳路，与龙游河一期首尾相连，包括道路工程、桥梁工程、水系工程、生态工程、文旅配套工程等。根据实施计划，项目景观绿化工程计划 3 月底全面进场、预期 5 月份呈现出初步景观效果。

程瑞琴在开工仪式上要求有关部门和单位，要抢抓当前有利时机，迅速组织施工队伍，高效推进、精心施工，确保项目顺利建设、早日竣工；要严格工程质量管控，牢固树立质量意识，加强项目现场管理、狠抓工程建设质量，力争建设一批精品工程、样板工程；要强化安全生产管控，全面落实行业监管、属地责任和企业主体责任，确保各项安全措施落实到位。

项目建设单位和项目施工单位在开工仪式上进行发言。

如皋师范附属小学开发区校区(筹)正式开工

8 月 18 日,如皋师范附属小学开发区校区(筹)开工仪式,与会领导共同触摸水晶球,启动项目开工　　(邱宇 摄)

8 月 18 日,如皋师范附属小学开发区校区(筹)开工仪式举行。市领导何益军、王鸣昊、丁兴华、高峰、张亚鸾出席活动。

市委副书记、如皋经济技术开发区党工委副书记丁兴华主持开工仪式。

如皋师范附属小学开发区校区项目位于经济技术开发区,西临海阳路,南靠里庄路,北抵新柴路,东侧为规划区间路,用地平整,周边交通畅达,市政配套设施完备。项目总投资 3 亿元,规划用地面积 6.68 万平方米,规划新建建筑面积 3.7 万平方米。其中小学为八轨 48 班,可容纳 2160 名学生;幼儿园按照省优质园标准进行设计,为六轨 18 班,可容纳 630 名学生。项目设计秉承“人与自然互动,空间与文化交融”的理念,吸取如皋园林传统精华,以“廊、台、园、院”构建书院式园林布局。校区建设以学生活动为导向,“学”“游”空间穿插,最大限度地方便学生的各类校园活动,形成紧凑融合、促进交流的教学空间。建筑风格简约大方,体现了人文、绿色、和谐、智慧的特色。项目计划于 2022 年 6 月份竣工,2022 年 9 月 1 日正式投入使用。

百年大计,教育为本。副市长张亚鸾说,如皋教育历史悠久,有着深厚的人文积淀。作为江苏省首批教育现代化县级示范区,如皋市教学质量评估连续多年列南通第一。如皋市委、市政府始终将“办好人民满意教育”作为民生“头等大事”来抓,千方百计增加教育投入、提升教育质量、推动教育均衡,近十年间对全市三分之二的中小学、幼儿园校舍进行重建、改造。“十四五”期间,随着城东小学、如师二附、如师三附、如皋初中新城校区、新城高中等一批优质学校建成使用,如皋教育必将迈进高质量发展的新阶段。

张亚鸾表示,如师附小是百年老校,是南通教育的璀璨明珠;如皋经济技术开发区是如皋开发开放的前沿阵地,拥有国家级开发区的金字招牌,如皋师范学校附属小学(开发区校区)不仅是二者强强联手的产物,更是如皋市委、市政府“打造两河风光带、推进片区开发”的务实之举。她希望,市教育局和如皋经济技术开发区不辱使命、不负众望,把如师附小开发区校区办成教学一流、管理一流、成效一流的尖端名校,为打造新时代“南通第一、江苏一流、全国知名”的“教育如皋”品牌注入新动能;相关部门要加强协调,强化服务,想项目之所想,急项目之所急,为项目顺利实施提供坚强保障;苏中建设集团要围绕项目工期,高效组织、精心施工,将如师附小开发区校区打造成精品工程、优质工程、人民满意工程。

活动中,参加活动的领导共同触摸水晶球,启动项目开工。

如皋医学中心（如皋市人民医院新院区）工程开工奠基

12月30日，总投资25.5亿元、编制床位1600张的如皋医学中心（如皋市人民医院新院区）工程举行开工奠基仪式，该项目的开工既是如皋市扩大医疗供给、提升服务水平的重要内容，也是深化健康如皋建设、增进民生福祉的关键举措。南通市副市长陈冬梅，如皋市领导何益军、王鸣昊、司祝建、张元健、丁兴华等共同为项目培土奠基。

12月30日，如皋医学中心（如皋市人民医院新院区）工程开工奠基仪式现场　　（汤乾玮 摄）

开工奠基仪式上，市委副书记、市长王鸣昊介绍项目相关情况。如皋医学中心（如皋市人民医院新院区）是集医疗、教学、科研、保健、康复、急救功能为一体的现代化综合性医院。项目建成后，将实行“一院两区”运行模式，宁海路院区重点面向城区居民提供基本医疗服务，并充分利用现有资源，将老院区打造成为辐射周边县市的康复医学中心。新院区拟建设成为全市以创伤、急救、重症医疗为主体的医疗中心，同时设立公共卫生中心和妇幼中心，将带动全市卫生基础设施建设和医疗服务质量整体迈上新台阶。

“医疗卫生事业是事关老百姓切身利益的根本民生。”市委书记何益军在开工奠基仪式上指出，一直以来，市委、市政府坚持一手抓经济发展、一手抓民生共享，始终把办好人民满意的医疗卫生事业作为提高群众健康水平、增进民生福祉的重要抓手，先后建成国家卫生城市、省慢性病防治示范市，在苏中苏北率先实现国家卫生镇和省卫生村全覆盖，市镇村三级医疗机构医疗设施和服务能力得到大幅提升，特别是如皋市所有的镇（区、街道）都配备一所公立卫生院，弥补如皋市医疗卫生事业的短板。

“当今，群众对医疗卫生服务的需求更趋多层次、多样化。建设一个更高标准、更大承载能力的人民医院，对拥有145万人口的如皋尤显重要、必要和紧要。”何益军表示，市人民医院作为全市医疗卫生机构的龙头单位，建院百年来，为全市卫生健康事业作出了龙头企业应有的突出贡献。他希望，相关责任单位精心安排部署，高标准建设、高质量施工，在确保安全和质量的前提下，全面加快工程建设进度；有关部门牢固树立大局意识和责任意识，全力以赴为工程建设营造良好环境，提供一流服务，确保工程顺利推进；人民医院以新院区建设为契机，大力加强专业技术人才储备和培养，加强学科建设，为推动如皋市卫生健康事业高质量发展作出新的更大贡献。

“南通市政府将一如既往地重视和支持如皋卫生健康事业和人民医院的发展。”陈冬梅在致辞时说，如皋医学中心项目是如皋提升卫生健康事业发展能级的重点工程、实事工程、民生工程，她希望，如皋在不断加大医院硬件投入的同时，更多地重视关心人才队伍的引进和培养，持续加大科研投入，真正把医学中心建设成有一定影响力及科教研一体化的医学高地。

南通市西北片引江区域供水三期水厂扩建及深度处理工程正式建成通水

12 月 30 日，南通市西北片引江区域供水三期水厂扩建及深度处理工程正式建成通水。该工程建成通水后，将彻底解决如皋、海安两市人民用水紧张的问题，对提高饮用水水质、改善区域水环境质量具有十分重要的意义。

12 月 30 日，在南通市西北片引江区域供水三期水厂扩建及深度处理工程通水仪式上，与会嘉宾共同推动启动杆　　（邱宇 摄）

如皋市委副书记、市长王鸣昊主持通水仪式并介绍项目相关情况。南通市西北片引江区域供水三期工程是南通市委、市政府结合如皋、海安两市用水的实际情况，批准建设的重点民生工程。整个项目由输水管线工程和 20 万吨净水厂扩建、60 万吨深度处理工程两部分组成。其中，输水管线工程从如皋长江镇南通鹏鹞水务有限公司至海安市李堡镇，全长 79 公里，由如皋、海安共同出资建设，总投资约 9 亿元。20 万吨净水厂扩建、60 万吨深度处理工程占地面积为 158.7 亩，总投资约 6.7 亿元，由如皋市富皋万泰集团有限公司建设。工程建成后，可彻底解决如皋、海安两市自来水供不应求的矛盾，大大提升供水的安全性和可靠性。

市委书记何益军在活动中致辞。他说，同饮长江水，共逐江海梦。实施区域供水三期工程，承载着如海两地 240 万人民的美好期盼和共同福祉。自工程开工以来，各方面围绕打造“精品工程、平安工程、阳光工程”的目标，全方位联动，全过程把关，始终做到同频共振、同向发力，为工程的稳步高效实施提供有力保障。经过近两年的努力，区域供水三期工程正式完工通水，彻底解决了如皋、海安两市自来水供不应求的矛盾，真正实现了居民用水从“合格”向“优质”的提升转变，为两市经济社会发展和群众安居乐业提供了不可或缺的水资源保障。

何益军表示，水是生命之源、生态之基、生活之本、生产之要。如皋市将以建成通水为起点，秉持“慎终如始，善作善成”的工作作风，全面落实好职能部门的监管责任、属地政府的管理责任、运行单位的主体责任，确保两地水源安全、供水稳定，让一方好水滋养群众、造福人民。

活动中，南通市市政和园林局党组书记、局长汤葱葱，南通市水利局四级调研员范本华，海安市委常委、政法委书记王巧荣，如皋市领导何益军、王鸣昊、司祝建、张元健等共同推动启动杆，区域供水三期工程正式全线通水。

市领导丁兴华、程瑞琴、顾留忠、黄文斌、吴海军、冒平等参加通水仪式。

·重要成果·

如皋市又一项目获“江苏人居环境范例奖”

3月2日，省住房和城乡建设厅发布公告，授予如皋市龙游河宝塔河水环境治理工程“江苏人居环境范例奖”。

如皋市龙游河宝塔河水环境综合治理工程是市政府2017年启动实施的为民办实事工程之一，南起龙游河，北至外城河，东起茅雉河，西至海阳路，总占地面积约30万平方米，是如皋市“城市双修”(生态修复、城市修补)工程中第一个系统性、区域性的系列工程。工程通过实施河道开挖、控源截污、沟通水系、生态修复、绿化景观打造，系统开展河道整治，主要包括龙游河宝塔河景观工程、福寿路改造工程、观风路道路工程和龙游河大桥等工程。

“桥水相连，四面成景”的龙游河宝塔河水环境综合治理工程，极大改善了居住环境，产生了丰厚的社会、经济和环境效益。项目沟通龙游河与外城河，连接宝塔河与茅雉河，将原来各成一片的水系连成一体，使“南引北排”的水系格局得以实现，水系的连通极大地提高了河道排涝能力。桥架东西，路通南北，十字交叉的龙游河大桥双向横跨福寿路和观风路。在实施综合整治的同时，配套实施福寿路、观风路改造工程，为城区增添一条新的南北“通道”，有效缓解海阳路等主干道的交通压力，大大提高出行效率。龙游河大桥选用中国传统文化中具有祛邪、避灾、祈福的神力的“五圣兽”作为栏杆的图案，体现着向往平安幸福的朴素愿望。漫步河畔，这里有形似水绘园内“静阁”的“雉水之光”庭院灯，大寿星、定慧寺宝塔等地标性建筑都被搬上路灯杆，历史与景观实现完美融合。项目以“生态湿地”为主流工艺，将恢复水体面积作为重点，在引入“活水”的基础上，结合水生植物的净化，增强龙游河、宝塔河的生态调节功能，成为绿化体量大、绿化效果美、空气水质好、树木品种多、生物多样化较全的生态景观工程，修复了周边生态，改善了人居环境。项目注重加强配套建设，不断完善综合功能，力求实现服务效益最大化。休闲广场、亲水平台、游步道、体健场地等基础设施全面配套到位，既能满足改善生态等社会需求，又能满足市民散步休闲、文化熏陶等日常生活需求。

如皋市2家重点“小巨人”企业入围中央财政拟支持名单

5月10日，财政部、工业和信息化部公布第一批建议支持的重点“小巨人”企业名单，江苏省30家、南通市3家企业入围，如皋市江苏思源赫兹互感器有限公司、江苏汤臣汽车零部件有限公司2家企业榜上有名。

中央财政“十四五”期间将累计安排100亿元以上奖补资金，分3批重点支持1000余家国家级专精特新“小巨人”企业高质量发展；并通过支持部分国家(或省级)中小企业公共服务示范平台提升服务水平，聚集资金、人才和技术等资源，带动1万家左右中小企业成长为国家级专精特新“小巨人”企业。

如皋市江苏思源赫兹互感器有限公司、江苏汤臣汽车零部件有限公司2家企业在细分领域“对准一个城墙口冲锋”,以专精特新的独特发展路径迅速成长为细分领域的“小巨人”,在此次评选当中入围第一批建议支持的重点“小巨人”企业名单,这是2家企业继获评工业和信息化部认定国家级专精特新“小巨人”称号后,又一次获得发展的重大机遇。

此次中央财政奖补资金将统筹支持1000余家国家级专精特新“小巨人”企业加大创新投入,推进工业“四基”领域或制造强国战略明确的十大重点产业领域“补短板”,与产业链上下游协作配套,促进数字化、网络化、智能化改造,通过工业设计促进提品质和创品牌等。支持国家(或省级)中小企业公共服务示范平台,为国家级专精特新“小巨人”企业提供技术创新、上市辅导、创新成果转化与应用、数字化智能化改造、知识产权应用、上云用云及工业设计等服务,尤其是对重点“小巨人”企业提供“点对点”服务。

下一步,如皋市将通过中央财政资金引导,促进上下联动,将培优中小企业与做强产业相结合,加快培育更多专注于细分市场、聚焦主业、创新能力强、成长性好的专精特新“小巨人”企业,推动提升专精特新“小巨人”企业数量和质量,助力实体经济特别是制造业做实做强做优,提升产业链供应链稳定性和竞争力,让“小巨人”企业释放出推动经济高质量发展的强大能量。

如皋市交通运输局铁路建设指挥部盐通铁路项目部获评全国工人先锋号

5月29日,江苏省总工会、省交通运输厅在镇江举办全省“交通强省”专题劳动竞赛启动仪式,对受表彰的全国、省五一劳动奖和工人先锋号进行颁奖。如皋市交通运输局铁路建设指挥部盐通铁路项目部获授“全国工人先锋号”荣誉奖牌,是全省交通运输系统唯一获此殊荣的单位。

近年来,如皋市综合交通运输发展取得新突破,“一个深水良港、两条过江通道、三座高铁站点、五条高速公路”的“一二三五”综合交通新格局正加快重塑,位势能级显著提升,实现“三大跃升”。

从“公路水运时代”到“综合运输时代”的跃升。如皋市综合交通格局已基本成型,呈现出四大亮点:一是高速路网“成环”。持续推进G40沪陕高速如皋段扩容、S30如常高速如皋段的前期工作,推进东如高速纳入高速路网规划,与G15沈海高速、S28启扬高速形成高速环线,未来将实现每个镇(区、街道)15分钟内上高速,进一步打通如皋对外联系的黄金通道。二是过江通道“快接”。全市人民高度关注的张皋过江通道已经召开工可评审会,张靖皋长江大桥开工建设。通皋大道一期的建成通车及二期的加快推进,为如皋市经过沪通长江大桥快速融入苏南、接轨上海打通了新的通道。三是国省干线“成网”。国省干线公路框架已经基本成型,南北走向,西部有规划的S403,中部有G204、S259、S603,东部有S226;东西走向,南部有G345、S356,中部有S334,北部有S355。这些通道挑起了沿线经济发展的大梁,成为如皋市经济发展的纽带。农村公路“提档”。投入近十亿元建设“建养一体化”项目,实现农村公路提档升级720公里,建设通居路600公里,行政村双车道四级路覆盖率达100%。2019年,如皋市成功创成全省“四好农村路”示范县市和全省农村物流示范县市。

从“公路时代”到“高铁时代”的跃升。2015年宁启铁路复线电气化改造完成,2020年12月30日,盐通高铁正式通车,通过沪通长江大桥,如皋到上海的时空距离已缩短至一个半小时左右。经过艰辛努力,北沿江高铁也已确定在如皋境内设置如皋西站,实现了变“不可能”为“可能”,如皋市境内将有2个高铁站和1个动车站。如皋市正积极做好国家一类口岸如皋港区铁路专用线前期研究,着力打造集“公铁水”等多种运输方式于一体的集疏运网络体系。

从“江河时代”到“海港时代”的跃升。长江南京以下12.5米深水航道的竣工,把如皋江港变成深水海港,可服务20万吨级海轮减载装卸运输。港区拥有码头企业27家,建成泊位82个,如皋港区港口码头正朝着大型化、专业化方向发展。2020年港口年吞吐量已突破8000万吨,集装箱吞吐量已突破50万标准箱。港口对腹地经济辐射和带动作用不断增强,枢纽地位更为凸显。连申线为南北向高等级航道,连接长江、上海及连云港,成为承南启北、通江入海的水上枢纽。通扬线成为东西走向的高等级航道,连接通州湾新出海口,如皋段全长42公里,将改造为三级航道。届时,如皋市将形成人字形通江入海内河运输格局。

人类首台航天微波炉核心部件之一高压二极管“如皋制造”

为了让航天员在中国空间站内能吃上健康的热饭热菜,我国历时10年设计制造了人类首台航天微波炉,而这台微波炉的高压二极管就是由如皋本土企业南通皋鑫电子股份有限公司制造的。

2021年5月29日,人类首台航天微波炉由天舟二号送上中国空间站。而这台小小的微波炉,从2011年开启研发工作,历经10年才最终完成。由于空间站对设施用品的规格、重量都有极其严格的限制,为了减轻微波炉的体积,达到太空作业的可靠性要求,研发人员不断优化产品结构,增强产品本身的机械强度,并创造性采用紧固件、一体成型等创新工艺。

2021年6月,南通皋鑫电子股份有限公司工人在生产、检测产品 (李龙 摄)

高压二极管是微波炉的核心部件之一,对于微波炉的稳定运行起到至关重要的作用,如皋企业南通皋鑫电子股份有限公司承担了人类首台航天微波炉高压二极管的制造任务,“高压二极管的核心性能指标是稳定,而微波炉要送到空间站,在火箭运输的过程中,必然要经历一些极端环境,这就对高压二极管的稳定性提出更高的要求。”皋鑫电子副总经理张德昌告诉记者,一直以来企业的产品就是以超高的稳定性而享誉国际国内市场,曾经夺得过国家质量奖金奖。皋鑫电子从接到格兰仕研发团队为航天微波炉配套生产高压二极管的任务后,就成立专门的技术攻关团队,“稳定性必须是百分百,哪怕是小数点后的好几位的误差性都不能容忍。”张德昌说,十年间,他们陆续进行数百次的极端环境下的运行测试,就是为了达到一个目标,那就是万无一失。

航天梦是一个属于所有中国人的梦想,它凝聚了无数中国企业和中国工匠的共同努力。事实上,这已经不是如皋制造第一次和中国航天梦结缘，从 1999 年的“神一”开始，“神舟”系列飞船的保温用特种纤维布均由如皋市九鼎集团研发生产。2020 年，九鼎集团还收到长征五号运载火箭型号办公室发来的感谢信。

如皋市 2 家省级工程技术研究中心通过验收

8 月，受南通市科技局委托，市科技局组织专家组对江苏思源赫兹互感器有限公司承担的“江苏省(思源赫兹)互感器工程技术研究中心”、江苏明德玩具股份有限公司承担的“江苏省(明德)塑胶新型地垫工程技术研究中心”2 家省级工程技术研究中心进行验收。

验收专家组听取 2 家单位项目负责人所作的汇报，审阅省工程技术研究中心验收材料，并考察项目现场。经质询、审查和讨论后，验收专家组一致认为 2 家省级工程技术研究中心圆满完成合同规定的建设任务，各项考核指标达到要求，部分指标超额完成，一致同意 2 家省级工程技术研究中心通过验收。

至 2021 年 8 月，如皋市共建有省级工程技术研究中心 51 家。省级工程技术研究中心的建立，对提升企业科技创新水平、提高市场核心竞争力起到积极作用。如皋市深入实施创新驱动战略，扎实推进科技创新工程，先后出台了《“创新如皋”三年行动计划》“1+8”政策文件、“科技二十三条”等创新激励政策，鼓励支持企业加大研发投入，建设工程技术研究中心等研发平台。同时，进一步加大考核管理力度，制定《2021 年企业工程技术研究中心绩效评估办法》，对企业研发机构的运行管理情况和创新成果产出情况等进行绩效考核，充分发挥工程技术研究中心的示范引领作用，为创建省级创新型县(市)打下坚实基础。

2021 年全国百强县出炉，如皋市位列第 21 名

9 月 28 日，《光明日报》公布由中国中小城市高质量发展指数研究课题组、国信中小城市指数研究院联合发布的《2021 年中国中小城市高质量发展指数研究成果》，揭晓了全国综合实力百强县市名单、全国绿色发展百强县市名单、全国科技创新百强县市名单等榜单。其中，如皋市位列 2021 年全国综合实力百强县市第 21 名，南通市第 1 名。

2021 年，如皋市紧扣高质量发展主题，全面贯彻新发展理念，积极抢抓发展机遇期，全力加快产业转型升级，着力提升区域发展能级，扎实抓好“六稳”(稳就业、稳金融、稳外贸、稳外资、稳投资、稳预期)工作、落实“六保”(保居民就业、保基本民生、保市场主体、保粮食能源安全、保产业链供应链稳定、保基层运转)任务，聚焦“挺进县域二十强、争创文明典范城”目标，坚定发展信心，锐意攻坚克难，在新起点上不断开创“强富美高”新如皋建设的新局面，为南通勇当全省“两争一前列”排头兵争作贡献。

2021 年上半年，全市实现地区生产总值 709.51 亿元，按可比价计算同比增长 13.1%，两年平均增

速 8%。三次产业结构优化调整为 4.6:49.9:45.5。全市经济发展总体呈现稳中加固、稳中向好态势，“十四五”开局起步顺利。

如皋市成功获批首批江苏省创新型示范县(市、区)

12 月 6 日，江苏省科学技术厅公布首批江苏省创新型示范县(市、区)建设名单，全省仅 10 家，如皋市榜上有名。

省创新型示范县(市、区)建设的主要目的，是引导建设主体大力实施创新驱动发展战略，抓好体制机制全面创新、创新创业政策落实、主导产业创新发展、创新创业要素集聚、科技创新为民惠民等重点任务，着力探索具有自身特色的高质量发展模式，打造创新能力突出、创新成果丰硕、创新特色鲜明、创新引领作用强劲、经济社会协调发展的县域创新驱动发展示范引领高地。

一直以来，如皋市坚持实施创新驱动发展战略，创新政策体系日趋完善、产业创新能力显著提升、创新企业梯队逐渐形成、研发机构建设进展良好、创新创业载体布局完善、产学研合作对接深入开展、科技金融助推成效凸显、农村科技事业不断进步、知识产权保护全面深入，全社会研发投入、万人发明专利拥有量比“十二五”末分别增长 66.8%和 96.8%，成功跻身全国科技创新百强县(市)第 17 位，获批国家知识产权强县工程示范县、国家基层标准化改革创新先行区、全国科普示范县(市)、省人才工作先进市。

2021 年 4 月 22 日，如皋市正式组建“如皋市科技创新委员会”，召开全市科技创新大会，发布“创新如皋”三年行动计划和“科技二十三条”激励政策，一时间科技创新的浪潮在雉水大地纵情涌动。10 月 28 日，2021 年如皋科技人才洽谈会上，如皋市成功签约 45 个项目，投资总额高达 562 亿元。截至 2021 年 12 月，如皋市 8 家企业入选国家专精特新“小巨人”企业，数量居南通第一；累计培育本土国家级人才 4 人，引进省“双创团队”2 个、“双创人才”41 人，人才综合竞争力列省县域前十强。2021 年如皋市高企净增数和新增省重点研发计划数、省国际科技合作项目数、省科学技术获奖数、南通市“揭榜挂帅”(企业出题，政府立题，人才破题，重金悬赏开展项目联合攻关)项目数等均列南通市第一，南通星球石墨股份有限公司在科创板成功上市。未来三年，如皋市将围绕省创新型示范县(市、区)建设，以打造全省创新驱动发展示范区、长三角北翼产业新高地、全国创新创业首选地为目标，聚力打造“科创皋地”品牌。

“科技创新的速度就是如皋发展转型的速度。”市委书记何益军表示，如皋市将以省创新型示范县(市、区)获批为新的起点，高起点布局龙游河科创走廊、高标准建设农高区、高规格提升载体能级、高浓度集聚科技项目、高水准优化科技生态，全力在新技术、新产业、新业态、新机制上争创新优势，为如皋高质量发展提供强劲的科技支撑。计划到 2023 年，全市全社会研发投入占比超过 3%，高新技术产业产值占比超过 50%；全市高新技术企业总数突破 500 家，新增省级以上企业研发机构 18 家，新增省级以上孵化器、众创空间 8 家，引进省级以上重点人才 25 人；本级财政科技投入增速高于 GDP 增速；高企所得税减免、研发费用加计扣除额年均增长不低于 25%。

如皋市上榜2021年“全国营商环境百强县”

12月7日，中国社会科学院财经战略研究院在北京举行《中国城市品牌影响力报告(2021)》重大成果发布会，正式对外发布2021年全国营商环境百强县(市)排名，如皋市在百强榜单中名列第28位。

营商环境是县域新兴产业发展的“隐形发动机”，是创新企业生存发展的土壤，是推动有效市场和有为政府更好结合的重要举措，对县域育先机、开新局，融入新发展格局，实现高质量发展具有重要意义。如皋市紧紧围绕经济社会重大发展战略决策，聚焦企业、群众办事的堵点、痛点和难点，开出“治病良方”，通过打造如皋“如意”营商环境品牌势能，为企业“准入”“准营”“退出”“全生命周期”保驾护航，充分激发市场主体活力。

2021年是全市“十四五”规划元年，也是如皋市提出并全力打造一流“如意”营商环境品牌的第一年。接下来，如皋市还将继续把优化营商环境作为重大政治任务来对待，拿出抓铁有痕的干劲、持之以恒的韧劲，聚力难点堵点问题整改，坚决打赢优化营商环境这场硬仗。

新闻人物

Xinwen　Renwu

· 劳 模 典 范 ·

如皋市 11 人获得江苏省劳动模范和先进工作者荣誉称号

4 月 30 日，2021 年江苏省劳动模范和先进工作者表彰大会在南京举行。

江苏省委书记、省人大常委会主任娄勤俭出席大会并讲话，代表省委、省政府向受表彰的劳动模范和先进工作者表示热烈祝贺，向奋战在全省各条战线的广大职工和劳动群众致以诚挚问候。他强调，要坚持以习近平新时代中国特色社会主义思想为指引，大力弘扬伟大的劳模精神，团结带领全省人民切实肩负起“争当表率、争做示范、走在前列”的重大使命，用劳动创造“强富美高”新江苏建设的丰硕成果，用奋斗谱写现代化事业的崭新篇章。

会上宣读《省委、省政府关于表彰劳动模范和先进工作者的决定》，授予 675 人江苏省劳动模范荣誉称号，325 人江苏省先进工作者荣誉称号。其中，如皋市 8 人获得江苏省劳动模范荣誉称号，3 人获得江苏省先进工作者荣誉称号。

江苏省劳动模范

倪张根　梦百合家居科技股份有限公司董事长，高级工程师

倪张根创立公司 17 年来，公司已成为全球重要的记忆绵生产基地，在世界多个国家和地区设有控股公司，产品销往全球 73 个国家和地区，累计为近 4500 名当地农村劳动力提供就业岗位。公司还成立慈善基金会，为社会公益事业作贡献。曾获南通市劳动模范称号。

杜莉（女）　中国电信股份有限公司如皋分公司白蒲支局支局长

杜莉在每个岗位上，都以忠诚企业、爱岗敬业、服务客户、创造业绩的精神，刻苦学习、勤奋工作。自主研发出“铁三角营销法”，充分发掘、整合一线营业员、门店经理、线务员的销售潜力，有效提升支局营销成功率，得到省市电信营销层的广泛认可，并在较大范围内推广。曾获南通市劳动模范称号。

陈大彬　如皋市城南街道申徐村党总支书记、村委会主任

陈大彬是省首届“百名示范”村书记，他积极鼓励、引导、扶持有条件的农户入社联办，形成申徐村工业区、高效农业区、花木生产兼养殖区等，村民收入大大提高，村民幸福感有效提升。申徐村先后获得江苏省“民主法治示范村”“江苏省卫生村”“南通市文明村”等荣誉。

李薛俊　江苏力星通用钢球股份有限公司风电大球工段长

李薛俊大胆创新，带动一班人专攻风力发电专用钢球项目，研制的风能发电专用钢球项目获得国家级重点新产品、中国机械工业科学技术部三等奖、全国职工优秀技术创新成果二等奖等殊荣。他狠抓生产质量管理，攻克风电大球制造技术难关，确保产品连续 20 年运行无故障。曾获南通市劳动模范称号。

黄小军　江苏九鼎新材料股份有限公司型材后加工组组长

黄小军一直努力学习新知识，掌握新技能，成长为一名学习型、知识型、创新型的企业员工。不

论在哪个岗位,他都不计得失,毫无怨言,迅速适应并有所作为,通过多年磨砺,以高超的实操能力被企业誉为“特种兵”,充分发挥了模范带头作用。曾获南通市劳动模范称号。

沈爱军　江苏元辰安装集团有限公司沈阳分公司项目经理,工程师

沈爱军刻苦钻研、苦练技能,始终奋斗在一线。自任现职以来,一直不断开拓思维、创新管理,团结同志,推行的班组考核制、项目责任考核制充分调动管理人员积极性,较大提高项目效益,为江苏元辰安装集团有限公司的发展作出很大贡献。曾是江苏省五一劳动奖章获得者。

卢春燕(女)　如皋市环境卫生管理处雾炮车驾驶员

卢春燕责任心强、技术精,熟练掌握环卫专业车辆维修、保养技术,多年来以岗为家,用实际行动兑现着“无怨无悔,默默奉献”的承诺。面对新冠肺炎疫情,明知危险,却没有退后一步,到最危险的隔离区转运生活垃圾,为市民创造舒适整洁的环境。曾获南通市劳动模范称号。

杨镇华　如皋市福欣家庭农场农场主

杨镇华创新水稻提前种植时间方式得到各级专家认可推广,为农民亩产增收300余元。他推广农药化肥减量使用和水稻绿色防控技术,所种大米多次参评,均获最高奖项。曾获“第三届团中央全国农村青年致富带头人”“江苏省‘三扶两创’创业之星”“南通市新型职业农民优秀标兵”等称号。

江苏省先进工作者

陈晓斌　如皋市委办公室机要秘书

陈晓斌29年如一日默默坚守在枯燥、烦琐而又清贫的机要、档案管理岗位,每年处理上级来文、向下发文件逾万份,在南通市委办公室类别内连续多年考核名列前茅,先后获得南通市先进工作者、如皋市十佳公仆、如皋市劳动模范等称号。

李继东　如皋市安定小学校长,正高级教师

李继东发表教学论文50多篇,其中5篇被人大复印资料全文转载。课题“小学语文游戏教学研究”被评为江苏省精品课题;专著《游戏与小学语文教学》获江苏省教育科学优秀成果奖;主持完成的《小学游戏课程的开发和实施》被评为江苏省前瞻性教学改革实验项目。曾被评为江苏省优秀教育工作者。

李小飞　如皋市中医院医务科副科长、内镜室主任,新疆维吾尔自治区伊宁县人民医院副院长(援疆),副主任中医师

李小飞2018年7月至2021年7月援疆期间，创立伊宁县中医医院脾胃病科，填补伊宁县中医医院技术多项空白，2019年伊宁县中医医院内镜诊治数量较往年同期增长250%。新疆疫情封控期间，他积极投身义诊，主动请缨参加支援乌鲁木齐医疗队等。被评为新疆维吾尔自治区第九批省市优秀援疆干部。

“铁嘴”姚呈明获评全国优秀党务工作者

6月28日，全国“两优一先”表彰大会在北京举行，集中表彰一批全国优秀共产党员、全国优秀党务工作者和全国先进基层党组织。如皋市委宣讲团成员、全国基层理论宣讲先进个人、市人大常委会党组成员、专职委员姚呈明获评全国优秀党务工作者。

从乡村讲台起步，姚呈明与理论宣讲结缘31年，累计开展理论宣讲超过4500场，足迹遍及全国10多个省市，还登上中国浦东干部学院、复旦大学等高层次讲坛，被大家亲切地称为“姚铁嘴”。2014年，姚呈明入选中宣部评选的12名全国“基层理论宣讲先进个人”。2017年，以姚呈明名字命名的“姚呈明理论武装工作室”正式成立，以一人带一群，首创宣讲志愿者孵化新模式，培养了一批基层理论宣讲骨干，获评“江苏省理论宣讲先进集体”。

每次市委全会一开，姚呈明的宣讲都会紧跟而上，2021年年初市委十二届十二次全体(扩大)会议之后，他作了《最强县市呼唤最强干部》专题讲座30场次。姚呈明的特点在于“接地气”，他讲的都是老百姓爱听的大白话。他讲课有滋有味，讲得在情在理，再艰深的理论、政策经他一讲，都会给人豁然开朗的感觉。

“理论宣讲一定要上接‘天线’，下接‘地气’，让群众听得懂、听得明白，只有这样才能打开群众的心扉、激起干部群众的‘心灵共振’，使理论宣讲始终具有旺盛的生命力。”这次获评全国优秀党务工作者，也更加坚定姚呈明让党的创新理论“飞入寻常百姓家”的初心。

“给人家一碗水，自己至少要有一桶水。”姚呈明坚持每天4点多起床，利用早餐前的三四个小时看书读报。遇到有意思的中外故事、乡野俗语、民歌民谣，他都留心记下，运用到宣讲中。他还会通过电话、走访、会议等方式，与基层干部深入交流，了解他们的思考和困惑。打开他的笔记本电脑，硬盘容量高达929G，宣讲稿密密麻麻，有1000多份。

理论宣讲不是坐而论道，而是要回应干部群众关切，帮助基层群众解决实际问题。姚呈明的理论宣讲课，很少有一刀切、一锅煮的“大锅菜”，基本都是“私人订制”、入乡随俗的“特色菜”。听过“姚铁嘴”理论宣讲的人，都会由衷地发出一声感叹：“姚老师的讲课，既有好看的‘造型’，更有有趣的‘灵魂’。”

31 年来，姚呈明正是靠着这样的坚持，通过通俗活泼的宣讲方式，把党的路线方针政策讲清楚、讲透彻，让群众在欢乐中接受新思想、了解新形势，真正达到春风化雨、润物无声的效果。“只要我讲得动，只要老百姓喜欢听，那我就要继续讲下去。”姚呈明说。

如派盆景大师王如生受邀参加庆祝中国共产党成立 100 周年大会

7 月 1 日上午，庆祝中国共产党成立 100 周年大会在北京天安门广场隆重举行。党的盛典，人民的节日，如派盆景大师王如生作为江苏省 6 名新入党的党员代表之一，受邀赴北京现场观礼，见证这一伟大历史时刻。

百年征程波澜壮阔，百年初心历久弥坚。能够参加庆祝大会，王如生感慨万千：“何其有幸，生于华夏，欣逢盛世，不经战乱，不缺衣食。感谢祖国庇护，得以安居乐业，有幸见证中国共产党百年目标实现，祝愿伟大祖国繁荣昌盛、祝愿亲爱的党百年生日快乐！”收到请柬顺利抵京后，王如生在宾馆第一时间致电家乡记者，分享这个好消息。

1965 年，10 岁出头的王如生看完电影《东方红》，电影里中国共产党带领全国人民推翻帝国主义、封建主义、官僚资本主义“三座大山”，取得革命胜利的场景深深烙印在他心底。少年王如生当时很想入党，但没有立刻递交申请，一是因为年纪小，二是觉得自己还没有为国家和人民作出贡献，不够资格。性格倔强的王如生憋了一股劲：将来一定要有所作为，足以配得上党员身份。

20 世纪 70 年代末，王如生到处拜师，学习竹工钳工手艺。“学好本领，才能为建设国家出力！”市场经济大潮滚滚而来，如皋盆景产业蒸蒸日上，王如生从中嗅到了商机。1989 年，王如生从工厂辞职，开启创业之路。30 多年来，他致力于培育花木盆景产业，带领当地百姓将致富路越走越宽。

2019 年，王如生向如皋市花木盆景产业联合会党支部递交入党申请，经过组织考察，王如生在党的百年华诞到来之际成为一名光荣的中国共产党党员。

“我是老同志，也是新党员。入党那一刻，神圣而难忘。入党宣誓，短短几句，字字千钧，是我对党许下的永恒誓言。从事花木盆景事业 30 多年，乡村振兴让我看到了党的统一领导的强大力量，现场聆听习近平总书记的讲话，更加坚定了我为共产主义事业奋斗的信心和决心。”庆祝大会结束后，王如生的内心久久不能平静，他通过微信告诉记者，他将和伟大的党一同，初心永恒再出发，驶向更美的远方。

受邀赴京期间，王如生还应邀观看庆祝中国共产党成立100周年文艺演出《伟大征程》，共同回顾中国共产党成立100年来波澜壮阔的光辉历程，共同祝福伟大的党带领中国人民迈进新征程、奋进新时代。

如皋市市民严怀岗获评“江苏十大见义勇为好司机”

7月15日，第六届“江苏十大见义勇为好司机”颁奖典礼在南京举行，对2018年以来全省各类机动车驾驶人中涌现出的43名见义勇为先进典型进行集中表彰，如皋市市民严怀岗成功入选。

2021年，38岁的严怀岗在江安镇从事铝合金门窗加工生意。2019年11月11日中午，忙碌了一上午的他，和往常一样，骑着摩托车准备回家吃午饭。在途中经过一条居民河时，突然看到河里有异常，“当时我远远地就看到水面上浪花比较大，仔细一看，还有一团头发飘着，我就估计是有人掉下去了。”

正如严怀岗所猜测的一样，原来是家住江安镇黄市新村的村民小夏，在屋前河边洗衣服时不慎滑入水中，眼看水流就要将她淹没，岸边的婆婆夏秋兰慌忙去拉，不幸也被拖入河中。两人在水中无助挣扎，距离河岸越来越远。眼见两人情况不妙，严怀岗立马骑车冲到河边，将车往路边一丢，就纵身跃入水中救人。初冬的河水冰凉刺骨，且岸边的水深已达1.7米，体形瘦弱的严怀岗用尽全力多次折返，最终经过4次托举，才将婆媳俩人成功推上岸。

上岸后的严怀岗浑身湿透，精疲力尽，哆嗦着回家换完衣服后，得知落水的小夏因呛水过多不断呕吐，但家里又没有其他人，他又立即开车把小夏送到医院，并垫付了医药费。忙活完这一切后，他回想起当时的场景，心里才出现了一丝后怕。“其实我的水性也不是特别好，但有时候人在危急时刻也想不到那么多，只想着救人。”尽管心里害怕，但严怀岗告诉记者，假如下次再遇到这种情况，他依然会毫不犹豫地选择上前帮忙。

“积善能裕，怀德惟宁”是严怀岗家代代相传的家风家训，于他而言，救人就像是一种本能，“在我小时候，家里的老人就经常教育我说帮助其他人就是帮助自己，我的父母也经常以身作则，在别人有困难的时候帮助别人。”从小的耳濡目染也让严怀岗养成了乐于助人的好习惯。

“怀岗我们都认识，他家就住在河的北边，平时我们家里有什么事情他都很愿意来搭把手，大家都说这个小伙子很不错。”提起严怀岗，村民周友兰赞不绝口，“这次救人，我们听说是他，一点都不意外。”

在此次“江苏十大见义勇为好司机”评选活动中，南通市有 1 人正式获奖，2 人获提名奖。面对这份荣誉，严怀岗说，希望自己可以把这种见义勇为的精神继续传给下一代，同时影响更多人，让美德的种子在雉水大地上源源不断地生根发芽，遍地开花。

如皋市石秀峰、何建军荣登 8 月“江苏好人榜”

石秀峰

何建军

伟大时代呼唤伟大精神，崇高事业需要榜样引领。江苏省文明办每月都会组织开展“江苏好人”推选活动，进一步弘扬传统美德和新风正气。

8 月“江苏好人榜”发布，如皋市石秀峰、何建军光荣在榜。

石秀峰，男，1944 年生，市人大常委会退休干部，是一位蹚入冰冷河水救人的七旬老党员。2021 年 2 月 14 日下午 3 点多，石秀峰在河边散步时发现有人溺水呼救，在拨打过报警电话后，眼见溺水男子逐渐失去知觉，石秀峰顾不上不久前才做过心脏搭桥手术，毅然蹚入冰冷河水，向落水男子一步步挪去，抓到落水男子时，河水已漫到脖子。在这危急关头，两名路人跳入水中接力救援，三人合力将落水男子救上岸。

何建军，男，1976 年生，如皋市青年志愿者协会会长、绿缘素公益餐厅负责人，是一位十余年坚守志愿服务一线的公益达人。自 2010 年投身公益以来，何建军组织策划并参与公益活动 1257 场次，个人累计志愿服务时长 1860 小时，服务困难群众 1 万余人次。他根据空巢老人、留守儿童等不同群体的服务需求开展“一对一”结对帮扶，牵头爱心人士为贫困学生捐款 120 余万元。他开办绿缘素公益餐厅，为环卫工人免费供应早餐，为 69 位高龄孤寡老人、空巢老人免费送餐。河南发生暴雨洪灾后，他带领团队筹集 5 吨米、110 箱油等救援物资紧急运往河南新乡。

“老兵”陈光龙倒在抗疫一线

8 月 15 日，在如皋南站担任现场防控 A 组组长的退伍军人陈光龙，突然在防疫一线栽倒，不幸逝世。8 月 16 日，如皋市举行“陈光龙同志事迹集中采访”活动，人民网、新华网、《新华日报》、《现代快报》、《扬子晚报》、南通电视台、《南通日报》、如皋市融媒体中心等多家媒体及如皋市部分自媒体工作者参加活动。

陈光龙，1964 年 8 月 5 日出生在如皋市原桃园镇（现城南街道），1981 年 10 月，高中毕业的陈光龙积极响应祖国召唤，踊跃报名参军入伍，成为一名光荣的解放军战士。在 1988 年 5 月随部队赴

老山前线参战期间，因作战英勇，战后被评为“老山作战优秀战士”和对越防御作战“优秀机械操作手”。

复员回地方工作后，陈光龙始终以一名优秀军人的标准要求自己。在如皋市交通运输系统工作的26年间，陈光龙热心待人、勤恳做事，牢记一名军人、党员的使命担当，尽心尽责做好每一项工作，是同事们眼中的“好班长”“老大哥”。

2021年4月份开始，陈光龙被任命为如皋南站疫情防控A组组长，主要负责进站口、出站口旅客的体温测量、健康码和行程码查验等工作。“疫情就是命令，防控就是使命”，陈光龙一直带头坚守在防疫战场的最前沿，坚决守好疫情防控“第一道关卡”。从7月21日到8月15日上午，陈光龙这个班组主动查验旅客15000人次左右，移交转运给如皋疫情防控指挥部207人。

8月16日上午，市委书记何益军带领相关领导及部门负责人到陈光龙家中吊唁，对其家人进行慰问。何益军表示，我们要充分学习宣传陈光龙同志忠诚担当、敬业奉献的优良品格，在夺取疫情防控和经济社会发展双胜利的大考中争作贡献。

在疫情的风暴中，正是因为有千千万万个在抗疫一线默默无闻坚守着的“老陈”，凭借“疫情不退，绝不撤退”的信念，时刻绷紧疫情防控这根弦，严格落实常态化疫情防控措施，我们才能在疫情防控的前沿阵地筑起一道钢铁城墙，守护全市人民的健康安全。

吴建平被司法部表彰为全国司法所模范个人

“司法所就是要履好职，尽好责，营造良好的法治环境。”谈及司法所工作，如皋市长江司法所所长吴建平快言快语。

长江镇位于如皋市南端，是江苏省重点镇、江苏省第一批“强镇扩权”试点镇，镇常住人口13.8万人、流动人口6万人，总人口19.8万人，下辖33村（社区），现有规模以上企业156家。“这个司法所的所长可不好当。”吴建平言辞恳切。2021年10月，55岁的吴建平被司法部表彰为全国司法所模范个人。

“要想办法把群众的烦心事揪心事解决好”

“要让群众遇事首先想到找法、化解矛盾要依法。”平南社区是新小区、老社区整合而成的一个新型社区，社情较为复杂，邻里矛盾、物业纠纷等多发易发。“楼（组）长家歇歇脚、社区‘娘家’消消气、调解室里说说理”，吴建平结合社区实情，推广矛盾纠纷化解“三步工作法”，吸纳楼（组）长、网格员为矛盾调解志愿者，及时收集社情民意，参与矛盾纠纷的排查、劝导和化解。小纠纷早发现、有矛盾早处置，社区未发生一起越级信访矛盾。平南社区先后获评“全国和谐社区建设示范社区”“江苏省民主法治示范社区”。

二百亩社区率先开展援法议事活动，指导社区建立决策议事规则，将污染防治、河道整治、禁止电捕鱼等列入村规民约，邀请法律顾问为社区治理提供专业意见，培养的一批法律明白人成了社区依法治理的“好军师”，居民来社区法治文化园“港港经”成了时髦口头禅。二百亩社区援法议事工作站成为全省城乡基层援法议事范例。

2019 年 11 月，工人沙某在长江镇某工地搭建脚手架时不慎坠亡，家属与施工方发生激烈争执。因该工程经过两次分包、转包，涉事几家公司互相推诿，撇清责任，拒绝赔偿。纠纷调解一度陷入停滞状态。吴建平分析争议焦点在于谁来赔、赔多少，他立即启动“四所一庭”共建机制，邀请如皋港中心派出所、法律服务所、律师事务所、长江人民法庭负责人进行集中会商，寻求纠纷化解突破点。综合各方意见，吴建平果断决定，在目前调解工作缺少抓手、死者家属情绪较难控制的情况下，做第一级承包公司负责人的思想工作，由该公司先垫付处理，先保护好死者家属的合法权益。经过多轮调解磋商，纠纷最终得到妥善化解。

吴建平健全“调解陪调机制”，打造特色非诉讼服务站点，先后牵头设立石材园区劳动争议调解工作室、生态环境损害赔偿调解工作室、妇女儿童权益保护调解工作室、红星社区物业纠纷调解工作室等多个行业性调解工作室，先后主持化解各类疑难复杂纠纷 462 件，其中重大矛盾纠纷 97 件。

“身上的职责使命一刻也不能忘。”

2020 年初，江苏沪港装饰有限公司为扩大生产向长江镇政府申请项目用地。该 6.7 万平方米土地性质原属于永福社区 7 组集体所有。为了让项目尽快落地，吴建平全程当好法律参谋，积极参与项目社会稳定风险评估，进村入户面对面为群众提供法律咨询服务，引导农户主动配合征地，对土地丈量进行实地监督，协调指导签订土地征用补偿协议，并及时疏导化解项目实施过程中引发的矛盾纠纷。一系列的服务让农户舒心、让企业放心，这项总投资 10.16 亿元的项目顺利落户投产。

长江镇现有社区矫正对象、安置帮教对象 326 名。吴建平严格落实社区矫正工作“制度化、标准化、规范化”要求，坚持严管与厚爱相结合，加强日常谈话教育、动态走访，针对犯罪类型，制定“个性化矫正方案”，时刻绷紧监管安全之弦，全镇未发生一起社区矫正对象脱管漏管现象。

“干工作就是要有争一流的劲头”

2016 年初，吴建平担任长江司法所所长。刚接手时，所内人员分工不明确，业务考核在全市处于后位。吴建平制定落实“三年改革计划”，“一年强基础、两年谋创新、三年求突破”。“人人懂行、事事内行”，自己带头学习，带头落实岗位职责，量化考核指标，实行“一事一考核、一月一汇总、一季一点评”，以严格考评加强业务品控。当年，长江司法所月度考核连续 7 个月列全市第一名。

瞄准建成高标准大型司法所的目标，2018 年初，吴建平将司法所迁至镇人才市场，如今长江司法所业务用房独立，办公面积达 1800 平方米，党支部活动阵地完善，“一所五站点”建设规范到位，建成社区矫正分中心，共有司法行政干警 6 名、专职调解员 5 名、社工 11 名。

在全市率先试点推行“矫务长制”，联合人社、民政等相关部门，引入社会组织力量参与教育矫正环节，探索建立科学高效的矫务运行模式。2021 年 9 月，南通市社区矫正“矫务长制”现场推进会实地参观了长江司法所的经验做法。

“一定要打造长江保护法治文化特色精品。”吴建平紧扣长江地源文化，实施推进“三馆一带”（劳动保护教育馆、青少年基地法治主题馆、环境保护馆、长江保护法治文化景观带）法治文化工程，全面提档升级长江镇“法治文化大观园”。

“法治建设任重而道远，司法所人员要甘当铺路石，做好做成做优自己的分内事。”吴建平信心满满。

信义母亲丛慧玉获评南通市诚实守信模范

12月9日，南通市精神文明建设指导委员会公布第二届南通市道德模范评选结果，如皋市“打工8年替亡子还清债务的”信义母亲丛慧玉获评南通市诚实守信模范。

1952年出生的丛慧玉，是如皋市如城街道方庄村村民，2011年，丛慧玉的独子洪勇意外去世，留给年近60岁的老两口无尽的伤痛和年仅6岁的孙子。可刚料理完儿子的后事，债主们就纷纷找上门，老人这才知道，儿子当初经营装饰公司欠下了包括银行贷款在内的50多万元债务。面对突然变故，一辈子务农的丛慧玉老两口决定打工替儿子偿还债务。2016年在老伴因交通事故意外去世后，丛慧玉毅然独自扛起这个家，坚持洗碗打工，用8年将近3000个日夜起早贪黑的辛勤劳作，为儿子还清了全部外债。她以实际行动诠释了诚信美德的内涵，以实际行动树立起社会主义核心价值观践行、公民道德建设、精神文明建设的榜样。

如皋“信义小伙”陈伟撑起“道德脊梁”

陈伟，1989年10月生，如皋市吴窑镇人。他曾自己创业，在南京市栖霞区开了一间水果店。店铺亏损倒闭后，为退还客户充值费，他回到老家如皋，连续7个月每天起早贪黑打三份工攒钱。每个月的15号一发工资，他便赶往南京，亲手将现金交到顾客手中。朴实的外表、平凡的工作，掩盖不了他身上“信义”二字的光芒。在他心中，信义值千金，就算身体累垮了，也必须高高撑起立身行己的“道德脊梁”。

2019年4月，31岁的陈伟怀揣着梦想，从家乡如皋到南京市栖霞区，开了一家叫“橙果园”的小水果店。因为价格亲民、水果新鲜，陈伟的小店生意逐渐红火起来，吸引500多名会员到小店充值会员卡，充值金额在200元到1000元不等。

可是好景不长，随着新冠肺炎疫情的暴发，原本热闹的门店渐渐冷清下来。“连续几个月销售额只有1000元左右，每个月都要亏损一万多元。”提起那一段令他备受煎熬的日子，陈伟一脸苦笑，“最终，水果店在2021年4月倒闭。当时，客户们充值的钱还有15万多元没有花完。”

“欠债还钱，天经地义，这是做人的基本原则。客户们信任我，才会在我这里充值，我不能辜负大家的信任。”怀揣着朴素的信念，陈伟决定，无论如何他都一定要把这笔欠款还清。

定下还债的目标后，陈伟第一时间将手上的6万多元存款汇总，对照会员登记簿上的名字，联系到一部分客户进行还款。剩下的钱他暂时拿不出来，但是也没打算赖账，而是决定回到老家如皋，通过打工挣钱还债。

在老家，陈伟每天天不亮就起床，骑着电动车到吴窑镇一家羊肉铺工作。煮羊肉、切羊肉、包装羊肉……忙活两个多小时后，陈伟狼吞虎咽吃完早饭，接着又要赶到十多公里外的石庄镇，“变身”装修工，跟着装修队搬运建材、清理垃圾。顾不上休息，晚上他还要赶往更远的长江镇去送重型快递，回到家往往已接近凌晨。

陈伟给记者算了一笔账：“我离开南京时，还有8万多元的欠款没有还。如今在羊肉店打工一个月工资是2000多元，装修公司的工资是一个月6000多元，送快递一个月1800元工资，留下生活所需，剩下的钱全部拿去还债。”

2021年12月15日，又到陈伟约定退还充值费的日子，他没有食言，带着刚到手的7630元工资赶到南京。陈伟的账记在几张皱巴巴的白纸上，或许是经常翻看的缘故，白纸的边角已经开始泛黄，上面密密麻麻地写着欠款人的姓名和金额。“还清一笔就划掉一笔，钱再少，那也是债。”陈伟说，下个月还掉最后所欠20多名顾客的7000多元，这张压在他心头已久的账单就彻底还清了。

陈伟“恪守信义、跨城还债”的暖心故事，也成了如皋和南京两地街头巷尾热议的佳话，在全社会引起强烈反响。不仅《人民日报》官微、央广网、《中国青年报》、《新华日报》、江苏卫视等主流媒体对此进行了报道，阿里巴巴“天天正能量”公益平台也为陈伟颁发特别奖 5000 元。

颁奖词中写道：“一张小小充值卡，好像也充满了尔虞我诈。而这位小陈，却真正把顾客的信任装进了心里。生意黄了，责任不能算了；钱财散了，信用不能没了。一本还钱账本，写下关于诚信的深刻篇章与责任担当！”

这份颁奖词，就是陈伟守信重诺的真实写照。

·在外名人·

如皋籍古代文学专家杜晓勤任北京大学中文系主任

1月15日，北京大学中国语言文学系召开新一届行政班子宣布会，北京大学党委常委、副校长王博，组织部部长宁琦等人出席会议。会上，北京大学党委组织部部长宁琦宣读《关于中国语言文学系行政班子任职的通知》，经学校研究决定，任命杜晓勤为中国语言文学系主任。“110岁”的北京大学中文系迎来了“新掌门”。

杜晓勤，1967年8月出生，江苏如皋人。1995年毕业于北京大学中文系，获文学博士学位。现为北京大学中文系古代文学教授、博士生导师，主要从事魏晋南北朝隋唐五代文学教学与研究工作。此前担任北京大学中文系副主任，并兼任中国古代诗歌研究中心副主任，中国唐代文学学会理事，中国孟浩然学会副会长，《中国学研究》（复旦大学中国学研究中心主办）、《唐代文学研究》（中国唐代文学学会主办）等刊物编委。

杜晓勤出版有《初盛唐诗歌的文化阐释》、《二十世纪中国文学研究·隋唐五代文学研究》（上、下卷）、《齐梁诗歌向盛唐诗歌的嬗变》等著作多部，在国内外学术刊物发表专题论文70余篇。曾主持开发“中国历代基本典籍库·隋唐五代卷”“中国古典诗歌声律分析系统”等电子数据库软件多种，曾获“第六届高等学校科学研究优秀成果奖（社会科学）三等奖”“第七届北京市哲学社会科学优秀著作一等奖”“全国优秀教育图书奖”“北京市教育创新标兵”“北京高校第五届青年教师教学基本功比赛文科A组一等奖”“北京大学杰出青年人文学者奖”“第十届北京大学最受学生爱戴的老师暨‘十佳教师’慈竹奖”“北京大学教学优秀奖”等荣誉。2009年入选教育部“新世纪优秀人才支持计划”。

结核病防治专家马玙入选2021年“最美科技工作者”

11月5日晚，央视10套播出2021年“最美科技工作者”发布仪式。中央宣传部、中国科协、科技部、中国科学院、中国工程院、国防科工局6部门发布2021最美科技工作者先进事迹，马玙作为唯一一位临床医学专家被授予“最美科技工作者”荣誉称号。

1932年2月，马玙出生于江苏如皋，她从小便立下志愿，要做一名医生，用医术为国人治病。带着这样的信念，1955年，她从江苏医学院医疗系（现南京医科大学）毕业，来到中央结核病研究所（现首都医科大学附属北京胸科医院），成为一名真正的医生，开启了她治病救人的征程，这一干就

是66年。

“医生最大的敌人是冷漠,最有效的处方是爱。医生的一点点关爱,就可能改变患者的一生;医生一个小小的亲近动作,都可能在患者心里播撒一片阳光。”年届90岁的马玙用这样朴素的话语诠释着一位人民医务工作者对患者的深情。从临床大夫到科主任,从主任医师到享誉国内外结核病学界的权威专家,漫长的从医生涯中,“济世救人、服务患者”的初心始终没有动摇过。结核病患者中很多人家庭负担大,马玙千方百计地为他们节省开支,让病人少花钱、多办事,尽可能减轻其经济负担。马玙说:“医生也有苦恼,治不好病人的时候,我们非常苦恼。我和病人就是一个战壕的战友,要互相努力。”“病人是弱势群体,做医生的不能高高在上。医生只有坚持平等待人的原则,才能给病人以尊严。”

从事临床与科研教学66年,马玙始终站在防控结核病一线。在临床方面,她克服各种困难,坚持开设门诊,甚至深入偏远农村地区,开展结核病筛查并送诊上门,遇到经济困难的患者,她还慷慨解囊垫付医药费,以仁心大爱去除患者的病痛,抚慰他们的心灵。在科研和教学方面,她发表中英文论文130多篇,参加了17部专著相关篇章的撰写工作,主编了《实用肺癌防治指南》《结核病》等书籍,获得多项科技奖;她诲人不倦,培养了一批博士研究生和硕士研究生,为祖国的结核防治事业培养了重要骨干和学科带头人。1992年起,享受国务院政府特殊津贴。1993年,被评为北京市有突出贡献专家。

2021年,马玙获得“最美科技工作者”荣誉称号。尽管已经90岁高龄,但她依然坚持每周出门诊,每周给学生上课,每周参加疑难病人会诊。“曾经有人问我,您今年90岁了,应该退休享受生活了,我想说,胸科医院就是我的家,党和人民还需要我,我还不想退,还要为实现终止结核病的目标奉献余热。我相信,只要努力,我们的事业一定会前进,也一定能够战胜结核病!”

如皋籍科学家孙友宏当选中国工程院院士

11月18日,中国科学院、中国工程院公布2021年院士增选情况,分别选举产生65名中国科学院院士和25名中国科学院外籍院士,84名中国工程院院士和20名中国工程院外籍院士。

其中,如皋籍科学家、中国地质大学(北京)孙友宏教授当选为中国工程院院士(能源与矿业工程学部)。

孙友宏,汉族,1965年7月出生,江苏如皋人,中共党员。1990年7月参加工作,研究生学历,工学博士,教授,博士生导师。1983年9月至1987年9月,长春地质学院探矿工程系钻探工程专业本科学习。1987年9月至1990年7月,长春地质学院探矿工程系钻探工程专业硕士研究生学习。1990年7月至1995年4月,长春地质学院探矿工程系教师。1995年4月至2000年8月,长春地质学院勘察工程系副主任。其间,1994年9月至1998年7月,长春地质学院(1997年2月更名为长春科技大学)勘察工程系探矿工程专业在职博士研究生学习。2000年8月至2001年5月,吉林大学朝阳校区研究生办公室主任。2001年5月至2008年12月,吉林大学建设工程学院副院长。其间,2002年9月至2006年6月,吉林大学农业工程博士后;2006年6月至2007年6月,英国诺丁汉大学建筑工程系访问学者。2008年12月至2015年9月,吉林大学建设工程学院院长。2015年8月至2019年3月,吉林大学党委常委、副校长。其间,2011年9月至2019年3月,兼任吉林大学"国家潜在油气资源(油页岩勘探开发利用)"产学研用合作创新基地办公室主任。2019年3月至今,中国地质大学(北京)党委副书记、校长。

孙友宏教授是我国地质工程学科(探矿工程领域)学科带头人之一,长期从事探矿工程理论研究、技术创新和装备研发。探矿工程是地质与矿产探测中不可或缺的方法,其主要目的是通过钻探手段获取地下连续的地层样品,是实现找矿勘探重大发现、破解科学谜底的最直接途径。他围绕天然气水合物和地球深部探测等国家重大战略需求,开展探矿工程前沿技术攻关,取得系列标志性成果,并用于生产实践,对地质与矿产新发现、地球深部探测的开展发挥了重要支撑作用。孙友宏教授主持创建了"复杂条件钻采技术自然资源部重点实验室"和"油页岩地下原位转化与钻采技术国家地方联合工程实验室",拓展了我国钻探技术的应用领域,推动了我国探矿工程的科技进步。

孙友宏教授相关成果获国家技术发明二等奖2项(均排名第一)、第十三届光华工程科技奖、省部级科技奖励一等奖5项(均排名第一),入教育部"中国高等学校十大科技进展",以第一发明人获授权发明专利50余件,第一作者/通讯作者发表论文110余篇、出版著作3部。

朱国华教授获2021年度宝钢优秀教师特等奖

宝钢教育基金设立于1990年,是宝钢集团出资设立、政府支持指导、专家咨询策划、高校积极参与的全国最具知名度的教育奖项之一。

12月10日,2021年度宝钢教育奖公布评审结果,华东师范大学中文系教授,国际汉语文化学院院长兼国际汉语教师研修基地执行副主任朱国华老师荣获"2021年度宝钢优秀教师特等奖",成为全国获此殊荣的8位教师之一。

朱国华,生于1964年,江苏如皋人,1982年考入华东师范大学中文系。1986年7月毕业,同年任教于东南大学。1997年4月受聘为副教授。1998年春,以同等学力考入南京大学中文系,师从赵宪章教授门下攻读文艺学博士学位,2000年底毕业,并获得博士学位。2001年8月,赴复旦在朱立元教授指导下做博士后研究。2007年,入选教育部新世纪优秀人才支持计划。曾到美国杜克大学访学一年,现为华师大中文系主任,《文艺理论研究》副主编。

一直以来,朱国华教授践行立德树人与卓越育人的理念,努力将卓越学术转化为卓越育人,以理论探索形成独具特色的教学魅力。从教近20年,朱国华教授在教书育人方面取得了丰硕成果,涌现出众多优秀学生。同时,致力于中外文艺理论基本原理的研究,积极参与文艺理论中国话语体系的构建,发表学术论文120余篇,出版多种专著。近五年来,主持“当代西方前沿文论研究”“阿多诺文艺美学著作翻译、笺注与研究”等国家社科基金重大项目,《权力的文化逻辑》等科研成果获得教育部与上海市社科优秀研究成果奖。

发展成就

Fazhan Chengjiu

2021 年如皋市主要经济指标情况

2021 年如皋市主要经济指标一览表

表 1

行业	指标名称	单位	2021 年	
			绝对数	增长(%)
综合	地区生产总值	亿元	1432.41	8.5
	第一产业增加值	亿元	82.22	4.6
	第二产业增加值	亿元	707.6	8.9
	第三产业增加值	亿元	642.59	8.5
	人均地区生产总值	元	116201	9.5
	城镇新增就业人数	万人	1.17	—
	城镇登记失业率	%	1.73	—
	户籍人口	万人	139.45	−4.56
	常住人口	万人	122.67	—
	常住人口城镇化率	%	62.38	—
财政	财政总收入	亿元	261.18	17.7
	一般公共预算收入	亿元	77.81	8.1
金融	金融系统本外币存款余额	亿元	1789.74	7.0
	金融系统本外币贷款余额	亿元	1542.93	18.1
农业	农林牧渔业总产值	亿元	135.72	5.8
	粮食总产量	万吨	67.68	0.3
全部工业	全部工业应税销售收入	亿元	1768.30	10.0
	全部工业实缴税金	亿元	46.72	8.1
	全部工业用电量	亿千瓦时	47.77	12.7
规模工业	规模以上工业企业总产值	亿元	1415.63	13.7
	高新技术产值占规模工业产值的比重	%	45.1	—
能源	规模以上工业企业综合能源消费量	万吨标准煤	93.24	1.2
	万元产值综合能耗	吨标准煤/万元	0.0659	−11.0

续表 1

行业	指标名称	单位	2021 年	
			绝对数	增长(%)
建筑业	建筑业总产值	亿元	1481.84	11.0
	建筑业从业人数	万人	29.76	—
投资	全社会固定资产投资增幅	%	4.8	—
	第二产业投资增幅	%	9.4	—
	第三产业投资增幅	%	−3.1	—
	房地产开发投资增幅	%	1.2	—
贸易	社会消费品零售总额	亿元	532.55	16.3
	批发零售业	亿元	466.78	15.6
	住宿餐饮业	亿元	65.77	21.7
外经	进出口总值	亿元	323.99	30.1
	出口超亿元企业数	个	52	—
	实际利用外资	亿美元	3.24	2.9
	年末在外劳务人员数	人	8544	3.9
交通	交通设施投入	亿元	11.73	—
	全市国道、省道、农村公路总里程	公里	3041.69	—
	铁路总里程	公里	87	—
	公路客运量	万人次	215	—
	公路货运量	万吨	2106	—
	水上货运量	万吨	986	—
	港口货物吞吐量	万吨	8426.46	—
科技	全年专利授权量	件	4573	44.1
	每万人发明专利拥有量	件	28.38	8.8
	高新技术企业数	个	315	—
房地产	商品房屋销售面积	万平方米	274.12	9.4
	住宅销售面积	万平方米	212.01	−7.1
居民收入	全体居民人均可支配收入	元	41545	10.4
	城镇居民人均可支配收入	元	53735	9.4
	农村居民人均可支配收入	元	26280	11.4

续表 1

行业	指标名称	单位	2021 年	
			绝对数	增长(%)
社会保障	基本医疗保险参保人数	万人	125.75	—
	职工基本医疗保险参保人数	万人	32.26	—
	城乡居民基本医疗参保人数	万人	93.49	—
	企业职工养老保险参保人数	万人	23.23	—
	城乡居民养老保险参保人数	万人	30.53	—
环境保护	可吸入颗粒物($PM_{2.5}$)浓度	微克/立方米	31.52	—
	空气质量优良天数比率	%	85.5	—

2021年全市工作回顾

2021年是“十四五”规划开局之年，也是全面建设社会主义现代化的起步之年，面对宏观环境复杂多变、经济下行压力加大、要素资源约束趋紧的叠加影响，如皋市委、市政府认真贯彻中央和省委、南通市委决策部署，以思想解放优化发展赛道，以重点突破带动全局提升，在克难奋进中优作风、聚合力、攻关键，改革发展稳定和党的建设各项事业取得新进步，现代化如皋建设实现良好开局。

一、稳中求进，实体经济持续提质提效

*综合实力显著跃升。*预计全年实现地区生产总值1410亿元、同比增长9%；一般公共预算收入77.8亿元、同比增长8%；规上工业总产值1450亿元、同比增长17.5%，服务业增加值655亿元、同比增长8.7%；全社会固定资产投资同比增长7.1%，其中工业投资同比增长10.2%；社会消费品零售额515亿元、同比增长12.5%；金融机构人民币存贷款余额分别为1751亿元、1531亿元，分别同比增长5.8%、17.5%。

*产业集群蓄势做强。*实现规模工业应税销售1350亿元、增长24%，六大优势产业链应税销售占比超80%，培育超100亿元、超50亿元企业各1家，亿元企业56家，纳税超亿元企业1家，新增规上工业企业180家、南通第一。完成服务业应税销售1846.6亿元，新增规上服务业企业65家，入围全国电子商务进农村综合示范县。完成建筑业总产值1610亿元，入库税金超10亿元，获国优奖2个。粮食、生猪等重要农产品稳产保供，完成农业农村重大项目投资29亿元，新增全国农业创业园区（基地）2家、国家地理标志农产品1个、省级示范家庭农场7个，高标准农田面积占比68%，如皋市入选全国绿色种养循环农业试点县，并获评省农产品质量安全市、省首批绿色蔬菜（黑塌菜）产业特色县。

*发展质态持续优化。*战略性新兴产业产值、高新技术产业产值占规上工业比重分别达39%、45.7%。精准能耗管控，单位工业增加值能耗预计下降5.8%，综合能耗度电销售增长33%，整县（市）屋顶分布式光伏开发项目获国家能源局立项，在全省率先全面推开。江苏万达特种轴承有限公司入选国家制造业单项冠军企业，如高高压电器有限公司、江苏嘉好热熔胶股份有限公司入选全国专精特新“小巨人”企业，江苏思源赫兹互感器有限公司、江苏汤臣汽车零部件有限公司入选中央财政支持重点“小巨人”项目。新增省级服务型制造业示范企业1家、省五星级上云企业1家、省市示范智能车间17家。主导或参与制定国际、国家、行业标准14项，新增国家级标准化试点1项、省级2项、江苏精品2件，如高高压电器有限公司、江苏泰慕士针纺科技股份有限公司获南通市长质量奖。高质量打造资本市场“如皋板块”，南通星球石墨股份有限公司、森松（江苏）重工有限公司、南通超达装备股份有限公司成功上市，新入轨企业3家、股改1家。

11月15日，江苏万达特种轴承有限公司入选国家制造业单项冠军企业

二、量质并举，重大项目实现快落快转

招大引强持续突破。牢固树立"项目为王、招商为先"理念，聚焦六大优势产业链精准出击，组建市场化招商队伍5支，成功举办科技人才洽谈会和上海、深圳、苏州等地投资促进周活动，新签约10亿元以上项目32个，其中五十亿级3个、百亿级2个。

定期召开全市项目建设月度观摩会

项目建设加快推进。开展"重大项目质态提升年"活动，健全月度观摩、项目单挑机制。新开工重特大制造业项目15个、服务业项目8个，竣工项目7个，转化达产项目4个，3个项目获南通高端制造业奖励。江苏省、南通市重大项目完成年度投资计划。完成技改投入145亿元、占规模工业投入44.9%。新建项目中高新技术企业投资项目占比54.5%、高技术制造业和战略性新兴产业项目占比72.7%。斯堪尼亚商用车项目通过省发改委备案。

要素保障不断强化。金融支持实体力度不断加大，设立产业引导母基金和科创基金，新增制造业贷款30亿元，创历史新高。土地利用效率持续提升，完成生态空间管控区域调整，编制土地征收成片开发方案，盘活存量用地4800亩，租赁集体经营性建设用地1686亩，办理全省首例集体经营性建设用地抵押权登记。

三、创新赋能，发展活力越发充足充沛

创新主体持续壮大。深入实施高企培育"倍增"计划和"小升高"行动，净增高企47家，新增潜在独角兽企业2家、瞪羚企业5家、高新区及集聚区科创项目15个、省级企业研发机构9家。获批省级资金类科技计划项目12项、省科学技术奖3个、南通"揭榜挂帅"项目5个，总量均居南通第一。每10亿元GDP发明专利拥有量达25.8件。江苏新瑞药业有限公司获全国颠覆性技术创新大赛优胜奖。

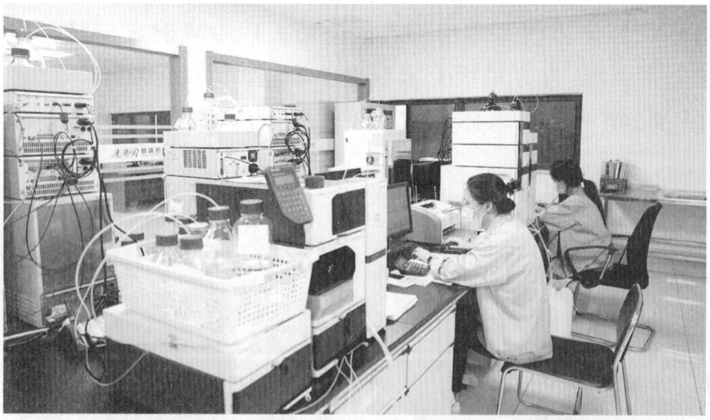

国家高新技术企业——江苏新瑞药业有限公司研发中心

创新生态不断优化。组建市科技创新委员会，启动实施"创新如皋"三年行动计划，出台科技二十三条、人才二十二条激励政策，新增江苏省外国专家工作室2家，入选国家重点人才计划1人、省"双创计划"6人，卓远半导体获批国家高端外国专家引进计划项目。建立科技型企业"白名单"制度，成立科技支行2家，发放科创型企业贷款8.5亿元。获批省创新型示范县市。

创新资源加速集聚。省级农高区、龙游河科创走廊启动规划建设，建成上海交大如皋科技成果转化平台等飞地孵化器，开工建设青年人才公寓国际社区，主功能区孵化器全部开园，新增省级众创空间2家。高新区省级排名位居苏中苏北第一。

四、改革开放，内生动力不断激发进发

重点改革不断深化。全面推进国企改革三年行动，推动建立“3+2”主业体系，实现主营业务收入 90 亿元、主营业务利润 3 亿元，新增 AA+主体信用评级 1 家，完成全民所有制企业公司制改革 24 家。推动镇级债务提级管理，顺利完成省政府下达债务管控预期任务。强化农村综合改革，累计完成产权交易额 26.9 亿元，建成农民合作社综合社 16 家，获批省农村改革试验区。

夜间忙碌的如皋港苏中国际码头

双向开放持续扩大。新批超亿美元项目 2 个，实际利用外资 3.24 亿美元、增长 2.9%，制造业外资到账额南通领先。进出口总额 290 亿元，服务外包执行额 20.9 亿美元、增长 35.8%。境外投资 1600 万美元，对外承包劳务营业额 1.35 亿美元。新开国际国内航线 6 条，集装箱吞吐量 55 万标准箱。水上绿色综合服务区建成运营。

营商环境显著改善。顶格落实各项惠企纾困政策，减税降费 7.9 亿元，发放惠企资金 3.3 亿元。“放管服”改革纵深推进，“证照分离”改革取得阶段性成效，重点企业执法检查“白名单”制度全面实施，市场主体信用分类分级监管实现规上工业企业和在建项目施工企业全覆盖，商事制度改革获省政府督查激励，“如意”营商环境品牌效应持续放大。

五、品质提升，城乡环境更趋宜居宜业

城市功能持续优化。国土空间规划、国家历史文化名城保护规划编制工作有序推进。新改建城市道路 35 公里、桥梁 29 座。完成 28 个地块 111 万平方米搬迁，老旧小区改造 18 万平方米、惠及群众 2600 户。城市西部片区更新改造全面启动。龙游河三期、宏坝河风光带建设基本完成。智慧停车一期项目建成投运。

龙游河三期工程

交通工程持续推进。北沿江高铁如皋西站正式获批，南站综合客运枢纽建成投运。张靖皋长江大桥开工建设，通皋大道二期工程大临开工。G40 改扩建工程有序推进，S226 如皋北段竣工通车，老 204 国道三期改造建成通车。惠政路龙游河桥等 24 条城市干道提档升级。完成农村桥梁改造 30 座、通居路 50 千米、交通安全生命防护工程 462千米、治理安全隐患点 214 个。

镇村建设持续深化。深入推进农村人居环境整治五年提升行动，镇级垃圾中转站实现全覆盖，改造农村供水管网 153.8千米、户表 17.5 万户。新增省级生态文明建设示范镇 2 个、示范村 3 个、美丽宜居乡村 85 个。新增省级特色田园

乡村 1 个、传统村落 1 个、绿美乡村 8 个，水利建设获省政府督查激励，入选全国水系连通及水美乡村建设试点县。

六、精准施策，污染防治始终有力有效

环境质量持续改善。常态化落实河长制、断面长制、点位长制，推行“自己的河道自己管护”模式，市考以上断面继续保持优Ⅲ类水质。环境空气质量管控提升行动扎实开展，$PM_{2.5}$ 平均浓度下降至 31.5 微克/立方米，优良天数比例 85.5%。牢牢把握“共抓大保护、不搞大开发”战略导向，全力推进长江“十年禁渔”，化工企业“两断三清”(断水、断电、清原料、清设备、清场地)全面完成。中央、省环保督察交办问题完成整改销号，各级环境信访总量下降 6.5%。

龙游湾生态景观带

重点工程有序推进。龙游湾生态景观带建设全面启动，5.5千米示范段如期建成。以资源化利用为主线推进农村河道片区治理，完成城北先行区、1 片区水环境治理工程及 15 条农村生态河道建设任务，消除黑臭水体 223 条。建成分散农户生活污水处置设施 2.5 万户。上海电气一期飞灰填埋场封场项目竣工。

治理体系不断健全。生态环境保护执法司法联动机制持续优化，创新生态公益检察领域“三长”联动保护机制，建成一体化平台，提起公诉 25 件、审理案件 227 件。

七、共建共享，人民生活更加有得有感

疫情防控毫不放松。认真贯彻“外防输入、内防反弹”策略，全面落实常态化疫情防控措施，核酸筛查基地、疫情防控队伍等应急处置能力建设不断加强，核酸日混检能力达 40 万人份。全人群疫苗全程接种率达 88%，超过国家和省定标准。

保障体系更加健全。新增就业 2.8 万人、创业 5346 人，发放富民创业贷款 1985 万元，落实稳岗返还资金 1579 万元。预计城乡居民人均可支配收入分别增长 10.5%、11.5%。城乡居民医保、职工“五险”实现动态全覆盖，城乡居民基础养老金、城乡低保等标准持续提高，全面落实残疾人“两项补贴”、重点优抚对象抚恤优待和退役士兵安置政策。脱贫致富奔小康工作获省政府督查激励。坚持“房住不炒”，有效落实地价房价精准化“双控”制度。

9 月 1 日，如皋师范学校第二附属小学如期开学

公共服务更加均衡。高质量教育县域样板创建启动实施，“双减”政策有序落实，特殊类型招生控制线上线率 70.1%。如皋师范学校第二附属小学、第三附属小学等投入使用，如师附小新城幼儿园、如皋市志颐小学等工程稳步推进，如皋市技工学校与如皋第一中等专业学校启动技师学院创建工作。医共体

格局初步形成，人民医院新院区开工建设，搬经镇、江安镇卫生院主体工程完工。高分通过国家卫生城市复审。如皋市获评全国群众体育先进单位。

八、协同共治，社会大局保持安定稳定

安全生产形势稳定。专项整治“三年大灶”高标准推进，生产安全事故起数、死亡人数在上年大幅下降基础上又均下降37.5%，消防、防汛等工作持续深化，食品药品安全有效保障。

法治建设稳步推进。“八五”普法实质性启动。率先推行行政复议体制改革，行政案件败诉率低于南通平均水平。城管综合执法标准化入选全国试点。

社会治理不断创新。数据赋能市域治理初见成效，智慧应用平台实时预警各类隐患1万余次，全网协同处置各类诉求超24万件，“三跨”(跨部门、跨区域、跨层级)问题解决率、群众满意度南通领先。启动全国信访工作示范县(市)创建，历史遗留问题化解取得积极成效，相关金融机构风险得到稳妥处置。扫黑除恶专项斗争常态化开展，群众安全感位居全省县(市)前列。

3月3日，如皋市召开全市安全生产工作会议暨深化安全生产三年专项整治推进会

2021年市政府民生实事项目完成情况

2021年，如皋市坚持兜底线、保基本，雪中送炭补短板，努力将宝贵的财政资金用在民生支出的刀刃上，安排与人民群众生活密切相关的就业服务、教育供给、医疗健康、人居环境等10件民生实事项目，圆满完成全年目标任务。

一、医疗卫生设施提升项目 市人民医院新院区已开工建设，搬经镇、江安镇卫生院主体工程均已完成。

二、农村生活垃圾治理项目 搬经夏堡、九华、江安、磨头、东陈、吴窑、石庄及长江等8个垃圾中转站，均已建成投入运行，实现全市乡镇生活垃圾中转站升级改造全覆盖。

如皋医学中心(如皋市人民医院)工程开工奠基仪式

三、全市域水环境整治项目 完成223条黑臭水体治理及农村黑臭河道整治试点市任务；高标准编制农村水环境治理规划，完成城北街道片区通扬运河、白毛港疏浚整治及东司马港以南、通扬运河以西、如海运河以东1片区7镇1街道255平方公里的水环境治理任务；完成15条农村生态河道建设，出台村级河道"自己的河道自己管护"实施意见；完成2.5万户分散农户生活污水治理任务。

通扬运河流域骨干河道清淤整治

四、城区教育资源优化项目 如皋初中新校区、仙鹤幼儿园均开工建设;丁堰镇、磨头镇2所公立幼儿园已申报省优质幼儿园。

如皋初级中学新校区和仙鹤幼儿园效果图

五、道路通行安全保障项目 实施道路交通安全"生命防护工程",完成22条县道462公里和214个交通事故多发点位道路安全隐患治理;成立吴窑、下原、东陈3个交警中队,招聘202名交通辅警入职,实现"一镇一中队"建设;完成了老204国道(蒲黄线至九华镇区段)改造及40公里干线公路亮化提升工程。

如皋交警在全市22条县道57个重点路口设置"右转危险区"标识

六、农村供水管网改造项目 围绕"两年完成全市域农村供水管网改造提升"的目标,全年改造提升主管网63.8公里、次管网90公里,换表改造17.5万户。

七、养老托育健康服务项目 着力解决好"一老一小"问题,为全市65岁以上老年人免费提供基本健康体检22.07万人,为全市1~2周岁儿童免费接种水痘疫苗6250针;实施妇幼“四免”筛查,完成适龄妇女“两癌”筛查86507例、产妇产前筛查5403人、新生儿疾病筛查4523例。

八、扩大社会救助保障项目 全面推行因病支出型贫困家庭救助制度;完成自然灾害人身意外伤害和家庭财产综合保险推进工作;完成居家适老化改造916户;改造磨头镇敬老院作为重度失能(失智)特困供养服务机构设施,配全相关功能室设置,新增100张护理床位。

如皋市智慧居家养老指挥调度平台

九、引培并举扩大就业项目 全市新增就业28255人,其中长江镇重大项目用工17010人;招引首次到如皋就业10003人,其中高校毕业生4314人;培养、培训职业技能人才690人;援助4512名就业困难人员实现就业。

十、城区老旧小区改造项目 围绕老旧小区改造五年攻坚目标,全年分四批次开工改造人民银行和工商银行宿舍楼,宏济苑,春晖苑,陆桥苑,蒲行小区,绘园新村一区,锦绣苑一、三期等33.63万平方米老旧小区,已完成18.63万平方米改造任务。研究出台《如皋市既有多层住宅加装电梯实施意见》。

改造一新的绘园新村一区

荣誉先进

Rongyu Xianjin

2021 年度荣誉榜

1 月 19 日

江苏省生态环境厅发布第三批省生态文明建设示范镇村名单，如皋市江安镇、城北街道榜上有名。

△ 江苏省教育厅、省体育局公布 2017—2019 年体育特色学校名单，如皋市 7 所学校入选。如皋市搬经镇阳光幼儿园被评为江苏省体育（篮球）特色幼儿园，如皋市如城小学、江安镇葛市小学、安定小学、搬经镇夏堡小学、江安镇东燕小学、白蒲镇白蒲小学被评为江苏省体育特色（中小学）学校。

1 月 22 日

全省广播电视工作会议召开，如皋市融媒体中心获江苏省广播电视政府奖“先进广播电视单位”称号。江苏省广播电视政府奖是江苏省广播电视和网络视听行业唯一一个政府奖，每三年评选一次，市融媒体中心是南通唯一一家获评此奖项的县级媒体。

1 月 24 日

全国青少年校园足球工作领导小组办公室公布第一批足球特色幼儿园示范园名单，如皋市城东实验幼儿园上榜。

1 月 28 日

教育部基础教育质量监测中心组织召开县域管理与教育质量视频研讨会。如皋作为教育部遴选的全国 7 家教育高质量发展县区之一参会，如皋市教育局副局长丁非在会上介绍如皋教育高质量发展典型经验。

1 月 30 日

江苏省人民政府办公厅发布《省政府办公厅关于命名宜兴市如皋市灌云县为江苏省生态园林城市的通知》，如皋市被命名为江苏省生态园林城市。

2 月 2 日

国家卫生健康委员会办公厅和国家中医药管理局办公室发文通报表扬 2020 年“优质服务基层行”活动中表现突出、成效显著机构，如皋市石庄镇卫生院名列其中。

2 月 7 日

如皋市第五届“哲学社会科学优秀成果政府奖”评审结果公布，共评出获奖项目 20 项，其中一等奖 2 项、二等奖 4 项、三等奖 6 项、优秀奖 8 项。

2 月 10 日

江苏省文化和旅游厅公布 2021 年全省重点文化和旅游产业项目，如皋荣威休闲娱乐装备技术改造项目入选。

2 月 19 日

江苏省人社厅发布通知，国务院批准江苏 106 人为 2020 年享受国务院政府特殊津贴人员，对这些新享受国务院政府特殊津贴人员，国家将颁发国务院政府特殊津贴证书，每人一次性发给 2 万元津贴，由中央财政专项列支拨款，免征个人所得税。如皋市中如建工集团有限公司（如皋）江林入选。

2 月 25 日

中国建筑业协会公布《2020—2021 年度第一批中国建设工程鲁班奖（国家优质工程）入选名单》，如皋市江中建设集团承建的邳州市人民医院新区医院、南通蓝星装饰工程有限公司参建的中国联通移动互联网产业南方运营基地工程 1 号楼 2 个项目入选鲁班奖名单。

△ 全国脱贫攻坚总结表彰大会在北京人民大会堂举行，大会对全国脱贫攻坚先进个人、先进集体进行表彰。两名如皋人被评为全国脱贫攻坚先进个人，分别是陕西省汉中市发展和改革委员会苏陕协作办公室副主任、南通市青少年活动中心副主任李维维，陕西省汉中市人民政府办公室政办科副科长（挂职）、南通市农业综合行政执法支队副支队长程枫叶。

△ 2021 年全省基础教育工作视频会议在南京主会场举行，如皋市教育局以及如皋各市直学校、镇（区、街道）相关负责人等在如皋分会场参加会议。会上，如皋市教育局副局长、如师附小校长朱爱华带领团队研发的《课程重构打开居家学习之门》作为精品案例在大会进行展播。

△ 最高人民法院发布《最高人民法院关于贯彻〈中华人民共和国长江保护法〉的实施意见》及长江流域生态环境司法保护典型案例。如皋法院长江二庭审理的“被告人李绪根非法捕捞水产品刑事附带民事公益诉讼案”成功入选，位居十大案例之首。

3 月 2 日

省住房和城乡建设厅发布公告，授予“如皋市龙游河宝塔河水环境治理工程”江苏人居环境范例奖称号。

3 月 3 日

江苏省社会信用体系建设领导小组办公室公布 2020 年度设区市和县（市、区）政务诚信评价结果，如皋市获得县（市、区）综合考评“一等次”，这是继 2019 年之后，如皋第二次获得“一等次”评价。

3 月 16 日

省水利厅公布 2020 年度生态河道建设示范样板名单，如泰运河如皋段名列其中。如泰运河是江苏省重要区域性骨干河道，全长 142.18 千米，在如皋市境内全长 50.08千米，主要承担供水、排涝、航运等功能。

3 月 22 日

2020 年度南通市市长质量奖和市长质量奖提名奖获奖名单正式公布，如皋市的江苏省如高高压电器有限公司获市长质量奖（组织类），江苏泰慕士针纺科技股份有限公司获市长质量奖提名奖（组织类）。

3 月 24 日

南通星球石墨股份有限公司在上交所科创板正式挂牌上市，成为如皋市首家科创板上市企业。至此，如皋市上市企业总数达到 8 家。

△ 第一季度长三角地区食品安全抽检监测暨风险预警会议在安徽省黄山市召开。会议期间，评选出 2020 年长三角地区食品安全抽检监测核查处置“十佳案例”，如皋市市场监管局推荐的“对调料酒山梨酸及其项目抽检不合格案的考虑与处置” 被评选为 2020 年长三角地区食品安全抽检监测核查处置“十佳案例”，南通入选唯一案例。

△ 省委党史学习教育领导小组办公室实践活动组调研座谈会在南京召开。如皋市搬经镇党委书记、党史学习教育领导小组组长刘莉作为南通市唯一一个乡镇（街道）党委代表参加会议，并作交流发言。

3 月 25 日

江苏省科技发展战略研究院发布“2020 江苏省百强创新型企业”榜单。榜单显示，如皋的江苏神马电力股份有限公司、江苏力星通用钢球股份有限公司 2 家企业上榜，分别位列第 81、87 位。

△ 江苏省人社厅公布新一批省级乡土人才大师工作室名单，如皋王如生乡土人才大师工作室、孙月飞乡土人才大师工作室榜上有名，这是如皋市首批入选省级乡土人才大师工作室。

3 月 26 日

江苏省食品安全委员会全体（扩大）电视电话会议在南京召开，会上发布江苏省农产品质量安全县（市、区）名单（18 个）。如皋市达到江苏省农产品质量安全县创建工作标准，获“江苏省农产品质量安全县（市、区）”称号。

3月30日

中央文明办举行网上发布活动,发布2021年1月至2月“中国好人榜”。如皋市东陈镇保护群众安全撤离险被洪水卷走的“95后”战士冒小驰获评“中国好人”。

3月31日

江苏省市场监督管理局公示2020年度真抓实干成效明显拟予督查激励地方名单，如皋因“双随机、一公开”监管工作成效突出名列榜单。

3月,国家减灾委员会、应急管理部、中国气象局、中国地震局决定命名北京市东城区龙潭街道安化楼社区等999个社区为2020年度全国综合减灾示范社区。南通市4个社区榜上有名,如皋市如城街道城西社区上榜。

4月13日

江苏省教育厅公布首批省中小学“一校一案”落实《中小学德育工作指南》典型案例名单,如皋市实验初中“从‘心’出发 重‘心’引领”案例入选。

4月15日

如皋市召开国家安全工作表彰大会，对如皋市首届国家安全宣传抖音视频大赛获奖选手进行颁奖，如皋市民马来全（黑狐歪歌）获一等奖。

4月16—17日

广州艾力彼医院管理研究中心“2021中国医院竞争力大会”在厦门举行。如皋市人民医院以总分420.79名列“县级医院100强”第76位。

4月21—22日

首届中国慢行交通大会在北京召开。如皋市作为江苏唯一入选城市,与杭州、济宁、唐山、郑州共同被评为共享慢行出行服务优秀城市,如皋共享单车管理“三个强化”的做法成功入选全国慢行交通优秀城市案例。会上,中国城市公共交通协会赠予如皋市城管局“疫情防控为人民,敬业高效办实事”的锦旗,对如皋市城管局在疫情防控和公共交通方面所做成绩给予表扬。在由住房和城乡建设部城市管理监督局组织的城市慢行治理及安全管理座谈会上,市城管局副局长孙夏兵就如皋共享单车管理经验作分享交流。

4月24日

江苏省农业技术推广总站等单位举办的2021江苏“好黄瓜”品鉴推介活动在淮阴举行。如皋市长江镇江苏五零鲜村生态农业发展有限公司种植的“隆恬”牌黄瓜,获江苏省优质黄瓜好品牌金奖。

4月28日

省住房和城乡建设厅联合省文化和旅游厅召开江苏省美丽田园乡村游赏线路推广新闻发布会,两部门从江苏省传统村落认定公布名单中遴选部分村落结合其周边山水环境、旅游景点等特色资源,推荐22条江苏省美丽田园乡村游赏线路,如皋市“藕园闲致”线路入选。

4月30日

江苏省委、省政府在南京召开表彰大会,表彰1000名江苏省劳动模范和先进工作者,如皋有11人受到表彰。倪张根、杜莉(女)、陈大彬、李薛俊、黄小军、沈爱军、卢春燕(女)、杨镇华8人获得江苏省劳动模范荣誉称号,陈晓斌、李继东、李小飞3人获得江苏省先进工作者荣誉称号。

5月1日

白蒲镇林梓小学啦啦操社团在2021年中国少儿啦啦操精英赛(南京站)比赛中,获得花球校园啦啦操示范套路和爵士规定动作两项冠军。

5月10日

财政部、工业和信息化部公示第一批建议支持的重点“小巨人”企业名单,江苏省30家、南通市3家企业入围,如皋市江苏思源赫兹互感器有限公司、江苏汤臣汽车零部件有限公司2家企业榜上有名。

△ 国家知识产权局发布第二十二届中国专利奖评审结果，如皋市南通斯密特森光电科技有限公司预获中国专利优秀奖。

5 月 11 日

江苏省住房和城乡建设厅在常州市召开全省绿色智慧示范片区建设工作推进会，如皋市住建局副局长王庆作为全省唯一的县级市代表受邀参会，并作经验交流发言。

5 月 12 日

江苏省政府对 2020 年落实有关重大政策措施真抓实干、取得明显成效的地方予以督查激励，相应采取 35 项奖励支持措施。如皋市因推动商事制度改革工作成绩突出名列其中。

△ 江苏公布第六批次特色田园乡村名单，长江镇田王村王家庄获得命名。至此，如皋市已有 6 个“省级特色田园乡村”。

5 月 14 日

南通市卫生健康委、南通市中医药管理局发布关于表彰第五批南通市名中医的决定，授予全市 25 名中医药专家南通市名中医称号，如皋市中医院吕军、佘瑞平两人上榜。

△ 2021 年 2—3 月如皋好人（最美商户）发布会暨第六届“如城最美”颁奖仪式在市文化馆举行，17 名如皋好人、5 名最美商户、10 名如城最美志愿者、10 名如城最美楼组长、10 户如城最美家庭、10 名最美如城人走上红毯，接受礼遇。

5 月 15 日

全省绿色蔬菜产业高质量发展推进会召开，江苏省农业技术推广总站、江苏省农业技术推广协会等单位联合发布首批绿色蔬菜产业特色县、特色镇、味美菜园评选结果。如皋市以地方传统特色蔬菜产业——黑塌菜产业入选，获“江苏省绿色蔬菜产业特色县”称号。江苏五零鲜村生态农业发展有限公司、如皋市金旺家庭农场 2 家经营主体荣获 2021“江苏味美菜园”称号。

△ 江苏省妇联发布 2020 年度江苏省最美家庭，如皋市田茂娥家庭、李兵家庭、陈子芬家庭、程庭英家庭 4 户人家上榜。

5 月 17 日

江苏省文化和旅游厅公示江苏省省级文化和旅游消费试点单位名单，南通市如皋市和崇川区两地入选。

5 月 24 日

国务院公布第五批国家级非物质文化遗产代表性项目名录，如皋丝毯织造技艺作为名录扩展项目入选。

5 月 25 日

南通市委宣传部主办的“讲好南通红色故事 传承江海红色基因”演讲比赛决赛在南通科技职业学院举行。由如皋市委宣传部精心组织、择优选送的 4 名红色故事宣讲选手，从 29 名优秀选手的激烈角逐中脱颖而出，喜获一二三等奖。

5 月 29 日

人类首台航天微波炉由天舟二号送上中国空间站。这台小小的微波炉，从 2011 年开启研发工作，历经十年才最终完成。高压二极管是微波炉的核心部件之一，对于微波炉的稳定运行起到至关重要的作用，而这台微波炉上的高压二极管就是由如皋企业南通皋鑫电子股份有限公司制造。

△ 省总工会、省交通运输厅在镇江举办全省“交通强省”专题劳动竞赛启动仪式，对全国、省五一劳动奖和工人先锋号获得者进行颁奖。如皋市交通运输局铁路建设指挥部盐通铁路项目部获授“全国工人先锋号”荣誉奖牌，是全省交通运输系统唯一获此殊荣的单位。

5 月 31 日

江苏省教育厅公布首批江苏省幼小衔接实验区和结对试点园（校），如皋市成为首批省级幼小衔接实验区之一。

6月3日

江苏省民政厅、省委党史工办、省文旅厅、省退役军人事务厅、省方志办联合召开江苏省首批红色地名新闻发布会，对外发布江苏省首批100个红色地名。如皋市红十四军纪念馆榜上有名。

6月23日

第三届中国杯盆景大赛在上海举行颁奖仪式，如皋市的10件参赛盆景全部获奖，副市长张百璘代表市政府领取大赛特别贡献奖。如皋市领导钱志刚、杜永红出席活动。

6月28日

全国“两优一先”表彰大会在北京举行，集中表彰一批全国优秀共产党员、全国优秀党务工作者和全国先进基层党组织。如皋市委宣讲团成员、全国基层理论宣讲先进个人、市人大常委会党组成员、专职委员姚呈明获评全国优秀党务工作者。

△ 江苏省文旅厅公示2021年度省级非遗保护专项资金拟补助年度重点项目和省级传承人名单，如皋市黄氏玉容丸制作技艺项目，颜柏林、王如生、李玉坤、段昊翔、单锋、黄陈俊等6位省级非遗传承人成功入选。

△ “中国共产党江苏如皋县委印”定级评审会在市档案馆举行。省文物局组织文物鉴定专家对珍藏于如皋市档案馆的“中国共产党江苏如皋县委印”进行文物认定，专家组经鉴定后将该印章认定为国家一级文物。“中国共产党江苏如皋县委印”也成为南通市唯一的一级革命文物。

7月1日

江苏省“两优一先”表彰大会在南京举行，对全省优秀共产党员、优秀党务工作者和先进基层党组织予以表彰。如皋市缪德军被表彰为“江苏省优秀共产党员”，储开平被表彰为“江苏省优秀党务工作者”，如皋市人民检察院机关党委被表彰为“江苏省先进基层党组织”。

△ 庆祝中国共产党成立100周年大会在北京天安门广场举行。如派盆景大师王如生作为江苏省6名新入党的党员代表之一，受邀赴北京现场观礼，见证这一伟大历史时刻。

△ 江苏省教育厅公布2020学年度普通高中星级评估结果，如皋市第二中学顺利通过四星级普通高中评估。至此，如皋市获四星级普通高中称号的普通高中达8所，实现省四星级普通高中的全覆盖。

7月14日

江苏高院对全省法院审判管理工作先进集体和先进个人予以表彰，如皋法院审判管理办公室获“全省法院审判管理工作先进集体”荣誉称号。

7月15日

第六届“江苏十大见义勇为好司机”颁奖典礼在南京举行。此次活动由江苏省公安厅、江苏省见义勇为基金会、江苏交通控股有限公司发起，表彰在2018年1月1日至2021年4月1日期间，各类机动车驾驶人在江苏地区涌现出的见义勇为先进典型。如皋市个体工商户（私家车司机）严怀岗被评为第六届“江苏十大见义勇为好司机”，如皋市公安局搬经中心派出所辅警（私家车司机）陈文飞获第六届“江苏十大见义勇为好司机”提名奖。

7月18日

第五届全国青少年无人机大赛在上海落下帷幕，如皋学子“皋飞队”满载而归，20人获一等奖，24人获二等奖，17人获三等奖。

7月24日

江苏省住房和城乡建设厅公示第四批江苏省传统村落名录，如皋市江安镇周庄社区贲家巷入选。

7月27日

全国“专精特新”中小企业高峰论坛在湖南省长沙市开幕，论坛以“专精特新 成就未来”为主题，全国工信领域专家、学者、企业家等汇聚一堂，共谋中小企业发展大计。如皋市江苏汤臣汽车零部件有限公司和江苏万达特种轴承有限公司2家国家级专精特新“小巨人”企业受邀参加活动。

8月4日

由赛迪顾问县域经济研究中心编制的《2021中国县域经济百强研究》正式发布，如皋位列2021年赛迪百强县排行榜第22名。

△ 2021年度江苏省文化和旅游发展专项资金（第五批）项目正式公布。经过前期申报、专项评审、公示等环节，如皋华夏电影展示馆文化旅游项目获专项资金扶持。

8月10日

南通市第二批老字号名单发布，18家企业榜上有名，涉及吃、穿、用等多个方面。如皋市6家入选，字号名称分别是：南通黄氏中医药科技有限公司的“黄氏玉容”、江苏馥寿生物科技有限公司的“馥寿薏仁酒”、江苏长寿集团有限公司的“如皋牌”、如皋市来平卤菜店的“伴今”、如皋市周莲记食品有限公司的“石合泰”、南通春华食品有限公司的“春华”。

8月21日

工信部正式公布第三批国家级专精特新“小巨人”企业名单，江苏省172家企业入选，如皋市江苏省如高高压电器有限公司、江苏嘉好热熔胶股份有限公司2家企业名列其中。

8月23日

江苏省文化和旅游厅公布第一批省级夜间文化和旅游消费集聚区名单，22个集聚区入选，如皋市东大街历史街区是南通地区唯一入选的街区。

8月24日

南通市委宣传部主办的第八届好记者讲好故事比赛开赛，如皋市融媒体中心记者徐金慧讲述的《“铁嘴”姚呈明的宣讲人生》获得第一名。

8月

江苏省文明办发布8月份“江苏好人榜”，如皋市石秀峰、何建军上榜。

9月1日

体育总局对2017—2020年度全国群众体育先进单位和先进个人进行表彰，如皋市被授予“2017—2020年度全国群众体育先进单位”称号。

△ 空军招飞局南京选拔中心向如皋中学发去贺信，祝贺如皋中学陈姝亦被北京大学录取为“双学籍”飞行学员。

9月2日

江苏省农业农村厅办公室公布全省农村改革试验典型案例名单，优选30个典型案例供各地学习借鉴，如皋市“搭建‘1654’小组自治模式 精准服务暖人心”案例入选。

△ 全国中学生生物学竞赛委员会正式公布2021年全国中学生生物学联赛各省赛区获奖学生名单，如皋11名学子上榜。白蒲高级中学林王胤、如皋中学沈航宇获二等奖，如皋中学赵彦、万浩川，白蒲高级中学张诗崎，如皋中学奚雯婧、吴静蕾、张韧远、葛羿、黄玄，白蒲高级中学于新龙获三等奖。

9月3日

第六届“创客中国”暨2021年江苏省中小企业创新创业大赛总决赛落下帷幕，如皋市江苏惠沣环保科技有限公司相关项目获得企业组三等奖。

9月8日

竞争力智库、中国经济导报社和北京中新城市规划设计研究院等机构在北京联合发布《中国乡镇综合竞争力报告2020》，同时揭晓2020中国百强镇、2020中国中部百强镇、2020中国西部百强镇名单。江苏如皋市长江镇位列第62位，相较于2019年，位次前移2名。

9 月 15 日

江苏省农业农村厅公布 2021 年度乡村休闲旅游农业“一园两基地”（主题创意农园、农耕实践基地和康美基地）推介名单，如皋市金岛生态园银杏铁皮石斛创意园、如皋市平园池村水竹园菊花主题创意园 2家入选省级主题创意农园，如皋市蒲新生态园、如皋市长江药用植物园 2 家入选康美基地。

9 月 17 日

江苏省农业农村厅公布 2021 年江苏农业品牌目录名单，如皋市共 3 个品牌入选，包括 1 个区域公用品牌：下原蘘荷，2 个产品品牌：南通春华食品有限公司“春华”萝卜干、萝卜皮、萝卜头、酱芋、糖醋金蒜、小青瓜等，如皋市耀红家庭农场“春华”草莓。

9 月 23 日

江苏省工商联在南京举办 2021 江苏民营企业百强发布会，分别发布 2021 江苏民营企业 200 强、民营企业制造业 100 强、民营企业创新 100 强三份榜单。如皋共有 4 家企业入围，江苏民营企业 200 强榜单，分别是江苏南通六建建设集团有限公司、江苏江中集团有限公司、中如建工集团有限公司、梦百合家居科技股份有限公司。

△ 9 月 23 日是秋分日，也是第四个“中国农民丰收节”。由农业农村部、湖南省人民政府主办的“庆丰收，感党恩”全国农民文化艺术展演在长沙市长沙县果园镇田汉文化园内举行，如皋市文化馆选送的节目《如皋号子·风调雨顺五谷丰》，代表江苏省参加此次展演。

9 月 25 日

在中国 500 强企业高峰论坛上，中国企业联合会、中国企业家协会连续第 20 次向社会发布“中国企业 500 强”名单。江苏南通六建建设集团有限公司以营业收入约 492 亿元入榜，排名 398 位。

△ 全国工商联在湖南省长沙市发布 2021 中国民营企业 500 强榜单，江苏南通六建建设集团有限公司位列 199 名。

9 月 26 日

全国首批教育世家名单公布，江苏共 5 个家庭入选。如皋市李继东家庭榜上有名，是南通市唯一入选的家庭。

9 月 28 日

《光明日报》公布由中国中小城市高质量发展指数研究课题组、国信中小城市指数研究院联合发布的《2021 年中国中小城市高质量发展指数研究成果》，揭晓全国综合实力百强县市、全国绿色发展百强县市名单、全国科技创新百强县市名单等榜单。其中，如皋市位列 2021 年全国综合实力百强县市第 21 名，南通市第 1 名。

9 月 30 日

江苏省地方志办公室通报 2021 年全省年鉴质量评审结果，《如皋年鉴（2020）》获评一等年鉴，为南通唯一获此殊荣的县级年鉴。

△ 江苏省农业农村厅公布新增省级示范家庭农场和家庭农场典型案例名单，如皋市润杰家庭农场等 7 家农场榜上有名。

10 月 10 日

中共江苏省委宣传部、江苏省民政厅在南京国际展览中心举行 2021 年度江苏省“最美养老护理员”颁奖典礼暨事迹分享会。活动现场宣读 2021 江苏省“最美养老护理员”评选结果，如皋福康护理院管理有限公司吴云入围。

10 月 14 日

由人社部和吉林省人民政府主办的第三届全国创业就业服务展示交流活动在吉林长春举办，如皋市“花木园艺师”劳务品牌成功入选，参加“创业展宏图 劳务铸品牌”主题展示活动，市人社局局长胡晓勇在“合作共赢促就业”劳务品牌对接洽谈会上作“传承花木盆景技艺 助推乡村振兴发展”的主题发言,并作为劳务品牌代表参加了交流活动新闻媒体见面会。

10 月 16 日

如皋市举行第三届花卉园艺师（盆景）职业技能竞赛。80 余名花卉盆景园艺师同台竞技，一展身手。经过激烈角逐，作品《卧虎藏龙》夺得比赛第一名，创作该作品的园艺师郝建磊被如皋市人社局授予“如皋技能状元”荣誉称号，并按程序申报“如皋市五一劳动奖章”；园艺师杨红帅、沈勇、张亚中获二等奖，由如皋市人社局和市总工会分别授予“如皋市技术能手”和“如皋市五一创新能手”荣誉称号。

10 月 19 日

国家卫生健康委、全国老龄办公布 2021 年全国示范性老年友好型社区名单,如皋市如城街道孔庙社区入选。

10 月 22 日

江苏省人社厅、省总工会等单位联合发布江苏省 2021 年“金牌劳动人事争议调解组织”建设情况通报,如皋经济技术开发区劳动人事争议调解中心榜上有名。

10 月 27 日

江苏省自然资源厅发布关于 2021 年省级耕地保护激励单位的公告，决定对全省耕地保护工作成效突出的 2 个设区市、10 个县(市、区)给予通报表扬,全省 50 个乡(镇)、街道获奖。其中,如皋市石庄镇获得 200 万元资金奖励。

10 月 28 日

江苏省文化和旅游厅、发展和改革委员会公布首批江苏省旅游休闲街区名单,认定南京市秦淮区夫子庙步行街等 16 家单位为首批江苏省旅游休闲街区,如皋市东大街历史街区名列其中。

10 月 29 日

司法部召开全国司法所工作会议,通报《司法部关于表彰全国模范司法所和全国司法所模范个人的决定》,如皋市司法局长江司法所所长吴建平被表彰为“全国司法所模范个人”。

10 月 31 日

江苏省委、省政府对全省脱贫攻坚暨对口帮扶支援合作工作表现突出集体予以通报表扬,如皋市对口帮扶汉中市洋县联络组被评为“三对”工作先进集体。

△ 江苏省委、省政府对全省脱贫攻坚暨对口帮扶支援合作先进集体和先进个人进行表彰,如皋市磨头镇人民政府、如皋市发展和改革委员会被授予“全省脱贫攻坚暨对口帮扶支援合作先进集体”称号,如皋市王海飞、朱为民、孙志钢、李小飞 4 人被授予“全省脱贫攻坚暨对口帮扶支援合作先进个人”称号。

10 月

中国中小城市发展指数研究课题组、国信中小城市指数研究院对外发布“2021 年中国中小城市发展指数研究成果”,研究将建制镇的综合实力纳入研究范围,形成《2021 年全国千强镇名单》。南通市共有 33 个镇成功上榜,其中如皋市有 8 个镇名列其中,分别是长江镇 104 名、白蒲镇 455 名、九华镇 476 名、石庄镇 532 名、丁堰镇 545 名、搬经镇 643 名、东陈镇 680 名、江安镇 812 名。

11 月 5 日

中央宣传部、中国科协、科技部、中国科学院、中国工程院、国防科工局 6 部门向全社会发布 2021 年“最美科技工作者”的先进事迹。首都医科大学附属北京胸科医院(北京市结核病胸部肿瘤研究所)研究员、如皋人马玓获 2021 年“最美科技工作者”称号。

11 月 10 日

水利部、财政部发文公布 2022 年水系连通及水美乡村建设试点县名单,如皋市成功入选 2022 年水系连通及水美乡村建设试点县,江苏省仅江阴、如皋 2 个县(市、区)入选。

11 月 13 日

如皋市长寿星养老服务中心获得方圆标志认证集团颁发的五星级养老服务认证证书，这是如皋市获得的首张五星级养老服务认证证书，也是南通市首张五星级养老服务认证证书。

11 月 18 日

中国科学院、中国工程院公布 2021 年院士增选结果。如皋籍科学家、中国地质大学（北京）孙友宏教授当选为中国工程院院士（能源与矿业工程学部）。

11 月 19 日

“戎耀今生”江苏省第二届退役军人创业创新大赛在南京举办，全省 71 个退役军人创业创新项目展开激烈角逐。如皋市退役军人左林创办项目“一棵菜的拥军富民情怀”获现代农业组第一名。

11 月 22 日

南通市文明办公布“南通好人榜”首期榜单，朱盼盼、钱春毅等 11 人当选“南通好人”。其中，如皋蹚入冰冷河水救人的七旬老党员石秀峰上榜。

11 月 23 日

工业和信息化部中国电子信息产业发展研究院直属机构赛迪顾问正式发布《赛迪投资竞争力百强县（2021）》《赛迪投资竞争力百强区（2021）》。在赛迪投资竞争力百强县榜单中，如皋市位列第 35 位。

11 月 28 日

中央宣传部、中央文明办、全国妇联在浙江嘉兴召开加强家庭家教家风建设工作推进会，现场揭晓 999 户 2021 年全国最美家庭。如皋市民政局江滨医院院长刘朱建家庭获此殊荣。

11 月 30 日

由全国妇联、科技部、农业农村部组织认定的“全国巾帼现代农业科技示范基地”公布，江苏省仅 3 家单位上榜，其中，长江镇的江苏北环生物科技有限公司榜上有名。

12 月 3 日

江苏省双拥工作领导小组办公室命名渡江胜利纪念馆、雨花台烈士陵园等 30 个场所为第二批“江苏省双拥示范基地”。如皋市新城吾悦广场双拥示范街区上榜，加上 2015 年首批命名的市红十四军纪念馆，如皋市已有 2 家省级双拥示范基地，成为南通市各县（市）区中唯一一个拥有 2 家省双拥示范基地的县（市）。

12 月 4 日

江苏省印发《关于表彰奖励在奥运会全运会上作出重大贡献的个人的决定》，对在奥运会、全运会上作出重大贡献的 193 名个人给予表彰奖励。其中，如皋籍选手石高峰获得记大功奖励。

12 月 6 日

全国县域经济专业智库社会组织——中郡研究所完成并发布《2021 县域经济与县域发展监测评价报告》，揭晓第二十一届全国县域经济与县域综合发展前 100 名县市。江苏省如皋市位列第 16 名。

△ 江苏省科学技术厅公布首批江苏省创新型示范县（市、区）建设名单，确定南京市江宁区等 10 家县（市、区）为首批江苏省创新型示范县（市、区），如皋市榜上有名。

12 月 7 日

中国社会科学院财经战略研究院在北京举行《中国城市品牌影响力报告（2021）》重大成果发布会，正式对外发布 2021 年全国营商环境百强县（市）排名，如皋市在百强榜单中名列第 28 位。

12 月 8 日

民政部公布全国村级议事协商创新实验试点单位，全国 497 个村入选。其中，江苏共有 19 个村庄入选，如皋市如城街道龙游河村位列其中。

△ 2021 年度宝钢教育奖公布评审结果，华东师大国际汉语文化学院院长兼国际汉语教师研修基地执行副主任，中文系与国汉院双聘教授，如皋籍人士朱国华荣获“宝钢优秀教师特等奖”，成为全国获

此殊荣的8位教师之一。

12月10日

江苏省企业发展工程协会科学技术奖表彰大会召开,如皋市企业润恒风电技术(南通)有限公司研制的大型垂直轴风力发电机荣获“江苏省企业发展工程协会科学技术奖——工程科技成果奖”,南通建华交通建设工程有限公司的市管县乡公路中修工程项目获“江苏省企业发展工程协会科学技术奖——工程管理奖”。

12月14日

中国建筑业协会发布《关于颁发2020—2021年度中国建设工程鲁班奖(国家优质工程)的决定》,如皋市江苏江中集团承建的“邳州市人民医院新区医院二期病房楼”工程获奖。

12月15日

江苏省公布首批117处省级水利遗产名录,包括闸站工程、河道堤防、水文观测、灌溉工程、水库大坝等类型。首批水利遗产形成时间从春秋战国时期跨越至社会主义革命和建设时期,空间分布辐射全省,无锡、扬州等地实现县区层面全覆盖,在江苏水利发展史上都具有标志性意义。如皋市如皋城东水关榜上有名。

12月17日

全省“百名示范”村(社区)书记座谈会在南京举行。会上,如皋市城南街道申徐村党总支书记、村委会主任陈大彬,城北街道平园池村党总支书记、村委会主任刘炜建获评全省“百名示范”村(社区)书记,并受聘为江苏省党支部书记学院实践辅导员。

△ 第二届江苏质量大会在南京召开,会上发布第二批“江苏精品”认证获证企业名单。南通中铁华宇电气有限公司的LED隧道灯和江苏长寿集团如皋广兴米业有限公司的大米获得“江苏精品”认证，南通中铁华宇电气有限公司和江苏长寿集团如皋广兴米业有限公司成为如皋市首批获得认证的企业。

12月21日

“汇金聚力·兴业富民”2021江苏乡村产业振兴论坛在南京顺利举行。如皋农商银行获2021年度“金融赋能乡村振兴典范”荣誉称号。作为金融获奖单位代表,该行董事长刘刚向与会人员分享该行在助力实施乡村振兴战略上探索形成的“如皋模式”。

12月22日

省工业和信息化厅联合省财政厅发布2021年江苏省智能制造示范车间名单，如皋市6家企业车间入列,获评数量居南通市第一。截至2021年,如皋市已有省级智能车间16家。

12月23日

全国“扫黄打非”工作小组办公室公布第五批全国“扫黄打非”进基层示范点及示范标兵名单,如皋市城北街道新生社区上榜。

△ 南通市民政局在中华慈善博物馆召开全市“一村(社区)一品”新型农村社区治理品牌展示交流会,现场评选发布全市首批“一村(社区)一品”新型农村社区治理十大品牌、提名品牌。如皋市如城街道新民社区—— 合力微治、如皋市城北街道平园池村——荷塘悦室获评全市首批“一村(社区)一品”新型农村社区治理十大品牌,如皋市搬经镇高明庄社区——诚信高明庄获评全市首批“一村(社区)一品”新型农村社区治理十大品牌提名品牌。

△ 南通市参加第二届全国退役军人创业创新大赛江苏选拔赛总结表彰大会在南通市退役军人创业创新基地——星中国际青创园青举行。如皋市退役军人左林、王小龙接受表彰,市退役军人事务局获优秀组织奖。

12月24日

市政府办公室公布2021年度如皋市市长质量奖和市长质量奖提名奖获奖名单，江苏力星通用钢球股份有限公司、江苏天南电力股份有限公司被授予2021年如皋市市长质量奖(组织类),南通中铁华宇电气有限公司、南通维尔斯机械科技有限公司被授予2021年如皋市市长质量奖提名奖(组织类),如皋市企业家协会的顾清波被授予2021年如皋市市长质量奖(个人类)。

△ 经第十七届市政府第七十七次常务会议讨论决定,市政府办公室发文公布2021年如皋市标准创新奖获奖名单。江苏万达特种轴承有限公司申报的《JB/T 7360—2019 滚动轴承叉车门架用滚轮、链轮轴承技术条件》、市司法局申报的法律援助江苏省标准化试点项目2个项目获得2021年度如皋市标准创新奖项目创新奖,南通力威机械有限公司的葛杨元获得2021年度如皋市标准创新奖个人创新奖。

12月26日

江苏省发改委官网公布全省物流行业先进集体和先进个人表彰名单,如皋港现代综合物流园区上榜。

12月27日

江苏省工信厅公布2021年度江苏省专精特新小巨人企业认定名单,如皋市南通佳宝机械有限公司、南通思瑞机器制造有限公司、南通世睿电力科技有限公司、南通力威机械有限公司、中铁山桥(南通)有限公司、江苏永大化工机械有限公司、势加透博洁净动力如皋有限公司、江苏惠沣环保科技有限公司8家企业成功入选,数量居南通第一。

12月29日

江苏省教育厅办公室公布江苏省中小学思政育人特色学校名单,江苏省江安高级中学榜上有名。

12月30日

江苏省工信厅公布2021年度江苏省首台(套)重大装备认定名单,如皋市中罗印刷机械有限公司的LT1050轮转印刷机产品成功入选。

12月31日

江苏省市场监管局、省发改委联合发文公布2021年度江苏省工业企业质量信用等级AAA、AA级企业名单,如皋2家企业上榜。南通思瑞机器制造有限公司质量信用等级核定为AAA级,江苏天南电力股份有限公司质量信用等级核定为AA级。

△ 南通市政府办公室确定第七批南通市示范智能车间名单,如皋市江苏中铁山桥重工有限公司桥梁钢结构智能制造车间等11家企业的生产车间获得市级示范智能车间称号,获评数量居南通市第一名。截至2021年12月,如皋共有24家市级示范智能车间。

2021年度如皋市综合考核优秀单位和服务地方先进单位

综合考核优秀单位

市级机关第一类：市委办（研究室/机要局/国家保密局/国家密码管理局/接待办/档案局）
组织部（编办/非公有制企业和社会组织工委/党建办/机关工委/公务员局）
人大办（委室）、市纪委（监察委/巡察办）、政协办（委室）
宣传部（文明办/新闻出版局（版权局）/互联网信息办/文联/社科联/新闻中心）
政法委

市级机关第二类：政府办（研究室/外事办/后勤服务中心）
发改委（工业和信息化局/粮食和物资储备局）、财政局
市场监督管理局（知识产权局/综合检验检测中心）、交通运输局
行政审批局（政务服务管理办）、人力资源和社会保障局、教育局（教工委）
检察院、法院、公安局

镇（区、街道）：长江镇（如皋港工业园区）、搬经镇、丁堰镇、江安镇

服务地方先进单位

税务局　　自然资源和规划局（林业局）　　生态环境局　　海关

2021年度如皋市高质量发展先进集体

项目建设先进集体

高新区（城南街道）　长江镇（如皋港工业园区）　丁堰镇
搬经镇　石庄镇　吴窑镇
日达智造科技（如皋）有限公司　南通正海磁材有限公司
梦百合家居科技股份有限公司　思源电气股份有限公司

工业运行先进集体

高新区（城南街道）　长江镇（如皋港工业园区）
下原镇　搬经镇　丁堰镇　吴窑镇

服务业运行先进集体

长江镇（如皋港工业园区）　石庄镇　搬经镇

财政收入先进集体

高新区（城南街道）　如皋工业园区（如城街道）

江安镇 搬经镇 磨头镇 九华镇

开放型经济先进集体

长江镇（如皋港工业园区） 经济技术开发区（城北街道） 磨头镇 下原镇
赛得利（南通）纤维有限公司 斯堪尼亚制造（中国）有限公司
南通荣威娱乐用品有限公司 日达智造科技（如皋）有限公司
梦百合家居科技股份有限公司

科技创新先进集体

高新区（城南街道） 下原镇 丁堰镇 江安镇
南通超达装备股份有限公司 南通思瑞机器制造有限公司
南通海泰科特精密材料有限公司 江苏隆昌化工有限公司
江苏泰慕士针纺科技股份有限公司

人才工作先进集体

高新区（城南街道） 经济技术开发区（城北街道） 吴窑镇 搬经镇
江苏卓远半导体有限公司 势加透博洁净动力如皋有限公司

上市工作先进集体

高新区（城南街道） 九华镇

建筑业先进集体

江苏江中集团有限公司 标龙建设集团有限公司 南通泛华建设集团有限公司
江苏沪港装饰集团有限公司 江苏路翔交通工程有限公司 如皋市水利建筑安装工程有限公司

乡村振兴示范村(社区)

石庄镇邹蔡村 城北街道袁桥社区 九华镇郑甸社区 白蒲镇蒲东社区
长江镇长青社区 吴窑镇立新社区 磨头镇丁冒村 东陈镇徐湾社区
如城街道十里社区 城南街道桃北村

城市建设先进集体

如皋工业园区（如城街道） 经济技术开发区（城北街道） 住房和城乡建设局 交通运输局
如皋市城市建设管理中心 公安局

生态文明建设先进集体

长江镇（如皋港工业园区） 经济技术开发区（城北街道） 丁堰镇 白蒲镇 搬经镇

安全生产先进集体

长江镇（如皋港工业园区） 九华镇 磨头镇 卫生健康委员会 住房和城乡建设局 商务局

综合治理先进集体

如皋工业园区（如城街道） 长江镇（如皋港工业园区） 下原镇 九华镇
江安镇 搬经镇 白蒲镇

市域治理现代化先进集体

江安镇　如皋工业园区(如城街道)

食品安全先进集体

如皋工业园区(如城街道)　白蒲镇　丁堰镇　下原镇　江安镇

2021年度如皋市高质量发展先进个人

招商引资先进个人

统战部　许映华
磨头镇　王　红
纪委监委　马小永
江安镇　秦虎跃
下原镇　吴　杰
搬经镇　王钰崧
吴窑镇　严海兵
经济技术开发区(城北街道)　顾凌峰
高张生　谢智鹏
如皋工业园区(如城街道)　冯　卫
丁堰镇　余红梅
投资服务中心　单小平
科学技术局　张　岩
如城街道龙游河村　潘陈宸
文体广电和旅游局　王　玮
残　联
投资服务中心社会化招商团队负责人　袁　媛
金鹰集团中国区业务拓展副总裁　顾向前

项目服务先进个人

江安镇　卢书华
磨头镇　钱康梅
白蒲镇　黄庆庆
市委办　冯茂良
政府办　卢应锋
纪委监委　唐春苟
发改委　戴海峰
重大项目办　谢志刚
自然资源和规划局　范　彦
行政审批局　陈　蓓
统计局　朱　健
税务局　王友林
文体广电和旅游局　胡建峰
住房和城乡建设局　贾建明

科技创新先进个人

江安镇　余鲲鹏
搬经镇　袁　健
经济技术开发区(城北街道)　刘建胡
丁堰镇　阮世娇
九华镇　姚美芳
东陈镇　姚　磊
财政局　张小俊
市场监督管理局　曹卫华
地方金融监管局　宗　晓
商务局　刘加峰
人力资源和社会保障局　吴建华
农业农村局　王建梅
江苏融至新材料有限公司总经理　姜安彦
江苏新瑞药业有限公司总经理　王　莉
南通伟腾半导体科技有限公司总经理　朱恺华
富皋万泰集团有限公司副总经理　周　静
江苏世睿集团有限公司副总经理　朱建军

海迪科(南通)光电科技有限公司总经理　孙智江

五星级企业家

陈邦栋　江苏省如高高压电器有限公司集团法人代表
西松江英　森松(江苏)重工有限公司董事长
李　丰　江苏宝众宝达药业有限公司总经理
甘　毅　南通阳鸿石化储运有限公司董事长
张　帆　如皋港务集团有限公司总经理
沈良兵　江苏江中集团有限公司董事局主席
徐晓兵　江苏如皋农村商业银行行长

四星级企业家

倪张根　梦百合家居科技股份有限公司董事长
冯建军　南通超达装备股份有限公司董事长
萧爱佩　德源(中国)高科有限公司总经理
顾柔坚　江苏正威新材料股份有限公司副董事长、总经理
孙玉峰　南通斯密特森光电科技有限公司总经理
蒋国强　南通百川新材料有限公司董事长
金　星　江苏海通海洋工程装备有限公司董事长
汪　杰　南通海螺水泥有限责任公司副总经理
钱淑娟　南通星球石墨股份有限公司董事长
杨如生　南通海泰科特精密材料有限公司董事长
杨　敏　江苏泰慕士针纺科技股份有限公司总经理
张孝俤　国骄胶粘新材料产业园管理有限公司董事长
许　兵　易联能源(南通)有限公司总经理
鞠昌明　江苏益昌集团有限公司董事长
鲍晓莉　如皋文峰大世界有限公司总经理
花正国　标龙建设集团有限公司总裁

三星级企业家

王海青　南通荣威娱乐用品有限公司总经理
张朝峰　汤始建华建材(南通)有限公司总经理
吴华锋　江苏华永复合材料有限公司总经理
杨国波　双钱集团(江苏)轮胎有限公司总经理
谭建平　南通天泽化工有限公司董事长
马　斌　江苏神马电力股份有限公司如皋分公司董事长
爱德华多　威格(江苏)电气设备有限公司总监
肖春平　上海电气环保热电(南通)有限公司总经理
李　进　江苏永大化工机械有限公司董事长
施祥贵　江苏力星通用钢球股份有限公司董事长
陈银忠　江苏华医大健康服务股份有限公司董事长
王玉华　如皋市规划建筑设计院有限公司董事长

肖　萍　江苏顺丰通讯服务有限公司总经理
孟凡龙　南通利星汽车销售服务有限公司总经理
黄爱如　南通市远邦石油有限公司总经理
杨建兵　江苏亿创建设工程有限公司董事长
王　军　南通泛华建设集团有限公司董事长

金融服务先进个人

地方金融监管局　周鑫鑫　吴建忠
财政局　葛诗蕙
住房和城乡建设局　王　庆
市场监督管理局　石昭峰
如皋工业园区(如城街道)　张静静
江苏如皋农村商业银行行长　徐晓兵
江苏银行如皋支行行长　曹冬云
中皋融资担保有限公司业务部部长　陈卓恒
中国人民银行如皋市支行党组书记、行长　窦佐伟

乡村振兴先进个人

组织部　彭之俊
宣传部　钱钰璐
政法委　曹　蓉
住房和城乡建设局　冒金建
农业农村局　王建军　吴宏霞
如皋工业园区(如城街道)　张长健
长江镇(如皋港工业园区)　汪　东
江安镇　唐晓星
高新区(城南街道)　沈　燕
白蒲镇　赵红飞
城北街道平园池村　刘炜建
江安镇周庄社区　孙新桃
东陈镇南东陈社区　张　伟
搬经镇搬东社区　张　健
城北街道袁桥社区　刘培华
白蒲镇月旦社区　季小燕
江安镇六团村　徐　林
下原镇花园头社区　李晓兵
磨头镇场西村　刘宏芳

城市建设先进个人

财政局　丁正付
纪委监委　刘　亮
住房和城乡建设局　陈　霞
城市建设管理中心　姚　燕
国资办　张志洪
如城街道长巷社区　郝　蕾
如城街道迎新社区　周　楠
经济技术开发区(城北街道)　冒　俊
高新区(城南街道)　余友建
富皋万泰集团有限公司党委委员、副总经理　赵天海

生态文明建设先进个人

市委办　陈　铖
政府办　严可文
纪委监委　纪春景
财政局　朱小红
水务局　黄国建
城市管理局　邹宏伟
如皋工业园区(如城街道)　沙浩宇
高新区(城南街道)　陈　璐
九华镇　花国彬
东陈镇　丁鹏飞
下原镇　顾晓玲
吴窑镇　李宏伟
磨头镇　孙　超
石庄镇　李　侃
江安镇　韩　聪

安全生产先进个人

东陈镇	张林泉	石庄镇	郑　道		
如皋工业园区(如城街道)	张姝晨			白蒲镇	陈慧华
经济技术开发区(城北街道)	蓝岑岑			搬经镇	张　兵
市场监督管理局	季智燚	公安局	谢　寅	应急管理局	张　斌
应急管理局	王源振	城市管理局	邵锋灿	生态环境局	常　敏
发改委	钱超飞	农业农村局	陈玉峰		
市域治理现代化指挥中心	丁陆一				

综合治理先进个人

网信办	史勇华	发改委	白宝平	政法委	卢丽娜
公安局	张文浩	检察院	张邱迪	法　院	白羽翔
司法局	徐　晶	交通运输局	唐幸炜	住房和城乡建设局	陈志坤
信访局	施俊杰	市场监督管理局	戴　悦	卫生健康委员会	韩　俊
教育局	苏建兵	石庄镇	蔡海建	高新区(城南街道)	汪　洁

市域治理现代化先进个人

交通运输局	葛　军	卫生健康委员会	韩宝裕	下原镇	郭凤娇
九华镇	钱冬霞	市域治理现代化指挥中心	顾　娟		

2021年度机关和参公管理单位记功、嘉奖人员名单

记三等功人员

经济技术开发区(城北街道)　徐灵宇　张晓敏

长江镇(如皋港工业园区)　王洪海　纪坤岗　申跃华　张惠林　吴　亮　石　杨　曹广梅

高新区(城南街道)　丁　飞　郭锐刚　陈光才　毛克建

丁堰镇　刘小冬　戴轶楠　贺　斌

东陈镇　姚　磊

下原镇　凌　彬　殷梦晨

吴窑镇　石光富

磨头镇　闵剑飞　吴志伟

白蒲镇　徐拥军　朱志聪　陆新明　陈绍云　邓玉霞　刘勇军

九华镇　杨　阳　朱国林　吴亚峰　金磊磊

石庄镇　吴锋成　郭　伟

搬经镇　贲志刚　宗　锋　朱飞飞　章建平

纪委监委　徐国俊　莫桂宇　许　嘉　宗　华　邓　睿　赵　岳　傅　平　黄宏佰　曹新河

市委办　杜晓峰　贲如江

人大办　钱建宏　张　轶
政协办　陈晓仲　孙天骄　钱德贵
组织部　陈　实　贾华兵　彭之俊　石初华　张晶晶　刘和祥
编　办　徐玮萌　陆　锐
宣传部　纪树华　陈　飞
统战部　陈小兵　卢志坚
老干部局　汪海银
总工会　沙健忠
政府办　赵　亮　张　颖　孙亚东
发改委　郭　建　王向前　张　旭　章　旭　顾红雨　金　葵　程拥军
法　院　丁冬兰　蒋胤浩　周　君　徐双美　李来忠　崔小兰　宗爱萍　陈思航　张　弦
蒋正华　池　锋
检察院　李章宁　邹　越　张海朋　李先铸　朱　慧
教育局　郭其龙　周荣平
公安局　邢新华　刘金华　张　林　孙夏华　李　锋　朱益旭　徐纯清　徐冬梅　顾　磊
沈利民　黄铁群　杨海燕　俞新宁　许　哲　杨　娟　朱海军　唐佩佩　李健华
卢爱诚　石禹涵　沈冬东　何蔚蔚　谭浩东　陈　银　周　平　李智涛　贾一鸣
徐忠华　谭　柯　吴丹丹　陶寄兴　邹亚鸣　孙亚平　杨洪培　孙　艳　陈亚琴
张维忠　陈文昊　段鹏飞　曹　祥　黄庆勇　吴　倩　周　丹　谢龙飞　樊海坤
戴红梅　沈　茜　夏澄宇　许逢俊　王进军　孙锦成　蒋作为　马　云　沈　渊
唐　超　黄启斌　李翔翔　吴建明　邹正峰　周海波　马　维　陈　鹏　陆燕秋
夏维勇　符兴建　曹海清　陈志刚　丁　宇　沈小俊　陈明亮　顾红军　叶红霞
周　峰　夏海峰　周子兵　王晓斌　仇正华　卢玉如　花虎建　李　野　朱昊岩
潘林政　谢进松　朱先如　邵国军
民政局　吴东琳　彭卫兵
司法局(含司法所)　陶建军　朱　旭　吴建平　冒连锋　张　晨　周荣岭
财政局(含财政所)　蒋文华　张儆玲　洪德林　陈　祥　贾　云　张　睿　王　霞　丁梅兰
卞　钧　邱建山　石艳霞　刘　宇　姚金云　吴爱美　石　乐　沈　云
范　瑶　殷红娟　章　飞　陆　颖　黄　玲　陈冠名
人力资源和社会保障局　胡晓勇　郭建东
自然资源和规划局　张佩华　赵　敏
住房和城乡建设局　陈　霞　冯炳银
城市管理局　徐晓乐　周小新　仲达兵　周宏斌
交通运输局　吴小平　林　云　殷金莲
水务局　张启军
农业农村局　纪　飞　阮乐民　石峥嵘　刘大兴　马　宏
卫生健康委员会　张　炜
应急管理局　杨志锋　左文峰
审计局　吴　蓓
行政审批局　於荣荣
市场监督管理局　顾小燕　曹　钧　姚建如　陆志祥　曹小建　曹宝华　鞠金龙　陈　成
卢　妍　夏国银　陆天颖　郭　鹏　白　晶　徐相阳　孙云志　李久龙

统计局 夏建明
医疗保障局 唐 文
信访局 张志年
供销总社 许瑞萍
国资办 朱宏彬
第一书记 范存波
城建指挥部 杨大勇
双联双助 田向阳
大督查 吴宝莲
污染防治攻坚办 秦 宗
政务服务中心窗口 许晓斌

嘉奖人员

经济技术开发区（城北街道） 张小平 李元庆 常 城 贾根建 张英霞 谢智鹏 冒志鹏 周锦旭 杨 扬 许荷菊 薛琴枝 周丽萍 王昌龄 朱小妹 胡琦航 张新华
长江镇（如皋港工业园区） 许 薇 秦 天 汪 东 陈红军 赵银山 陈佳佳 袁 亮 施国建 阮萍萍 钱 婷 颜云峰 朱小娟 毛勤芹 王 凯 陈 静 李珈珮 施 楠 陈玲玲 祁 晗 刘泳利 万翠兰 吴建平 唐国平 景 诚 邢佳敏 吴 庆 明 锐 陈 凯 陆 洲 殷 藩
如皋工业园区（如城街道） 周小芳 陈 晖 丁红林 许 鹏 范存莲 吉晓宇 郭 亮 张静静 喻 璐 宦小秀 范 越 严勤勤 阚俊芬 徐家鹏 钱晓彬 毛玉才 侯梦君 徐 建 张丽娟 蔡玉婷 薛 群 李舒婷
高新区（城南街道） 何李川 宗小海 沈 燕 谢书平 沈剑梅 朱 亮 吴金梅 徐 蔓 杨宁静 唐亮亮
丁堰镇 林璐璐 李丽萍 姜 哲 方烁淼 章林玲 蔡虹虹 阮世娇 孙 颖 冯 浩 徐玉俊
东陈镇 张 华 朱亚光 盛聪锋 赵 群 黄 瑞 丁鹏飞 陈佳妍 何 杰 王 军 严 锴 吴 双
下原镇 邓陈胜 于 俊 曹武元 水润民 张耀文 庄飞铃 赵 阳 陈 洁
吴窑镇 喻 军 周 浩 韩 东 李宏伟 张凌成 陈 文 李志鹏 吴 越 任建兵
磨头镇 朱建如 孙 浩 赵小成 单芝龙 蔡海勇 沈 越 李国锋 戴倩雅
白蒲镇 侯茂华 张楠楠 章 炜 周 臻 周桓宇 陈梓烨 张红玲 汤雯涓 陆 纯
九华镇 陈书培 姜建如 张 杰 周晓龙 张红星 姚美芳 朱桢桢 杨小慧
石庄镇 杨 飞 倪劲松 殷 俊 徐宾宾 杨 丰 汤 祥 沙辰宇 黄宇超 沈世洲 郑 逍
江安镇 王 鹏 申 燃 吴红云 李小标 余鲲鹏 王小伴 冒甜甜 周向阳 于 华 徐爱红 韩 聪 石乐然 范文静 陈 程 保黄铭 石继荣 黄立康 吴 晗 肖 磊 孙 雷 郭丽霞
搬经镇 卢小冬 张 兵 张 斌 王钰崧 葛志昊 王正华 石亚云 马 戎 王留兵

刘　璇　吴海妹　姚　远　朱文文　谢　进　陈咤云　曹晓露　丁正旗　董荣华
张秀妍　鞠生兰　宗　丹　季美洁　缪石军　吴丽颖　戴寒静
纪委监委　马铁军　吴敬民　孙　健　吴红兵　朱　江　薛　俊　陆　琦　石　安　缪红云
吴程建　徐　浩　朱凡亚　施建石　徐　剑　万久平　刘志斌　韩国强　徐春建
陈晓辉　陈鹏鹏　钱佳佳　马　浩　王正波　郭辉宇　储开辉　袁　伟　肖宏未
杨　超　王正茂　娄云刚　陆忠峰　陈　颖　沈亚平　洪美娟　杨继炎　刘国林
郭　峰　汤洁洁　谢敏敏　秦成君　张恒豪
巡察办　倪新建　冯　峰　倪　兵　张来建　许海霞　王佑婧
市委办　沈晶晶　黄大鹏　陈晓斌　石　硒　李　烨　刘小龙　朱　磊　佘婷婷　郎　曦
金毅亮
接待办　程　飞
档案馆　谢晓明　陈　红　吴红梅　沈红莲
人大办　朱华杰　冒　燕　朱留宽　彭深海　吉小燕　孙世军　林　凯　朱为民　杨国斌
王伯平　石　锦　邓　旭
政协办　许映亮　詹文天　顾燕枫　沈德君　刘　霞　孙德祥
组织部　纪成如　张　勇　陈　波　王亚松　顾如兵　周恺翔　刘　东　马春阳　周士锋
倪晓峰　严海波　章志刚　韦　红　丁光晶　刘培媛　孙　乐
编　办　郁　梅　钱　娟　刘　群
宣传部　陈建军　邵亚丽　吴小燕　吴　华　张欣茹
统战部　潘文胜　赵本良　蔡志华　阮清六
政法委　高生健　杨　明　马小平　夏新鹏　殷　杰　卢丽娜　尤　勇
老干部局　严金宏　濮俊峰　胡蓉蓉
工商联　常伟华　倪新福
总工会　沙旭宇　于熙春
团　委　娄　婕
妇　联　缪剑云　孙　慧
残　联　谢万华　吴新荣
党史办　王小星
政府办　陈小燕　吴正隆　周小荣　刘　晨　沙　莎　倪建军　钱为华　马　华　顾　影
黄　蓉　曹明海　万国建　王建强
法　院　唐明渠　任　锋　袁夏华　朱玉林　李　军　魏晓燕　郭洁晶　孙庆峰　杨国圣
程存存　张　洵　林　瀚　王小敏　卢婷婷　李菲菲　蔡丽娟　李　茜　冒　丽
魏　群　倪翠晶　李燕杰　金　霁　钟　文　宗卫明　顾梅红　石　燕　刘名节
陈思思　王智勇　张　鑫　刘小芝　葛　伟　吕祝华　刘洋洋　陈路遥　徐向伟
沈寿平　刘　沁　陈方圆　张蓉蓉　郝　玮　肖慧香　钱　茜　余朋飞　王毅承
康小军　孙锐刚　陈　洋　汤天意　周天赟　李海春　张学和　孙　柳　沈　鹏
喻楠楠　邱观玉　汤美珠　郑森林
检察院　吴晓栋　韩海军　洪志勇　陈莹莹　石小磊　李拥军　陈　杰　张久斌　时　捷
章艾华　凌　雯　朱志军　孙　巍　钱　佳　仇勇军　黄　澜　孙　莉　徐登月
吴冬冬　陆茜敏
发改委　冒　岗　徐　钢　肖莉莉　冒海燕　王婵婵　臧亚军　崔伯圣　陈小剑　薛　婷
秦　雷　朱亚琴

教育局　陈强燕　梁军民　高建华　房丽娜　刘剑锋

科创办　章剑峰　李伟华　蔡建兰　陈小芳　宗志永　王建华　王兆勇

公安局　邱　俊　张　斌　张　新　黄　震　张李军　陈韶辉　蔡成兵　石祥圣　孙海波
张国华　卢　宇　孙文钦　吴　云　季兴华　马小锋　薛建刚　钟俊如　薛松祥
柳红梅　万国庆　丁秀琴　刘彩霞　杨进程　徐相林　蔡文生　丁　俊　赵俊成
梅春华　吴　恺　杨　勇　卢鹏程　张小军　孙佳欣　殷伟伟　徐卫华　吴　娟
朱倩倩　樊雨薇　黄　进　顾国庆　孙　森　郁兆宏　孙道兵　单志勇　于　杰
朱　剑　吴星星　奚小亮　顾小聪　黄学龙　刘志祥　李小飞　陈　皞　杨　婷
吴兴兴　屠宝炎　郭振峰　张鲁鲁　王玉珏　杨剑平　朱义兵　郭夕军　王强伟
葛振峰　章忠东　刘贵彬　张克雷　陈志光　魏志伟　徐宏亮　杨庆慧　贾宇棋
张　森　纪云姣　田童童　朱寿浒　江文军　朱晨宇　徐　鲲　卞亚东　朱一龙
张智洪　陈　惠　董剑雄　石柳柳　王传奇　高　旭　王富楠　冯长贵　吴克祥
王　鹏　彭建军　金　钦　朱　斌　李春福　夏悦斌　陆星星　张志炜　阚　超
马骏池　凌亚进　薛　峰　秦德明　黄松涛　袁咏春　曹剑军　章　甦　王　娟
章　凯　卢建宏　周　婷　金爱军　宗式明　李宝华　周家宝　穆益峰　孙霄霄
魏　巍　高新龙　王　鹏　殷晓青　孙　利　郭保军　王勇翔　吴尤建　花　宇
范晓波　汪　洋　葛晨伟　张跃慧　王伟杰　鞠威威　陈　梆　谢志苇　张　炜
顾佳慧　章　磊　魏宏海　宗志勇　朱新星　孙丽俊　朱冰倩　徐　龙　李澄澄
冒静雯　谢　丽　钱云健　胡红建　宗文渊　季光涛　何　尧　曹永成　孙　军
陈建飞　丛为群　章小颖　石征慧　侯星星　曹建富　章海锋　张建峰　陈寅斌
张亚平　孙细龙　杨九洲　李　然　孙　敏　王晋东　朱兴虎　冒乃国　张　磊
陈　鑫　张文浩　张进超　贾　轲　张贤刚　陈宽伯　冒根发　陈旭伟　魏新华
刘　军　沈　阳　陈金飞　谢　鑫　范小玲　邵琛皓　乔　栋　马赞冬　何庆如
朱济军　金　灿　沈晓天　许佩建　唐莉莉　钱　元　石初山　韩爱琴　卢建涛
张启明　刘海峰　石　宝　沈孝荣　顾松华　马　强　刘　陈　顾卫明　王　勇
吴　涛　杜欣雨　吴羚羚　吴沛航　纪　建　徐淑霞　吴　嵩　范存建　周　晖
薛根龙　凌　勇　宗文江　朱　军　吴　玺　钱海亮　季　拓　朱骏骅　许田军
陈　彬　丁　尧　李炎兵　施沪赣　吴　姜　徐　明　许志明　朱莹莹　朱林森
邱　鹏　朱凯杰　张佳佳　吴　琼　龚　莉　仇国俊　陆　倩　陈　虎　周　岚
何鑫源　邓传捷　缪兴军　薛　璐　谢　寅　沈　峰　郁海燕　曹小宾　张松平
顾海林　崔晨曦　陈黎明　冯　伟　王晓东　何志刚　张鲁男　邱建锋　王乃双
黄建元　许金灿　印振峰　刘园园　宗新梅　丁洁晗　张静文　王　策　许　引
刘志祥　刘荣飞　徐　祥　俞　建　刘　吉　陈怀祥　汤　斌　吴正祥　姚清华
洪容容　李明豫　王智慧　宗　健　薛诗琪　贲礼军　许　虎　张爱明　许波银
沈兴山　贾　进　许金平　吴志勇　羌国华　顾德圣　袁建国

民政局　张叶庆　司刘宏　汤大磊

司法局(含司法所)　吴亚军　金雅萍　张达永　徐　晶　刘海波　孙　霞　万晓玲　章际萍
沈李丹　郝钱慧　刘维琴　王智伟

财政局(含财政所)　冒海清　张建明　蔡志斌　张小俊　杨　玉　丁正付　张锋兵　余建红
于　威　张　晖　马九玲　夏泉虎　倪春华　陶明建　顾爱华　金卫东　吴志宏
章晓峰　许瑞兵　环国萍　陈宽如　朱小红　何慧琳　申国芳　姚　楠　王美荣
王鸿如　袁美莲　吴　锋　陈晓明　蔡　萍　吴鸿疆　孙小刚　朱建锋　陈建平

陈建云 朱世华 梅丛芳 王婷婷 马建龙 吴彬彬 刘辉铖 李 洁 吴聪睿
葛 军 吴继钊 陶 乐 王 鑫 范桂富 周庆峰 谢 楠 骆浩杰 谢天瑶
沙 莎
人力资源和社会保障局 周昌峰 丁玉林 张建华 张 嵩 夏 璐 夏李峰 吴晓群
徐红卫 李 俊 周子华 夏 冰
自然资源和规划局 石 剑 冒国华 彭海兰 苏建华 石 琴 常 丽 陈丙林 许 兵
唐海霞 周银星 罗中海 冒淑芸 王 娟 黄海桃 许彩云 周 新 徐松平
樊建峰 张 鹏 尹一萍 阚国兵 季 然 徐云志 胡海建 丁春辉 程文杰
张安文 单伟伟 赵新强 王正军 何 鑫 田建兵 缪海进 张建军 何 苏
陈利存 周 康 田 鹏 王全明 孙 艳 李 源 徐 腾 韩小瑞 沈建华
李 俊 朱亚军 卢伯建 王海洋
住房和城乡建设局 陈志坤 章 宇 蔡小华 许波伟 苏来峰 殷建峰 汪嘉伟 顾飞飞
刘婷婷 吕德广
城市管理局 孙夏兵 冒学宏 邹宏伟 张炳荣 缪卫华 葛 伟 顾桂标 赵四军
张拥军 张石林 万志成 黄晓娟 胡碧草 贾 浩 环 鹏 朱益平 夏小明
薛鲁疆
交通运输局 田 骏 卢玉兰 徐静娟 孙宏祥 张 旭 周 毅
水务局 陈大平 王 敬 孙亮亮 周春网 朱亚春 杨晓霞
农业农村局 姜石泉 王志斌 石亚全 仇永华 张台鹏 吴小东 房丽华 薛海荣
吴宏霞 张恒然 吴丽春 焦伟伟 倪玉堂 冒海银 冒灵慧 印金斌 李 剑
常学根 张小霞 周 晶
商务局 刘加峰 白 洁 石 坚 马宏梅 张 娟
文体广电和旅游局 谢裕斌 冒 逊 孙 伟 范建兵 章 强 陆 敏 陈晓冬 季方祥
戴建明 肖丽君
卫生健康委员会 秦龙银 范旻昊 顾宏然 邵欣欣 马 红 沈 健 邹世东 王 淼
肖 燕 鞠小军 金铃铃 吴 胡 张 伟 蔡 巍
退役军人事务局 夏 勇 陈 艳 周谷俊 吴强伟
应急管理局 陈海峰 丁小庆 陈聪颖 孙旭晨 于晓珍 杨荷艳 顾志刚
审计局 龚志鸿 吴丽君
行政审批局 徐 猛 张亚军 范亦男 王旭升 王海军 陈岳琴 范何琴 姚 娟
吴媛媛 许 蓉 陆邦祥 高 艳 王胡祥 谢 丹 王巍巍 王建平 何 勤
蔡伯杨 陈海波 陈 蓓 黄娅姬
市场监督管理局 贾宏斌 纪 勇 李晓东 王雪松 陈小颖 王 禹 席晓星 谢仁建
郭 鑫 朱国庆 章霞红 叶向农 许洪剑 王志刚 顾贵春 石昭全 胡 俊
赵笑冰 韩文娟 章婷婷 孟昀豫 徐 慧 葛辰汐 王兆琪 查德富 许爱学
祝 煌 张婷婷 何小平 范崇余 潘小翔 陈 平 石晓云 陈欣悦 周 莺
王 通 瞿纪昇 缪克华 马佳丽 曹晓悦 陈祥兵 崔梦月 王鹏宇 顾晓健
施逸婷 朱 辰 朱宇浩 陈 晏 段海飞 袁龙飞 梅 杰 李玉宏 宋 恺
肖夕如 石高飞 马喜胜 朱学剑 储瑞星 李俊峰 韦东娜 严晓华 范 颖
沙姿含 王健伟 季智鑫 戴迎祥 茅志诚 秦 纯 许瑞兵 徐慧婷 任善誉
陈 炎 吴海佳 仲福荣 邢克峰 崔俊驰 江 荣 石剑锋 陈建亚 杨启斌
王周洲 陈建兵 王立军

统计局　石红梅　夏　树　杨春丽　陈　艳　朱　健
医疗保障局　徐爱宁
信访局　施俊杰　佘越剑　谢翠东
地方金融监督管理局　许　伟　程冰冰
供销总社　王红德　钱新莲　展冬梅
国资办　丁晓波
税务局　解应贵
生态环境局　黄晓华
海　关　吴志明
第一书记　周光华
城建指挥部　薛小青
招　商　陈　飞　丁海涛　陈小虎
双联双助　顾小平　江　宇　薛宜发　冯志刚　顾新建　刘正林　朱敏建　杨　鹏　石亚东　何　俊　刘轶凡
重大项目办　冒新宇　王常林
长三办　葛　波
巡察工作　朱建高　刘培新　邓正新
大督查　冯文明　樊　靖　钱云鹏
污染防治攻坚办　严可文　尹小庆　刘银泉
政务服务窗口　薛春林　高建如　周一心　高艳春　叶　红　钱维维　金　霜　石　亮　冒淑钰　毛海霞　范苏艳　余性强
市域治理中心（含 12345 政府公共服务中心）　周绍亮　徐国兵

组织机构

Zuzhi Jigou

2021年度新任市领导

司祝建 如皋市人大常委会主任、党组书记

司祝建，男，1964年3月出生，汉族，江苏如皋人，1986年8月参加工作，1990年12月加入中国共产党，中央党校、省委党校研究生学历。

1983年9月至1986年8月，南通师范专科学校生化专业学习，取得大专学历；

1986年8月至1992年5月，如皋中学教师、团委副书记、书记；

1992年5月至1998年4月，任共青团如皋市委副书记（其间，1993年8月至1995年12月，中央党校经管专业学习，取得大学本科学历）；

1998年4月至2000年4月，任如皋市东陈镇党委副书记、镇长；

2000年4月至2002年8月，任如皋市东陈镇党委书记（其间，1998年11月至2000年12月，苏州大学世界经济专业研究生课程进修班学习结业）；

2002年8月至2002年11月，任如皋市委宣传部副部长，兼如皋日报社党组书记、社长；

2002年11月至2003年1月，任如东县委常委；

2003年1月至2006年6月，任如东县委常委、宣传部部长；

2006年6月至2010年2月，任如东县委常委、组织部部长（其间，2004年9月至2007年7月，省委党校企业管理专业研究生学习，取得研究生学历；2004年9月至2007年7月，中央党校经济管理专业学习，取得研究生学历）；

2010年2月至2011年6月，任如皋市委常委、市政府副市长；

2011年6月至2012年1月，任如皋市委常委、市政府常务副市长；

2012年1月至2012年3月，任如皋市委副书记、市政府副市长；

2012年3月至2017年2月，任如皋市委副书记；

2017年2月至2019年1月，任南通市水利局局长、党组书记；

2019年1月至2020年12月，任南通市委宣传部常务副部长；

2020年12月至2021年1月，任南通市委宣传部常务副部长，一级调研员；

2021年1月至2021年2月，任如皋市人大常委会主任人选，一级调研员；

2021年2月起，任如皋市人大常委会主任、党组书记，一级调研员。

顾留忠 中共如皋市委常委，市政府常务副市长、党组副书记，市行政学校校长，市红十字会会长

顾留忠，男，1972 年 9 月出生，汉族，江苏如皋人，1992 年 8 月参加工作，1995 年 12 月加入中国共产党，中央党校大学本科学历。

1990 年 9 月至 1992 年 7 月，苏州大学政治系学习，取得大专学历；

1992 年 8 月至 1995 年 11 月，如皋市常青乡团委工作、团委书记；

1995 年 11 月至 1996 年 3 月，任如皋市常青乡乡长助理、副乡长人选；

1996 年 3 月至 1998 年 4 月，任如皋市常青乡副乡长；

1998 年 4 月至 2000 年 4 月，任如皋市加力乡党委副书记(其间，1996 年 8 月至 1998 年 12 月，中央党校经济专业学习，取得大学本科学历)；

2000 年 4 月至 2001 年 1 月，任如皋市常青镇党委副书记、纪委书记；

2001 年 1 月至 2002 年 11 月，如皋市常青镇党委副书记、镇长；

2002 年 11 月至 2005 年 12 月，如皋市江安镇党委书记；

2005 年 12 月至 2007 年 7 月，任如皋经济开发区党工委副书记、纪工委书记，管委会副主任；

2007 年 7 月至 2010 年 12 月，任如皋市发改委党组副书记、副主任，市招商局局长、党委副书记；

2010 年 12 月至 2011 年 1 月，任如皋港区党工委副书记、管委会主任，长江镇党委副书记；

2011 年 1 月至 2011 年 7 月，任如皋港区党工委副书记、管委会主任，长江镇党委副书记、镇长；

2011 年 7 月至 2012 年 2 月，任如皋港区党工委副书记、管委会主任；

2012 年 2 月至 2012 年 3 月，任如皋港区党工委副书记、管委会主任，长江镇镇长人选(机构升格、副处职)；

2012 年 3 月至 2013 年 3 月，任如皋市长江镇党委副书记、镇长(副处职)，如皋港区党工委副书记、管委会主任；

2013 年 3 月至 2013 年 6 月，任如皋市长江镇党委副书记、行政工作组组长(副处职)，如皋港区党工委副书记、管委会主任；

2013 年 6 月至 2016 年 11 月，任如皋市长江镇党委副书记、镇长(副处职)，如皋港区党工委副书记、管委会主任(2016 年 7 月起主持长江镇党委工作)；

2016 年 11 月至 2017 年 7 月，任如皋市长江镇党委副书记、镇长(主持党委工作)，如皋港区党工委书记、管委会主任；

2017 年 7 月至 2017 年 12 月，任如皋市长江镇党委副书记、镇长(主持党委工作)，如皋港区党工委书记；

2017 年 12 月至 2018 年 1 月，任如皋市长江镇党委书记、如皋港区党工委书记；

2018 年 1 月至 2019 年 2 月，任如皋市长江镇党委书记；

2019 年 2 月至 2019 年 5 月，任如皋市长江镇党委书记、如皋港工业园区党工委书记；

2019 年 5 月至 2019 年 6 月，任如皋市政府副市长人选，长江镇党委书记、如皋港工业园区党工委书记；

2019 年 6 月至 2019 年 11 月，任如皋市政府副市长、党组成员，长江镇党委书记、如皋港工业园区党工委书记；

2019 年 11 月至 2020 年 2 月，任如皋市政府副市长、党组成员；

2020 年 2 月至 2021 年 1 月，任如皋市政府副市长、党组成员，三级调研员；

2021 年 1 月至 2021 年 2 月，任如皋市委常委，市政府副市长、党组成员，三级调研员；

2021 年 2 月起，任如皋市委常委，市政府常务副市长、党组副书记，市行政学校校长，市红十字会会长，三级调研员。

朱莹滢　中共如皋市委常委、组织部部长、统战部部长，市政协党组副书记，市委市级机关工作委员会书记

朱莹滢，女，1976年9月出生，汉族，江苏启东人，1999年8月参加工作，1995年6月加入中国共产党，中央党校研究生学历。

1995年9月至1999年8月，南京理工大学化工学院环境监测专业学习，取得大学本科学历；

1999年8月至2000年9月，启东市永阳乡党务干事兼台角村党支部副书记；

2000年9月至2001年11月，启东市纪委党风廉政室纪检监察员；

2001年11月至2001年12月，启东市纪委党风廉政室副主任（其间，1999年9月至2001年12月，苏州大学人文学院研究生课程进修班结业）；

2001年12月至2002年7月，任启东市纪委副局级纪检监察员、党风廉政室副主任(其间，2002年4月至2002年7月，借南通市委组织部干部教育科工作)；

2002年7月至2003年1月，南通市委组织部干部教育科、干部教育处科员；

2003年1月至2004年12月，任南通市委组织部干部教育处副科级组织员；

2004年12月至2007年7月，任南通市委组织部干部教育处正科级组织员；

2007年7月至2012年2月，任南通市委组织部干部教育处、党政干部处、机关干部处主任科员(其间，2007年9月至2010年7月，中央党校经济学(经济管理)专业学习，取得研究生学历)；

2012年2月至2016年3月，任南通市委组织部干部教育处副处长、主任科员；

2016年3月至2018年1月，任南通市委组织部干部教育处处长、市干部培训中心主任；

2018年1月至2019年5月，任南通市委组织部干部教育处处长；

2019年5月至2020年1月，任南通市委组织部企事业干部处处长；

2020年1月至2020年8月，任南通市委组织部企事业干部处处长、四级调研员；

2020年8月至2021年1月，任南通市委组织部干部四处处长、四级调研员；

2021年1月至2021年6月，任如皋市委常委、组织部部长；

2021年6月至2021年7月，任如皋市委常委、组织部部长，市委市级机关工作委员会书记；

2021年7月起，任如皋市委常委、组织部部长、统战部部长，市政协党组副书记，市委市级机关工作委员会书记。

陈鸣华　　中共如皋市委常委，市政府副市长、党组成员，市科技创新委员会办公室党组书记

陈鸣华，男，1979年9月生，汉族，江苏海门人，2001年8月参加工作，2002年9月加入中国共产党，省委党校研究生学历。

1998年9月至2001年7月，江苏公安专科学校刑侦专业学习，取得大专学历；

2001年8月至2002年3月，海门市公安局悦来派出所见习；

2002年3月至2007年4月，海门市公安局政治处人事科见习、办事员（其间，2003年8月至2005年12月，中央党校函授学院法律专业学习，取得大学本科学历）；

2007年4月至2008年8月，海门市政府办公室工作(其间，2006年12月，南京大学高等教育自学考试行政管理专业学习，取得管理学学士学位)；

2008年8月至2008年9月，南通市农业机械管理局科员；

2008年9月至2010年12月，任南通市农业机械管理局办公室(法规处)副主任(副处长)；

2010年12月至2011年12月，南通市委办公室信息处工作；

2011年12月至2013年12月，任南通市委办公室副主任科员(其间，2009年9月至2012年7月，省委党校社会学专业学习，取得研究生学历)；

2013年12月至2017年3月，南通市委办公室主任科员；

2017年3月至2019年5月，任南通市委办公室秘书三处处长；

2019年5月至2020年9月，任南通市委全面深化改革委员会办公室专职副主任；

2020年9月至2021年6月，如皋市委常委(挂职)、南通市委全面深化改革委员会办公室专职副主任；

2021年6月至2021年7月，任如皋市委常委(挂职)、市科技创新委员会办公室党组书记、南通市委全面深化改革委员会办公室专职副主任；

2021年7月至2021年8月，任如皋市委常委、市科技创新委员会办公室党组书记；

2021年8月起，任如皋市委常委，市政府副市长、党组成员，市科技创新委员会办公室党组书记。

吴海军　　如皋市政府副市长、党组成员

吴海军，男，1977 年 3 月出生，汉族，江苏海安人，2001 年 8 月参加工作，1999 年 11 月加入中国共产党，大学本科学历。

1997 年 9 月至 2001 年 7 月，沈阳农业大学水利学院农田水利工程专业学习，取得大学本科学历；

2001 年 8 月至 2002 年 9 月，南通市水利局办事员；

2002 年 9 月至 2007 年 10 月，南通市水利局科员；

2007 年 10 月至 2009 年 7 月，任南通市水利局农村水利(科技)处副处长；

2009 年 7 月至 2010 年 2 月，任南通市水利局规划与建设处副处长；

2010 年 2 月至 2015 年 1 月，任南通市水利局规划与建设处处长(其间，2012 年 7 月至 2013 年 12 月，新疆伊宁县水务局挂职；2012 年 12 月至 2013 年 12 月，伊宁县水务局挂职，任副局长、党组成员)；

2015 年 1 月至 2015 年 2 月，任南通市水利局办公室主任、规划与建设处处长；

2015 年 2 月至 2019 年 4 月，任南通市水利局办公室主任；

2019 年 4 月至 2019 年 5 月，任南通市水利局办公室主任、人事处处长；

2019 年 5 月至 2020 年 9 月，任南通市水利局副局长、党组成员(其间，2019 年 5 月至 2020 年 6 月，兼任水利局办公室主任、人事处处长)；

2020 年 9 月至 2021 年 6 月，任南通市水利局副局长、党组成员，如东县委常委(挂职)；

2021 年 6 月至 2021 年 7 月，任如皋市政府副市长人选、党组成员；

2021 年 7 月起，任如皋市政府副市长、党组成员。

陈　刚　如皋市政府副市长、党组成员，市委政法委副书记，市公安局局长、党委书记、督察长

陈刚，男，1974 年 6 月出生，汉族，江苏南通人，1997 年 5 月参加工作，2000 年 6 月加入中国共产党，中央党校大学本科学历。

1993 年 9 月至 1996 年 7 月，江苏广播电视大学机电专业学习，取得大专学历；

1996 年 7 月至 1997 年 5 月，待业；

1997 年 5 月至 2003 年 8 月，南通市公安局港闸分局秦灶派出所民警；

2003 年 8 月至 2005 年 9 月，任南通市公安局港闸分局幸福派出所副所长；

2005 年 9 月至 2009 年 10 月，任南通市公安局港闸分局永兴派出所教导员(其间，2004 年 8 月至 2006 年 12 月，中央党校函授学院法律专业学习，取得大学本科学历)；

2009 年 10 月至 2011 年 7 月，任南通市公安局崇川分局狼山派出所所长；

2011 年 7 月至 2014 年 6 月，任南通市公安局崇川分局副局长；

2014 年 6 月至 2017 年 4 月，任南通市公安局治安支队副支队长；

2017 年 4 月至 2019 年 3 月，任南通市公安局食药环侦支队支队长；

2019 年 3 月至 2020 年 9 月，任南通市公安局指挥中心主任；

2020 年 9 月至 2021 年 6 月，任南通市公安局指挥中心主任、四级高级警长；

2021 年 6 月至 2021 年 7 月，任如皋市政府副市长人选、党组成员，市委政法委副书记，市公安局局长人选、党委书记、督察长；

2021 年 7 月起，任如皋市政府副市长、党组成员，市委政法委副书记，市公安局局长、党委书记、督察长。

2021年度如皋市组织机构及负责人名录

中国共产党如皋市委员会

书　　记　何益军
副 书 记　王鸣昊　丁兴华
常　　委　何益军　王鸣昊　丁兴华　缪爱诚(7月17日免)
高　峰　程瑞琴　顾留忠(1月13日任)　秦金春　夏　森
朱莹滢(女,1月31日任)　陈鸣华(7月17日任)
卢志敏(7月29日任)　马金华(1月31日免)
刘向阳(1月31日免)　茅红宇(女,1月13日免)
石慧宏(挂职,6月止)

如皋市人大常委会

主　　任　吴道健(1月31日辞)　司祝建(1月31日提名,2月26日任)
党组书记　吴道健(2月9日免)　司祝建(2月9日任)
党组副书记　陈万圣
副 主 任　陈万圣　张　勇　钱志刚
党组成员　缪爱诚(7月20日任)　龚卫东(12月24日免)
左伯华(8月13日任)　王贵成(6月16日任)
纪成如(12月24日任)

如皋市人民政府

党组书记　王鸣昊
党组副书记　茅红宇(女,2月9日免)　顾留忠(2月9日任)
市　　长　王鸣昊
副 市 长　茅红宇(女,2月20日辞)　顾留忠
陈晓彬(6月4日辞)　黄文斌
陈鸣华(7月17日提名,8月5日任)
张亚鸾(女)　张百璘
吴海军(6月4日提名,7月26日任)　顾　凡(女)
陈　刚(6月4日提名,7月26日任)
林文美(女,科技镇长团团长挂职,10月22日免)
唐余宽(科技镇长团团长挂职,10月22日任)
党组成员　刘　栩(挂职)

中国人民政治协商会议如皋市委员会

主席、党组书记　张元健
党组副书记　冒　平　缪爱诚(7月20日免)
　缪小华　朱莹滢(女,7月20日任)
副主席　缪小华　冒　平　杜永红(党外)　郑振明(党外)
　严世斌　刘晓洁(女)
党组成员、秘书长　许映亮(11月15日免)　冒海清(11月15日任)

中共如皋市纪律检查委员会

书记　秦金春
副书记　马铁军　倪新建
常委　刘培林(5月15日免)　吴敬民
　江其林(6月24日免)
　孙　健(6月24日提名,7月26日任)
　朱小青(6月24日提名,7月26日任)

如皋市监察委员会

主任　史有根(2月20日免)　秦金春(2月26日任)
副主任　马铁军　倪新建
委员　江其林(6月24日免)
　孙　健(6月24日免)
　吴敬民(6月24日提名,7月29日任)　朱小青
　印国华(6月24日提名,7月29日任)
　吴红兵(6月24日提名,7月29日任)

市纪委监委派驻市委办公室纪检监察组组长　殷亚平　(女)
市纪委监委派驻市人大机关纪检监察组组长　陈　建
市纪委监委派驻市政府办公室纪检监察组组长　程继红(女)
市纪委监委派驻市政协机关纪检监察组组长　陈建宏(3月26日免)
　谢孙锋(5月15日任)
市纪委监委派驻市委组织部纪检监察组组长　李益民
市纪委监委派驻市委宣传部纪检监察组组长　施建石
市纪委监委派驻市委政法委纪检监察组组长　章　兵
市纪委监委派驻市发展和改革委员会纪检监察组组长　徐春建(6月24日免)
　俞晓荣(6月24日任)
市纪委监委派驻市人民法院纪检监察组组长　周　标
市纪委监委派驻市教育局纪检监察组组长　万久平(女)
市纪委监委派驻市公安局纪检监察组组长　吴　琼(11月15日免)
　刘志斌(11月15日任)

市纪委监委派驻市财政局纪检监察组组长 韩国强
市纪委监委派驻市人民检察院纪检监察组组长 徐 剑
市纪委监委派驻市住房和城乡建设局纪检监察组组长 王宏兵
市纪委监委派驻市交通运输局纪检监察组组长 殷桂平
市纪委监委派驻市国有资产监督管理办公室纪检监察组组长 徐春建(6月24日任)
市纪委监委派驻市供销合作总社纪检监察组组长 俞晓荣(6月24日免)
市纪委监委派驻市卫生健康委员会纪检监察组组长 郭继锋(3月26日免)
莫桂宇(5月15日任)
市纪委监委派驻市市场监督管理局纪检监察组组长 冯 健

市委工作机构、部门管理机构、合署挂牌机构和直属事业机构

市委办公室

主任 杜晓峰
副主任 贲如江 沈晶晶(女) 孙 鑫(挂职,3月26日免)
黄大鹏 陆海峰(挂职,3月26日任)
市档案局副局长 冒玉书(3月26日免) 章礼君(3月26日任)

市委组织部

部长 缪爱诚(1月21日免) 朱滢滢(1月21日任)
常务副部长 纪成如
副部长 陈 实 张 勇(10月28日任)
部务委员 姜洪峰(1月12日免) 姚建军(3月26日任)

市委宣传部

部长 高 峰
常务副部长 陈建军
副部长 纪树华 钱钰璐(女) 刘志伟

市委统战部

部长 缪爱诚(7月17日免) 朱滢滢(女,7月17日任)
常务副部长 薛建兵(5月15日免) 宗爱君(5月15日任)
副部长 陆爱斌(11月15日免) 姚大平(5月15日免) 朱益红(女)
许映华(5月15日任) 丁卫兵(11月15日任)

市委政法委

书记 程瑞琴(女)
常务副书记 马小平(11月15日免) 高生健(11月15日任)
副书记 钱志强(3月26日免) 杨 明(3月26日任) 丁陆一(兼)
曹 蓉(女,11月15日任) 缪 飞(12月24日任)
政治处主任 殷高林(11月15日免) 苏秀银(女,11月15日任)

市委研究室

主　　任　许映华(5月15日免)
副主任　李　兵(3月26日任)

市委机构编制委员会办公室

主　　任　纪成如(兼)
副主任　张世闻(3月26日免)　姚建军(3月26日免)
　　　　徐玮萌(女,3月26日任)

市委巡察工作办公室

主　　任　倪新建(兼)
专职副主任　冯　峰

市委第一巡察组

组　　长　倪　兵
副组长　张来建　明小海　黄　麟(12月24日免)

市委第二巡察组

组　　长　吴金林(9月30日免)　金　晖(9月30日任)
副组长　秦　宗　尹小庆　杨智龙(12月24日任)

市委第三巡察组

组　　长　冒玉书(3月26日任)
副组长　刘正林　陶益军　张　云(女)

市委第四巡察组

组　　长　陈　建
副组长　许海霞(女)　丁小建

市委老干部局

局　　长　陈　实(兼,5月15日免)
　　　　吴晓晖(5月15日任,9月30日免)
　　　　徐亚军(12月24日任)
副局长　严金宏　薛海华(6月24日任)
　　　　薛爱平(6月24日免)　张海兵(6月24日免)

市委机要局(市委办公室挂牌机构)

局　　长　贲如江(兼,5月15日任)
副局长　徐关保(3月26日免)　张　晨(3月26日任)

市委全面深化改革委员会办公室

副主任　范小华(1月12日免)　徐关保(3月26日任)

市公务员局(市委组织部挂牌机构)

局　　　　长　纪成如(兼)

市委党建工作领导小组办公室(市委组织部挂牌机构)

主　　　　任　陈　波(5月15日任)

副　主　任　陈　波(5月15日免)

市考核工作委员会办公室(设在组织部)

副　主　任　贾华兵

市级机关工作委员会(在市委组织部挂牌)

书　　　　记　朱莹滢(女,6月24日任)

常务副书记　丁　群(6月24日任)

副　书　记　丁　群(6月24日免)　王亚松(9月30日任)

市委非公有制企业和社会组织工作委员会(在市委组织部挂牌)

书　　　　记　陈　实(兼)

副　书　记　彭之俊

市新闻出版局(在市委宣传部挂牌)

局　　　　长　纪树华(兼)

副　局　长　张小波　王贞慧(女,挂职)

市互联网信息办公室(市委宣传部挂牌机构)

主　　　　任　纪树华

市委网络安全和信息化委员会办公室(设在宣传部)

副　主　任　丁　群(女)

市精神文明建设指导委员会办公室

主　　　　任　钱钰璐(女)

副　主　任　陆　兵　邵亚丽(女,3月26日任)

市民族宗教事务局(在市委统战部挂牌)

局　　　　长　陆爱斌(11月15日免)　丁卫兵(11月15日任)

副　局　长　丁卫兵(11月15日免)　倪东波(3月26日免)

市委台湾工作办公室(在市委统战部挂牌)

主　　　　任　朱益红(女,兼,5月15日任)

副　主　任　潘文胜(女)　田晶晶(女,9月30日免)

市法学会

副　会　长　黄庆庆(3月26日免)　丁晓文(3月26日任)

市事业单位登记管理局

副　局　长　郁　梅(女)

市委离退休干部工作委员会

书　　　记　陈　实(兼,5月15日免)　吴晓晖(5月15日任,9月30日免)
　　　　　　徐亚军(12月24日任)

副　书　记　田芝华

市委党校、市行政学校

市委党校校长　丁兴华(兼)

市行政学校校长　茅红宇(女,2月9日免)　顾留忠(2月9日任)

常务副校长　石留权

副　校　长　施国华(12月24日免)　环立忠(5月15日免)　孙海云(女)
　　　　　　朱洪海(12月24日任)

市委新闻中心

主　　　任　陈建军(兼)

副　主　任　邵亚丽(女,3月26日免)　徐鑫焱(女)　孙　路(女,5月15日任)
　　　　　　马志刚(6月24日任)

市委党史工作办公室

主　　　任　徐亚军(12月24日免)　丛　越(12月24日任)

副　主　任　侯　晖(女)　顾小平　薛海华(6月24日免)　范小华(6月24日任)

市档案馆

馆　　　长　谢晓明

副　馆　长　徐爱军(女,9月30日免)　陈　红(女)　陈永圣
　　　　　　杨海鹏(9月30日任)

市人大常委会办公室、各工作委员会

办公室

主　　　任　龚卫东(12月30日免)　纪成如(12月24日提名,12月30日任)

副　主　任　吉小燕(女)

研究室

主　　　任　朱华杰

副　主　任　卢　群(11月15日提名,12月30日任)

信访督办室

主　　任　刘金城(12月30日免)
景雪玲(女,11月15日提名,12月30日任)

财政经济工委

主　　任　彭深海(12月30日免)　李晓红(女,11月15日提名,12月30日任)
副 主 任　钱建宏(女)

人事代表联络工委

主　　任　冒　燕(女,3月26日提名,5月27日任)
副 主 任　冒　燕(女,3月26日免)

监察和司法工委

主　　任　谢晖来(9月30日免)　何福平(11月15日提名,12月30日任)
副 主 任　张　铁

教科文卫工委

主　　任　林　凯(12月30日免)　范晓强(11月15日提名,12月30日任)
副 主 任　姜　宇(女,11月15日提名,12月30日任)

外事民宗侨台工委

主　　任　杨国斌(12月30日免)　缪永辉(11月15日提名,12月30日任)
副 主 任　张媛媛(女)

环资城建工委

主　　任　朱留宽
副 主 任　朱兴雨

农业农村工委

主　　任　朱国镔(12月30日免)　朱为民(11月15日提名,12月30日任)
副 主 任　胡欣荣(12月30日免)　缪爱国(11月15日提名,12月30日任)
专职委员　周荣明(11月15日免)　姚呈明(7月27日免)　张爱民
王桂兰(女,11月15日免)　丁建兰(女)　神俊华
孙世军(1月12日任)　张　健(12月24日提名)
洪　军(女,12月24日提名)

市政府工作机构

市政府办公室

主任、机关党组书记　陈小燕
副 主 任　陈晓华(3月26日免)　丁陆一　章剑峰(5月15日免)
吴正隆　戴铁楠(5月15日免)　孙　锴(挂职)

周小荣(3月26日任) 严可文(3月26日任)
马薛松(12月24日任) 徐育松(12月24日任)
机关党组成员 胡银飞 陈 宜(女,5月15日免) 江 宇(女,5月15日任)
卢应锋(6月24日任) 刘 晨(3月26日任)

市发展和改革委员会
主任、党组书记 郭 建
党组副书记 倪新福(3月26日免) 吕 庆(11月15日免)
戴海峰(5月15日任)
副主任 倪新福(3月26日辞) 冒 军(3月26日辞)
章建德 葛 波 戴海峰 白宝平(3月26日任)
孙爱民(12月24日任)
党组成员 徐春建(6月24日免) 徐亚锋(12月24日任)

市教育局
局长、党组书记 郭其龙
党组副书记 左伯华(兼,8月13日免) 冯志刚(5月15日任)
副局长 田小飞(3月26日辞) 丁 非(党外,6月24日辞)
冯志刚 陈强燕(5月15日任) 石春梅(女,8月13日任)
缪德军(挂职) 朱爱华(女,挂职,12月24日辞)
孙兴波(挂职,8月13日任)

市科技创新委员会办公室(6月24日成立市科技创新委员会办公室党组)
党组书记 陈鸣华(6月24日任)
党组副书记 丛明昌(6月24日任) 章剑峰(6月24日任)
党组成员 陈广建(6月24日任) 李伟华(6月24日任)
黄存华(6月24日任) 陈洪波(6月24日任)
蔡建兰(女,6月24日任) 董 宇(6月24日任)

市科学技术局(6月24日撤销市科技局党组)
局长 宗爱君(5月27日辞) 丛明昌(6月24日提名,7月26日任)
党组书记 宗爱君(5月15日免)
党组副书记 陈广建(6月24日免)
副局长 李伟华 徐 强(6月24日辞) 冒 峰(6月24日辞)
郭震寰(6月24日任) 董 宇(6月24日任)

市公安局
局长 陈晓彬(7月26日辞) 陈 刚(6月16日提名,7月26日任)
党委书记 陈晓彬(6月16日免) 陈 刚(6月16日任)
政委 邢新华
党委副书记 邢新华 张 勇
副局长 张 勇 郑云娟(女) 张 新 张 斌 李 祝

党委委员　章春建　邱　俊　吴旭东(11月15日任)
丁　力(11月15日任)　范　群(11月15日任)

市民政局

局长　缪永辉(11月30日辞)　丁山燕(11月15日提名,11月30日任)
党组书记　缪永辉(11月15日免)　丁山燕(11月15日任)
党组副书记　张昌明(9月30日任)
副局长　刘　荣(9月30日辞)　程学军(女,3月26日辞)
张叶庆　颜海群　吉俊国(5月15日任)
张昌明(9月30日任)

市司法局

局长、党组书记　卢延林
副局长　陶建军(12月24日辞)　缪霄峰　丛　越(12月24日辞)
陈非非(女,5月15日辞)　孙　锴　吴亚军(12月24日任)
尤亚敏(女,党外,5月15日任)
党组成员　陆建梅(女,3月26日任)

市财政局

局长、党组书记　冒海清
党组副书记　杨　玉(9月30日免)
副局长　杨　玉(9月30日辞)　张建明　蔡志兵
丁正付(6月24日辞)　张小俊　王宏波(9月30日任)

市人力资源和社会保障局

局长、党组书记　胡晓勇
副局长　薛宜发　周昌峰　程　蓉(女,11月15日辞)
阮铁均(11月15日任)

市自然资源和规划局

局长、党组书记　石　剑
党组副书记　朱贵宏　冒国华
副局长　朱贵宏　冒国华　陶文建　范　彦
党组成员　秦爱华

市住房和城乡建设局

局长、党组书记　苏　强
党组副书记　韩　欣(12月24日免)　杨大勇(挂职,5月15日任)
副局长　王建华(9月30日辞)　张建军　顾新建　王　庆
赵仁奇(9月30日任)
党组成员　陈志坤

市城市管理局

局　　　　长　何福平(11月15日辞)　黄山虎(11月15日提名,11月30日任)
党 组 书 记　何福平(11月15日免)　黄山虎(11月15日任)
党组副书记　沙　进
副　局　长　沙　进　翟建兵　孙夏兵　杨海燕(党外,6月24日辞)
　　　　　　袁权民　陈文红(挂职)

市交通运输局

局长、党组书记　吴小平
党组副书记　卢玉兰(女,6月24日免)
副　局　长　洪　勇　田　骏　葛　军　刘志俭　肖　宏
总 工 程 师　卢玉兰(女,6月24日免)

市水务局

局长、党组书记　朱建军
副　局　长　管　峰　陈大平　黄国建(6月24日任)
总 工 程 师　丁小星

市农业农村局

局　　　　长　朱为民(11月30日辞)　柳杰军(11月15日提名,11月30日任)
党 组 书 记　朱为民(11月15日免)　柳杰军(11月15日任)
党组副书记　花爱梅(女,7月10日免)　夏茂宏(1月12日免)
副　局　长　姜石泉　陈玉峰　季浩民　王志斌
　　　　　　周　杰　高迎旭(女,9月30日任)
党 组 成 员　陈　慎　张海兵(6月24日任)　王建梅(女,3月26日任)
总 农 艺 师　陈　慎(3月26日免)　王建梅(女,3月26日任)
总畜牧兽医师　陈　慎(3月26日任)

市商务局(口岸办)

党 组 书 记　顾卫国(9月30日免)　佘　飞(9月30日任)
党组副书记　佘　飞(9月30日免)
局　　　　长　顾卫国(9月30日辞)　佘　飞(9月30日提名,11月30日任)
副　局　长　郭成凤(女,3月26日辞)　刘加峰　吴志强(3月26日辞)
　　　　　　朱伟锋　赵　辉(3月26日任)　李　军(9月30日任)
市口岸办副主任　刘加峰(兼)

市文体广电和旅游局

局　　　　长　谢裕斌(5月27日辞)　夏建国(5月15日提名,5月27日任)
党 组 书 记　陈仁高(3月26日免)　谢裕斌(3月26日任)
党组副书记　谢裕斌(3月26日免)　阮强舟
副　局　长　陈仁高(3月26日辞)　阮强舟　张国平(3月26日辞)
　　　　　　朱志兵　冒　逊　姚寓韶(党外,11月15日辞)

范建兵(9月30日辞) 杨 阳(5月15日辞)
吴爱兵 胡建锋

市卫生健康委员会

主任、党组书记 马军华
党组副书记 吴海燕(女,3月26日任)
副主任 吴海燕(女) 秦龙银 谢宇晨 康 岚(女,3月26日辞)
夏建国(5月15日辞)
党组成员 章献方(兼,3月26日免) 郭继锋(3月26日免)
冒拥军(3月26日任)

市退役军人事务局

局长 冯 昕(3月26日辞) 陈晓华(3月26日提名,5月27日任)
党组书记 冯 昕(3月26日免) 陈晓华(3月26日任)
党组副书记 夏 勇
副局长 夏 勇 陈子富(3月26日辞) 张金森(8月13日任)
党组成员 施 才(3月26日免)

市应急管理局

局长 陆海峰(3月26日辞) 陆 荫(3月26日提名,5月27日任)
党委书记 陆海峰(3月26日免) 陆 荫(3月26日任)
副局长 秦永忠(6月24日任) 杨 建 张善良(3月26日辞)
陈海峰 崔建备
总工程师 徐 兵
党委委员 徐 兵 张 斌
安全生产委员会办公室副主任 张 斌

市审计局

局长、党组书记 薛 煜
党组副书记 康建芳(女,5月15日免)
副局长 康建芳(女,5月10日辞) 朱宏彬(党外,5月10日辞) 龚志鸿
韩晓静(女,8月30日任) 陈 瑶(女,党外,12月24日任)
党组成员 汤春华 汤元建(11月15日任)
总审计师 汤春华
办公室副主任 汤元建

市统计局

局长、党组书记 章 彬
副局长 季 康(党外) 黄爱军 石红梅(女,11月15日任)
党组成员 谢晓飞 葛明明(女,11月15日任)
总统计师 石红梅(女,11月15日免) 葛明明(女,11月15日任)

市市场监督管理局

局长、党组书记　贾宏斌
副局长　沙　群(9月30日辞)　王志刚　纪　勇　石昭峰　李晓东
　　张　晔(6月24日辞)　谢　娟(女)
党组成员　陈建国　冯　健　谭志明

市行政审批局

局长　范晓强(11月30日辞)　徐　猛(11月15日提名,11月30日任)
党组书记　范晓强(11月15日免)　徐　猛(11月15日任)
党组副书记　杨晓峰　范荣华(11月15日免)　朱贵宏(兼)
副局长　杨晓峰　范荣华(11月15日辞)　谢　健　徐　猛(11月15日辞)
　　陈　岗(9月30日辞)　张亚军　田向阳
党组成员　刘宝林
总工程师　卢宗志

市医疗保障局

局长　张智娟(女,3月26日辞)　焦晓斌(3月26日提名,5月27日任)
党组书记　张智娟(女,1月26日免)　焦晓斌(3月26日任)
副局长　薛正刚　徐爱宁(女,12月24日辞)　叶伟锋(12月24日任)

市信访局

局长　孙　鑫(3月26日辞)　陆海峰(3月26日提名,5月27日任)
党组书记　孙　鑫(3月26日免)　陆海峰(3月26日任)
副局长　明小虎　施俊杰　居怀军　黄国建(6月24日辞)

市地方金融监督管理局

局长、党组书记　邱德华
副局长　宗　晓　张晶晶(女,11月15日任)

市政府国有资产监督管理办公室(根据皋委干〔2021〕18号文件精神,成立市政府国有资产监督管理办公室党组)

主任　刘培林(3月26日提名,5月27日任)
党组书记　刘培林(3月26日任)
副主任　朱宏彬(3月26日任)　吴晓燕(女,3月26日任)

合署办公、挂牌机构、部门管理机构和市政府直属事业机构

市委外事委员会办公室(设在市政府办公室)

副主任　江　宇(女)

市政府研究室

副主任　周小荣(3月26日免)　刘　晨(3月26日任)

市市域治理现代化指挥中心

主任、党组书记　丁陆一
副　主　任　卢　建(11月15日免)　卢应锋(6月24日免)　费建国
　　徐绍鑫(挂职)　崔亚云(女,6月24日任)

市粮食和物资储备局(在市发展和改革委员会挂牌)

副　局　长　吕　庆(11月15日免)　徐亚锋(12月24日任)

市政府教育督导室(与市教育局合署调整为设在市教育局)

副　主　任　陈强燕(5月15日免)　环立中(5月15日任)

市社会矛盾纠纷调处中心

主　　任　杨　明(11月15日任)
副　主　任　吴亚军(12月24日免)　陶建军(12月24日任)　明曙光
　　戴世燕(女)　高　辉(8月13日任)

市委全面依法治市委员会办公室(设在司法局)

副　主　任　申爱学

市人民防空办公室

副　主　任　韩　欣(12月24日免)

市文物局

副　局　长　张国平(兼,3月26日免)

市政务服务管理办公室

副　主　任　范亦男(女)

市融媒体中心(市广播电视台)、市传媒集团

市融媒体中心主任(市广播电视台台长)　刘志伟
市传媒集团董事长、总经理、党委书记　刘志伟
市传媒集团党委副书记、市融媒体中心总编辑　王贞慧(女)
市传媒集团副总经理(市融媒体中心副主任)　姚寓韶(党外,11月15日免)
　　严保林(5月15日免)　张　强　何　军
　　陆　冉(3月26日任)　邱　辰(女,5月15日任)

市城市建设管理中心(根据南通市委编办《关于如皋市政府投资项目工程建设中心更名的批复》(通编办发〔2021〕56号)文件规定:市政府投资项目工程建设中心更名为市城市建设管理中心。)

主　　任　张加琴(5月15日免)　杨大勇(6月24日任)
副　主　任　薛小青(6月24日任)　缪世兴(6月24日免)
　　刘建华(6月24日任)　陈　萍(女,6月24日任)

市政协办公室、各工作委员会

办公室

主　　任　严佩兰(女,12月30日辞)
　　　　　顾燕枫(女,11月15日提名,12月30日任)
副 主 任　刘亚丽(女)

经济科技和农业农村委员会

主　　任　孙德祥(12月30日辞)　张益群(11月15日提名,12月30日任)
副 主 任　沈德君

教卫文体和文史委员会

主　　任　孙天骄
副 主 任　程学军(女,3月26日提名,7月6日任)

环境资源和城乡建设委员会

主　　任　陈晓仲
副 主 任　朱生全(12月30日辞)
　　　　　许　蝶(女,11月15日提名,12月30日任)

社法民宗和港澳台侨委员会

主　　任　詹文天(12月30日辞)　陆爱斌(11月15日提名,12月30日任)
副 主 任　刘　霞(女)

委员工作委员会

主　　任　沙海军(3月26日提名,7月6日任)
副 主 任　顾艳枫(女,12月30日辞)
　　　　　黄恒娥(女,11月15日提名,12月30日任)

提案委员会

主　　任　万有富(12月30日辞)　周海如(女,11月15日提名,12月30日任)
副 主 任　吴小蓉(女)

如皋市人民法院

院长、党组书记　唐明渠
党组副书记　顾雪红(女)
副 院 长　顾雪红(女)　黄卫东(12月24日辞)　任　锋　李斯武
政治处主任　袁夏华
执行局局长　周　云(女)
专职委员　吴剑平(女,党外)　周　云(女)

如皋市人民检察院

检察长、党组书记　吴晓栋
党组副书记　高　丽(女)
副检察长　高　丽(女)　李国平(12月24日辞)　李文祥
专职委员　倪伯斌　卢海琴(女)
政治部主任　范小华(6月24日免)　冒　峰(6月24日任)

如皋市消防救援大队

大队长　郑　伟
教导员　唐铁军(7月6日免)　张春强(7月6日任)

中华人民共和国如皋海关

关长　陈夫忠(10月30日免)　吴志明(4月25日任)
副关长　黄　海(10月30日免)　张晓春　王晓军

如皋出入境边防检查站

站长　王建华
政委　忽伟军(1月15日免)　徐圣忠(1月15日任)
副站长　王爱军　崔恒宽

中华人民共和国南通如皋海事处

副处长　苏　健(主持工作,10月26日任)　朱登轩(挂职,4月20日任)

市人民团体

工商联

党组书记　薛建兵(5月15日免)　许映华(5月15日任)
主席　杜永红
副主席　薛建兵(5月15日辞)　许映华(5月15日提名,12月24日任)
党组副书记　缪爱国(11月15日免)
副主席　缪爱国(11月15日辞)　余国平(3月26日辞)　常伟华
范亚林(11月15日提名,12月24日任)

总工会

主席　周太荣(9月30日免)　顾卫国(9月30日提名)
党组书记　周太荣(9月30日免)　顾卫国(9月30日任)
副主席　许益飞(3月26日任)　沙旭宇　章　军
苏小燕(女)　陈光荣

团市委

书记　储　凯(3月26日免)　沈　伟(11月15日任)
副书记　陈新煜(5月15日免)　金　霞(女)
陈明锦(11月15日任)　尤婷婷(兼,女,11月15日任)

妇联

主　　　　席　李晓红(女,11月15日辞)　程　蓉(女,11月15日提名,12月7日任)
党 组 书 记　李晓红(女,11月15日免)
副　主　席　张　峰(女)　缪剑云(女)
　　　　　　刘培媛(女,挂职,11月15日任)
　　　　　　潘海燕(女,挂职,11月15日止)

侨联

主　　　　席　姚大平(5月15日提名,6月24日任)
副　主　席　王晓云(女,3月26日辞)

科协(6月24日撤销市科协党组)

主　　　　席　张　勇(5月15日辞)　章剑峰(5月15日提名,6月10日任)
党 组 书 记　张　勇(5月15日免)　章剑峰(5月15日任,6月24日免)
副　主　席　黄存华　秦永忠(6月24日辞)
　　　　　　陈洪波　蔡建兰(女,6月24日提名,9月14日任)

文联

主　　　　席　张小凤(女)
副　主　席　田　祥

残联

理　事　长　戴　斌(6月24日辞)　吴来平(6月24日提名,8月11日任)
党 组 书 记　戴　斌(6月24日免)　吴来平(6月24日任)
党组副书记　谢万华
副 理 事 长　谢万华　郭锦泉　陈久平

红十字会

会　　　　长　茅红宇(女,2月9日辞)　顾留忠(2月9日提名,6月25日任)
常务副会长　康　岚(女,3月26日提名,6月25日任)
副　会　长　章献方(3月26日辞)
　　　　　　沙海燕(女,5月15日提名,6月25日任)

市社科联

主　　　　席　陈建军(兼)
副　主　席　吴小燕(女)

南通市如皋生态环境局(垂直管理机构)

局长、党组书记　黄晓勤(2月23日免)　黄晓华(8月2日任)
副　局　长　陈文扣　苏　燕(女,党外)
　　　　　　崔恒勇　陈志阳(12月27日任)
　　　　　　徐宣安(8月2日免)　许　疆(12月27日免)
党 组 成 员　张林红　许海霞(女,11月10日任)

镇(区、街道)

如皋经济技术开发区(国家级)

党工委书记　何益军(6月21日任)
党工委常务副书记　郝晓东(12月2日免)
党工委副书记　丁兴华(7月17日任,12月2日免)　卢志敏(12月2日任)
吴　鹏(12月2日任)
管委会副主任　赵宏祥(12月2日免)　吴　鹏(12月2日免)　孙得利
刘亚东(12月2日任)　顾季青　王建云(女)
杨永辉(6月4日任)
纪工委书记　曹汉清
党工委委员　张小平

城北街道

党工委
书记　赵宏祥(12月24日免)　吴　鹏(12月24日任)
副书记　卢小冬(6月24日免)　丁建龙(6月24日任)
周海如(女,兼,11月15日免)　郭锡兵(兼)
马　乐(女,兼,11月15日任)　邱　俊(挂职,12月24日免)
季兴华(挂职,12月24日起)
办事处
主任　卢小冬(5月15日免)　丁建龙(6月24日任)
副主任　冒　俊　张红建　丁新建　印　霞(女)
徐　军　顾德军(12月24日任)
娄劲松(挂职,工资行政关系在公安)
钟俊如(挂职,工资行政关系在公安)
人大工委
主任　黄亚周(9月30日辞)　李元庆(9月30日提名,11月30日任)

长江镇

党委
书记　卢志敏(12月2日免)　许　薇(女,12月2日任)
副书记　许　薇(女,12月24日免)　秦　天(12月24日任)
高源兵　王洪海(3月26日任)
黄山虎(挂职,11月15日止,工资行政关系在公安)
陈　飞(挂职,12月24日任,工资行政关系在公安)
人大主席团
主席　秦　天(12月2日辞)
副主席　刘　康
政府
镇长　许　薇(女,12月2日辞)　秦　天(12月2日提名)

副　　镇　　长　　汪　东　　陈红军　　陈佳佳　　顾　潍(女,5月15日辞)
孙　强　　孔　静(11月15日提名)
顾如江(5月15日提名,6月24日任)
周步宇(12月24日提名)
殷燕军(挂职,工资行政关系在公安)
石卫明(第一书记挂职)
姚子健(挂职,第十四批科技镇长团,11月11日起)
唐　刚(挂职,第十四批科技镇长团,11月11日起)

如皋港工业园区

党工委书记　　卢志敏(12月24日免)　　许　薇(女,12月24日任)
党工委副书记　　许　薇(女,12月24日免)　　秦　天(12月24日任)
管委会主任　　许　薇(女,12月24日免)　　秦　天(12月24日任)
管委会副主任　　金其林　　杨明华

如皋港化工新材料产业园管理办公室(根据通编发〔2021〕122号文件精神,如皋港现代物流园区管委会更名为如皋港化工新材料产业园管理办公室)

办公室主任　　纪坤岗(9月30日任)
办公室副主任　　夏　刚(9月30日任)　　苏志强(9月30日任)

如皋高新技术产业开发区

党工委

书　　记　　石　兵
副　书　记　　刘亚东(12月2日免)　　薛　煜(12月2日任)

管委会

主　　任　　刘亚东(12月24日免)　　薛　煜(12月24日任)
副　主　任　　丛明昌(6月24日免)　　何李川　　田学平　　符　行　　肖智杰
宗小海(9月30日任)　　陆玲玲(女,挂职,4月25日起)

纪工委

书　　记　　宗小海(9月30日免)　　邹　波(9月30日任)

城南街道

党工委

书　　记　　刘亚东(兼,12月24日免)　　薛　煜(兼,12月24日任)
副　书　记　　李小军　　阮爱银(女)
杨　明(挂职,3月26日止,工资行政关系在公安)
孙海波(挂职,12月24日起,工资行政关系在公安)

人大工委

主　　任　　丁　飞

办事处

主　　任　　李小军
副　主　任　　谢书平　　沈　燕(女)　　姚小维(9月30日任)

季陈中(9月30日免)　杨　飞(3月26日免)
罗宇舟(挂职,第十四批科技镇长团,11月11日起)
张仁辉(挂职,第十四批科技镇长团,11月11日起)

如皋工业园区

党工委
书　　记　崔建村
副 书 记　沙海军(3月26日免)　孙　鑫(3月26日任)　张长健
金　晖(9月30日免)

管委会
主　　任　沙海军(3月26日辞)　孙　鑫(3月26日任)
副 主 任　马京武　郭震寰(党外,6月24日辞)
张　婧(女)　张昌明(9月30日辞)
张开玉　徐　浩(9月30日任)

如城街道

党工委
书　　记　崔建村(5月15日免)　储开平(5月15日任)
副 书 记　仲纪元　冒爱群　丁红林(女)
刘志斌(挂职,11月15日止,工资行政关系在公安)
范　群(挂职,12月24日起,工资行政关系在公安)

人大工委
主　　任　周小芳(女)
副 主 任　殷小红(女)　彭理英(女)

办事处
主　　任　仲纪元
副 主 任　范存莲(女)　王宏波(9月30日辞)　张静静(女)　张志红(女)
周长慧(女)　范　群(挂职,12月24日止,工资行政关系在公安)
石祥圣(挂职,12月24日起,工资行政关系在公安)
孙夏华(挂职,工资行政关系在公安)
孙文钦(挂职,12月24日止,工资行政关系在公安)
於乾英(女,挂职,第十四批科技镇长团,11月11日起)
陆春红(女,挂职,第十四批科技镇长团,11月11日起)
纪工委书记　许　鹏(9月30日任)

江苏南通国家农业科技园区管理办公室

党工委书记　刘向阳(2月9日免)
党工委副书记　崔建村
主　　任　崔建村
副 主 任　吴亚兵　郭桂忠　陈　晖　张　晔(6月24日任)
纪工委书记　许　鹏

丁堰镇

党委

书　　记	储开平(5月15日免)　刘小冬(5月15日任)
副书记	刘小冬(5月15日免)　戴轶楠(5月15日任) 林璐璐(女,3月26日任) 阚书宏(挂职,工资行政关系在公安)

人大主席团

主　　席	洪　军(女,3月26日辞)　李丽萍(女,3月26日提名,7月12日任)
副主席	吴　畏(3月26日辞)

政府

镇　　长	刘小冬(5月15日辞)　戴轶楠(5月15日提名,7月12日任)
副镇长	顾　琴(女,9月30日辞)　张金森(5月15日辞) 陈小强(5月15日提名,7月12日任)　方烁淼 张　磊(3月26日提名,7月12日任) 程　洋(12月24日提名) 姜　哲(第一书记挂职,3月26日止)

白蒲镇

党委

书　　记	张　成
副书记	陈慧华　沙亚峰(3月26日免)　朱志聪(3月26日任) 黄庆庆(3月26日任)　马小锋(挂职,工资行政关系在公安)

人大主席团

主　　席	王亚明
副主席	侯茂华(3月26日辞)　赵红飞(3月26日提名,7月10日任)

政府

镇　　长	陈慧华
副镇长	宗炳生(3月26日辞)　徐拥军　朱金建(9月30日辞) 尹　颖(女)　达　栋(3月26日提名,7月10日任) 范存睿(3月26日提名,7月10日任) 徐继业(5月15日提名) 丁　焱(9月30日提名)

下原镇

党委

书　　记	张亚东
副书记	崔　金　赵红飞(3月26日免)　魏　巍(3月26日任) 袁　鹏(挂职,12月24日止,工资行政关系在公安) 王　振(挂职,12月24日起,工资行政关系在公安)

人大主席团

主　　席	杨　海
副主席	张　建(3月26日辞)

政府

镇　　长　崔　金

副镇长　曹武元　蔡爱忠(3月26日辞)

邓陈胜　曹慧华　许　卫(5月15日提名)

陈韦嘉(第一书记挂职,5月15日止)

九华镇

党委

书　　记　丁山燕(11月29日免)

副书记　姜洪峰　吴　为　薛松祥(挂职,工资行政关系在公安)

人大主席团

主　　席　杨　阳(5月15日提名,7月24日任)

副主席　肖茂华(3月26日辞)

政府

镇　　长　姜洪峰

副镇长　胡素华(女)　陈书培(3月26日提名,7月24日任)

苏伯全(3月26日辞)　陈　亮　张　进(5月15日提名)

高新星(第一书记挂职,3月26日止)

石庄镇

党委

书　　记　陈　飞

副书记　杨海鹏(3月26日免)　丁　毅(3月26日任)　徐　建

石祥圣(挂职,12月24日止,工资行政关系在公安)

卢　宇(挂职,12月24日起,工资行政关系在公安)

人大主席团

主　　席　丁　毅(3月26日辞)　杨　飞(3月26日提名,7月20日任)

副主席　林炳文

政府

镇　　长　杨海鹏(3月26日辞)　丁　毅(3月26日提名,7月20日任)

副镇长　刘　华(3月26日辞)　王正华(3月26日辞)　唐铜香

金志华(女,3月26日辞)　倪劲松(3月26日提名,7月20日任)

吴锋成(5月15日提名)

江安镇

党委

书　　记　孙　康(5月15日免)　王　鹏(5月15日任)

副书记　王　鹏(5月15日免)　申　燃(5月15日任)

张小兵(5月15日免)　郭　庆

唐晓星(5月15日任)

丁亚波(挂职,12月24日止,工资行政关系在公安)

杜连雨(挂职,12月24日起,工资行政关系在公安)

人大主席团

主　　席　申　燃(5月15日辞)　张小兵(5月15日提名,7月25日任)

副主席　马　彬(3月26日辞)

政府

镇　　长　王　鹏(5月15日辞)　申　燃(5月15日提名,7月25日任)

副镇长　唐晓星(5月15日辞)　吴红云(女)　陈小强(5月15日辞)

余鲲鹏　秦虎跃(3月26日辞)

张　进(第一书记挂职,5月15日止)

黄新宇(3月26日提名,7月25日任)

蒋宝峰(3月26日提名,7月25日任)

王道吉(9月30日提名)　倪新华(9月30日提名)

搬经镇

党委

书　　记　刘　莉(女,5月15日免)　卢小冬(5月15日任)

副书记　张　兵　梅志祥(3月26日免)　张兴龙　张　妍(女,3月26日任)

陈云龙(挂职,工资行政关系在公安)

人大主席团

主　　席　杨建华(3月26日辞)　周　勇(3月26日提名,7月25日任)

副主席　张　斌(9月30日辞)

政府

镇　　长　张　兵

副镇长　石明良(3月26日辞)　许　鹏(3月26日辞)

葛志昊(3月26日提名,7月25日任)

张　斌(9月30日提名)　袁　健　王钰崧(女)

王正华(3月26日提名,7月25日任)

顾承龙(5月15日提名,7月25日任)

殷小宏(3月26日提名,7月25日任)

杨　鹏(第一书记挂职,3月26日止)

东陈镇

党委

书　　记　焦晓斌(3月26日免)　张　勇(3月26日任)

副书记　张　勇(3月26日任)　储　凯(3月26日任)

冒　华(3月26日免)　王　洁(3月26日任)

喻晓春(挂职,7月10日起,工资行政关系在公安)

人大主席团

主　　席　谢小丽(女)

政府

镇　　长　张　勇(3月26日辞)　储　凯(3月26日提名,7月9日任)

副镇长　王　洁(3月26日辞)　朱亚光　盛聪锋　张津诚

张　晗(女,9月30日提名)　沈　伟(3月26日提名,5月15日辞)

陈新煜(5月15日提名,7月9日任,9月30日辞)
吴　杰(第一书记挂职,3月26日止)

吴窑镇

党委

书　　　记　袁天明(5月15日免)　石晓鹏(5月15日任)
副　书　记　石晓鹏(5月15日免)　周　勇(3月26日免)
朱　永(挂职,工资行政关系在公安)

人大主席团

主　　　席　周永刚(3月26日辞)　沙亚峰(3月26日提名,7月17日任)

政府

镇　　　长　石晓鹏(5月15日辞)　薛鹏飞(5月15日提名,7月17日任)
副　镇　长　严海兵　钱锦锋　季陈中(9月30日提名)
吴　伟　殷小宏(3月26日辞)
丁邦民(第一书记挂职,3月26日止)

磨头镇

党委

书　　　记　柳杰军(11月29日免)
副　书　记　王　红(女)　李丽萍(女,3月26日免)　钱康梅(女,3月26日任)
申　进(挂职,工资行政关系在公安)

人大主席团

主　　　席　薛　涛
副　主　席　单芝龙(3月26日辞)

政府

镇　　　长　王　红(女)
副　镇　长　赵小成(3月26日辞)　蔡　娟(女)　陈　飞
沙　尉(3月26日提名,7月27日任)
薛明慧(女,3月26日提名,7月27日任)　王正权(3月26日辞)

国有资产公司(集团)

市传媒集团

党委书记　刘志伟
党委副书记　王贞慧(女)
董事长、总经理　刘志伟
副总经理　姚寓韶(党外,11月15日免)　严保林(5月15日免)　张　强
何　军　陆　冉(3月26日任)　邱　辰(女,党外,5月15日任)

如皋港集团(根据皋委干〔2021〕72号文件精神,整合市交通产业集团有限公司、如皋港集团、市富港工程建设有限公司,重组新的市交通产业集团有限公司)

党委书记　马玉东(5月15日免)

董事长、总经理　马玉东(5月15日免)
副　总　经　理　陈　然(5月15日免)
纪　委　书　记　陈　然(5月15日免)

富皋万泰投资发展有限公司(富皋万泰投资发展有限公司更名为富皋万泰集团有限公司)
党委书记、董事长　张书强
党委副书记、总经理　章爱平
副　总　经　理　赵天海　周　静(女)　周　培(女,8月13日任)
纪　委　书　记　薛建明
党　委　委　员　卢晓剑　许益飞(3月26日免)　赵天海
薛建明　周　培(女)　陆春飞(8月13日任)

市城市产业发展集团有限公司
党委书记、董事长　曹金林
党委副书记、总经理　魏志兵
副　总　经　理　孟志远　胡成建
纪　委　书　记　韦　华(女)

市交通产业集团有限公司
党委书记、董事长　张　健(5月15日免)　薛建兵(5月15日任)
党委副书记、总经理　刘建华(5月15日免)　许　宁(5月15日任)
副　总　经　理　许　宁(5月15日免)　张兆民(5月15日免)　孙宏琛
陈　然(5月15日任)　杨　洋(5月15日任)
张　敏(女,11月15日任)
纪　委　书　记　黄　俊

江苏皋开投资发展集团有限公司
党委书记、董事长　薛晓云
党委副书记、总经理　许　强
副　总　经　理　周　峰　严循国(12月14日免)　徐宏建(12月14日免)
桑西方　石　勇
纪　委　书　记　葛拥军

如皋市富港工程建设有限公司(根据皋委干〔2021〕72号文件精神,整合市交通产业集团有限公司、如皋港集团、市富港工程建设有限公司,重组新的市交通产业集团有限公司)
董事长、总经理　许　宁(5月15日免)
副　总　经　理　杨　洋(5月15日免)

其他机构

市接待办公室
主任、党组书记　贲如江

副主任 程飞 管堃芃(3月26日任)

市供销合作总社

理事会主任 张益群(11月15日辞) 吕庆(11月15日提名,12月6日任)
党组书记 张益群(11月15日免) 吕庆(11月15日任)
党组副书记 王岳
理事会副主任 王岳 何玉堂(3月26日辞)
王红德 郭成凤(女,3月26日提名,6月4日任)
监事会主任 周咏梅(女)

市招商局

局长 佘飞
副局长 吉俊国(5月15日免) 陈飞(挂职)
纪国杰(挂职) 环向荣(挂职) 林波(挂职)

国家税务总局如皋市税务局

局长、党组书记 沙兵(3月26日免) 解应贵(3月26日任)
副局长 黄建兵 严建军 周昇 周宏兵 范晓军 倪锦祝
纪检组组长 顾宝丰

如皋市气象局

局长、党组书记 陈新育
副局长 肖霁 张开进
纪检组组长 张开进

市管企事业单位

市党员干部现代远程教育中心

主任 吴晓晖(5月15日免) 陈继露(9月30日任)
副主任 章志刚(9月30日免)

市疾病预防控制中心

主任、书记 沙留强
副主任 张晓莉(女) 吴坚 周祥国(党外,6月24日免)

市卫生监督所

所长、书记 范旻昊
副所长 何云祥 周宇(女)

市交通运输综合执法大队

大队长 陈建华
教导员 唐幸炜

副 大 队 长 范晓兵 石 峰 汤建平 张小燕 赵玉军
副 教 导 员 周小兵(免)

市社会保险基金管理中心
主任、书记 丁玉林
副 主 任 谢仁杰 周晴晖(女) 季苏岷(女)
副 书 记 陆江华

技工学校(根据《如皋技师学院创建方案》(皋政办发〔2021〕91号)文件精神,对如皋第一中等专业学校和市技工学校领导班子进行整合。成立中国共产党江苏省如皋第一中等专业学校(技工学校)委员会。)
校 长 张永飚(党外,8月13日免)
副 校 长 田岱越(8月13日免) 韶庆生(8月13日免)

市人才服务中心
主任、书记 张建华
副 主 任 赵晓建

市城市建设管理综合执法大队
大 队 长 杨小卫
教 导 员 姚松来
副 大 队 长 张 敏(女,11月15日免) 赵四军 葛 伟
副 教 导 员 吴 昊

市农技推广中心
主任、书记 丁 峰
副 主 任 袁小华 吴小兵

市事业单位登记管理局
副 局 长 郁 梅(女)

市财政结算管理中心
主 任 谢晓红(女)
副 主 任 张 伟(女) 陆建英(女)

市预算管理审核中心
主 任 章晓峰
副 主 任 秦 军 陈 宏(女)

市机关事务服务中心
主 任 卢应锋(6月24日任)

市文体旅游综合执法大队

大 队 长 陈建波

教 导 员 孙 伟

副大队长 郭 勇

市农林水利综合执法大队

大 队 长 陈 慎(3月26日免) 杨 鹏(3月26日任)

教 导 员 陈小明

副大队长 马 宏 倪玉堂 汤小勤

市公共资源交易中心

主 任 刘宝林

副 主 任 胡 静(女) 丁树华

市房屋征收管理办公室

主 任 陈志坤

白蒲中学

书 记 缪德军(11月15日免) 柳永红(11月15日任)

校 长 缪德军(8月13日免) 柳永红(8月13日任)

副 书 记 柳永红(8月13日任,11月15日免)

副 校 长 石春梅(女,8月13日免) 宋 勇 丁惠军(8月13日任) 张文跃(8月13日任)

石庄中学

校 长 邹晨光

书 记 马 华

副 书 记 邹晨光

副 校 长 马 华 丁锁勤 毛 娟(女) 石 坚(8月13日任) 朱建华(8月13日免)

江安中学

书记、校长 杨 勇

副 校 长 章小建 张志成 孙兴华 沈百林(8月13日任) 肖雄伟(8月13日任)

市一中

校 长 鞠九州(8月13日免) 陈宽林(8月13日任)

书 记 陈宽林

副 书 记 鞠九州(8月13日免)

副 校 长 陈 军(8月13日免) 许金松(8月13日免) 薛 钧 王 华 丁文桂 田利剑(8月13日任) 宗兴峰(8月13日任)

搬经中学

书记、校长　严　勇

副校长　洪海军　祝存建　李华林(8月13日任)　胡海鹏(8月13日任)　杨小娟(女,8月13日任)

市二中

校长、书记　柳永红(8月13日免)　曹正国(8月13日任)

副书记、副校长　曹正国(8月13日免)

副校长　纪友根　潘建国　刘建国(8月13日任)

长江中学

书记、校长　黄建锋

副校长　蔡　建　吴建军　陆小祥　顾钱睦(8月13日任)

如皋中专

校长　贾建军

书记　王　军(8月13日免)　贾建军(8月13日任)

副书记　贾建军(8月13日免)

副校长　郭夕国(8月13日免)　徐年华　徐　峰　陆克平　杨雷华(8月13日任)

第一中专(技工学校)(根据《如皋技师学院创建方案》(皋政办发〔2021〕91号)文件精神,对如皋第一中等专业学校和市技工学校领导班子进行整合。成立中国共产党江苏省如皋第一中等专业学校(技工学校)委员会)

校长　曹江泉(8月13日免)　陈　军(8月13日任)

书记　曹江泉

副校长　韩克山　刘　剑　陈玉华　陆晓丽(女)　田岱越(8月13日任)　葛仁建(8月13日任)

党委委员　韶庆生(8月13日任)

市通用技术教育实验学校(市青少年素质教育实践基地)

书记　卢海兵

校长(主任)　陈　亮

副书记　吴国建(8月13日免)　陈　亮

副校长(副主任)　吴国建(8月13日免)　邱永忠(8月13日免)　王树云(8月13日任)　何海军(8月13日任)

副校长　曹树泉(8月13日免)　周　栋　朱沈国　秦换鱼(女,8月13日任)

如皋初中

校长　孙兴波

市人民医院

院长、副书记　朱银圣(5月15日免)　石国平(5月15日任)
书记　朱小平
副院长　卢弘栩　石国平(5月15日免)
石高寒　郭江宏　姜燕(女,5月15日任)
纪委书记　张文怡(女)
总会计师　石晓燕(女,5月15日任)

市中医院

院长　吕军(5月15日任)
书记　贾运(5月15日任)
副书记　贾运(5月15日免)　吕军
副院长　沈安明(党外)
吕军(5月15日免)　刘俊　谢铁群(女)
纪委书记　吴宏匀(女)
总会计师　吴丽萍(女,5月15日任)

条管企事业单位

中国邮政集团有限公司江苏省如皋市分公司

总经理、党委书记　王嵩阳
副总经理　冯国华　周奇彬(3月31日任)　张进梅(3月31日任)
许卫权(3月31日免)　沈荣(3月31日免)
纪委书记　周奇彬(3月31日任)
工会主席　张进梅(3月31日任)

中国电信股份有限公司如皋分公司

总经理、党委书记　徐东建
副总经理、纪委书记　戴云卿(12月28日免)　金勇(12月28日任)
副总经理、工会主席　仇春彬
副总经理　汤毓謇

中国联合网络通信有限公司如皋市分公司

总经理　邱易
总经理助理　张权　刘国芹

中国移动通信集团江苏有限公司如皋分公司

经理　王恺(11月2日免)　周舟(11月2日任)
副经理　吴光燕(3月8日免)　吕娟娟(女)　龚亚欢(11月2日任)

国家电网江苏省电力公司如皋市供电公司

总经理、党委副书记　管建明
党委书记、副总经理　李　勇
副总经理、党委委员　周　鑫　王　震　纪斌斌
纪委书记、工会主席、党委委员　徐　华(8月11日免)　顾东泽(8月11日任)

江苏省如皋市烟草专卖局(南通市烟草公司如皋分公司)

党组书记、局长、经理　吴　彬(3月24日免)　许　谦(3月24日任)
副局长　王鸿俊(9月18日免)　顾海军(12月6日任)
副经理　单友兰

如皋市盐务管理局(江苏省盐业公司如皋支公司)

经理、书记　陈　超(1月20日任)
副经理　鲁　骏　陈　旭(8月19日免)
经理助理　张解阳(8月19日任)

中国人民银行如皋市支行

党组书记、行长　窦佐伟
党组成员、纪检组组长兼总稽核　徐晓东
党组成员、副行长　吴小红(女)

中国工商银行股份有限公司如皋市支行

行长、书记　王　曙
纪委书记　汤小军
副行长　李　军　朱　建　朱海炼
行长助理　江海洋(5月25日任)
许瑞静(女,4月26日免)

中国建设银行股份有限公司如皋市支行

行长、书记　顾新生
副行长　章世维　顾　鹏
周礼伟(挂职,8月10日免)
纪委书记　陆亚建

中国银行股份有限公司如皋支行

党总支书记、行长　顾鹏飞(8月2日免)　张金国(8月2日任)
纪检委员、副行长　陆卫东
副行长　邱　晔(4月30日免)
刘爱红(4月30日任)　丁保兵
杨燕红(女)

中国农业银行股份有限公司如皋市支行

党委书记、行长　石　慧(女,4月6日免)　方向明(4月6日任)
党委副书记、副行长　周　铭
党委委员、副行长　缪世杰　倪存波
党委委员、纪委书记　顾庆庆

中国农业发展银行如皋市支行

行长、党支部书记　丁　炜
副行长兼客户部主管　蒋青云
副行长兼综合部主管　黄　成(9月6日免)　王蓉子(9月6日任)

交通银行股份有限公司南通如皋支行

行长、书记　曹　霞(女,11月30日免)　孙宝彤(11月30日任)
副行长　宗位滨　朱　敏(11月22日免)
行长助理　宗　祥

江苏如皋农村商业银行股份有限公司

党委书记、董事长　刘　刚
行长、党委副书记　徐晓兵
监事长、纪委书记　张士锋
副行长　展爱云(女)　黄璀迎
叶雁琳(女)　沈群瑶　季丛荣(12月20日任)

招商银行股份有限公司如皋支行

行长、书记　高　华(女)
副行长　蔡海峰(9月9日免)
行长助理　季筱磊(女9月9日免)　沙彦行(9月9日任)

上海浦东发展银行如皋支行

行长、书记　谢鸿飞
副行长　王　艳(女)

中国民生银行股份有限公司如皋支行

行长　赵国林(5月27日免)　梁　鹏(5月27日任)
行长助理　陈　圆(9月6日免)
行长助理　邢　燕(8月9日免)　曹雷军(8月9日任)

南京银行股份有限公司如皋支行

副行长(主持)　赵　威
行长助理　陈坚
行长助理　张强

江苏银行股份有限公司如皋支行

行长、书记　石　瑀(8月13日免)　曹冬云(8月13日任)
副行长　杨建明　龚　婷(女)
行长助理　裴友平(5月23日任)

中信银行股份有限公司南通分行如皋支行

行长　黄　飞(10月25日免)　杨　洋(10月25日任)
副行长　曹　阳(11月8日任)　胡　敏(女)

华夏银行股份有限公司南通分行如皋支行

行长　花嘉乐(7月9日免)　秦　捷(7月9日任)
副行长　秦　捷(7月9日免)　蒋本山(8月23日任)　谢思明(8月23日任)
行长助理　徐雅丽(女,4月23日免)

兴业银行股份有限公司如皋支行

行长　张锦年(2020年3月1日免)　苏　旺(2020年3月1日任)
副行长　顾敏敏(女2019年12月31免)
李　华(女2019年12月31任)　王　敏

中国邮政储蓄银行如皋市支行

行长、书记　项志宙(10月20日免)　姚华海(10月20日任)
纪检委员、副行长　张　明
副行长　范谷雨

无锡农村商业银行股份有限公司如皋支行

行长　黄海东

江苏张家港农村商业银行股份有限公司如皋支行

行长　赵小静

江苏常熟农村商业银行股份有限公司如皋支行

行长　钱怡静(女)
行长助理　薛　慧

南通如皋润泽村镇银行股份有限公司

党支部书记、董事长　刘晓霞(女)
监事会主席、党支部副书记　董　静(女)
行长　李瑞峰
行长助理　殷俊华

中国人民财产保险股份有限公司如皋支公司

总经理、支部书记　冒建勋

副　　经　　理　陈伏虎　周宏建　高志伟(7月31免)
　　　　　　　　徐正华(8月1日任)　许志祥

中国人寿保险股份有限公司如皋支公司

经理、书记　杨　陈(4月29日免)　曹　军(4月29日任)
副　　经　　理　戴海娟(女)　孙建东
经　理　助　理　徐相维　傅小娟(女)

中信证券股份有限公司如皋健康南路证券营业部

总　　经　　理　曹培荣

华泰证券股份有限公司如皋福寿路证券营业部

总　　经　　理　纪　熙(3月1日免)　王勇胜(3月1日任)

东海证券股份有限公司如皋中山东路证券营业部

总　　经　　理　沙　晨

中国银河证券股份有限公司如皋健康路证券营业部

总　　经　　理　张元潮

如皋中学

校　　　　　长　左伯华(8月19日免)　季小军(8月19日任)
书　　　　　记　季小军
副书记、纪委书记　蒋　晶(女)
副　　校　　长　刘　建　蒋　晶(女)　季小军(8月19日免)
　　　　　　　　刘国良　缪德军(8月19日任)

要文选录

Yaowen Xuanlu

·专题报告·

高质量建设长江以北最强县市
奋力谱写“强富美高”新如皋现代化篇章

——在市委十二届十二次全体（扩大）会议上的讲话

何益军

（2021年1月5日）

一、在积极应对风险挑战中砥砺奋进，高质量发展取得新成就，“强富美高”新如皋建设迈出坚实步伐

2020年，面对新冠肺炎疫情和经济下行压力，市委坚持观大势、谋全局、干实事，坚决贯彻中央和省委、南通市委决策部署，统筹推进疫情防控和经济社会发展，坚定高质量发展方向不动摇，紧抓“六稳”“六保”工作不放松，纵深推进全面从严治党，经济社会发展保持总体平稳、稳中有进的良好态势。

*一是坚持慎终如始，疫情防控有力有效。*始终把人民生命安全和身体健康放在第一位，果断决策、科学应对，迅速构筑起联防联控、群防群治的严密防线。全市广大党员干部、医护人员和志愿者投身疫情防控一线，累计排查1.5万余人，无症状感染者全部治愈出院。11名医护人员驰援湖北，社会各界踊跃捐款捐物，在这场“全民抗疫”的战役中贡献了如皋力量。精准有序推进复工复产复市，及时推出援企稳岗、减税降费、融资支持等举措，减免各类税费26.2亿元，兑现奖补资金4.4亿元，切实把政策红利转化为企业发展动力。全市上下齐心战疫情、协力保生产，在应对大考中展现了使命担当、汇聚了磅礴力量。

*二是坚持系统谋划，发展格局持续拓宽。*全面审视如皋发展所处的阶段特征、主要挑战和关键任务，在发展变局中谋求战略主动，以利长远、打基础的定力推动一批大事要事取得突破。以长三角一体化重大交通基础设施、省现代综合交通运输体系建设为契机，全力以赴向上争取，北沿江高铁如皋西站正式设立，张皋过江通道完成大临开工前期准备，如皋对外交通的大格局进一步拓展、发展的区位优势日益凸显。主动融入长三角一体化发展大局，制定出台我市行动方案，如皋-张家港、如皋-锡山高质量跨江融合发展实验区行动计划稳步实施，累计举办长三角投资促进会等对接活动30余次，全方位融入苏南、对接上海的步伐显著加快。以体制机制优化为抓手扎实推进园区建设，完成省级以上开发区“区街分设”，有序推进五大共建园区建设，腾出发展空间近5000亩，成功落户亿元以上项目46个，园区建设水平全面提升。

*三是坚持稳中求进，经济后劲显著增强。*预计全年地区生产总值突破1300亿元、同比增长7%。完成一般公共预算收入72亿元，税占比84.7%、南通第一；预计完成全部工业应税销售1700亿元、同比增长7.5%，服务业应税销售1800亿元、同比增长35%；完成外贸进出口总值251亿元，实际到账外资3.4亿美元，港口集装箱吞吐量突破50万标准箱。预计全年工业投入超300亿元，新签约10亿元以上项目32个、计划总投资近1400亿元，成功引进金鹰产业园、日达精密、广大特材

等百亿级项目；新开工亿元以上项目72个，新竣工项目67个、转化达产项目39个，正威5G新材料、宏茂海上风电等省市重大项目推进顺利。实施“2523”工业大企业培育等行动计划，加快推动转型升级，新增规模工业企业160家、服务业企业50家，新认定高新技术企业107家，斯密特森、思源赫兹、汤臣汽配入选全国第二批专精特新“小巨人”企业，总数位居全省县级市第一。新增贷款总量260亿元，增幅、增量均创历史新高，新增报会企业3家、过会企业1家。被省政府列为推动“放管服”改革工作成绩突出地区，创成国家基层标准化改革创新先行区。

*四是坚持统筹推进，城乡面貌明显改善。*始终突出城乡统筹，持续强化配套、提升风貌，创成南通唯一的省级全域旅游示范区，盆景大观景区获评国家AAAA级旅游景区，内外城河生态景观综合提升、老旧小区改造等工程有序推进，美丽如皋建设迈出坚实步伐。高铁南站基本竣工，通皋大道一期、盐通铁路建成通车，紫光路北延等工程加快推进，打通颐园区间路等城市“堵点”，内通外联的交通格局更加完善。深入实施乡村振兴战略，新增投资1000万元以上农业重大项目49个，农产品出口总额突破2亿美元、稳居南通之首；全国首个小微盆景基地正式揭牌，搬经镇入选国家农业产业强镇，新增2个省级特色田园乡村。深入推进长江大保护，关停化工生产企业33家，生态红线区风险基本归零，全面完成长江如皋段禁渔退捕任务。坚决打好污染防治攻坚战，认真抓好中央环保督察反馈问题整改，省级以上环境信访总量同比下降90%以上；$PM_{2.5}$平均浓度34.8微克/立方米，优良天数比例达84.3%，达到环境空气质量二级标准，改善幅度居南通前列；市考以上断面水质全部达到优Ⅲ类及以上，地表水环境质量保持南通第一、全省前列。

*五是坚持发展为民，民生福祉不断增进。*深入践行以人民为中心的发展思想，突出惠民生、保稳定，全面完成10项民生实事工程，全年民生支出98.3亿元。预计城乡居民人均可支配收入分别增长6.5%、7.5%。建档立卡低收入人口全部实现脱贫，经济薄弱村年集体经济收入均超50万元。就业创业服务优质高效，城镇登记失业率降至1.7%。社会保障体系持续完善，社保、医保参保率和保障水平不断提高。学校布局持续优化，普通高考各项核心指标均列南通第一，职教对口高考本科上线率保持全省第一。紧密型医共体建设试点有效推进，镇村卫生机构一体化管理取得突破。殡葬服务设施供给工作获省政府通报表扬。文体旅游事业加快发展，如皋丝毯织造技艺入选国家级非遗项目，东大街获评省级夜间文旅消费集聚区。深化高质量文明城市建设，高分蝉联全国文明城市称号。市域治理现代化试点稳步推进，扫黑除恶专项斗争扎实开展，社会公众安全感满意度达98.7%。集中治理重复信访、化解信访积案。安全生产专项整治和三年行动扎实开展，实现生产安全亡人事故和死亡人数“双下降”，社会大局保持和谐稳定。

*六是坚持政治引领，党的建设全面加强。*深入学习宣传贯彻习近平新时代中国特色社会主义思想和中共十九届五中全会精神，全市党员干部“两个维护”的政治自觉、思想自觉、行动自觉持续增强。全面落实意识形态工作责任制，媒体融合纵深推进，理论宣讲“十百千”工程深入实施，姚呈明“理论武装工作室”获评全国基层理论宣讲先进集体。用好用活“三项机制”，加大优秀年轻干部选拔使用力度，提拔重用一线干部123名，担当尽责、干事创业的氛围更加浓厚。牢固树立大抓基层导向，优化村（社区）党组织书记市镇共管机制，以筹备“两委”换届为契机强化村干部队伍建设，基层党组织战斗力持续提升。全面压实“两个责任”，推动南通市委巡察问题立行立改，扎实推进市委巡察全覆盖，集中整治形式主义、官僚主义，保持反腐败高压态势，风清气正的政治生态持续优化。支持人大、政府、政协履职尽责，全面加强党管武装、党校、老干部、工会、共青团、妇联等工作，团结奋进的良好局面不断巩固。

同志们，艰难方显勇毅，磨砺始得玉成。2020年是极不平凡的一年，我们遇到的困难比预想多，我们取得的成果比预期好。这些成绩的取得是在省委、南通市委的坚强领导下，全市人民团结一心、奋力拼搏的结果。在此，我代表市委，向奋战在全市各条战线上的广大干部群众，向给予真诚理解、鼎力支持的老干部和社会各界人士，表示衷心的感谢，致以崇高的敬意！

在看到成绩的同时，我们也必须清醒地认识到，发展越是向前，面对的形势越复杂、考验越严峻。一是受新冠肺炎疫情、国际经贸摩擦等影响，经济下行压力仍然很大，部分经济指标增速明显放缓，企业运行困难增多，优质项目储备不足，产业结构调整仍需发力；二是长三角一体化进程加快，我市与苏南县市相比，创新能力不够强，城市和平台能级还有较大差距，把区位势能转变为发展动能的步伐需要进一步加快；三是优质公共服务供给与群众期盼还有差距，城市管理、环境保护、社会治理等领域还存在诸多难题；四是少数党员干部创新突破、担当实干的精气神还需提振，眼界、理念、能力与如皋当下发展的要求还不相适应；等等。对此，我们必须高度重视，采取有效措施，切实加以解决。

二、深入学习贯彻中共十九届五中全会和习近平总书记视察江苏重要讲话指示精神，奋力谱写“强富美高”新如皋现代化篇章

中共十九届五中全会对我国未来发展作出系统谋划和战略部署，擘画了未来五年以及十五年的发展新蓝图。大会之后，习近平总书记首次地方视察选择江苏、来到南通，勉励江苏在改革创新、推动高质量发展上争当表率，在服务全国构建新发展格局上争做示范，在率先实现社会主义现代化上走在前列，近期召开的省委和南通市委全会相继对贯彻落实“两争一前列”指示要求进行了研究部署，明确了具体工作抓手。我们要以高度的政治自觉，深入学习领会总书记重要讲话指示和中共十九届五中全会精神，认真贯彻落实中央和省委、南通市委决策部署，坚决扛起新的重大使命，高质量建设长江以北最强县市，奋力谱写“强富美高”新如皋现代化篇章。

会上下发的我市规划《建议》，总结了“十三五”期间形成的工作基础、经验和不足，分析了新发展阶段面临的新机遇新挑战，明确了实现“十四五”目标任务的“五大战略抓手”等，全市上下要深刻学习领会，切实加以贯彻落实。这里围绕打好“十四五”开局战，重点强调必须坚持的几个原则和需要把握的几个方面。

“十四五”期间，是我市发挥多重国家战略叠加和区位交通格局优势、实现更高质量发展的重要机遇期，也是扛起历史使命、加快迈向现代化的开局起步期。承前启后、开局起步，必须坚持以新思想定向领航。决胜全面建成小康社会取得决定性成就，新冠肺炎疫情防控取得重大战略成果，我们更加深切体会到，以习近平同志为核心的党中央坚强领导是根本保证，习近平新时代中国特色社会主义思想是力量源泉，任何时候都必须坚决地以新思想为指引，坚持“知其然、知其所以然、知其所以必然”，更加彻底地用新思想解放思想、统一思想，紧密结合如皋发展实际，推动视野格局、思维理念、工作方法全面适应新征程新使命，更加创造性地推动中央和省委、南通市委决策部署有效落实。承前启后、开局起步，必须坚持以新理念引领发展。作为长江以北经济总量第二的县市，面向“十四五”，实现更高质量发展，奋力建设长江以北最强县市，重任在肩、时不我待。围绕这一目标，总体上考虑分两个阶段，“十四五”期间主要在总量上追求最强，但绝不是唯GDP论，也不是好高骛远，而是要立足市情实际，坚定发展信心，保持战略定力，将五大新发展理念贯穿于发展全过程各领域，一体落地布局、一体推进落实，推动质量变革、效率变革、动力变革，努力以总量快速做大带动均量快速提升，加快建成总量和均量并举、质量和效益并重的长江以北最强县市。承前启后、开局起步，必须坚持以系统思维谋划全局。近年来，市委、市政府推出一系列关键举措，实施一系列重要项目，以重点突破带动整体推进，在整体推进中实现重点突破，这启示我们要坚定正确的工作方法不动摇，加强系统谋划，牢牢扭住发展“牛鼻子”，既抓重要领域、重要任务、重要项目，又抓关键主体、关键环节、关键节点，把下先手棋、打主动战的事情办好，把固根基、扬优势、补短板、强弱项的事情办实，将系统思维真正转化为工作能力和方法，切实提升谋大局、抓落实、促发展的能力水平。

行则将至，做则必成。我们要以功成不必在我的境界和建功必定有我的担当，一棒接着一棒传、一任接着一任干，精准把握所处的发展阶段特征，按照现代化建设规律，系统推动实施“四大行动”，更好地把行动成效转化为发展优势，把发展优势转化为发展胜势。

*一是实施执政能力提升行动。*坚持党的全面领导，持续健全各项事业领导机制，把党的领导落实到各领域各方面各环节。突出科学决策、民主决策、依法决策，统筹协调经济社会发展中的重大事项，全面提高常委班子把握新发展阶段、贯彻新发展理念、服务构建新发展格局的能力。注重加强各级党组织建设，不断增强党在基层的政治领导力、思想引领力、群众组织力、社会号召力，着力把各级班子建设成为扛起使命、担当作为的坚强集体。更加注重党员干部能力建设，及时总结在推动发展、化解难题中形成的宝贵经验，不断提升驾驭经济、防范风险和改革创新的能力。

*二是实施发展质效提升行动。*总体看，我市经济发展进入注重创新引领、质量加速提升阶段，建设实至名归、当之无愧的长江以北最强县市，必须找准“牵一发而动全身”的重大战略性抓手，以强化科技创新为牵引，优化创新资源配置，更好发挥企业创新主体作用，促进创新链、人才链、产业链有机衔接，全面激活经济发展潜能；以推进重大项目为支撑，一手抓五十亿、百亿级旗舰型项目攻坚突破，一手抓优质中小项目、存量技改项目释放潜力，为持续做大经济总量夯实基础；以深化投融资体制改革为撬动，突出区域性资本资产运作管理中心建设，加快打造资本市场“如皋板块”，助推经济跨越式增长；以推进区域协同为路径，突出功能互补、联动发展，加快提升中心城区能级，全力建设城市副中心，积极构建“一主一副”城市发展格局；以创新社会治理为突破，深化平安如皋、法治如皋建设，全面筑牢发展根基。

*三是实施民生品质提升行动。*当前，我市民生发展进入加快品质提升、促进共同富裕的阶段，必须认真践行以人民为中心的发展思想，处理好发展与富民的关系，集中资源分好总量“蛋糕”，不断增加民生事业投入，加大优质教育、医疗等资源供给，持续增强老百姓的获得感幸福感。处理好发展与生态的关系，以美丽如皋建设为抓手，持续打好污染防治攻坚战，加快沿江产业转型发展，推动我市长江大保护工作走在前列，让生态成为更加普惠的民生。处理好发展与安全的关系，坚守安全生产底线，积极探索系统治理、综合治理、依法治理新路子，全面提升本质安全水平，让安全发展成为最基本最重要的民生。

*四是实施争先创优提升行动。*进入新发展阶段，我们将面临一些新情况新问题新挑战，必须坚定“行行争第一”的追求，紧扣“工业投入三年超千亿、百强排名挺进前二十”目标定位，深入学习借鉴苏州“三大法宝”，激发“狼性”精神，敢啃“硬骨头”、勇破“娄山关”、善开“顶风船”，突出清单化管理、项目化推进、责任化落实，干一件成一件、积小胜为大胜，在发展速度上争先进位、在发展质量上扛旗夺杯、在贡献份额上追赶超越，推动形成党员干部带头干、广大群众积极干、全市上下齐心干的生动局面，在雉水大地奏响接续奋斗的恢宏乐章。

三、奋力推动“十四五”开好局、起好步，高水平开启全面建设社会主义现代化新征程

今年是开启全面建设社会主义现代化国家新征程、向第二个百年奋斗目标进军的起步之年，也是如皋奋力建设长江以北最强县市的发力之年。做好全年工作，必须坚持以习近平新时代中国特色社会主义思想为指导，全面贯彻中共十九大和十九届二中、三中、四中、五中全会以及中央经济工作会议精神，深入贯彻习近平总书记视察江苏重要讲话指示精神，认真落实省委和南通市委部署要求，紧扣“强富美高”总目标，坚持稳中求进工作总基调，立足新发展阶段，贯彻新发展理念，构建新发展格局，以推动高质量发展为主题，以深化供给侧结构性改革为主线，以改革创新为根本动力，以满足人民日益增长的美好生活需要为根本目的，坚持系统观念，贯彻“三个全方位”工作要求，更好统筹发展和安全，高质量建设长江以北最强县市，奋力谱写“强富美高”新如皋现代化篇章，确保“十四五”开好局、起好步，以优异成绩庆祝建党一百周年。

今年经济社会发展的主要预期目标是：地区生产总值增长8%以上，一般公共预算收入增长6%以上，全部工业应税销售增长15%以上，服务业应税销售增长12%以上，实际利用外资3.5亿美元、力争4亿美元，外贸进出口增长2%左右，固定资产投资增长10%以上；居民消费价格涨幅控制在

3%左右，城镇登记失业率控制在2%以内，居民人均可支配收入增长快于经济增长，单位GDP能耗下降、主要污染物排放完成上级下达任务。

围绕全年目标，重点抓好八个方面的工作：

（一）毫不放松抓好常态化疫情防控。当前疫情防控取得重大战略成果，但外防输入、内防反弹的压力持续存在，大战仍在进行，大考远未结束。各级党员干部要把疫情防控作为一项重要政治任务，坚决防止出现麻痹思想、侥幸心理、松劲心态，把疫情防控中形成的好经验、好做法坚持下去，继续落实落细各项常态化防控举措，不断巩固疫情防控成果。坚持“可知可控、精准防控”，突出“人”“物”同防，强化学校、养老机构、农贸市场等重点场所防控，抓好重点人群核酸检测和健康监测。加强进口冷链食品集中监管，规范开展采样检测和预防消杀，确保预防在先、发现在早、处置在快。科学推进公共卫生应急管理体系建设，加强应急物资储备和培训演练，进一步健全防控救治等体制机制，增强应急处置能力。深入开展新时代爱国卫生运动，倡导文明健康生活方式，不断增强群众自我保护和管理意识。

（二）凝心聚力推进科技创新。以创建国家创新型县市为引领，坚持把科技创新与产业转型同部署、同推进、同落实，为高质量发展提供强有力科技支撑。突出企业创新主体地位。深入实施高新技术企业培育“小升高”行动计划，培育形成以创新型领军企业、瞪羚企业为重点的企业创新“矩阵”，全年新认定国家科技型中小企业200家、高新技术企业110家。强化创新政策支持，引导企业加大研发投入，确保全年研发经费投入占GDP比重达2.7%。强化科创载体服务作用。启动省技术创新中心建设，推进高新区争创国家级高新区，支持各主功能区创建国家级科技孵化器，搭建多层次科创空间载体。做优做强中科院化合物半导体研究院、吉林大学汽车产业研究院、中乌第三代半导体研究院等科创平台，推动科技创新与产业发展深度融合。充分发挥科技镇长团桥梁纽带作用，持续深化产学研合作，支持共建博士后工作站等创新载体，全年新建省级以上研发机构4家以上，努力推动更多科技成果在如皋转化。构建良好创新创业生态。借鉴科创委工作机制，完善科技创新领导体制，推动科创资源高效配置。建立市场化产业引导基金运行制度，提升金融服务科技创新的能力，全年发放“苏科贷”“高企融资直通车”等各类科技贷款2.5亿元以上。深入实施“雉水英才”等人才计划，深化产业工人队伍建设改革，年内引育各类高层次创新创业人才30名。推进“院士专家如皋行”等活动，办好第20届科技人才洽谈会，着力提高对外知名度、提升人才吸引力。

（三）坚定不移壮大实体经济。坚持招大选优并举、内培外引并重，持续狠抓项目建设，加大存量企业培育，推动产业集聚集群发展，不断提高发展质量和效益。打好项目建设持久战。围绕打造“3232”产业体系，突出科技创新、亩均投入、税收贡献等要素，优化项目预审标准，着力招引一批创新能力强、投资规模大、产业层次高、带动潜力足的旗舰型项目，力争全年招引10亿元以上重特大项目不少于32个、百亿级重大项目持续突破。进一步完善项目建设月度观摩和重大项目服务机制，确保金鹰产业园、正海磁材、斯堪尼亚重卡等重特大项目如期开工、快速推进。坚定实施“腾笼换鸟”，多措并举做好闲置土地、低效用地、僵尸企业用地的盘活利用，着力提升工业用地“亩产率”。做好企业培育大文章。深入推进工业大企业、专精特新“小巨人”培育工程，鼓励和支持广大企业加快技改升级，加速培育“链主企业”、知名品牌，聚力推进产业基础高级化、产业链现代化。强化政策支持力度，抓好上市挂牌后备企业培育，确保全年新增上市公司1家、报会2家。更好发挥金融支持实体经济作用，力争制造业贷款增量30亿元以上。纵深推进建筑业改革，优化企业治理结构，引进优秀管理人才，探索国有企业通过混改提升建筑业竞争力的路径，提高建筑业整体业态水平。建立健全市领导挂钩联系优势产业链和重点企业机制，实施企业家素质提升工程，积极构建亲清政商关系，培养更多创新意识强、家国情怀深的“张謇式”企业家。建好开发园区主战场。四大主功能区是全市项目建设的主阵地、高质量发展的主力军，要聚焦提升贡献份额，狠抓项目建设，瞄准产业发展，狠抓转型升级，突出科技创新，狠抓高企培育，以实际成效扛起应有担当、实现争先进位。五大共建园区要深入推进规划编制、形态提升和功能完善，加快推动重特大项目落户，着力打造项目集聚强磁场。各镇工业集中区要围绕“一区一特色”，进一步明晰产业定位、突出生态集约、完善功能布局、提升发展质态。

（四）更大力度推进改革开放。坚持以改革增活力、以开放促发展，抢抓长江经济带发展、长三角一体化发展战略机遇及“一带一路”倡议，纵深推进改革开放，主动服务构建新发展格局。更深层次推动重点改革。深化“放管服”改革，打造“如意”服务创新品牌，确保营商环境评价和政务服务能力保持全省前列。深化国资国企改革，加快健全管资本为主的国有资产监管体制，着力降成本、拓市场、强队伍，不断提升国有资本规模和质量。高水平建设国家标准化改革创新先行区，着力提升对重点领域的引领支撑效应。更高质量推进跨江融合。紧扣一体化、高质量，深入落实与苏州张家港市、无锡锡山区的战略合作协议，积极推动长江镇与张家港凤凰镇、金港镇的跨江共建。深入研究上海“五个中心”和苏南现代化示范区建设带来的对接空间，加快承接上海创新要素外溢、苏南产业梯度转移，充分发挥我市旅游和农业资源丰富的优势，着力打造长三角最具资源和成本优势的中高端产业制造基地、生态休闲旅游基地、优质农产品供应基地。更高水平扩大对外开放。鼓励有条件的企业做强总部经济，积极参与国际产能合作、扩大国际营销网络、有效规避贸易壁垒，更好融入全球产业链、供应链。准确把握国际产业转移新趋势、外商投资政策新动向，引导外资企业增资扩股和利润再投，突出招大引强、招新引高，稳步提升外资质态，确保全年实际利用外资 3.5 亿美元以上。加快提升如皋港跨境电商产业园建设水平，培育外贸新业态新模式，抢抓日达精密、斯堪尼亚重卡等重大外资项目落地契机，积极申报综合保税区，加快建设外贸强市。

（五）全面提升生态环境质量。坚持绿水青山就是金山银山理念，把保护生态环境摆在更加突出位置，高水平、大力度推进生态文明建设。突出抓好长江大保护。刚性落实长江经济带发展负面清单，深化化工产业安全环保整治提升行动，加快淘汰落后过剩产能、培育壮大新兴产业，推动沿江产业转型、布局转优、动能提升。严控长江岸线开发利用，巩固非法码头整治成果，持续打击违法占用岸线行为。建立健全长效管控机制，持续巩固长江禁渔退捕成效。统筹推进沿江生态环境修复，构筑更多自然景观和滨水绿带，让绿色成为沿江的鲜明底色。持续打好污染防治攻坚战。坚持精准治污、科学治污、依法治污，提升生态环境智慧管理水平。加强断面管控和水质监测，加快黑臭水体整治和农村区域治水探索，推进污水管网、分散农户生活污水处理设施等建设，力争年内市考以上断面水质保持优Ⅲ类及以上。聚焦重点区域、重点行业，深化工业废气、工地扬尘等污染源治理，确保 $PM_{2.5}$ 平均浓度、空气质量优良天数比例完成南通下达任务。加大重点地块风险管控力度，深入开展危险废物专项整治，提升固体废物处置能力，全面消除环境安全隐患。扎实化解突出环境问题。强化上级交办问题整改销号，紧盯整改实效，定期开展“回头看”，严防敷衍整改、问题反弹。规范环境初信初访办理，压实网格责任，压降信访总量。集中力量整治突出环境问题，最大限度地化解越级环境信访。深化环保执法司法联动等改革创新，继续保持环境执法高压态势，坚决遏制环境违法行为，不断提升群众对生态环境的满意度。

（六）更实举措推动城乡发展。坚持“四化同步”，推动城市建设与乡村振兴同频共振，着力构建新型工农城乡关系。做优城市功能品质。统筹中心城区产业、配套、文旅、创新、生态“五大片区”建设，高标准谋划实施东大街历史文化街区、龙游河生态三期、如泰运河生态廊道等重大城建项目，加快国家历史文化名城、国家生态园林城市创建进程。加强老城风貌保护提升，扎实推进老旧小区改造、城市破旧区域更新和内外城河生态景观综合提升等工程，完善小游园等市民休闲配套场所，加强停车设施规划建设，提升城市精细化管理水平。完善新城基础设施建设，推进万达广场、希尔顿酒店等一批功能配套项目，规划建设金融集聚区，打造现代化高品质城市新区。全面推进北沿江高铁、张皋过江通道、通皋大道二期等重大交通工程，畅通城市道路“微循环”，统筹构建外畅内序、互联互通的市域交通体系，以交通格局大改变提升城市发展新能级。推进乡村全面振兴。坚持把解决好“三农”问题作为工作重中之重，加快农业农村现代化步伐，持续促进农业高质高效、乡村宜居宜业、农民富裕富足。进一步稳定粮食生产面积，推动生猪生产转型升级，加强地方种质资源保护和开发利用，确保粮食和重要农副产品稳产保供。围绕国家农业科技园区核心区、国家农业产业强镇等重点区域，加大农业龙头企业培育和招引力度，推动花木盆景、黑塌菜等一批地方特色优势产业品质化、标准化、品牌化发展，加快省级农高区申报进程，持续构建区域优势布局和专业生产格局。深度发掘乡村多重价值，培育壮大乡村旅游、休闲农业、农村电商等新产业新业态，促进农村一二三产融合发展。接续推进农村人居环境整治提升行动，以南通乡村振兴示范村、先进村培育为抓手，扎实做好农房建设管理、农村庭院环境整治等各项重点工作，打造特色田园乡村、美丽宜居乡村。持之以恒推进移风易俗，坚决制止餐饮浪费，深化文明殡葬改革和乱建“土庙”专项整治成效，构建长效监管机制，提高乡村社会文明程度。促进城乡融合发展。大力实施乡村建设行动，分类推进被撤并老镇区镇容街貌整治提升、公共服务设施改善、环境秩序管理优化等重点工作，统筹推动城乡居民生活基本设施协调发展。持续深化“百企联百村、共走振兴路”行动，大力培育新型农业经营主体，推进“强村加油站”建设，完善农企利益联结机制，做好巩固拓展脱贫攻坚成果同乡村振兴有效衔接。激发农村资源要素活力，稳步推进农村土地“三权分置”改革，积极探索集体经营性建设用地入市等改革试点，优化乡村产业发展用地政策体系，释放城乡发展新空间。

（七）尽心尽力办好民生实事。坚持把人民群众对美好生活向往作为奋斗目标，织密民生保障网络，全面发展社会事业，持续增进民生福祉。提升就业增收水平。突出抓好重点群体就业，实施职业技能提升行动，大力发展新就业形态和灵活就业，全年新增就业人数不少于 1.3 万人。持续推进全民参保计划，深入实施工伤保险“同舟计划”、养老保险“助保贷款”，确保应保尽保、应发尽发。统筹完善社会救助、社会福利、慈善公益、优抚安置、残疾人帮扶等制度，全力做好普惠性、基础性、兜底性民生建设。扩大优质服务供给。持续优化教育资源布局配置，加快新城高中、如皋中学品质提升、志颐小学、如皋初中新校区等工程建设，推动如师二附、如师三附等学校年内建成，启动如皋中专升格职业技术学院、第一中专升格技师学院工作，争创国家级义务教育优质均衡发展示范县市，加快建设“高质量教育县域样板、长三角北翼教育名城”。全面推进紧密型医共体建设，加强镇村卫生服务一体化管理，持续提升医疗卫生服务水平。加强镇级水厂监督管理，强化供水安全保障，实现城乡供水一体化、均衡化。推进文化强市建设。推动高质量全国文明城市建设不断走深走实，扎实推进新时代文明实践中心全国试点工作，持续擦亮“微笑之城·大爱如皋”品牌。深化媒体融合，加快“如 e 融媒”等新平台建设，全面提升新闻舆论传播力、引导力、公信力。实施文化惠民工程，完善文旅公共服务设施，鼓励支持文化艺术精品创作，积极承办各类体育赛事，更好满足人民群众精神文化需求。

（八）持续提升社会治理水平。聚焦矛盾源头化解、隐患源头防控，提升社会治理水平，增强群众安全感满意度，努力打造市域治理现代化“如皋样板”。深化社会治理创新。以市域治理现代化指挥中心建设为抓手，构建市镇两级全覆盖社会治理架构；深化完善“大数据+网格化+铁脚板”治理机制，加强网格化管理体系建设，进一步夯实社会治理基层基础。筑牢安全稳定基石。扎实推进安全生产专项整治三年行动，努力实现事故总量和较大事故持续下降，切实提升全市本质安全水平。抓好食品、药品、公共卫生和交通运输等领域的安全监管，切实维护人民群众生命财产安全。深入推进领导干部接访下访，集中开展信访积案等专项治理，努力实现“三降两升”目标。加强平安法治建设。依法严厉打击各类违法犯罪活动，常态化开展扫黑除恶斗争，全力防范化解重点领域风险隐患。打造新时代智慧技防雪亮工程体系，推动全市尽快形成一批高水平智慧技防建设示范点，营造和谐有序的社会环境。

四、持续提升党的建设水平，为奋力谱写“强富美高”新如皋现代化篇章提供坚强政治保证

全面贯彻落实新时代党的建设总要求，坚定不移深化全面从严治党，努力把各级党组织打造得更加坚强有力，把广大党员干部锤炼得更加奋发有为，确保各项决策部署一贯到底、落地见效。

（一）进一步突出政治引领，夯实理想信念根基。坚持用习近平新时代中国特色社会主义思想定向领航，深入贯彻落实习近平总书记视察江苏重要讲话指示精神，把稳思想之舵，绷紧政治之弦，增强“四个意识”、坚定“四个自信”、做到“两个维护”，确保各项事业始终沿着正确政治方向前进。扎实推进不忘初心、牢记使命制度建设，在学习新思想中增强发展信心，在思想大解放中谋求突破之策，真正把学习成果转化为推动工作的强大力量。严格落实意识形态工作责任制，精心开展高水平全面建成小康社会、建党100周年、撤县建市30周年等主题宣传，以凝聚人心、鼓舞信心的主流思想舆论筑牢意识形态领域主阵地。坚持和加强党的全面领导，积极支持人大、政府、政协、监察机关、审判机关、检察机关依法依章履行职责，重视做好统战、人武、群团、党校、老干部等工作，凝聚高质量发展强大合力。

（二）进一步夯实基层基础，构筑坚强战斗堡垒。坚持大抓基层导向，深入推进“五聚焦五落实”行动计划，以村（社区）“两委”换届为契机，选优配强“两委”班子，全面推行村干部专职化管理，把基层党组织建设得更加坚强有力。实施“两新”党建“红领+”工程，深化机关党建领域品牌创建，探索标准化、项目化、特色化“三化”并进的基层党建新路径，推动各领域基层党组织全面进步、全面过硬。坚持“以实绩论英雄”，把干部放到发展一线培养锻炼和考察识别，让忠诚干净担当的高素质干部脱颖而出、走上前台。坚持严管与厚爱结合、激励和约束并重，用活用好“三项机制”，把敢担当善担当的干部大胆使用起来，把不作为慢作为的干部坚决调整下来，真正让基层干部心无旁骛谋发展、尽心竭力惠民生。

（三）进一步强化正风肃纪，营造良好政治生态。加强市委常委会自身建设，严格执行民主集中制，落实“三重一大”事项决策制度，促进权力规范透明运行。市委常委要带头自觉遵守廉洁自律各项规定，切实强化引领、当好表率。压紧压实“两个责任”，紧盯“关键少数”、引领“绝大多数”，推动领导干部特别是“一把手”管好班子、带好队伍，确保管党治党责任落到实处。加强政治巡察，扎实做好巡察“后半篇”文章，充分发挥巡察利剑作用。深入落实中央八项规定精神，紧盯“四风”问题，深化群众身边腐败和作风问题专项整治，精准有效运用“四种形态”抓早抓小、防微杜渐，对形式主义、官僚主义准确画像、抓住本质、时刻防范，巩固拓展基层减负成果，推动党风政风持续好转。始终坚持“无禁区、全覆盖、零容忍”惩治腐败，大力构建“不敢腐、不能腐、不想腐”的有效机制，不断把“廉洁如皋”建设推向深入，努力营造风清气正的政治生态。

永远跟党走 奋进新征程

——在全市“七一”大党课暨二季度“村（社区）书记大讲坛”上的讲话

何益军

（2021 年 6 月 26 日）

根据党史学习教育整体安排，在中国共产党百年华诞来临之际，由我来为大家上一次专题党课，主要内容是回顾党的百年奋斗历程，深刻感悟党的初心使命，引导全市各级党组织和广大党员干部，学党史、悟思想、办实事、开新局，以更加奋发有为的姿态全力谱写“强富美高”新如皋建设的现代化篇章。

今天，我们把二季度村（社区）书记大讲坛和专题党课一起举行，就是要继承和发扬党管农村工作的优良传统，进一步动员全市广大党员干部不忘来时路，永葆为民心，奋进新征程。上午我们实地观摩了 7 个村（社区）现场，刚才又集中观看了基层治理专题片，8 名村（社区）党组织书记作了很好的发言，很接地气，听了之后很受启发，希望大家充分借鉴吸收。

乡村是我们党执政大厦的地基，随着城乡融合进程加快，广大农村群众诉求也日趋多元，我们要紧紧围绕推进基层社会治理现代化目标，不断完善党建引领、自治法治德治智治融合、村级集体经济充分发展的“1+4+1”乡村治理新模式，为建设长江以北最强县市营造良好社会环境。

一要坚持党建引领，牢固树立“抓基层、强队伍”鲜明导向。基层党组织是城乡基层治理体系中承上启下、联结四方的枢纽核心。要始终抓牢基层组织建设这一着力点，持续巩固拓展全国首批基层村（社区）党建标准化试点成果，大力实施基层党组织共建共治行动，不断严密组织体系，深化资源整合机制，借鉴建设社区、田王村等将“支部建在网格上”的经验做法，全力打造特色党建品牌，推动党的全面领导延伸每个网格末梢，将基层组织真正建成服务群众的桥梁阵地、凝聚民心的组织堡垒。要把干部队伍能力建设作为治理成效提升的关键，围绕“‘十四五’期末，全市 85%以上的村（社区）党组织建成星级党组织，基层群众对村（社区）党组织的满意率达 90%以上”的目标，持续深化“头雁工程”，加大机关驻村第一书记选派，充分发挥平园池乡村振兴培训学院作用，以《关于促进村（社区）组织振兴的试行意见》实施为契机，进一步完善对干部的选拔任用、教育培养、考核管理和保障激励，全力打造过硬基层干部队伍，更好发挥乡村振兴生力军作用。

二要深化四治融合，努力构建“小网格、大服务”善治格局。进一步完善群众参与基层社会治理的制度化渠道，加快形成自治、法治、德治、智治“四治融合”的乡村治理体系。自治要接地气。持续深化“两代表一委员”密切联系群众和“有事好商量”协商议事机制，坚持村民会议、村民代表会议制度，推行村级重大事项决策，学习龙舌、邓杨等村通过村民共同协商议事，让家家户户都成为河道管护主体的做法，以“村民议事板凳会”等多种创新形式，积极引导社会组织和基层群众从“幕后”走向“台前”，构建“多元参与，协商共治”新模式。法治要全覆盖。扎实开展法律咨询、司法救助、法律援助进基层，推广“一村一法律顾问”和“三官一律一员”进网格活动，健全完善非诉纠纷解决机制，强化“无讼社区”建设，以平安法治护航乡村和谐稳定。德治要润人心。

刚才刘海村陈书记讲到以村规民约立规矩，用“小村约”撬动了“大治理”，走出了一条熟人社会的“善治之道”，发挥了德治的重要作用。要持续深化新时代文明实践中心和家庭文明建设，弘扬乡贤文化，延伸红白理事会、道德评议会等组织建设，引领村民“积小善为大善”“积小德为大德”，为基层治理提供丰厚道德滋养。智治要强集成。持续深化“大数据+网格化+铁脚板”治理模式，在健全基层组织体系、织密基层治理网格的基础上，用好科技手段，依托市镇两级治理现代化指挥中心，加快建设系统集成、协同高效的功能模块，不断将数据资源优势转化为综合治理效能，实现社会基层治理高效化和智慧化。

三要突出改革创新，积极探索“积分制、清单化”管理体系。2020年7月，农业农村部提出在全国因地制宜推广积分制乡村治理模式，从昆山等地的实践成效看，实施积分制管理，能够有效解决农民参与乡村治理积极性不高、公共意识不强的问题，我市的山河、高明庄社区也分别在评星考评和诚信家庭积分方面进行了探索创新，大家要按照因村制宜的原则，从村民最关心、最迫切的身边事入手，如志愿服务、人居环境、垃圾分类、文明行为等领域探索制定积分评定办法和奖励措施，将诚信建设嵌入基层治理环节，推动解决乡村“关键小事”，不断提升群众参与率和获得感。同时，要建立健全村居小微权力正面清单和负面清单制度，梳理公示村级公共服务事项清单和标准化服务指南，厘清村居权力内容、明确服务流程、规范履职行为，强化村级民主监督考核，不断提升乡村治理现代化水平。

2021年是中国共产党的百年华诞、是“十四五”开局之年，也恰逢我市撤县建市30周年。刚才，市委为老党员代表颁发了“光荣在党50年”纪念章，兴华书记宣读了全市先进集体和先进个人的表彰决定。在此，我代表中共如皋市委，向受表彰的先进集体和个人表示热烈祝贺！向奋战在全市各条战线上的广大共产党员，提前致以节日的问候和美好的祝愿！

历史昭示未来，使命催人奋进。置身新时代，如皋已经站在新的起点，昂首开启了高质量建设长江以北最强县市、奋力谱写“强富美高”新如皋现代化篇章的新征程。全市各级党组织和广大党员干部要始终保持高度的使命意识和担当精神，在党史学习中砥砺初心使命、汲取奋进力量，自觉做到永远跟党走，奋进新征程，不断开创如皋各项事业发展新局面。下面，我讲三点意见，与同志们共勉。

一、回首来时路，在赓续精神血脉中接续奋斗前行

百年传承，薪火相继。自“南湖红船”启航以来，一代代中国共产党人前赴后继，以舍我其谁的使命担当和力挽狂澜的豪迈气魄，用鲜血和生命挺起了中华民族的坚强脊梁，实现了民族解放、国家独立、社会进步和人民幸福。但走得再远，都不能忘记来时的路，革命先烈和新中国建设者们的崇高精神是激励我们前行的动力。全市上下要深入学习百年党史、发扬红色传统、传承红色基因、赓续精神血脉，为迈进新时代、奋进新征程汲取精神伟力。

回首不忘来时路，就是要深入学习革命战争年代先辈们不惧牺牲、勇往直前的斗争精神。

在新民主主义革命时期，我们党坚持把马克思主义基本原理同中国革命具体实际相结合，团结带领中国人民找到了一条农村包围城市、武装夺取政权的正确革命道路，进行了28年浴血奋战，打败日本帝国主义，推翻了国民党反动统治，完成了新民主主义革命，建立了中华人民共和国。在这个过程中，党带领人民流血牺牲，历经千难万险。据不完全统计，从1921年至1949年，牺牲的全国有名可查的革命烈士达370多万人。他们真正用行动诠释了“为有牺牲多壮志，敢教日月换新天”的豪情壮志。

如皋是一座具有光荣革命传统的城市。1926年中共如皋独立支部成立，1927年如皋县委成立，从此以后，如皋人民的革命事业就有了坚强的领导核心。革命战争年代，人民大众紧跟党的步伐，自发支持革命，在这片红色的热土上诞生了中国工农红军第十四军这支传奇的队伍，涌现了“火烧竹篱笆”“五一农民暴动”“苏中七战七捷”等一大批可歌可泣的壮举。这里，我着重向大家介绍南通地区最早的共产党员吴亚鲁同志和他的弟弟吴亚苏同志的事迹：吴亚鲁是江海地区革命活动的启蒙者、开拓者，1922年在如城创立进步社团“平民社”，在江海大地播下第一把革命火种。为了革命事业，吴亚鲁曾先后数次被捕，敌人为摧毁他的意志，在审讯中严刑逼供，甚至施加了惨无人道的电刑，但他以惊人的毅力扛下了常人无法忍受的酷刑，始终不吐露任何革命机密。在狱中虽然他身患多种疾病，但仍然暗中进行斗争，组织狱友们学习马列著作，讲述抗日救亡运动的情况，鼓舞他们的斗志。1938年被营救出狱后，由党组织派往新四军驻平江嘉义镇通讯处工作，在“平江惨案”中，为了掩护其他同志挺身而出，身中数枪英勇牺牲，为党的事业流尽了最后一滴血，年仅41岁。在哥哥的引导下，吴亚苏和妻子张红凤在武汉一起从事党的工作。张红凤牺牲后，吴亚苏强忍悲痛，将刚出生的儿子托付别人，又义无反顾地踏上新的革命征途。1928年7月，吴亚苏被省委任命为如皋县委书记。重返如皋前，他特意在上海拍了遗照，表明了准备随时为党和人民英勇献身的坚强决心。1929年6月15日，吴亚苏同志不幸被捕。牺牲前，他给父亲写了一封诀别信，信中说：“我承受过无比的非刑拷打，及心灵的痛苦，但我一定拿出勇气来，为受难的弟兄铺好一条求生之路！”敌人让他父亲来劝降，他父亲却在“劝降书”中写着“宁为玉碎、不为瓦全”。吴亚苏就把这8个字贴在扇子上用来自勉，最后高唱着《国际歌》从容就义，年仅22岁。在短短的4年多时间里，从1929年初到1933年春，就有包含吴亚苏在内的8位如皋县委书记（徐芳德、吴亚苏、韩铁心、王玉文、汤士伦、穆子奇、于咸和吴汝连）英勇牺牲，平均年龄仅有25岁！市档案馆珍藏着一方“中国共产党江苏如皋县委印”，承载着的正是那段血色岁月。这枚印章是当年如皋县委书记徐芳德被捕时随身携带的，他在28岁时英勇就义，这枚印章的保存者极有可能就是被我党安插在如皋县公署的女秘书李蕴玉，她冒着生命危险隐藏了下来，就是希望保存革命的种子，让共产主义深深扎根于如皋大地。在如皋的革命斗争史上，有名有姓的如皋籍革命烈士就有3800多人，而负过伤、流过血的更不计其数，正是因为有像吴亚鲁、吴亚苏、徐芳德、李蕴玉这样千千万万的共产党人，抱着“革命理想高于天”的信念一往无前，才成就了我们党饱经挫折而不断奋起、历尽苦难而淬火成钢！发展是最好的纪念，行动是最好的传承。我们要永葆革命气节，坚定理想信念，把不怕牺牲、勇往直前的精神落实到我们的行动中，落实到我们的岗位上，让革命先烈的精神薪火相传，照亮新的征程。

回首不忘来时路，就是要深入学习社会主义建设时期开拓者们自力更生、艰苦奋斗的奉献精神。

在社会主义革命和建设时期，我们党面对异常艰难和复杂的国内国际形势，团结带领全国人民艰苦奋斗，取得了抗美援朝战争胜利，完成社会主义改造，确立了社会主义基本制度，初步建立起独立的比较完整的工业体系和国民经济体系，为当代中国一切发展进步奠定了根本政治前提和制度基础，为开创中国特色社会主义提供了宝贵经验、理论准备和物质基础。

在那段激情燃烧的岁月，如皋人民在党中央的领导下抓生产、搞建设，努力恢复和发展国民经济和各项社会事业，大规模实施农田水利建设，探索具有鲜明地方特色的工业发展道路，取得了社会主义建设的重大成就，使如皋大地发生了翻天覆地的变化。50年代末期，为了改变如皋中西部地区高低不平、漏水漏肥、十年九荒的状况，县委带领如皋人民敢想敢为，向高沙土“宣战”。1959年城西公社组织劳动力削平6000余亩高沙土、栽种水稻取得成功后，县委将平整高沙土列入经济发展规划，持续治沙改土。到70年代初，县委以“誓把山河重安排”的决心毅力，持续掀起“削平高沙土，实现‘旱改水’”大会战热潮。在当时那种极端艰苦的条件下，全县几十万“愚公”硬是在坑洼不平的高沙土上开始了蚂蚁啃山，挖泥用大锹，运泥用担挑，用“笨办法”打人海战术。很多人衣服磨破了，肩膀被扁担磨得鲜血淋漓，但不肯歇息，生怕落后；有人嫌担子挑土不方便，用袋子装了扛上就走；有人用两根扁担挑双担子，一人要干两人活。连续几载春冬，几十万如皋热血男儿、巾帼英雄吃萝卜饭、喝山芋茶、睡稻草铺，锲而不舍，不计报酬，凭借革命加拼命的精神，把“沙老虎”变成了“纸老虎”，彻底改变了超过如皋面积一半的高沙土地貌，为如皋中低产田改造和农田水利建设立下了不可磨灭的功勋，谱写了一曲改造大自然的胜利壮歌！70年代后期，如皋县委深入贯彻“以农业为基础、工业为先导”的发展国民经济总方针，农业上提出“学大寨”、争“四超”（粮食超历史、棉花超历史、经济作物超历史、工副业超历史）的奋斗目标，工业上提出“举旗抓纲学大庆，赶无锡，赛江阴，艰苦奋斗六七年，基本建成工业县”的口号，1978年粮食总产量已达4.27万吨，乡镇企业产值达1.225亿元。新时代，我们要继续传承发扬“勠力同心、同甘共苦、坚韧不拔、善作善成”的如皋“治沙”精神，不惧前进路上的任何艰难险阻，把“5+2”“白加黑”“吃三睡五干十六”作为干事创业的常态，一步一个脚印地推动如皋的发展爬坡过坎、行稳致远。

回首不忘来时路，就是要深入学习改革开放以来建设者们解放思想、抢抓机遇的创业精神。

在改革开放和社会主义现代化建设新时期，我们党深刻总结中国社会主义建设正反两方面经验，作出把党和国家工作重心转移到经济建设上来、实行改革开放的历史性决策，确立社会主义初级阶段的基本理论、基本路线、基本纲领和基本经验，建立和完善了社会主义市场经济体制，开创和发展了中国特色社会主义，最终成为世界第二大经济体，实现了中华民族从站起来到富起来的伟大飞跃。

在此期间，全市上下高举中国特色社会主义思想伟大旗帜，埋头苦干、奋力拼搏，经济和社会事业获得了迅速发展，基本改变了以农业为主的经济结构，逐步甩掉了“小六子”的帽子。1988年如皋成为沿海开放地区之一，1991年建成全国百强县、成功撤县建市，1995年拉开旧城改造序幕，2003年实施沿江开发战略，2008年如皋港国家一类开放口岸正式启动，2009年正式对外开放，有力推进如皋的社会主义现代化建设，实现了基本建成小康社会的阶段目标。在新世纪初期，市委顺应江苏沿江开发战略大潮，确定了港城联动的哑铃式发展思路，在“腾江越海、登高致远”的如皋城市精神指引下，全市上下解放思想、乘势而上，经济社会持续全面腾飞，实现了“一年大变，三年突变，五年巨变”的奋斗目标，创造了令人瞩目的江苏沿江开发中的“如皋现象”。2012年地区生产总值、农业生产总值、财政总收入分别为改革开放之初的164倍、32倍、322倍。也正是在此时期，如皋涌现出九鼎新材顾清波、力星钢球施祥贵、万达轴承徐群生等一批优秀的“张謇式”民营企业家，他们乘着改革开放东风，开拓思路、创新求变，把一个个濒临倒闭的乡镇小厂发展成为国内外行业翘楚，并充分发挥党员企业家示范引领和模范带头作用，勇于担当尽责、积极回报社会，成了新时代企业家们的楷模。我们要从如皋改革开放历程中汲取智慧和力量，大力弘扬“沿江开发”精神和企业家创业精神，不断解放思想、抢抓机遇，大胆探索、锐意进取，以持续奋斗赢得更多更大的幸福。

回首不忘来时路，就是要深入学习新时代先进典型们主动作为、奋发有为的进取精神。

中共十八大以来，以习近平同志为核心的党中央，团结带领全党全国各族人民统筹推进“五位一体”总体布局，协调推进“四个全面”战略布局，坚持完善和发展中国特色社会主义制度，推进国家治理体系和治理能力现代化，形成了习近平新时代中国特色社会主义思想，解决了许多长期想解决而没有解决的难题，办成了许多过去想办而没有办成的大事，推动党和国家事业取得历史性成就、发生历史性变革，中华民族伟大复兴向前迈出了新的一大步。

走进新时代，我们始终坚持以习近平新时代中国特色社会主义思想为指导，坚定不移贯彻新发展理念，奋力推动高质量发展走在前列，“3232”主导产业优势不断凸显，高水平全面建成小康社会圆满收官，“强富美高”新如皋建设取得显著成效，2020年经济总量位居长江以北县市第一，综合实力位居全国百强县市第24位。走进新时代，我们抢抓国家战略机遇，全面重塑开放交通格局，“一个深水良港，两条过江通道，三座高铁站点，五条高速公路”的现代化立体交通体系加速形成，昂首阔步迈入了“高铁海港时代”。走进新时代，我们始终坚持人民城市人民建、人民城市为人民，先后荣获中国人居环境奖、中国最佳休闲小城、国家园林城市等荣誉称号，群众的获得感和满意度不断提升，历史文化与现代文明交相辉映的城市品牌持续擦亮。走进新时代，我们始终秉持教育再怎么发展都不为过的理念，铸造了“全域均衡”到“全阶优质”如皋教育品牌，“高质量教育县域样板、长三角北翼教育名城”建设进程持续加快。走进新时代，我们持续深化精神文明建设，大力弘扬“爱心邮路”“泰慕士爱心妈妈”等一批全国精神文明建设重大典型，继率先成为苏中苏北县级市中第一个“全国文明城市”后，再次踏上了“全国文明典范城市”的建设新征程。尤其是去年，全市上下齐心战疫情、协力保生产，迅速构筑起联防联控、群防群治的严密防线，11 名勇士“逆行”武汉、驰援湖北，在应对大考中展现了使命担当、汇聚了磅礴力量。如皋发展的各项成就，是在中央和省委、南通市委正确领导下取得的，是全市各级党组织和广大党员团结带领人民群众不懈奋斗的结果，今天受到表彰的党组织和党员，就是从全市 7 万多名共产党员中涌现出来的先进典型。他们当中，有的为如皋发展献计出力，有的为社会和谐添砖加瓦；有的为改革创新呕心沥血，有的为百姓福祉奔波辛劳。他们的先进事迹和崇高精神，充分展现了共产党员奋发图强、创先争优的良好精神风貌。全市各级党组织和广大党员要以先进为标杆、以模范为榜样，以实际行动迅速掀起争先创优的发展热潮、营造比学赶超的浓厚氛围，在各自战线上、各项工作中争做楷模、勇当先锋，为奋进新时代、开启新征程作出新的更大的贡献！

二、坚定脚下路，在立足时代方位中锚定发展坐标

历史是一面镜子，既照亮现实，又指向未来。我们要善于从历史经验中发现推动工作的路径，从历史实践中把握解决问题的规律，始终保持“赶考”的清醒和坚定、保持自我革命的勇气和决心，牢固树立正确的政绩观和科学的发展观，破除制约高质量发展、影响争先创优的不良倾向，进一步凝聚合力、激发活力，持续推动各项工作加快突破、走在前列。

一要准确把握好解放思想和守住底线的关系，坚决防范好大喜功、急功近利的不良倾向。解放思想不仅是中国共产党人的思想理论武器，更是指导实际工作的有力工具。从“挖掉穷根子，甩掉小六子”到“学苏南、赶泰兴，五年建成百亿市”再到“学赶张家港 跨江争八强”，如皋发展历史上每一次重大进步、每项重大成就，都得益于思想观念的洗礼和更新。新常态下，改革进入深水区，发展进入转型期，大量过去不曾遇到的难题和多方面的严峻挑战接踵而至。我们唯有准确把握时势、顺应发展大势，推动思想再解放，重整行装再出发，坚定不移地以新发展理念破解难题、革除弊端、推动发展，才能真正闯出一条高质量发展的康庄大道，开辟出一片“强富美高”新天地。但胆子要大，步子也要稳。习近平总书记多次强调，“解放思想不是脱离国情的异想天开，也不是闭门造车的主观想象，更不是毫无章法的莽撞蛮干。解放思想的目的在于更好地实事求是。”回顾如皋近年来的发展历程，我们既要看到取得的来之不易的成绩，同时也不应回避发展道路上的曲折，曾经由于未能完全尊重发展客观规律，导致一些“黑天鹅”“灰犀牛”事件的发生，拖累了良好发展势头，一定程度也挫伤了大家的信心。所以，解放思想必须讲究方式、方法，敢闯敢试绝不意味着好大喜功、瞎干蛮干，必须要守好原则，守住底线。大家要准确把握好两者之间的辩证统一关系，坚持解放思想与实事求是的有机统一，既要防左，也要防右；既要摈弃好大喜功、急功近利的浮夸作风，也要避免妄自菲薄、故步自封等不良倾向；既要快步向前，拿出“冒”的勇气、“闯”的干劲，不断创造新经验，取得新胜利；也要行稳致远，时刻保持清醒头脑，牢牢守住法律、安全、生态、决策等底线，踏踏实实地把每一步走好、走稳、走出成效。

二要准确把握加快发展与减少折腾的关系，坚决防范好高骛远、脱离实际的不良倾向。近年来，在全市上下的共同努力下，全市经济社会保持平稳较快发展，得到了上上下下的广泛认同。但我们要时刻警醒，充分认识到如皋的发展还远不够充分，优势还不够明显，短板还比较突出，加之周边县市的竞争日趋加剧，项目、资金、人才等发展要素的拼抢已成常态，如果我们错失了这个千载难逢的机遇风口，未能及时搭上这辆高质量发展的“直通班车”，也就真正丧失了如皋的明天和一切。面对严峻的形势挑战，我们唯有打好战略主动仗，持续加快新一轮高质量发展步伐，全力提升发展的质量和效益，努力以总量快速做大带动均量快速提升，才能在长三角城市群建设进程中抢得先手、赢得先机，让长江以北最强县市实至名归、名副其实。但步子要快，更要踩得实，在我市发展的历史进程中，曾经因为长期以来粗放式的发展，因为传统的“速度情结”，因为一些不切实际的“瞎折腾”，一定程度上忽视了发展的质量和效益。比如：曾经在缺乏科学调研、论证的情况下，盲目上马台商城、长寿城等这些脱离本地发展实际的“大手笔”“大工程”，表面上看热热闹闹，红红火火，实质上却是胡乱折腾，最终留下了沉重的历史包袱。再比如，有些乡镇片面追求考核名次，对低效项目过度包装，导致后续竣工、转化难，大量宝贵的土地资源被闲置浪费。这些存在的问题归根结底还是发展理念问题。我们正处在船到中流浪更急、人到半山路更陡的关键时期，经不得半点折腾，容不得半点糊弄，来不得半点漂浮。大家要带头遵循新发展理念，坚持走科学发展之路，不动摇、不懈怠、不折腾，踏踏实实地把眼前的基础打牢，把长远的事情办好，确保各项工作沿着正确方向前进，努力干出无愧于历史和人民的实绩。

三要准确把握建强队伍与破解矛盾的关系，坚决防范坐而论道、抓而不实的不良倾向。现阶段，我们既处于改革发展的关键攻坚期，又处于矛盾多发的集中凸显期，矛盾的出现是发展的历史必然，也是推动进步的有利契机，关键看是否有一支敢于攻坚克难、善于化解问题矛盾的基层干部队伍。前些年，我市的信访总量在南通一直居高不下，甚至被一些好事者贴上了“皋人好讼”形象标签。为此，市委痛下决心，派出工作组进驻到江安镇“解剖麻雀”。调查发现，我们一些干部不去一线发现问题、解决问题，而是习惯在办公室里坐而论道、遥控指挥，从而错失解决矛盾和问题的最佳时机；还有些同志对存在的矛盾和问题熟视无睹，消极等待其露头、听任其演变，做起了“怕见风雨的泥菩萨”，最终导致矛盾堆积如山、问题积重难返。这一两年，我们牢固树立大抓基层导向，结合换届对全市镇村两级班子队伍进行优化调整，通过扎实开展信访矛盾化解攻坚战，化解了一大批历史遗留的问题和矛盾，有望在三年内把信访落后的帽子“甩东海”。事实证明，谋事创业、攻坚克难，关键在党、关键在人。用什么样的干部，如何选人、怎样用人，历来是关乎干部队伍战斗力、关乎事业兴衰成败的关键性、根本性问题。在奋进新征程的过程中，还要攻克很多的“娄山关”“腊子口”，只有通过全市广大党员干部的主动靠前、躬身实践，抓住和解决主要矛盾与矛盾的主要方面，抓住和解决根本问题与深层问题，才能纲举目张、事半功倍，有效推动工作。面对经济建设、社会管理、民生领域等存在的突出问题和矛盾，大家要切实增强问题意识、坚持问题导向，把化解矛盾作为打开工作局面的突破口，以迎难而上的勇气、开拓创新的意识、钉钉子的精神狠抓落实，为我市高质量发展凝聚更强的合力。

三、砥砺前行路，在强化使命担当中凝聚奋进力量

历史的画卷，总是在砥砺前行中铺展；时代的华章，总是在接续奋进中书写。踏上充满希望和挑战的新征程，我们必须从党的奋斗史中找到根脉、传承基因、汲取伟力，以坚定的理想信念、过硬的能力素质和一心为民的公仆情怀，一步一个脚印、踏踏实实走好新时代的长征路。

一是坚定信仰信念，牢固树立“一心向党跟党走”的政治观。政治观是方向问题、道路问题、生死问题。要把坚定理想信念作为党员干部的立身之本，无论形势如何变化、任务多么艰巨，都要做到坚决不移志、不改心、不忘本，自觉为实现新时代党的历史使命不懈奋斗。要保持知党爱党信党的政治自觉。以党史学习教育、建党百年主题宣传为契机，深入挖掘如皋县工农革命委员会、红十四军、苏中七战七捷中三战奏凯等丰富的本地红色资源，讲好革命故事、英雄事迹和奋斗历程。要通过学党史、知党情，坚定不移向党中央看齐，不断提高政治判断力、政治领悟力、政治执行力，切实增强“四个意识”、坚定“四个自信”、做到“两个维护”，把对党信赖、对党忠诚、对党热爱刻入心中、融入血脉、植入灵魂。要保持时刻锤炼党性的思想自觉。习近平总书记在党史学习教育动员大会上指出，“现在仍有一些党员、干部政治意识不强、政治敏锐性不高，不善于从政治上观察和处理问题，对‘国之大者’不关心，对政治要求、政治规矩、政治纪律不上心，对各种问题的政治危害性不走心，对贯彻落实党中央的大政方针不用心，讲政治还没有从外部要求转化为内在主动。”政治上的坚定来源于理论上的清醒，每一位同志都必须把学懂弄通做实习近平新时代中国特色社会主义思想作为首要政治任务，准确把握内涵要义和精神实质，深悟党性的时代内涵，不断锤炼对党忠诚的政治品格。要保持为党奋斗终生的行动自觉。将爱党信党的情感转化为感党恩、听党话、跟党走的具体行动，从内心深处激发一种加快发展的意识和动力，自觉把个人理想融入党的伟大事业中，把自身工作置身全市发展大局中考量，在项目建设、产业发展、科技创新、民生实事等方面奋勇拼搏，做到坚定讲政治、主动讲服从，用比学赶超的实际行动践行入党时的铮铮誓言。

二是锤炼担当本领，牢固树立“越是艰险越向前”的斗争观。面对当前区域竞争日趋激烈的态势，我们要切实增强闯关夺隘的本领，提高顽强斗争的韧性，在急难险重任务面前勇于担当、主动作为，不断锤炼坚强党性和过硬作风。要提升创新落实、善作善成的工作能力。今年是“十四五”开局之年，也是现代化新征程开启之年，今年各项目标任务的落实情况，决定了今后一段时期内的发展走向。面对“工业投入三年超千亿、百强排名挺进前二十”的目标定位，我们不仅要从历史维度、用发展的眼光审视当前如皋所处的历史方位、发展阶段，还要从现实维度、以辩证的思维认识我市面临的基础和条件、优势和短板、机遇和挑战，更要在实践维度上敢于拿出破旧立新的魄力、改革创新的勇气、推陈出新的高招，在新发展格局中找准“赛道”，力求取得事半功倍的成效，以“棋高一着”助力 “步步登高”。要保持勇于担责、攻坚克难的担当精神。当前，项目建设的竞争异常激烈，改革发展的任务艰巨繁重，城市更新还有不少硬仗要打，各种风险挑战不容忽视，如皋比以往任何时候都更加需要担当精神。我们要时常问问自己：过去已经谋划启动的事情，能不能在我们手上打开局面、形成气象？长期困扰、久攻不下的难题，能不能在我们手上啃下硬骨头、在我们手里解决？眼前看上去条件不具备、但长远看又必须做的事情，能不能在我们手上铺下奠基石、抢上头班车？我们必须把敢于担当、勇于担当作为时代赋予的使命任务，激发“逢山开路、遇水搭桥”的智慧和勇气，不怕接烫手山芋，勇于挑最重的担子，为党分忧、为民解难，努力创造无愧于新时代要求的新业绩。要发扬马上就办、真抓实干的优良作风。抓落实是做好一切工作的关键环节，坐而论道、纸上谈兵永远出不了生产力。要始终把“执行力”当成“生命力”，对职责工作、交办事项以及群众的合理诉求，不得以任何借口拖延搪塞和变通走样，必须以踏石留印、抓铁有痕的韧劲和恒心，做到事事有着落、件件有回音、桩桩都办实。同时还要讲求工作时效，提高办事效率，使少讲空话、狠抓落实在全市进一步形成风气、形成习惯、形成规矩。

三是发扬革命传统，牢固树立“民生事小重千钧”的群众观。我们党的百年历史，就是一部践行党的初心使命的历史，就是一部党与人民同呼吸、共命运、心连心的历史。广大党员干部要始终坚持人民至上的价值理念，时刻不忘“为了谁、依靠谁、我是谁”，时刻心系群众冷暖，自觉校准干事创业“坐标”。要时刻牢记党的根本宗旨。始终坚持为民服务的宗旨意识不动摇，把解决民生“关键小事”摆在更加突出的位置，坚持在发展中补齐民生短板、拿出硬招实招，结合“我为群众办实事”实践活动，着力解决好群众的揪心事、烦心事、操心事，尤其要主动顺应群众反映的就业就医、教育卫生、人居环境等方面的新要求、新期待，用老百姓看得见、摸得着、感受得到的实际成效，取信于民、造福于民。要大力弘扬党员奉献精神。讲奉献，是共产党员的应有底色。要充分发挥党员先锋模范作用，在服务群众、服务基层、解决群众的实际困难和问题面前“舍我其谁”，在经济建设、城市更新、生态环保、信访等前沿阵地“当仁不让”，在职位升迁和个人得失方面“淡泊名利”，用敬业奉献、过硬成果书写人生华章。在我们身边也有这样的典型，科技局严世元、农业农村局李明光、档案馆周丽君等退休同志充分发挥专业特长优势，一如既往地服务企业科技创新、助推乡村振兴、宣传党史学习教育，彰显了共产党员离岗不离党、退休不褪色的崇高品质。当然，我们既要强调党员干部要境界高远、讲奉献，也会始终在政治上、工作上、生活上关心干部，只要是工作成绩突出、进步明显的，该重奖的坚决重奖，该重用的果断重用。希望大家要始终保持对党的忠诚、对事业的热忱，以公而忘私的胸怀和默默奉献的精神诠释党性、彰显本色。要始终遵循党的纪律规矩。全市各级党组织要切实担负起全面从严治党和党风廉政建设的主体责任，坚决根除群众身边“微腐败”问题，切实整治“庸懒散奢”等不良风气，有效预防和杜绝以权谋私风险。广大党员干部要时刻心存敬畏，用好权力、为民谋利、永葆初心，以良好的形象和过硬的素质推动党和人民的事业不断向前发展。

回望百年砥砺初心，汲取力量奋勇前行。让我们更加紧密团结在以习近平同志为核心的党中央周围，同心同德、奋勇争先，为高质量建设长江以北最强县市，奋力谱写“强富美高”新如皋现代化篇章而不懈奋斗！

勇担新使命　砥砺再出发
奋力谱写如皋现代化建设新篇章

——在中国共产党如皋市第十三次代表大会上的报告

何益军

（2021年7月28日）

这次大会的主要任务是，深入学习贯彻中共十九大和十九届二中、三中、四中、五中全会精神，全面贯彻落实习近平总书记重要讲话特别是视察江苏重要讲话指示精神，总结我市第十二次党代会以来的工作，确定今后五年的奋斗目标和主要任务，选举产生中共如皋市第十三届委员会和中共如皋市第十三届纪律检查委员会，动员全市各级党组织和广大党员干部团结带领全市人民，勇担新使命，砥砺再出发，奋力谱写如皋现代化建设新篇章。

现在，我代表中国共产党如皋市第十二届委员会向大会作报告，请予审议。

一、回首五年路，风雨兼程开拓奋进

市第十二次党代会以来的五年，是应对重大挑战、经受重大考验、实现持续发展的五年。五年来，市委坚持以习近平新时代中国特色社会主义思想为指引，团结带领全市人民，直面风险挑战，锐意攻坚克难，全力推动经济社会平稳较快发展，总体完成了“十三五”规划确定的目标任务，书写了高水平全面建成小康社会的如皋篇章，形成了建设“强富美高”新如皋的生动局面。

*五年的拼搏奋斗，经济发展更加强劲。*始终坚持量质并举，稳增长、调结构、转方式，县域经济发展一年一大步，经济总量跃居全国百强县（市）第16位，综合实力位居全国百强县（市）第24位。地区生产总值、人均地区生产总值分别突破1300亿元、10万元，年均增长9.7%、10%，增速位居全省前列。一般公共预算收入达72亿元，税收占比84.7%、居南通第一。工业应税销售突破1700亿元，实现五年翻番；服务业应税销售突破1800亿元，五年增长2.7倍。三次产业结构优化调整为5.9:47.8:46.3，新兴产业产值、高新技术产业产值占规模以上工业比重分别达到32.3%、40%。项目建设强势推进，累计引进重大项目258个，日达精密智造、金鹰产业园等百亿级项目纷纷落户。金融支持实体经济持续发力，贷款总量破千亿，上市企业数南通县市第一。

*五年的接续发力，改革创新更具活力。*始终坚持以改革破难题、以开放激活力、以创新增动力，区域竞争积蓄了新优势。全面深化改革扎实推进，“放管服”改革成效明显，营商环境评价连续多年位居全省前列；政务服务标准化建设获批省级试点，组建全国标准化分委会2家，新增承担全国标准化分委会秘书处单位2家，成立全省首家生态环境保护执法司法联动中心，创成国家基层标准化改革创新先行区。对外开放不断深化，省级高新区成功设立、如皋港物流园入选中国物流园区50强，外贸进出口总额突破160亿美元，累计完成到账外资17.5亿美元，港口吞吐量、集装箱吞吐量年均分别增长20%、75.5%。科创引领更为突出，全社会研发投入占GDP比重达2.6%，万人发明专利拥有量、高新技术企业数分别增加到26.5件和270家，均实现五年翻番；累计本土培育国家级人

才4人，数量南通第一；国家专精特新“小巨人”企业数全省县市领先，获评全国科技创新百强县。

*五年的精雕细琢，城乡建设更显质感。*始终坚持城乡一体化发展，以城带乡、协调并进，城乡面貌焕然一新，创成苏中苏北首个县级全国文明城市，并高分蝉联。城乡统筹发展成效明显，“一城两区三基地”的城市格局逐步拉开，主城区建成区面积扩大到41.8平方公里，中心城区面貌显著改观；乡村振兴步伐加快，农村基础设施明显改善，建成省级特色田园乡村6家、总量南通第一，入选国家农业绿色发展先行区，获评南通唯一全国农村产业融合发展试点示范市。区域交通条件极大改善，高铁南站、通皋大道一期等一批重大交通基础设施相继建成，张皋过江通道工可获批、大临开工，北沿江高铁如皋西站正式设立。生态环境持续向好，蓝天、碧水、净土三大保卫战取得新成效，跻身海绵城市省级试点，斩获国家节水型城市、中国人居环境奖等一批国家级城市荣誉。

*五年的倾力投入，民生福祉更为殷实。*始终坚持把增进民生幸福作为工作标尺，用实实在在的惠民举措提升群众获得感。财政用于民生支出占比每年保持80%以上，实施了内外城河整治、镇级民营医院和水厂回购等66件民生实事。城乡居民收入稳步提升，分别增长45.3%、51.9%。脱贫攻坚圆满收官，建档立卡户实现稳定脱贫，对口帮扶扎实推进。社会事业更有温度，各类社会保障持续提标扩面，民生兜底保障网不断织密织牢；教育均衡发展，“全阶优质”成为如皋教育鲜明标识，获评全国义务教育发展基本均衡县（市、区）；医疗卫生服务水平持续提升，新冠肺炎疫情防控取得阶段性成果，疫苗接种有序开展，国家卫生镇实现全覆盖；文旅事业加快发展，公共文体服务网络全面建成，被列为大运河文化带江苏段规划核心区，创成南通唯一省级全域旅游示范区，南通支云成功“冲甲”。群众安全感满意度逐年提升，信访总量持续下降，扫黑除恶专项斗争取得实效，政法队伍教育整顿取得阶段性成效，获评省平安县市、省法治建设示范县市。

*五年的从严从实，党的建设更有成效。*始终筑牢绝对忠诚“压舱石”，认真开展“两学一做”学习教育、“不忘初心、牢记使命”主题教育和党史学习教育，党员干部得到了思想洗礼、夯实了信仰根基。意识形态领域管理不断加强，理论武装更加有力，典型宣传持续深化，成为全国首批融媒体中心建设试点县。坚持在一线培养选拔干部，圆满完成乡镇党委、村（社区）“两委”换届。基层党建创新提质，获批全国首批党建标准化试点，基层党组织的战斗堡垒作用进一步增强。全面压实“两个责任”，始终保持惩治腐败高压态势，持之以恒纠“四风”，认真做好上级巡视巡察反馈意见整改落实，高质量完成市委巡察全覆盖，营造了风清气正的政治生态。人大监督有力有效，政协工作有声有色，统一战线巩固壮大，人武、群团、老干部、双拥、关心下一代等工作取得新进展，各方力量参与共建共治，作出了积极贡献。

回顾五年来走过的不平凡历程，我们深刻感受到：

*必须始终把党要管党、从严治党作为第一责任。*五年来，我们始终坚持站在政治和全局的高度，把抓好党建作为最大的政绩，充分发挥党的领导核心作用，统筹推进党的政治、思想、组织、作风、纪律和制度建设，锻造出一支敢闯敢拼、履职担当的过硬队伍，为全市经济社会发展提供了有力的政治保障和组织保障。我们也及时发现全面从严治党中的一些薄弱环节，以零容忍的态度、猛药去疴的决心，动真碰硬查处了一批顶风违纪案件，全力清障护航、激浊扬清。实践启示我们，党的领导才是根本保证，只有全面加强和改善党的领导，党政紧密团结，人大、政协齐心协力，党员干部率先垂范，全市上下才能风正劲足、政通人和，我们的力量才会无坚不摧，我们的事业才会无往不胜。

*必须始终把科学发展、加快发展作为第一要务。*五年来，我们牢牢把握发展至上的主基调，高扬争先创优的主旋律，始终坚持走高质量发展之路，狠抓项目建设助推经济增长，猛攻产业转型积蓄发展优势，加快城市建设增强承载能级，推动经济平稳健康发展。我们也及时纠正经济发展中背离科学发展、可持续发展的行为偏差，以揭短亮丑的态度、刮骨疗毒的手段，积极稳妥地推动了个别“灰犀牛”事件的处置，正确的政绩观和科学的发展观进一步树牢。实践启示我们，发展才有出

路，只有将科学发展作为解决一切问题的根本，不为风险所惧，不为干扰所惑，在发展中转方式，在改革中谋创新，才能开辟高质量发展新境界。

必须始终把执政为民、共建共享作为第一追求。五年来，我们始终把“人民对美好生活的向往”作为工作的奋斗目标，从人民群众的立场和角度想问题、办事情，把工作重心聚焦到人民群众最关心、最迫切、最现实的问题上来，创新管理服务民生，惠民投入逐年攀升，为民举措件件暖心，切实让发展成果更多惠及全市人民。实践启示我们，民生才是根本，只有坚持以人民为中心的发展思想，持续为人民群众谋利益，才能最大限度地凝聚民心、集中民智、激发民力，创造出经得起历史检验的发展实绩。

必须始终把苦干实干、务实担当作为第一导向。五年来，我们坚定“事在人为、人贵精神”的信念，把抓好工作落实作为推动发展的着力点，把心思向“谋实事”上聚焦、把精力向“干实事”上用劲，始终做到把责任扛在肩上，把压力留在当下，推动了各项工作落实见效，干成了许多大事要事。我们坚决破除形式主义、官僚主义，大力整治“庸懒散慢拖”等作风顽疾，破除好大喜功、坐而论道的不良倾向，查处敷衍塞责、出工不出力等突出问题，为“强富美高”新如皋建设提供了过硬作风保障。实践启示我们，实干才是关键，只有持续奋力拼搏，始终坚持实干不争论、苦干不畏难、巧干不折腾，才能把如皋的事业干好、干成功。

五年发展取得的成绩来之不易，这是上级党委正确领导的结果，是历届市委接续奋斗的结果，是广大老同志积极参与、社会各界大力支持的结果。在此，我代表中共如皋市委，向所有为如皋发展作出贡献的同志们、朋友们，表示衷心的感谢并致以崇高的敬意！

回望过去，我们没有任何理由骄傲自满，更没有任何理由停滞不前。必须清醒看到，如皋的发展还面临着一些问题：创新转型的步子还不快，支撑发展的重特大项目还不多，土地利用效益还相对偏低，经济发展的质效亟待提高；城市功能、管理还不够完善，城市特色化、区镇竞争力、城乡融合度还有待提升；公共服务供给还不够充分，发展的普惠性有待增强；干部队伍工作作风和能力建设仍需加强，一些党员干部创新突破、担当实干的精气神还需提振，眼界、理念、能力与当前发展要求还不相适应；极少数党员领导干部思想滑坡、以权谋私，不守底线，违反党纪国法，给我们的事业带来巨大损害。对此，我们必须正视存在问题，采取坚决措施，切实加以解决。

二、展望新征程，科学锚定发展方向

今后五年是如皋全面建设社会主义现代化新征程的首个五年，是如皋攻坚突破、转型提升的关键五年。立足承前启后、继往开来的历史新起点，需要我们以时代的高度、战略的眼光辩证审视所面临的形势。

纵观大势，如皋在现代化新征程中应该大有可为。洞察大势，方能顺势而为。未来五年，世界百年未有之大变局加速演进，中美关系、全球疫情、世界经济恢复等存在不确定性，但我国在危机转化中发展的新优势正在重塑、“双循环”活力日益增强，江苏落实习近平总书记“争当表率、争做示范、走在前列”要求、谱写“强富美高”新篇章进入关键期，南通长三角一体化沪苏通核心三角强支点城市建设等战略部署纵深推进，为如皋发展带来诸多机遇。未来五年，如皋虽然面临资源承载有限、空间容量不足等多重“紧约束”，但“一带一路”、长三角一体化发展、苏南国家自主创新示范区建设等加快实施，为如皋更深层次融入区域发展、更广范围集聚高端要素创造了更多有利条件。机会稍纵即逝，抓住了就是机遇，抓不住就是挑战，我们必须本着对历史负责、对人民负责的态度，抢抓机遇、乘势而上、起而行之，用发展统一思想，用发展凝聚力量，用发展破解难题，在服务和融入新发展格局中展现更大作为、成就更好发展。

审视自身，如皋在现代化新征程中理应有所作为。认清自身，方能找准方向、赢得未来。经过“十三五”的发展，我市经济总量成功跃居长江以北县市首位，但工业用地亩均税收、人均公共服务支出、常住人口城镇化率、城乡居民人均可支配收入等多项指标，对照总量和均量并重、质量和效益并举的要求，距离实至名归的长江以北最强县市还有差距。短板就是空间、差距就是潜力，我们也要看到，一个深水良港、两条过江通道、三座高铁站点、五条高速公路的综合交通新格局，国家一类开放口岸、国家级开发区、省级高新区等高能级平台，全国文明城市、中国最具幸福感城市等“金字招牌”，积蓄了未来发展的巨大潜力；一批打基础的重大产业项目、城建重点工程全面推进，国企改革、园区共建等一批利长远的关键举措落地实施，为新一轮发展提供了坚实支撑；尤其是经过“十三五”的发展，我们在风险考验和发展历练中积累了丰富经验，全市广大干群精神振奋、干劲十足，由量变到质变的势能正加快形成。自身优势再多，用不好等于没有，用好了才有发展，我们必须坚定信心、铆足干劲，更好地把区位优势转化为发展优势，把资源优势转化为创新优势，在现代化建设新征程中全力跑出高质量发展加速度。

锚定目标，如皋在现代化新征程中更要主动作为。发展无坦途，奋斗无止境。当前的如皋，已经进入高质量发展的攻坚期、转型创新的加速期、城市能级提升的突破期、民生福祉持续提高的普惠期，不仅要完成“工业投入三年超千亿”等硬任务，还要打造更具比较优势的一流创新生态、“如意”营商服务品牌等软环境；不仅要实现主要发展指标“量”的合理增长，更要推动区域经济发展等“质”的稳步提升；不仅要建设人民更加满意的全国文明典范城市，还要促进乡村全面振兴，加快实现城乡融合发展，推动发展成果更好惠及人民群众，发展任务更艰巨、要求更全面。路虽远行则将至，事虽难做则必成，我们必须始终保持使命在肩、奋斗有我的精神状态，主动抬高目标定位，自加工作压力，立足南通争一流、全省进位次，创新举措、务实作风，在新起点上开创如皋现代化建设新局面。

今后五年工作的指导思想和总体要求是：坚持以习近平新时代中国特色社会主义思想为指引，深入贯彻落实中央及省委、南通市委各项决策部署，把握新发展阶段、贯彻新发展理念、服务新发展格局，以推动高质量发展为主题，以改革创新为动力，以满足人民日益增长的美好生活需要为根本目的，围绕“挺进县域二十强、争创文明典范城”目标，深入实施“产业兴市、创新强市、生态立市”核心战略，全力发展高质量经济、建设高标杆城市、创造高品质生活、抓好高标准党建，勇当长三角北翼高质量发展排头兵，奋力谱写如皋现代化建设新篇章。

围绕上述指导思想和总体要求，今后五年，全市经济社会发展的主要目标是：

——致力打造高质量发展先行区。坚持以新发展理念引领高质量发展，突出产业兴市，狠抓六大优势产业链建设，推动“3232”产业质效全面提升，主要经济指标年年进位，发展水平持续攀升。到 2025 年，地区生产总值达 1900 亿元，一般公共预算收入达 120 亿元，战略性新兴产业产值占工业总产值比重 45%以上，综合实力挺进全国百强县（市）前二十。

——致力打造创新要素集聚区。坚持创新强市，全面提升创新能级，以高层次创新园区、高效率成果转化、高水平人才支撑为核心的创新体系初步建成，加快形成以创新为主要支撑的发展方式，使创新成为经济社会发展的主引擎。到 2025 年，全社会研发投入占 GDP 比重达 3.3%，人才综合竞争力、营商环境评价继续保持全省前列，建成省级创新型县（市）。

——致力打造生态宜居样板区。坚持生态立市，持续加大生态建设力度，绿色发展取得更大进展，城市加快转型、镇村特色更加鲜明，城乡融合水平稳步提升，建设近悦远来的宜居宜业美丽家园。到 2025 年，林木覆盖率、城市绿化覆盖率完成上级下达任务，城镇化率逐年提升，申报国家历史文化名城、国家全域旅游示范区、国家生态园林城市。

——致力打造民生幸福先导区。坚持以人民为中心的发展思想，加快构建优质均衡的公共服务体系，建立健全多层次广覆盖的社会保障体系，奋力朝着幼有善育、学有优教、劳有厚得、病有良医、老有颐养、住有宜居、弱有众扶的目标迈进。到 2025 年，城乡居民可支配收入增长与经济增长基本同步，创建全国义务教育优质均衡发展县（市），争创全国文明典范城市。

——致力打造社会治理示范区。市域治理体系和治理能力现代化取得新突破，“五治融合”的基层治理体系基本形成，重大风险防范化解能力、突发公共事件应急能力、防灾减灾救灾能力显著增强，本质安全水平更加巩固。到2025年，群众安全感、满意度稳步提升，建成省级安全发展示范市。

三、奋进“十四五”，全力迈向现代化

“十四五”时期是如皋实现加速发展、追赶跨越的重要窗口期，我们必须紧紧抓住这关键五年，以“立大志、吃大苦”的决心毅力，全面贯彻新发展理念，积极抢抓发展机遇期，强化全要素融合发展，努力走出一条彰显如皋特色的现代化发展之路。

未来五年，我们要集中精力，着重抓好以下六项工作。

（一）推动产业转型，加快多链融合，全面提高经济发展新质态。坚持优势产业引领、重大项目带动、重点企业支撑，促进产业链与服务链、价值链精准衔接、深度融合，打造长三角最具资源和成本优势的中高端产业基地。

1.以打造产业链为抓手，全力构建现代产业体系。围绕“3232”产业体系，大力实施强链补链行动，重点打造六大产业链条，培育壮大特色优势产业集群。在整体“强链”上下功夫。聚焦四大主导产业链，发挥标杆企业引领作用，狠抓全链条聚合、集群化扩张。新材料产业要以金鹰产业园、纳川新材料等一批重特大项目为依托，整合园区资源，实现根本转型，推动化工材料产业向高性能纤维复合材料、电子信息材料、新能源材料等领域拓展深化；汽车及零部件产业要释放斯堪尼亚、江苏华永、超达模具等重点企业带动效应，加快向整车制造量产化、零部件产品专业化、氢能产业规模化方向集聚发展；新型电力装备产业要放大思源赫兹、神马电力、赛杰爱迪等骨干企业比较优势，大力突破关键技术、核心部件和重要环节，向特高压、智慧电网、高端线缆等领域延伸发展；高端成套设备及关键零部件产业要以森松重工、力星钢球、星球石墨等一批上市企业为引领，持续做精做强细分领域，向高端机械设备制造、精密数控装备、高精度激光设备等领域加紧突破，力争形成两个超五百亿、两个超两百亿的地标性产业集群。在高端“补链”上下功夫。加快推动电子信息和生命健康两大新兴产业裂变式发展，积极构建“链主企业+骨干企业+高成长企业”的产业生态，电子信息产业要重点聚焦新型显示器件、半导体设备、集成电路及关键元器件等领域，依托日达精密等“头部”企业逐步形成全产业链生态布局；生命健康产业要立足“绿色创新”主题，做大做强和府餐饮等龙头企业，加快引进和孵化一批技术先进、成果领先的高新技术企业，推进健康食品与绿色康养协同发展，打造百亿级健康产业集聚区。在终端“扩链”上下功夫。坚持先进制造业和现代服务业“双轮驱动”，以国家火炬计划软件产业基地为依托，加快人工智能、物联网、大数据、区块链等新技术推广应用，引导信息服务向市场、设计、生产等环节渗透。持续放大港口岸线、一类开放口岸、保税物流中心等资源效益，加快完善基础设施和平台建设，构建高效率、低成本的商贸物流流通体系，促进产业与物流深度联动，不断提升产业基础能力和产业链现代化水平。

2.以优化服务链为支撑，全力做强重大项目引擎。坚持“项目为王”理念，不断提升服务质量和保障力度，推动项目建设大突破，促进产业层次大提升。精准招引提质态。强化招商链式思维，绘制“产业招商地图”，突出投资强度、科创能力、亩均产出、环境影响等准入标准，开展全链条、跨链条整合招商，着力招引头部企业、科技型中小企业、高新技术产业和战略性新兴产业项目，从源头上推进产业结构调优调高调新。狠抓服务促转化。持续完善全过程、精细化、保姆式服务体系，深入落实挂钩联系、帮办代办、集中观摩等推进机制，及时化解障碍，实行闭环管理，加快广大特材、日达精密等一批重特大项目建设进度，全力推动金鹰产业园、纳川新材料、斯堪尼亚商用车等项目快开工、快见效。集聚要素强保障。深入实施工业用地全生命周期管理，加大闲置低效地块盘活力度，为更多高质量项目腾出发展空间。成立产业投资母子基金，积极引入社会资本和优秀管理团队，打造政府、产业、资本三方互动平台，服务推动产业契合度高、科技含量足、成长潜力大的优质项目加快落地转化。

3.以提升价值链为导向，全力加快转型升级步伐。大力弘扬新时代企业家精神，引导企业聚焦主业，练好内功，不断向价值链中高端攀升。突出技改推动效益提升。通过技改贴息等政策激励，推动传统行业企业开展设备更新换代、技术迭代升级，加快制造业智能化改造和数字化转型，推进机器换人、两化融合，促进实体经济与数字技术融合发展，新增省级示范智能车间15家、星级上云企业40家以上。分类培育推动层次提升。支持工业龙头企业通过产业整合、上市挂牌等方式做优做强，打造更多具有生态主导力的“链主”企业，力争培育年产值突破100亿元、50亿元的工业企业分别达3家和6家，境内外上市企业总数20家以上；鼓励优质中小企业深耕细分市场，持续开展技术积累，培育更多产业链上的隐形冠军，力争新增省级、国家级专精特新“小巨人”企业20家、10家。打造品牌推动价值提升。深入实施企业家队伍能力提升工程，培育壮大“张謇式”企业家群体，引导梦百合、力星钢球等本土企业树立“百年老店”追求，加强自主品牌建设，积极主导和参与各类标准制定，加快抢占行业发展制高点，提升市场话语权和产品附加值。

（二）强化科创引领，加快要素融合，持续激发县域发展新动力。深入实施“创新如皋”三年行动计划，加速集聚各类创新资源要素，深度推动产创融合，使科技创新“关键变量”真正成为高质量发展“最大增量”，致力打造创新要素集聚区。

1.立体化构筑科创矩阵。围绕建设国家创新型县（市），积极构建以科创走廊为主阵地、各类载体平台为硬支撑的全域创新大格局。打造区域科创走廊。以高新区为创新发展核心区，以如港路快速通道为主轴线，以省农高区（筹）、磨头中小科创企业集聚区、吴窑高铁科创产业基地、长江龙游湾科创智谷等为依托，全力构建链接南北双核、联动协同发展的产业科创走廊。壮大科创载体集群。采取委托运营、联建共建等方式，提升科技企业孵化器建设水平和服务能力，推进电子信息、智能制造、高端新材料等专业孵化器建设，确保实现国家级孵化器主功能区全覆盖；积极推进在上海、深圳等地建设“飞地孵化器”，建立“双向孵化”机制，开辟域外科创“新大陆”。做强产业研发平台。围绕六大产业链布局创新链，加快建设特高压输变电等产业协同创新联合体，建设好江南大学健康食品产业研究院、吉林大学汽车产业研究院、半导体产业技术创新中心，积极与国内具有优势学科基础的知名高校、科研院所联合建立新型研发平台，推动省重点实验室、院士工作站等研发机构实现新突破，确保年均新增省级以上研发机构超4家。

2.多层次提升科创能力。强化企业创新主体地位，引导企业实施一批核心技术攻关工程，全面提升区域科技实力和创新能力。培育科创梯队。深入实施高企“倍增计划”，建立创新型企业引培联动机制，培育壮大“科技型中小企业—高新技术企业—瞪羚和独角兽企业—科创板上市企业”的科创梯队，确保年均新认定国家科技型中小企业200家，五年高企数突破600家，高新技术产业产值占规上工业总产值比重超过48%。助推企业创新。落实研发费用加计扣除、高企所得税减免等优惠政策，鼓励企业积极参与省市“揭榜挂帅”、科技攻关等，引导力星钢球、双钱轮胎、江苏华永等企业研发平台争创国家级研发机构，推动大中型工业企业及规上高企研发机构覆盖率95%以上，每万人口高价值发明专利拥有量达10件。深化产学研合作。发挥科技镇长团、高校成果转移中心和专业技术经纪人桥梁纽带作用，充分挖掘企业技术需求，推动科技综合服务平台高效运营，确保年均新实施产学研合作项目150项以上。

3.全方位汇聚科创资源。深化科创委建设，统筹协调、综合运用好各类要素资源，全面打造高效、便捷、友好的一流创新生态。完善科创体系。进一步加强创新动力机制、创新成果转化机制和优化协同机制方面的探索，充分发挥科技创新“二十三条”激励作用，定期开展政策执行绩效评估和调整优化，提高政策奖励的精准度，以体制创新催生发展新动能。突出金融赋能。持续完善企业“白名单”和科技贷款风险分担机制，设立科技产业引导基金，常态化开展科技型企业银企对接，引导更多银行等金融机构积极参与市场主体创新。夯实人才支撑。强化产教融合，深化校企合作，加快推动如皋中专升格职业技术学院、第一中专升格技师学院，不断夯实优质技能人才支撑；突出产才融合，聚焦“高精尖缺”导向，完善接轨国际的引才、育才、用才机制，加强双招双引，实施名校优生引进计划，高品质建设青年人才公寓国际社区，引进省级以上高端人才 50 人、“雉水英才”200 人、名校学子回如皋就业 1000 人，全力打造创新人才高地。

（三）深化改革开放，加快跨江融合，积极增创区域竞合新优势。积极融入重大发展战略，推动更深层次改革，实行更高水平开放，在竞争中合作，在融合中发展，打造改革开放新高地。

1.主动融入区域发展。深度融入长三角一体化发展，积极参与沪苏通城市群建设，努力在开放合作、互利共赢上实现新突破。优化综合交通格局。围绕打造长三角区域交通节点城市，全力配合北沿江高铁、张皋过江通道等重大交通工程建设，推动如常、东如、沪陕如皋段扩容等高速公路建设，加快推动通皋大道二期工程建设，构建外畅内序的城市快速路网，全面融入长三角综合交通体系。大力整合提升沿江、内河港口作业区，加快优化港口开发、岸线利用和集疏运体系建设，打造江海河铁多式联运枢纽港。强化区域协同发展。以“一城两区三基地”为载体，深度融入长三角产业链供应链体系，主动对接上海“五个中心”和苏南现代化示范区建设，探索推进研发总部和生产基地双向布局，主动承接上海苏南高端资源溢出，实质化推动与苏南地区在产业、园区、港口等领域开展深度合作，持续加快产业、人才、技术的高水平导入，提升区域发展的紧密度和协同度。深化对外开放合作。进一步落实稳外资、稳外贸系列举措，支持企业通过参与海外投资并购开辟国际市场，引导存量外资企业增资扩股和利润再投资，全力引进高质量外资项目，深化保税物流中心和港口联动发展，高标准打造跨境电商产业园，探索设立国别合作园区，力争实现到账外资 20 亿美元、进出口总额超 1300 亿元，新增国家级外贸转型升级基地 1 家，积极申报国家综合保税区。

2.推进全面深化改革。坚持用创新的思维寻求改革的路径，持续激发各类市场主体活力。综合改革试点再深化。强化改革举措系统集成，统筹推进标准化综合改革、生态环境司法保护集成改革等 15 项省级以上和市域治理现代化改革、深化医药卫生体制改革等 9 项自主改革试点任务，形成可复制、可推广的经验做法，打造一批改革特色亮点。重点领域改革再扩大。巩固园区去行政化、基层“三整合”成果，深化事业单位改革，推动资源配置更优化、权责关系更协同、保障服务更高效。深化国有企业市场化转型，健全投资风险评价和科学融资决策体系，不断做大国有企业资产规模和主营业务收入。积极探索建筑业混改，建立供应链金融，依托龙头企业组建产业联盟，提升建筑业发展质效。“如意”营商环境再优化。持续深化“放管服”改革，加强政务服务标准化体系建设，落实重点企业执法司法“白名单”制度，大力推进柔性执法和包容审慎监管，加快建立覆盖全流程监管环节的新型监管机制，构建“企业全生命周期”服务链；以争创国家社会信用体系建设示范城市为契机，加快市场信用体系建设，推进信用监管全面渗透，完善失信联合惩戒、守信正向激励制度；推动构建亲清政商关系，在界限分明、公开透明、依法依规中做到亲而有度、清而有为，致力打造零障碍、低成本、高效益的营商环境。

3.提升开放载体能级。坚持高质量、高能级打造对外开放新高地，拓展区域发展新空间。经济技术开发区要坚决扛起全市开放发展主阵地担当，重点推进三个百亿级产业链快速发展，全力打造先进装备制造业和高质量外资集聚先行区，实现到账外资超 8 亿美元，跻身全国开发区四十强。长江镇要锚定“打造更加开放的一体化前沿区”，加快跨江融合步伐，加速构建智能装备制造、高端新材料和现代物流“2+1”产业发展体系，推动实现“亿吨大港、百万标箱”的发展目标，确保工业、服务业应税销售突破 1200 亿元和 1500 亿元，真正担起全市主要经济指标“半壁江山”的重任。如皋工业园区要发挥城市核心区域的优势，突出产城融合，着力发展好以商务商贸、金融服务、文化旅游为代表的都市型经济，持续做优传统产业、不断壮大新兴产业，大力推进城东工业区建设，建成国家级众创空间，打造特色鲜明的高端制造业集聚区，确保高企超百家、上市企业达十家。高新区要奋力打造如皋创新驱动的核心策源地，积极融入南通沿江科创带，加快建设“一核两园三区”，持续推动软件与信息服务、智能制造、光电科技等区中园和下原、磨头等托管园区特色发展，确保新增高企150家，挺进省级高新区前十五，加速迈进国家级高新区。

（四）坚持绿色协调，加快城乡融合，全域打造宜居宜业新高地。统筹城乡发展，彰显城市特色内涵，提升乡村发展质量，优化城乡生态环境，全力打造生态宜居样板区。

1.突出功能品质提升，打造特色鲜明的现代城市。抢抓新一轮国土空间规划调整契机，围绕“一主一副、双核驱动”空间结构，推动各板块融合发展，增强城市发展的整体性、协调性。提高中心城区首位度。坚持系统谋划、片区开发，统筹城区三大板块一体化建设，推动各片区城市功能协同发展，高标准整合东大街、定慧寺等历史文化资源，规划建设古掘沟历史文化遗址公园，着力塑造内外城河风光带和龙游河、如泰运河、通扬河、茅雉河生态廊道等城市特色空间，加快推进老城区反差地段更新、生态打造和文旅开发，大力实施新城区金融集聚区、高铁南站商务圈等功能配套项目，梯次推动老城片区和新城区功能互补、融合发展。精心建设城市副中心。锚定长江镇跨江融合桥头堡定位，加快推进沿江公路快速化、通皋大道连接线等重点交通工程，提高区域辐射承载力，带动周边乡镇组团集聚发展。强化城市功能配套和特色塑造，高起点规划城市布局，高质量推进港产城融合，高水平建设滨江生态廊道，持续打造“一心一带三片区”的现代城市空间，初步建成如皋城市副中心。倾力提升城市高品质。积极转变城市治理理念，构建良性互动、共治共管的现代城市管理格局，打造精致细腻、整洁有序的城市环境；加快智慧城市建设，推动智慧城管、综合执法平台整合，实现系统互融互通，提升城市智能化、精致化管理水平；大力实施城市品质提升工程，合理开发地上地下空间，增强突发灾害应对能力，建设海绵城市、韧性城市，全面提升城市服务功能和综合承载能力。

2.加快乡村振兴步伐，建设幸福宜居的美丽镇村。扎实推进国家农业绿色发展先行区建设，加快农业农村现代化，形成田园乡村与现代城镇各具特色、交相辉映的城乡发展新形态。持续推动农业提质增效。深入推进高标准农田建设，培育壮大新型农业经营主体，加快发展新型合作农场，稳步推动粮食和农副产品增产保供。大力推动绿色种养循环农业试点工作，加强地方性种质资源保护开发利用，开展“两品一标”认证和特色产品商标注册，实现农产品绿色优质安全发展。坚持规模化品牌化市场化导向，全产业链推进花木盆景和黑塌菜等中国地理标志农产品发展。高起点创建省农高区，强化农文旅融合，加快培育精致农业、旅游观光、生态休闲等新兴业态，促进乡村产业多元化发展。大力推动镇区特色发展。发挥镇区城乡融合发展的连接作用，深化新型城镇化建设，推动重点镇突出产业发展导向，完善基础设施和功能配套，不断增强产业集聚度和辐射带动力。支持一般镇立足区位条件、资源禀赋和发展基础，综合提升产业层次、人文内涵和镇容镇貌，因地制宜打造现代化的精致宜居小镇。全面推动美丽乡村建设。以乡村振兴示范村、先进村培育为抓手，加大乡村基础设施建管力度，强化“四好农村路”建设，深入开展农村人居环境整治提升，统筹推进农村庭院环境、建房管理等重点工作，新增省级特色田园乡村10个，美丽宜居乡村建成率95%以上。

3.厚植绿色发展底色，构建全域覆盖的生态体系。以更严要求、更大力度深入推进生态文明建设，走好生态优先、绿色发展之路。坚持绿色低碳发展。牢固树立生态环保理念，坚决落实“共抓大保护、不搞大开发”要求，统筹推进岸线整治、生态修复和沿江景观带建设。以积极争取“整县屋顶分布式光伏开发试点”为契机，深入开展碳达峰行动，严控高能耗高排放产业，加快能源结构调整优化。持续改善环境质量。统筹做好工业废气、工地扬尘、餐饮油烟等管控治理，聚焦农业面源污染、农村黑臭水体等问题，系统推进全域水环境整治，加强土壤环境分类管理，强化重点地块风险管控和治理修复，全面打造“天蓝、水清、土净”的生态家园。健全环境治理机制。构建全覆盖、多层次、立体化的环境监测预警体系，深化执法司法联动中心、公益诉讼检察指挥中心建设，着力消除环境污染隐患，切实解决群众反映的环境问题，为高质量发展构筑起绿色安全屏障。

（五）围绕共建共享，加快功能融合，更好满足人民生活新期待。坚持把增进人民福祉作为一切工作的出发点，持续推动社会保障功能、服务供给功能和示范引领功能相辅相成、相得益彰，致力打造更有温度的民生幸福先导区。

1.注重扩面与提效并重，让保障功能更高效。采取针对性更强、覆盖面更广、效果更明显的举措，健全多层次、可持续的社会保障体系。拓宽群众就业渠道。落实更加积极的就业政策，突出抓好高校毕业生、农民工、退役军人等重点群体就业，加大对自主创业、灵活就业扶持力度，健全终身职业技能培训制度、劳动关系协调机制，确保城镇登记失业率控制在3%以内，努力实现更加充分更高质量的就业。加快富民增收步伐。巩固拓展脱贫成果，持续深化对口帮扶，健全防止返贫致贫监测和帮扶机制，分层分类实施富民强村帮促行动，大力发展花木、建筑等特色富民产业，确保农村居民收入增长快于城镇居民。筑牢民生保障底线。积极推进社会保险应保尽保，完善多层次社会救助体系，统筹做好社会福利、慈善事业、优抚安置等工作，不断提升普惠性、兜底性社会保障水平。

2.注重普惠与提质并举，让服务功能更优质。满怀真情办好民生实事，加大优质公共产品和服务供给，在实现普惠共享的基础上，更加注重品质提升、功能完善，不断满足人民群众对美好生活的需要。打造全阶优质教育新样板。始终坚持办好人民满意教育，深化教育领域综合改革，扩大优质教育资源供给，加强师资队伍建设，加快推进教育品质提升工程，打造“高质量教育县域样板、长三角北翼教育名城”。构建紧密高效就医新格局。更加注重医疗资源提质扩容、均衡布局，完善公共卫生应急管理体系，高标准建成如皋市医学中心，确保市人民医院通过三级甲等医院评审。慎终如始做好疫情防控，全面推进紧密型医共体建设，提升市镇村一体化卫生服务水平，加快补齐公共医疗卫生服务短板。建设老幼乐享和谐新生活。落实优化生育政策，完善普惠安全的托育服务，促进人口长期均衡发展。积极应对人口老龄化挑战，推进养老机构公建民营改革，构建居家社区机构相协调、医养康养相结合的养老服务体系。

3.注重坚守与传承并行，让示范功能更彰显。在更高起点上深入推进全国文明典范城市创建，持续激发崇德向善的精神力量，不断提升社会文明程度和城市文化软实力。增强核心价值引领力。大力培育和践行社会主义核心价值观，建强“如e融媒”、如皋发布等舆论阵地，打造清朗网络空间，积极传播正能量、唱响主旋律。倡树社会文明新风尚。巩固深化新时代文明实践中心建设全国试点成果，广泛开展群众性精神文明建设活动，完善志愿服务激励保障机制，推动移风易俗常态化，大力选树宣传道德模范典型，持续擦亮“微笑之城·大爱如皋”特色品牌。推动文旅事业大繁荣。加强非遗文化保护利用，做好红色文化传承，深入开展文体惠民活动，扎实推进“书香如皋”建设，高水平办好精品体育赛事，基本建成现代公共文化服务体系。积极培育新兴文化业态，调优文化产业结构，做优文旅消费集聚区平台，积极引进文旅龙头企业，强化区域文旅资源整合，水绘园风景区争创国家AAAAA级旅游景区，长青沙岛争创省级旅游度假区、进入国家AAAAA级旅游景区创建序列。

（六）聚焦善治善成，加快系统融合，大力提升社会治理新成效。坚持全局把握、系统推动，聚力“五治融合”，加快提升基层社会治理现代化水平，全力打造社会治理示范区。

1.推动更高质量的民主法治。坚持党的领导、人民当家做主、依法治市有机统一，不断提升法治如皋建设水平。坚持发展民主政治。发挥市委统揽全局、协调各方作用，支持人大、政协依法履行职能，完善大统战工作格局，加强和改进群团工作，推动军民融合深度发展，形成同心同德、共促发展的强大合力。持续深化法治建设。严格执行重大行政决策程序，确保决策科学民主。扎实推进行政执法体制改革，完善“大数据+指挥中心+综合执法队伍”的新模式，加快构建协同高效的综合行政执法体系。深入开展“民主法治示范村（社区）”创建，扎实推进“八五”普法工作，着力营造浓厚法治氛围。健全完善监督体系。持续推进政法领域全面深化改革走深走实，构建完善执法司法制约监督体系，切实提升司法公信力。建立健全权力规范运行和多元监督机制，进一步完善党务、政务、司法和各领域办事公开制度，推进公权力运行法治化、规范化。

2.促进更高效能的社会治理。加强和创新基层社会治理，推动政府治理同社会调节、居民自治良性互动，着力提高基层治理社会化、法治化、智能化和专业化水平。完善高效治理格局。全面推进市域社会治理现代化试点工作，坚持推行“大数据+网格化+铁脚板”工作机制，纵深推进“网格+”融合发展，更好推动市镇两级治理现代化指挥中心实战化运行、场景化应用，最大限度地整合资源、集聚要素，实现社会治理“一网统管”、民生服务“一格覆盖”。激发协同治理活力。持续深化“两代表一委员”工作机制，充分发挥群团组织、社会组织作用，激发群众参与热情，推进社会治理“五治融合”发展，健全充满活力的多元协同治理体系。提升精准治理水平。明晰基层权责界限，建好建强专业化网格队伍，大力实施“互联网+基层治理”行动，进一步推动社会治理重心向基层下移，实现市域治理现代化水平走在全省前列。

3.建设更高水平的平安如皋。更好统筹发展和安全，增强忧患意识，有效防范化解各类风险挑战，坚定维护社会安定、人民安宁。守稳重大风险“底线”。完善社会矛盾排查预警和调处化解综合机制，严格落实接访和信访包案制度，坚决防止大规模群体性事件发生。常态化开展打击非法金融活动，确保不发生区域性、系统性金融风险。守住安全生产“红线”。高标准推进安全生产专项整治“三年大灶”和重点行业领域专项整治，加快安全生产信息化智能化建设，压紧压实党政领导责任、部门监管责任、属地管理责任、企业主体责任，全面夯实安全生产基层基础，健全完善长效治理机制，系统提升本质安全水平，推进安全生产治理能力现代化。守牢社会稳定“防线”。常态化推进扫黑除恶斗争，深入实施新一代雪亮技防和“平安前哨”工程，严厉打击电信网络诈骗违法犯罪，持续开展平安系列创建活动，排查整治突出治安问题，强化食品药品监管，坚决防止重特大公共安全事件发生。健全公共安全应急响应机制，推进应急管理体系和能力现代化。

四、铸就新辉煌，党建引领筑牢保障

奋进“十四五”，启航新征程，必须落实新时代党的建设总要求，以党的政治建设为统领，推进全面从严治党向纵深发展，以高质量党建领航如皋现代化建设。

（一）把稳政治方向之舵，让理想信念引领奋斗征程。

坚持以习近平新时代中国特色社会主义思想为指引，自觉加强党性锤炼，铸就对党绝对忠诚的政治品格。要把准理想信念“定星盘”。始终把忠诚镌刻在如皋干部的骨子里、融入血液中，提高政治判断力、政治领悟力、政治执行力，不断增强“四个意识”、坚定“四个自信”、做到“两个维护”。要把牢思想认识“总开关”。巩固深化“不忘初心、牢记使命”主题教育和党史学习教育成果，大力弘扬伟大建党精神，深入学习贯彻习近平总书记重要讲话特别是视察江苏重要讲话指示精神，切实把学习成果转化为推动如皋高质量发展的强大动力。要把好意识形态“方向盘”。落实意识形态工作责任制，牢牢掌握意识形态工作的主动权。发挥姚呈明“理论武装工作室”示范带动作用，讲好如皋故事、传播如皋声音，用美好发展愿景鼓舞人心，切实把“十四五”各项目标任务、思路举措转化为广大干群的共同意志和自觉追求。

（二）昂扬拼搏奋斗之志，让担当实干融入精神血脉。

干部作风关乎事业成败，必须锤炼过硬作风，推动广大党员干部用实干奉献扛起责任担当。要展现勇争一流的精神风貌。持续增强“功成不必在我、功成必定有我”的担当意识，在直面区域竞争加剧、要素资源短缺等现实挑战上做到不退缩，在化解历史矛盾、加快现代化建设等职责使命上做到不推让，特别是机关干部要围绕推动发展比效率、园区干部要围绕服务项目比贡献、基层干部要围绕化解矛盾比担当，拿出“发展有我、实干看我、奋斗忘我”的精气神，努力在发展速度上勇争先、在项目建设上创佳绩、在服务群众上尽全力，形成比学赶超、争先创优的生动局面。要坚持求真务实的工作作风。牢固树立正确的政绩观和科学的发展观，既要牢牢守住底线，又要善于解放思想，推动视野格局、思维理念、工作方法全面适应现代化新征程；既要做服务发展的推动者，又要做善于化解矛盾的攻坚手，以扎实的举措推动工作取得突破；既要保持“一张蓝图绘到底、一任接着一任干”的发展定力，又要善于开拓性谋划、创造性落实，在革故鼎新中塑造高质量发展新优势。要树牢实绩为先的用人导向。落实新时代好干部标准，突出实干实绩，加快探索干部选拔任用新机制，在经济发展、城市建设、招商引资、矛盾调处等基层一线考察识别干部，着力打造一支谋事有想法、干事有激情、共事有担当的干部队伍。健全党政机关定期轮岗制度，实施干部能力素质提升计划，全面提高“七种能力”，让如皋干部更具狼性特质。深入落实“三项机制”，优化市委大督查机制和考核体系，持续加大督查力度，激励更多干部担当作为，以真督实考凝聚干事创业、高效落实的强大合力，真正让吃苦者吃香、有为者有位。

（三）突出固本强基之举，让战斗堡垒更加坚强有力。

我们的事业根基在基层，必须牢固树立大抓基层的鲜明导向，以高质量党建的“一颗子”激活基层“一盘棋”。要在建强组织体系上见实效。完善“四位一体”党组织架构，进一步健全完善街道大工委、社区大党委、网格大支部运行机制，有效实现“红网”与“网格”深度融合；严格落实“属地管理+行业指导”责任，加强新兴业态的党建工作，确保“两新”党组织有形有效覆盖；强化区域党建联盟建设，促进互融互动，持续整顿软弱涣散党组织，不断增强凝聚力和战斗力。要在狠抓队伍建设上下真功。扎实推进党员“拓源提质”行动，全面优化党员队伍建设；强化村（社区）干部专职化管理，深入实施“头雁领航”工程，优化提升村级班子，以组织振兴保障乡村全面振兴；大力开展“两在两同”建新功行动，让党员冲在攻坚第一线、让党旗飘扬在发展最前沿。要在夯实基层组织上出实招。以支部星级评定为抓手，推动村（社区）党群服务中心、“两新”党建阵地提档升级，建设一批高质量示范党支部；以实施“书记项目”为载体，破解基层党建堵点难点，全力推动基层服务型党组织建设；以皋城党员先锋“十带头”为标准，选树一批党员先锋模范，通过典型培育促进基层党组织全面进步、全面过硬，以示范引领点燃服务发展、服务民生的红色引擎。

（四）绷紧纪律规矩之弦，让风清气正成为鲜明底色。

全面从严治党永远在路上，必须把严的主基调长期坚持下去，纵深推进党风廉政建设和反腐败工作。要压紧压实“两个责任”。从加强市委常委会自身建设做起，以上率下，一级做给一级看，认真落实市委常委会议事规则和决策程序，推动权力规范运行。严格落实党风廉政建设责任制，做到真抓真管、严抓严管。持续强化政治监督，深化“巡察+”模式，稳步推进十三届市委巡察全覆盖，以抓住“关键少数”来管住绝大多数。要驰而不息纠治“四风”。深入贯彻落实中央八项规定精神，持续为基层松绑减负，深挖细查隐形变异“四风”问题，坚决防止反弹回潮。完善党内问责机制，对不敢担当、作风漂浮、推诿扯皮的坚决予以问责，达到“问责一个、警醒一片”的震慑效果。要坚定不移惩治腐败。坚持挺纪于前，深化运用监督执纪“四种形态”，以身边发生的违纪违法案件为戒，常态化开展纪律警示教育，真正做到以案示警筑牢防线，以案为鉴警钟长鸣。始终保持反腐败高压态势，严肃查处在行政审批、工程建设、国企投融资、执法司法等领域的腐败问题，精准纠治民生领域“微腐败”，一体推进不敢腐、不能腐、不想腐，为如皋现代化建设营造风清气正的社会环境。

伟大的时代赋予我们光荣使命，崇高的事业召唤我们开拓奋进。站在新的历史起点上，如皋现代化建设的壮丽画卷已经展开，让我们更加紧密地团结在以习近平同志为核心的党中央周围，在省委、南通市委的坚强领导下，团结带领全市党员干部群众，不忘初心、砥砺前行，为奋力谱写如皋现代化建设新篇章而努力奋斗！

弘扬治沙精神　全面乘势聚力 高质量建设南通跨江融合发展样板区

——在市委十三届三次全体（扩大）会议上的讲话

何益军

（2021年12月31日）

这次全会的主要任务是，以习近平新时代中国特色社会主义思想为指引，全面贯彻落实党的十九大和十九届历次全会精神，按照中央、省委经济工作会议和省市党代会部署要求，总结今年工作，安排明年任务，动员全市各级党组织和广大党员干部，解放思想再出发，振奋精神勇向前，团结带领全市上下大力弘扬如皋治沙精神，乘跨江之势、聚创新之力，高质量建设南通跨江融合发展样板区。

根据常委会讨论精神，讲四个方面意见：

一、共克时艰、勇毅前行，现代化如皋建设实现良好开局

今年是“十四五”规划开局之年，也是全面建设社会主义现代化的起步之年，面对宏观环境复杂多变、经济下行压力加大、要素资源约束趋紧的叠加影响，市委认真贯彻中央和省委、南通市委决策部署，以思想解放优化发展赛道，以重点突破带动全局提升，在克难奋进中优作风、聚合力、攻关键，改革发展稳定和党的建设各项事业取得新进步，现代化如皋建设实现良好开局。

（一）坚持顺时而谋，方向路径更加明晰。始终坚持以新思想定向领航，引导全市上下聚焦“十四五”发展目标，确立了“挺进县域二十强、争创文明典范城”的奋斗指向，明确了以“五区建设”为引领，一体化推进三大核心战略，“勇当长三角北翼高质量发展排头兵、谱写如皋现代化建设新篇章”的方向更加明确、路径更趋优化。市委常委会牢固树立正确的政绩观和科学的发展观，以“立大志、吃大苦、创大业”的决心毅力，坚持以上率下、一级做给一级看，持续谋划推动经济运行、科技创新、党的建设等九个方面49项重点工作，跨江融合发展样板区、六大优势产业链培育、创新引领优化赛道等关键领域破题开篇，历史遗留问题化解取得积极成效，市科创委、产业链长制、高质量考核等体制机制更加优化，全市上下干事创业的精气神更加提振、争先创优的主旋律更加响亮，为新一轮高质量发展夯实了坚强保障。

（二）坚持量质并举，综合实力稳步提升。始终抓牢发展第一要务，预计全年实现地区生产总值1410亿元，一般公共预算收入77.8亿元，分别增长9%和8%，经济总量、综合实力分别跃居全国百强县（市）第16位、第21位。项目建设高质高效，一批重特大项目、科创型项目成功落地，全年新签约10亿元以上项目32个。日达精密、正海磁材、斯堪尼亚商用车等重特大项目扎实推进，新开工制造业重特大项目15个，其中3个获南通高端制造业奖励；完成重特大服务业项目8个。转型发展向前迈进，六大优势产业链占规模工业应税销售比重超80%；培育超100亿元、超50亿元企业各1家；新增规上工业企业180家、南通第一；培育国家制造业单项冠军1家，新增国家级、省级专精特新“小巨人”企业2家和8家，国家级累计总量和省级新增数南通第一；获评省市示范智能车间17家，南通第一；新增上市企业3家、南通第一，新入轨企业3家、股改1家，设立产业引导母基金和科创基金，新增制造业贷款30亿元、创历史新高；能耗“双控”精准实施，单位GDP能耗、工业增加值能耗预计实现双下降。改革开放持续深化，国企整合改革和市场化转型扎实推进，在全省率先探索以信用为基础的企业分级分类新型监管方式；研究制订跨江融合五年行动方案，新增亿元以上沪通产业项目17个。全年预计实现到账外资3.24亿美元，制造业外资到账额南通领先，港口集装箱吞吐量超55万标箱，外贸进出口总额达290亿元。

（三）坚持创新引领，发展动能持续增强。大力实施“创新如皋”三年行动计划，出台科技23条、人才22条激励政策，入选首批省创新型示范县市创建名单。载体平台提档升级，省农高区、龙游河科创走廊等一批高能级平台载体谋划建设，启动上海交大如皋科技创新中心等飞地孵化器建设，主功能区孵化器全部开园，高新区创新驱动发展综合评价跃居苏中苏北省级高新区第一。创新要素加速集聚，企业“白名单”和科技贷款风险分担机制建立完善，推动成立2家科技支行，新增科技贷款8.48亿元；入选国家重点人才计划1人、省“双创计划”6人，卓远半导体获批国家高端外国专家引进计划。创新能力持续增强，高新技术产业产值占比45.7%，新增潜在独角兽企业2家、瞪羚企业5家，净增高企47家、新增省重点研发计划数、省国际科技合作项目数、省科学技术获奖数、南通“揭榜挂帅”项目数均列南通第一。新瑞药业荣获国家颠覆性技术创新大赛优胜奖。

（四）坚持统筹协调，城乡发展日趋均衡。一体化构建“一主一副”城市新格局，城市品质与乡村风貌得到同步提升。北沿江高铁如皋西站正式获批，张皋过江通道开工建设，沪陕高速扩建、通皋大道二期等重点工程有序推进，惠政路龙游河桥等24条城市主次干道提档升级，内序外畅的综合交通网络加快构建。城市品质提升可观可感，西部片区城市更新全面启动，两河风光带、龙游河三期、龙游湾公园生态景观示范带、青年人才公寓国际社区等一批城市功能性项目扎实推进，完成26个地块91.4万平方米搬迁，改造老旧小区18万平方米、惠及群众2600余户；城市管理日趋精细，城管综合执法标准化入选国家试点。农业现代化步伐加快，粮食、生猪等重要农产品稳产保供，新增全国农业创业园区（基地）2家，国家地理标志农产品1个，入选全国绿色种养循环农业试点县，获评省农产品质量安全市、省首批绿色蔬菜产业（黑塌菜）特色县。协同推进环境治理和生态建设，创新生态公益检察领域“三长”联动保护机制，农村人居环境整治提升、黑臭水体整治和“自己的河道自己管”有序开展，以资源化利用为主线推进农村河道片区治理工作成效显著，市考以上断面均达Ⅲ类水质标准，优良天数比例85.6%，新增省级特色田园乡村1个、省级绿美乡村8个，入选全国水系连通及水美乡村建设试点县，“美丽如皋”建设成效进一步彰显。

（五）坚持以人为本，民生福祉不断殷实。以民生改善促进共同富裕，全年财政民生支出占比80.9%。全力做好富民增收文章，新增就业2.8万人，“双联双助”实现帮村帮户全覆盖，预计城乡居民人均可支配收入分别增长10.5%、11.5%。全面深化拓展合作范围，持续推动如洋对口协作再上新台阶。高质量教育县域样板创建启动实施，“双减”政策有序落实，如皋中专、第一中专升格工作扎实推进，如师二附、三附等建成启用，教育现代化年度监测得分连续五年领跑全省。疫情防控常抓不懈，人民医院新院区启动建设，医共体格局初步形成，高分通过国家卫生城市复审。区域供水三期和水质提升工程竣工通水。常态化创建机制不断优化，全国文明典范城市创建扎实推进，移风易俗持续深化，文明行为蔚然成风，涌现出全国最美家庭、教育世家、优秀党务工作者和中国好人等一批先进典型。社会治理机制不断创新，“大数据+指挥中心+综合执法队伍”试点工作稳步推进，“两代表一委员”接待日、有事好商量等活动常态化开展，“数字化区域治理”体系持续完善，“红网+网格”融合推进，城市开发历史遗留问题攻坚取得阶段性突破，相关金融机构风险得到稳妥处置。启动全国信访工作示范县（市）创建，平安如皋、法治如皋建设深入推进，安全生产形势总体平稳，公共安全感位居全省县（市）前列。

（六）坚持从严从实，党的建设得到加强。深入学习宣传贯彻党的十九届六中全会精神，精心组织建党100周年庆祝活动，伟大建党精神深入人心。持续推进党史学习教育走深走实，落实民生实事项目3000余件，学教成效在推动发展中得到充分展现。基层党组织建设持续加强，圆满完成市镇党委和村（社区）“两委”换届任务，班子梯次结构明显优化、整体功能显著提升，村干部管理实现“专职化”；基层堡垒不断筑牢，围绕村（社区）组织振兴，对村（社区）综合考核实施提级管理，紧扣乡村振兴按季举办“村书记大讲坛”，成立平园池村乡村振兴培训学院，“田园党建”入选全国乡村振兴示范案例，新增省“百名示范”村（社区）书记2名。以作风建设为着力点，建立完善市委大督查工作机制，以小切口开展专项督查26项，比学赶超、争先创优的良好氛围持续强化。深入开展政法队伍教育整顿活动，政法铁军进一步锤炼。严格落实“两个责任”，加强监督执纪“四种形态”运用，惩治腐败始终保持高压态势。市人大、市政协充分发挥自身优势，聚焦市委“点题”，在民主法治建设、营商环境打造、科创能力提升、乡村河道管护等方面发挥了重要作用。爱国统一战线不断壮大，群团组织作用积极发挥；国防动员、双拥共建活动扎实开展，和衷共济、团结奋进的良好局面得到进一步巩固。

如皋的每一份成绩、每一点进步，都离不开上级党委、政府的坚强领导，都饱含着大家的智慧心血、拼搏付出。在此，我代表市委，向奋战在全市各条战线上的广大干部群众，向给予真诚理解、鼎力支持的老干部和社会各界人士，表示衷心的感谢并致以崇高的敬意！

在肯定成绩的同时，我们也清醒地看到发展中存在的问题和不足：新旧动能转换速度还不快，重特大项目的支撑度和产业链的集聚度还不足，主功能区发展贡献度还需加快提升；生态环保、安全生产等领域风险点仍然存在，共同富裕的步伐还需加快，发展的普惠性还有待增强；少数党员干部科学发展、创造性抓落实的能力还需进一步提升，党风廉政建设还需持续加强，等等。这些问题都需要我们高度重视，在今后工作中认真加以解决。

二、振奋精神、乘势聚力，加快积蓄高质量发展的更强动能

在南通市第十三次党代会上，南通市委要求如皋打造“跨江融合发展样板区”，为我们加快发展指明了方向、明晰了路径。乘跨江之势、聚创新之力，需要我们认清形势、把准要求。从外部形势看，面对国际形势依然严峻复杂和国内需求收缩、供给冲击、预期转弱的三重压力，中央把稳增长、促创新、保稳定作为明年经济工作的核心内容，明确了“七大政策”，为稳定发展大局保驾护航；省党代会提出了“六个显著提升”总体要求，省委经济工作会议也明确指出将坚持改革创新“双轮驱动”，经济持续恢复、长期向稳向好的总体态势不会改变。从如皋实际看，我们拥有长三角一体化发展、扬子江城市群建设等重大战略叠加机遇，拥有良好的“1235”区位交通格局，既有港口又有临港空间的战略资源，既有近年来重大项目尤其是百亿级重特大项目积蓄的强劲势能，又有世界长寿乡、优质教育品牌等显性优势，这些都是我们跨江的底气、融合的信心，总的来说，支撑如皋高质量发展的基础条件更加向好，跨江之时和融合之势在我一方、发展于我有利。

道阻且长，行则将至；行而不辍，未来可期。我们要清醒认识到，随着跨江融合的深入推进，外部的常规性竞争必将更加激烈、偶然性挑战也将愈发严峻；踏上现代化如皋建设的新征程，也更会遇到一些难以想象的“坡”和“坎”，这些都需要我们像当年“战高沙”那样不畏艰险、像“育良田”那样勇往直前，更需要我们进一步传承和弘扬“治沙精神”并赋予它新的时代内涵，牢固树立“过了一山再登一峰”的信念和意志，全力跑好我们这代人的“接力赛”，不断绘就如皋更加出彩的明天！

*大力弘扬如皋治沙精神，就是要全面凝聚“以上率下、勠力同心”的磅礴力量。*新中国成立之后，面对土地贫瘠、灾害频繁的现状，县委吹响了“治沙改土”的集结号。在此期间，时任县委主要领导亲自上阵，常委班子率先垂范，全县上下积极响应，干部群众竞相参与，全面掀起了轰轰烈烈的百万人民治沙热潮。当前，我们肩负“挺进县域二十强、争创文明典范城”“打造跨江融合发

展样板区”的历史重任，工作面广量大、任务艰巨，比以往任何时候都需要全市上下凝心聚力、携手共进。需要市委班子以上率下、亲力亲为。积极发挥总揽全局、协调各方的领导核心作用，既要强化全局统筹和整体把控，狠抓目标任务落实；又要全力推动工作重心下沉，一级做给一级看、一级带着一级干，始终同人民想在一起、干在一起，让工作更有底气、更接地气。需要党员干部示范引领、冲锋在前。坚决把该扛的责任扛起来、把承担的任务落实好，努力在经济发展、城乡融合、党的建设等各方面放好样子、作出示范，做到发展有我、实干看我、奋斗忘我。需要人民群众积极响应、踊跃参与。充分发挥群众的主体作用，始终坚持与人民团结一致、共同奋斗，在“自己河道自己管护”、文明典范城创建上动员群众深度参与，在产业培育、转型升级上引导广大企业积极投入，在招商引资、项目建设上推动在外乡贤广泛助力，全面凝聚起万众一心、众志成城的强大合力。

*大力弘扬如皋治沙精神，就是要始终发扬“同甘共苦、发愤图强”的光荣传统。*在那段激情燃烧的岁月里，全县干部群众共甘苦，男女老少齐上阵，同吃同住同劳动，即使风餐露宿，依旧执着奋斗，凭借不甘人后的心气和永不示弱的志气，彻底挖除穷根，甩掉了“小六子”“吃供应”的落后帽子。面对跨江融合发展新机遇、区域竞合发展新态势，我们更加需要发扬发愤图强、自强不息的拼搏精神，积极抢抓发展机遇，加快优化发展赛道，在新一轮经济地理重塑中抢占先机、赢得胜势。立足新起点，需要我们坚定“立大志、吃大苦”的决心，聚焦主要矛盾和矛盾的主要方面，抓住和解决问题的根本与关键，吃苦不言苦，知难不畏难，全力顶住经济下行压力、化解信访遗留问题、建强基层组织堡垒，努力以工作的辛苦指数换取如皋的发展指数和群众的满意指数。需要我们提振“争先进、创一流”的干劲，始终保持不满足、不懈怠的竞争状态，把“行行争第一”作为永恒的工作追求，在产业转型赛道上，持续拉足创新发展马力，拉响产业腾飞引擎，加速推动从“构建产业链”向“培育创新链”的全面重构，全力紧跟南通新一轮高质量发展的步伐。需要我们满怀“建新业、立新功”的豪情，自觉在大局中找准工作定位、发展方向，既要主动作为、创新突破，在优化营商环境、延续城市文脉、强化民生保障上彰显新业绩；也要小处着手、攻坚发展，推动国家历史文化名城、国家生态园林城市、全域旅游示范区创建等系统性任务落地落实，在接续奋斗中展现新作为。

*大力弘扬如皋治沙精神，就是要不断磨炼“坚韧不拔、敢于斗争”的坚强意志。*通过数十载如一日的艰苦奋战，凭借“誓将山河重安排”的坚韧意志和“踏平坎坷成大道”的斗争精神，如皋人民咬紧牙关、铆足干劲、战天斗地，用近半个世纪的时间将80万亩贫瘠沙土变成高产良田，谱写了一曲改造大自然的胜利壮歌。踏上新征程，我们面临的发展形势更趋复杂、任务更为艰巨、矛盾更加尖锐，迫切需要进一步增强识变之智、应变之方、求变之勇，以愚公移山的顽强毅力和一往无前的斗争血性，战胜前进道路上的各种困难挑战。必须直面历史矛盾，一以贯之管到底。面对少数“灰犀牛”事件带来的不良影响，既要时刻警醒反思，科学总结过去的经验教训，找寻未来发展道路上的指引和参考；又要善于化危为机，提高斗争本领，拿出更大的政治勇气和智慧，主动理旧账解难题，把宝贵的资源禀赋用在刀刃上，竭尽所能将历史包袱变成发展财富。必须坚定发展方向，一股韧劲干到底。全面贯彻新发展理念，加快破除思维定式、工作惯性和路径依赖，在产业链链主企业培育、主功能区专业孵化器打造、园区跨江结对共建等重点领域持续用力、加快破题，以自身发展的高质量化解“成长中的烦恼”，全力推动经济社会发展行稳致远。必须保持历史耐心，一张蓝图绘到底。牢固树立“功成不必在我，功成必定有我”的胸襟和信念，以滴水穿石的坚韧和执着，脚踏实地把全国文明典范城市、安全生产示范市创建等事关群众利益和长远大局的工作基础打牢。只要是为了党的事业和人民的利益，就要“甘当铺路石，愿抓未成事”，坚定不移、锲而不舍地干事创业，努力创造出经得起时代检验的发展实绩。

*大力弘扬如皋治沙精神，就是要持续擦亮“真抓实干、善作善成”的最强标识。*从二十世纪五十年代试点探索，到七十年代全面会战，再到世纪之交扫尾收官，一代又一代如皋儿女矢志不渝、

接续奋斗，成功创造了治沙改土的历史壮举，充分彰显了真抓实干、善作善成的精神力量。当前，我们既要应对加快发展和化解矛盾的双重要求，又要应对扩大总量和提升质量的双重任务，既要巩固“稳”的基础又要积蓄“进”的力量，唯有练就过硬本领、勇担时代重任，才能把美好蓝图变为生动现实。必须坚持以实为要。坚决破除坐而论道、空喊口号等不良现象，牢固树立正确的政绩观和科学的发展观，确保发展方向不偏不倚、前进步伐坚实有力、各项事业踔疾步稳。必须坚持以干为重。坚决摒弃好大喜功、叶公好龙的不良倾向，准确把握大局大势，敢于跨越思想鸿沟、突破思维禁锢，紧紧围绕科技创新、跨江融合、数字经济等引领未来发展、改变竞争格局的重点领域，找准“牵一发而动全身”的关键环节，主动作为，精准发力，加快实现乘势而上、借梯登高。必须坚持以成为本。牢固树立一切围绕目标转、一切聚焦结果干的发展导向，全面练就新时期“治沙”的铁骨钢肩，一以贯之抓推进，踏石留印抓落实，奋力推动现代化如皋建设开创新局面、再创新优势、铸就新辉煌。

同志们，时代有时代的大潮流、大节奏，我们也应有自己的小浪潮、小节奏，要跑出现代化新如皋建设的加速度，我们唯有大力弘扬如皋治沙精神，不负韶华、顽强拼搏，不负重托、接续奋斗，才能踏准跨江融合的快节拍，跟上时代发展的大步伐!

三、苦干实干、加压奋进，加快打造南通跨江融合发展样板区

2022 年是中共二十大召开之年，也是全面贯彻落实省市党代会精神的开局之年。做好明年工作，必须坚持以习近平新时代中国特色社会主义思想为指导，全面贯彻中共十九大和十九届历次全会以及中央、省委经济工作会议精神，坚持稳中求进工作总基调，完整、准确、全面贯彻新发展理念，主动融入新发展格局，大力弘扬如皋治沙精神，着力推动高质量发展，持续改善民生，保持社会大局稳定，纵深推进全面从严治党，高质量建设南通跨江融合发展样板区，以优异成绩迎接中共二十大胜利召开。

综合考虑各方面因素，全年经济社会发展的主要预期目标是：地区生产总值增长 7%以上，一般公共预算收入增长 8.6%，高新技术产业产值占比 48%，全社会研发投入占 GDP 比重 2.75%，固定资产投资增长 9%，制造业投资占固定资产投资比重 65%以上，规上工业应税销售增长 20%以上，规上工业增加值增长 12%左右，规上服务业重点行业营业收入增长 15%以上，社会消费品零售总额增长 8%，实际利用外资 3.6 亿美元以上，城乡居民人均可支配收入与经济增长基本同步，万元 GDP 单位综合能耗下降、主要污染物减排完成上级下达任务。

确定上述预期目标，既是落实省和南通市的总体要求，又考虑我市发展实际，与党代会精神和“十四五”目标任务相匹配，有利于引导预期、提振信心、增强各方面的积极性，充分体现紧跟南通新一轮发展“高光时刻”的奋斗指向。在实际工作中，我们要尽最大的努力争取更好的结果。做好明年工作，要坚持稳字当头、稳中求进，确保经济运行、社会政治等各方面都要稳。各板块各部门既要聚焦聚力守护实体经济基本盘，夯实“稳”的基础，也要完整、准确、全面贯彻新发展理念，全力推动项目建设、科技创新、外资外贸等工作迈出更加坚实步伐，努力在质量、结构和效益等各方面积蓄“进”的力量；既要增强工作的系统性，把握好各项工作的关联性和耦合性，防止畸轻畸重、顾此失彼，也要统筹疫情防控和经济社会发展，统筹发展与安全，继续做好“六稳”“六保”工作，为完成全年目标任务提供良好发展环境。

根据上述目标，明年要重点抓好六个方面：

（一）抓投入、稳增长，推进更高质量的经济发展。发展之路没有终点，必须深入实施“产业兴市”战略，以转型升级为导向、项目投入为牵引、要素保障为支撑，确保经济运行稳中有进、发展质效持续提升。发力项目建设“主战场”。扎实开展“项目招引突破年”活动，严把项目准入关口，编好用好产业链招商图谱，坚持传统创新并重、招商招才结合、三次产业联动，持续发力六大优势产业链项目，更加注重项目质态，新签约 10 亿元以上项目 36 个，力争五十亿、百亿级重特大项目实现再突破；招引科创项目120个。坚持完善领导挂钩服务制度和重大项目推进“八项机制”，全力推动金鹰产业园、斯堪尼亚商用车、思源储能等一批重特大项目早开工快建设，正海磁材、赛杰艾迪、国石石墨烯等在建项目快竣工快投产，力争新开工10亿元以上项目28个，其中五十亿级项目4个、百亿级项目2个，入选南通市高端制造业项目5个以上。跑赢产业升级“段位赛”。大力实施制造业三年倍增行动，紧扣推进优势产业高质量发展要求，“一链一策”做实做细六大优势产业链发展规划，广泛延伸产业链、提升价值链、融通供应链，推动产业链式布局、专业化配套、集群化发展，确保六大优势产业链占规模工业应税销售比重82%以上，战略性新兴产业产值占工业总产值比重达40%。以“2523”大企业、上市企业培育为抓手，积极培植一批引领型“链主”企业、优势骨干企业、细分行业头部企业和优质中小型配套企业，力争新增国家级、省级专精特新“小巨人”企业分别2家、4家，规上工业企业180家以上、上市挂牌企业2家、应税销售超50亿元工业企业1家。用好工业企业资源利用绩效评价、智能制造与工业节能诊断服务，鼓励企业“触网”融合，推动传统产业乘“云”而上、借“数”转型，确保规模企业技改覆盖面超60%，实施超亿元技改项目30个，新增国家级两化融合贯标企业4家。以省级现代服务业高质量发展集聚示范区创建为契机，推动总部经济、商贸物流、科技服务等生产性服务业规模化、高端化发展，文化旅游、康养服务等生活性服务业个性化、品质化提升，新增服务业重大项目6个，确保服务业增加值增长7%以上。打好要素保障“组合拳”。用足用好增值税留抵退税、研发费用加计扣除等减税降负政策，保障企业能源安全稳定供应，帮助中小微企业纾困解难，持续稳定市场主体预期，引导企业保持定力、共克时艰；积极上争用地计划，扎实推进低效用地盘活增效和园区空间再造，探索科创产业用地（Ma）政策，优化配置土地资源；强化金融支持，推动银企精准对接常态化，发挥产业基金引导和社会资本撬动作用，确保新增子基金2支以上、制造业贷款增量30亿元以上；大力开展点对点用工服务保障，支持校企合作共建实训基地，推行“订单培养、订单招工”，培养技能型人才6000人，推动更多要素资源高效直达实体经济。

（二）抓创新、谋转型，激发更加强劲的发展动能。科技创新永无止境，必须以省创新型示范县市创建为引领，更大限度集聚优质创新资源，更大力度推动创新成果落地转化，持续提升创新浓度、创业热度、人才密度。提升科创载体竞争力。精心编制龙游河科创走廊总体规划、特色空间风貌提升规划，重点打造雉水科学城、龙游湾科创智谷，让“好风景”变成“新经济”。积极融入南通沿江科创带建设，加快推动省级农高区创建取得实质性进展，鼓励吴窑等有条件的镇利用闲置资产改造建设科技企业孵化器，深化与上海交大“双飞地”合作模式，共同打造大零号湾如皋（上海）科技成果转化创新平台，积极推动更多板块与上海苏南等高校科创园共建成果转化基地，让“好平台”释放“新动能”。激发企业主体创新力。深入推进高企倍增计划，注重知识产权运用和价值实现，鼓励引导企业加大研发投入、提升产学研合作层次，积极参与省市“揭榜挂帅”、科技攻关和行业标准制定，支持力星钢球、海泰科特等建设细分领域重点实验室，鼓励日达精密建立国家级实验室，围绕精密滚动体、人造金刚石、高纯半导体、汽车轻量化材料、光电显示等领域，积极推动产业、技术、制造业创新中心建设实现突破，确保新认定国家级高新技术企业166家、科技型中小企业620家，新增省级工程（企业）技术研究中心6家以上、实施产学研合作项目230个以上，技术合同成交额超60亿元。增强创新生态吸引力。健全完善科创委统筹推进科创工作机制体制，充分发挥创新政策激励效应，加快建设如皋产业研究院、科创投集团、人才资本中心，实质化运行科创产业引导基金，高标准建设青年人才公寓国际社区，持续优化科技镇长团管理模式，常态化开展“招才引智”、创新创业大赛等活动，挖掘用好在外人才资源优势，强化“苏科贷”“高企直通车”、科技担保等科技金融服务，确保新增贷款9亿元，引进各类高层次创新创业人才30名、名校优生200名以上；大力弘扬张謇企业家精神、工匠精神，营造热爱科学、崇尚创新、宽容失败的浓厚氛围，为“科创皋地”建设强基赋能。

（三）抓改革、强开放，培育更具活力的发展后劲。改革开放没有完成时，必须以跨江融合为主抓手，加速融入长三角一体化，推动改革与开放协同发力，全面激发发展新活力，持续拓展开放新空间。更高标准提升改革成效。进一步放大“如意”营商环境品牌效应，深化“放管服”改革成效，积极争创国家信用示范城市，持续增强市场主体获得感和满意度；深入开展国企改革三年行动，优化国有资本布局，深化国有企业市场化转型，加快推进建筑业企业混合所有制改革，组建如皋建筑产业联盟，推动国资国企做大做强、建筑业发展提质增效；积极争取国家和省级改革试点，力争在经济体制、农业农村、生态文明等重点领域，打造更多具有如皋标识的改革品牌。更宽领域推动跨江融合。集聚长三角和扬子江城市群高端要素资源，扎实推进跨江融合五年行动，积极承接上海五大中心和苏南自主创新示范区建设溢出效应，力争各重点园区均与上海苏南1~2家园区建立紧密合作关系，在设施联通、产能对接、产业协同、路径优化等方面开展深层次、广领域合作。以跨江融合推进跨国合作，推动如皋港积极争创国家综合保税区，开发区加快建设高质量外资集聚的开放重地，不断提高外资利用水平；支持外贸企业通过保市场、保订单、保份额，在实现稳步发展的同时努力扩大进出口规模，力争外贸进出口总额达310亿元，集装箱吞吐量突破60万标准箱。更深层次激活园区潜能。全力推动开发区与上海嘉定和临港新片区氢能产业园开展实质性共建、如皋港化工新材料产业集中区升格为化工园区、高新区做大“高新份额”加速迈进国家级高新区、如皋工业园区做强东西部园区扛起主城担当，扎实推进下原、磨头等共建园区建设，打造一批产业合作“区中园、园中园”；学习借鉴先进园区经验，在完善提升各类园区上精耕细作，全面优化运营机制、功能配套、外部环境等，大力提升项目吸引力和承载力，让主阵地功能更完善、贡献更突出、特色更彰显。

（四）抓建设、重管理，展现更富魅力的城乡面貌。城乡品质没有最高级，必须坚持功能和品质并重、内涵和形象并举，以提升区域发展竞争力为目标，更高标准、更大力度推进城乡建设，让精致城市与田园乡村交相辉映。让城市中心更有品质。坚持多规合一，精心组织编制国土空间总体规划和各类专项规划，形成市域空间开发保护利用一张图；以申报国家历史文化名城、创建国家生态园林城市为抓手，统筹推进旧城改造、城市更新与新城建设，稳步推动西部片区加快升级、中心城区功能提档和老旧小区更新改造，加快推进两河两岸景观带、金融集聚区建设等重点工程，科学布局建设口袋公园、城市绿地等配套设施，支持长江镇主动融入南通西部片区，打造港产城融合的城市副中心；倾力倾心做好城市精细管理和长效巩固，完善智慧城管运行体系，强化“数字治堵”“数字治城”应用，使城市拥有可感知的温度、可安放的生活。让区域交通更加完善。抢抓交通强省契机，全力服务北沿江高铁、张皋过江通道、G40改扩建等重大交通工程建设，配合做好S30如常高速和东如高速前期研究，加快通皋大道二期、S226如皋段建设进程，畅通对外交通大动脉。立足现有村庄基础，全面推动农村公路提档升级，完善重点组团和节点的交通连接体系，加快促进城乡融合发展；深化如港路、沿江路快速化研究成果，确保中山路“白改黑”、紫光路北延等城市主次干道全面通车，打通市内交通微循环，以市域交通体系快完善推动城市能级大提升。让乡村振兴更加出彩。聚焦种源安全和耕地保护，坚决遏制耕地“非农化”，防止“非粮化”，加强高标准农田和水利等农村基础设施建设，确保农产品有效供给。以国家农业绿色发展先行区建设为引领，加快构建现代化农业产业体系，持续壮大新型农业经营主体，推动地理标志农产品产业链式发展，加快“三黑三白”、小微盆景等特色产业规模化、效益化进程；以平园池、顾庄等一批示范项目为重点，大力发展乡村旅游、生态休闲、农村电商等新业态，致力推动农文旅融合发展。深入推进乡村振兴示范村、先进村培育，发动更多的乡贤助力农村产业、公益事业，支持鼓励低收入村整村推进分布式光伏建设，充分利用三四级河道推广光伏应用场景，促进村集体收入稳步增长。做实做深农村人居环境整治提升工作，全力推动河道管护向庭院环境治理拓展，充分发动群众参与“最美庭院”评比，大力推广运用绿色种养循环、畜禽粪污和农业废弃物资源化利用等试点经验，争取走在全省前列，创成省级特色田园乡村1个、南通特色村庄2个，美丽宜居乡村建成率90%以上，推动乡村由干净整洁向生态宜居转变。

（五）抓环境、优生态，建设更宜人居的美丽如皋。环境改善没有休止符，必须用最严的尺子丈量生态，用最高的标准抓好保护，用最大的决心推动绿色发展，让美丽如皋颜值更高、气质更佳。提升绿色发展成效。树立绿色发展鲜明导向，加快编制碳达峰行动方案，推动纺织印染等重点行业节能减排、清洁能源替代，严控高耗能、高排放项目准入，积极争取省级碳达峰碳中和专项资金支持，推动产业结构变轻、发展模式变绿、经济质量变优。在生活领域大力倡导简约适用、绿色低碳的生活方式。厚植生态环保底色。深入打好污染防治攻坚战，突出精准治水，强化重要水体保护、地下水污染防控、关键断面水质监测，确保市考以上断面水质全部在优Ⅲ类以上；围绕科学治气，靶向治理建筑扬尘、餐饮油烟、车船污染，做好重污染天气防范应对，确保$PM_{2.5}$浓度、空气优良率达到省定目标；强化系统治土，加强用地污染状况调查、土壤环境监测和危险废物全生命周期监管，确保土壤环境质量总体保持稳定。构建特色治理体系。继续推进长江大保护，重点打造沿江绿色生态廊道，让黄金水岸更具“绿色含量”；全域实施“自己的河道自己管护”长效机制，系统推进片区水环境治理、生态河道建设等治水工程，积极打造“水韵古镇”，助力“水韵如皋”建设；大力实施环保信用评价和信息披露，加强环境行政执法和刑事司法联动，健全生态补偿和生态环境损害赔偿制度，推动跨区域、跨流域生态环境联保共治，着力打造生态环境治理体系的如皋样板。

（六）抓民生、促共富，实现更加美好的幸福生活。民生考场没有满分卷，必须全面落实以人民为中心的发展思想，以真挚情怀、务实举措保障和改善民生，让人民群众切实感知共同富裕的速度与温度。夯实共同富裕的物质基础。完善全方位就业创业服务体系，突出抓好重点人群就业，关心关注低收入困难群众，扩大中等收入群体规模，确保农村居民收入增长快于城镇居民。推动社保扩面提质，完善社会救助体系，发展残疾人保障、慈善救助事业，提升社会福利、退役军人保障等公共服务精准供给水平，让兜底性民生底线织得更牢。做好脱贫攻坚成果巩固与乡村振兴的有效衔接，深化如洋对口协作，持续带动低收入农户稳定增收。优化共同富裕的服务供给。围绕打造“高质量教育县域样板、长三角北翼教育名城”，加快建设如皋初中新校区、如皋中学品质提升等14项重点工程，扎实开展两所中专升格工作，深化全国义务教育优质均衡发展县市创建，推动全阶优质向全面发展加快迈进。常态化做好疫情防控，持续做实紧密型医共体，加快推动人民医院新院区、搬经镇人民医院等工程建设，不断提高城乡医疗卫生服务能力。发展多元化养老托育，用心用情解决“一老一小”现实问题。围绕创建国家全域旅游示范区，积极引进文旅龙头企业，扎实推进水绘园国家AAAAA级旅游景区创建、古运盐河遗址考古、李昌钰博物馆二期、贤达人士沙元炳实业报国精神研究等重点工作，不断提升城市文化软实力。大力弘扬如皋治沙精神，发挥新时代文明实践中心阵地作用，项目化推进文明典范城创建，深化移风易俗、文明乡风建设，持续擦亮“微笑之城·大爱如皋”的特色品牌，标注全域文明新高度。强化共同富裕的治理保障。贯彻落实总体国家安全观，防范化解重大风险，抓好非法集资、金融、房地产等领域风险防范处置，持续推动政府全口径债务率稳步下降。突出“五治”融合，试点开展网格服务管理标准化建设，启动社会治理综合服务中心建设，打造市域社会治理现代化标杆城市建设的工作平台，努力提高社会治理的如皋辨识度。深化新时代“枫桥经验”如皋实践，完善矛盾纠纷多元化解机制，不断提高初信初访和信访积案化解率。开展新一代雪亮技防工程建设，常态化开展扫黑除恶，扎实推进“平安如皋”“法治如皋”“数字如皋”建设，争创全国社会治安防控体系建设示范城市。严格落实安全生产责任制，继续开展好安全生产专项整治三年行动，加强危化品、交通运输、建筑施工等重点行业领域安全隐患排查整治力度，抓实食品药品安全监管，坚决防范遏制重特大事故，不断提升本质安全水平，提升防灾减灾抗灾救灾能力，努力实现高质量发展和高水平安全良性互动。

四、凝心聚力、务实笃行，持续夯实坚强有力的政治保障

准确把握新时代党的建设总要求，大力弘扬治沙精神，推动全面从严治党向纵深发展，以高质量党建引领现代化如皋建设。

（一）强化思想引领，坚定对标看齐的政治自觉。政治建设是党的根本性建设，必须摆在首位、落到实处。牢牢站稳政治立场。任何时候、任何情况都要与以习近平同志为核心的党中央保持高度一致，同党的政治纪律和政治规矩对标，向党的理论和路线方针政策看齐，忠诚拥护“两个确立”，坚决做到“两个维护”。强化思想理论武装。持续巩固深化党史学习教育成果，坚持以习近平新时代中国特色社会主义思想定向领航，把新思想作为应对困难挑战的重要法宝、推进如皋现代化建设的“行动指南”，确保上级有要求、如皋有行动、落实见成效。守好意识形态阵地。严格落实意识形态工作责任制，牢牢把握正确政治方向、舆论导向和价值取向，巩固全市意识形态领域良好态势。深化媒体融合，放大“如e融媒”等平台效应，围绕迎接党的二十大开展系列活动，广泛宣传如皋跨江融合、产业发展、文明典范城市创建等工作成效，持续提升如皋影响力和美誉度。

（二）激励担当作为，锻造素质过硬的干部队伍。政治路线确定之后，干部就是决定因素，必须以治沙精神为支撑，加快锻造一支本领强、作风硬、敢担当的高素质干部队伍。营造比学赶超的浓厚氛围。广大党员干部要充分认识“拼”的紧迫性、增强“争”的主动性，以只争朝夕的紧迫感加快追赶，以勇争一流的进取心加速超越，做到干就干成一流，做就做到极致，使锐意进取成为如皋党员干部最鲜明的特质。要充分发挥考核“指挥棒”作用，优化考核评价体系，严格结果运用，持续激发全面争先创优的内生动力，推动更多干部走在前列、干在实处、勇当先锋。增强攻坚克难的过硬本领。注重优化干部成长路径，主动对标苏南、学习先进，建立健全与苏南地区干部联合培养机制，常态化开展研讨交流、委托培训、挂职锻炼等工作，着力提升广大党员干部创新发展、狠抓落实的能力和水平。始终把项目建设主战场、维护稳定第一线、服务群众最前沿作为锤炼干部的练兵场，让广大干部在推动发展中练本领、在实践熔炉里长才干。打造干事创业的良好环境。坚持凭实绩用干部，用好用活“三项机制”，更加突出人岗相适、以德为先，让真正有情怀的实干者有平台。积极放大市委大督查“助推器”作用，加大对不担当、不作为、慢作为、假作为等问题的整治力度，以真督实查推动党员干部转作风、强担当、提效能，让躺平不动的无为者有压力。

（三）注重固本强基，构筑坚强有力的基层堡垒。牢固树立大抓基层的鲜明导向，使基层党组织成为教育党员的学校、团结群众的核心、攻坚克难的堡垒。聚焦“头雁+雁阵”强基提效。深入实施“头雁工程”，持续擦亮驻村第一书记工作品牌，常态化开展“村书记大讲坛”和“标杆书记”培育，打造过硬的村（社区）带头人队伍。以“五个一批”拓宽村干部来源，全力推进农村人才回引、后备力量培养。探索建立村干部实绩档案系统，用好村（社区）综合考核机制，不断激发村干部干事创业活力。依托“标准+示范”融合提质。加大党的组织在新领域新业态覆盖力度，组建区域型、产业型、项目型党组织，确保应建尽建。统筹推进各领域基层党组织标准化、规范化建设，完善街道“大工委”、社区“大党委”联席会议制度，深化“红网+网格”建设，常态化推进软弱后进党组织整顿，增强基层党组织的凝聚力和战斗力。聚力“党员+品牌”赋能争优。以基层党建示范点培育为抓手，以书记项目为引领，开展“一支一品”创建活动，充分发挥机关、国企等党组织书记主体作用；深入实施“红领+”工程，推动“两新”组织党务工作者创新创优，打造一批非公企业党建联盟和特色品牌；以皋城党员先锋为抓手，深入推进“两在两同”建新功、“攻坚有我”显担当行动，使每名共产党员都能成为一面鲜红的旗帜。

（四）从严管党治党，涵养正气充盈的政治生态。坚定不移推进党风廉政建设和反腐败斗争，一体推进不敢腐、不能腐、不想腐，努力建设人民满意的廉洁如皋。拧紧管党治党“螺丝钉”。把“严”的主基调坚持下去，加强对“一把手”和领导班子监督，以更坚决的态度、更有效的举措，压紧压实“两个责任”。点亮监督执纪“探照灯”。严格落实中央八项规定精神，准确运用监督执纪

“四种形态”，毫不松懈纠治“四风”，坚持问题导向，找准制约发展的绊脚石，着力解决加重基层负担、漠视侵害群众利益等问题。用好巡察利器，做深做实巡察“后半篇文章”。打好反腐败斗争“持久战”。保持惩治腐败高压态势，聚焦重大工程建设、开发园区、国有资产管理、政府及国资公司投融资、粮食安全等重点领域精准发力，持续强化不敢腐的震慑。深化以案促改、以案促治，找准腐败背后的体制性障碍、机制性梗阻、制度性漏洞，切实扎牢不能腐的笼子。坚持警示教育、纪律教育常态化制度化，筑牢不想腐的自觉，持续巩固风清气正的良好氛围。

回首过去，最可贵的是奋斗；展望未来，最可靠的仍然是奋斗。让我们高举习近平新时代中国特色社会主义思想伟大旗帜，在省委、南通市委的坚强领导下，团结带领全市广大干部群众，持续弘扬如皋治沙精神，昂扬斗志、乘势聚力、勇往直前，高质量建设南通跨江融合发展样板区，以优异成绩迎接党的二十大胜利召开！

· 政 府 工 作 报 告 ·

政府工作报告

——2021 年 2 月 23 日在如皋市第十七届人民代表大会第五次会议上

代市长 王鸣昊

2020 年和“十三五”工作回顾

过去的一年是极不平凡的一年，市政府在中共如皋市委的正确领导下，在市人大、市政协的监督支持下，深入学习贯彻习近平新时代中国特色社会主义思想、中共十九大和十九届二中、三中、四中、五中全会精神，坚持稳中求进工作总基调，坚持新发展理念，坚持高质量发展，抢抓长三角一体化发展机遇，围绕“奋力建设长江以北最强县市”目标，统筹疫情防控和经济社会发展，较好完成全年目标任务。实现地区生产总值 1305 亿元、同比增长 5.3%；一般公共预算收入 72 亿元，税占比 84.7%、南通第一；固定资产投资 476.5 亿元、同比增长 10.1%，社会消费品零售总额 458 亿元、同比增长 7%，进出口总额 248.9 亿元、同比增长 1.1%；城镇、农村居民人均可支配收入分别为 49118 元、23599 元，分别同比增长 4.6%、7.7%；城镇登记失业率降至 1.74%；完成上级下达节能减排任务（见附件一）。

过去的一年，面对突如其来的新冠肺炎疫情，我们坚决贯彻国家、省和南通市的决策部署，坚持人民至上、生命至上，在疫情暴发初期果断踩下“急刹车”、按下“暂停键”，统筹抓好“四早”防控和“四集中”救治，用 12 天时间实现本地确诊病例“零新增”，再用不到一个月的时间实现本地确诊病例全部治愈“清零”，保持患者“零病亡”、医护“零感染”。在疫情得到有力有效控制并做好常态化防控的前提下，用力踩足复工复产“大油门”、按下经济恢复“快进键”，先后出台扶企惠企、稳定外贸等政策措施，帮助企业纾困解难，两个月基本实现生产生活秩序正常化。回望这一年，我们进行了惊心动魄的抗疫大战，经受了艰苦卓绝的历史大考，“六稳”工作有力落实，“六保”任务全面完成，全市上下用忠诚担当、实干奋斗谱写了高质量发展和“强富美高”新如皋建设新篇章。

一、实体经济在共克时艰中企稳回升。坚持用发展战略的确定性应对各类挑战的不确定性，用稳增长的硬任务落实好促发展的硬道理，经济发展稳中有进、向上走强。工业经济稳中向好。不折不扣落实税费减免、要素保障等政策，推动工业经济循环畅通发展，实现规模工业产值 1223 亿元、规模工业应税销售 1063 亿元，分别同比增长 6.8%、14.8%。完成技改投入 137.3 亿元、占规模工业投入 45.7%。深入实施“2523”大企业、“专精特新”企业培育工程，新增 10 亿元企业 2 家、亿元企业 44 家、纳税超亿元企业 1 家、规模工业企业 175 家，星球石墨入选国家制造业单项冠军示范企业，思源电气、斯密特森、汤臣汽配入选全国第二批专精特新“小巨人”企业。新增省五星级上云企业 1 家、省级示范智能车间 4 家。新增贷款总量 269.5 亿元，增幅南通第一。新增上市报会企业 3 家、过会企业 1 家。现代服务业提速发展。实现服务业增加值 604 亿元、应税销售 1826 亿元，分别增长 6.6%、36%。新增规模服务业企业 50 家、限上批零住餐企业 99 家。发放“皋兴购”消费券促进消费超亿元，夜间经济等新业态有序发展。实现旅游综合收入 135 亿元。创成省全域旅游示范区，获评国家AAAA级旅游景区、省级夜间文旅消费集聚区各1家。平园池村入选全国乡村旅游重点村。建筑业逆势上扬。建筑业施工总产值突破1500亿元、入库税收13亿元。重点企业新签合同额增长超50%。获鲁班奖2个、国优奖5个。现代农业稳产增效。粮食生产再获丰收。项目农业投入26亿元，高标准农田、适度规模经营面积占比分别达61%、65%。新增小微盆景基地800亩。15万头生猪稳产保供基地开工建设。培育种养循环示范点20个，畜禽粪污综合利用率达98.6%。搬经镇入选全国农业产业强镇。

二、项目质效在久久为功中持续提升。坚持大抓项目、抓大项目，落实领导挂钩联系重大项目和月度观摩机制，更大力度抓招商、攻项目、强载体，高质量发展根基进一步夯实。招大引强实现突破。坚持重兵会战、精兵招引，在上海、北京、深圳等地开展投资促进周活动，成功举办“一会两节”，新签约10亿元以上项目24个，金鹰产业园、广大特材、日达智造等百亿级项目和斯堪尼亚重卡等重大外资项目成功落户。项目建设扎实推进。开展“大项目突破年”活动，新开工亿元以上项目84个，完成投资109亿元，其中10亿元以上工业项目18个、5亿元以上服务业项目4个，竣工项目93个、竣工率78.2%，转化达产项目66个、转化率35.1%。入选南通市高端制造业项目5个。省、南通市重大项目完成年度投资计划。园区建设取得实效。完成省级以上开发区“区街分设”。有序推进五大共建园区建设，盘活提升低效用地6178亩，成功落户10亿元以上项目30个。

三、改革开放在开拓创新中纵深推进。坚持以创新驱动、改革开放应对变局、开拓新局，区域发展竞争力不断提升。创新能力显著增强。完善“多位一体”科技人才服务体系，出台支持科创型企业发展等政策意见，新认定高新技术企业107家，新增省级工程技术研究中心4家，获批省级资金类科技计划项目5项，新签产学研合作项目118项，引进高层次双创人才30名，发放科创型企业贷款3.6亿元。主导或参与制定国家、行业标准9项，组建全国标准化分委会1个，新增国家级标准化试点项目2个、省级1个，创成国家基层标准化改革创新先行区。重点改革蹄疾步稳。全省率先启动“一件事”改革，推动网上跨部门协同审批，整合基层审批服务执法力量，“放管服”改革获省政府督查激励。强化农村综合改革，累计完成产权交易额22.5亿元，发放承包土地经营权抵押贷款1.9亿元，建成农民合作社综合社7家。深化国资国企改革，新增AA+主体信用评级企业2家，完成开发区国企体系重构。对外开放不断深化。实际到账外资3.3亿美元，新批超亿美元项目6个。完成服务外包执行额16.2亿美元、增长25.3%，其中离岸外包5.1亿美元、增长127.3%。新增境外投资项目16个、投资额1.8亿美元。外经营业额1.7亿美元。新开国际国内航线2条，集装箱吞吐量突破50万标准箱。跨境电商产业园正式运营。

四、城乡建设在统筹融合中提升能级。不断优化市域发展格局，坚持统筹协调、融合发展，高质量推进城乡建设。城市品质持续提升。完成新城区功能提升、如泰运河生态廊道、金融集聚区等规划编制。突出抓好32项重大城建项目，基础设施投入超10亿元。内外城河综合提升、龙游河三期、老旧小区改造等工作有序推进，新改建城市道路3800米、桥梁4座，新增绿化面积60公顷，城区垃圾分类投放设施覆盖率100%，既有多层住宅加装电梯试点工作顺利推进。完成城市搬迁80.5万平方米，棚户区改造66.5万平方米。创成省级生态园林城市、国家级节水型社会建设达标县，国家级户外广告试点通过验收。交通建设持续推进。如皋南站建成运营，通皋大道一期建成通车，老204国道二期改造完成，紫光路北延工程加快建设，内联外通交通格局更加完善。完成农村公路提档升级10千米，桥梁改造15座，通居路60千米，安全生命防护工程65千米。完成城乡客运一体化运营改革。镇村环境持续改善。深入推进农村人居环境整治，农村无害化卫生户厕普及率99.5%、生活垃圾集中收运率100%、生活污水处理设施行政村覆盖率95%。扎实开展农村乱占耕地建房专项整治行动。新增省级生态文明建设示范镇、示范村各2个，建成省特色田园乡村5个，创成省传统村落5个。

五、三大攻坚在克难奋进中决战决胜。对标“高”站位，对表“严”要求，坚持补短板、强弱项，三大攻坚战取得决定性胜利。污染防治成效显著。全面落实河长制、断面长制、点位长制，攻坚体系不断健全。中央、省环保督察和“回头看”交办问题整改全部销号。新建污水管网35公里，完成5个污水处理厂提标改造，建成分散式农户生活污水处理设施2000户，完成82条黑臭河道整治。市考以上断面优Ⅲ比例100%，地表水环境质量位居全省第六、南通第一。镇级大气自动监测站全面建成，$PM_{2.5}$平均浓度34.8微克/立方米，优良天数比例84.3%，达到国家空气环境质量二级标准。凌青建筑装潢垃圾资源化处置中心、上海电气炉排炉改造、飞灰填埋场二期建成投运。省级以上环境信访总量下降90%。坚定推进长江大保护，关停化工生产企业33家，长江退捕安置、岸线项目清理整治全面完成。风险隐患有效防控。全力防范化解政府隐性债务风险，推进乡镇债务提级管理，完成年度化债任务，实现债务规模、债务率“双下降”，全年债务成本下降49个基点。强化金融风险整治，扎实做好防范和处置非法集资工作。脱贫攻坚全面胜利。巩固提升“两不愁三保障”成果，建档立卡低收入户全部脱贫，32个经济薄弱村全部达标。建成强村加油站1个。与陕西洋县对口协作任务全面落实。

六、民生福祉在普惠共享中日益增进。自觉践行以人为本发展理念，大力增进民生福祉，10件为民办实事项目较好完成（见附件二），财政支出中民生投入占比78.6%。千方百计稳定就业。持续推动就业惠民、创业富民，新增就业9685人、创业3823人，发放富民创业贷款1035万元，落实稳岗返还资金1700万元，实施“百企联百村”联建项目190个。保障体系不断健全。城乡居民医保、职工“五险”实现动态全覆盖，城乡居民基础养老金、城乡低保等标准持续提高，全面落实残疾人“两项补贴”、重点优抚对象抚恤优待政策和退役士兵安置政策。优化公共服务供给。教育现代化步伐不断加快，普通高考本一上线率76.3%，核心指标均列南通第一，李渔小学投入使用，如皋中学品质提升、志颐小学等工程顺利推进。健康如皋建设深入推进，紧密型医共体、镇村卫生一体化工作取得突破，国家级卫生镇实现全覆盖。文体宣传事业加快发展，获省群众文艺“五星工程奖”2件、省档案开发利用成果一等奖1项，丝毯织造技艺获批国家级非遗项目，市木偶艺术团获评省群众文化“百千万”工程优秀文艺团队，举办“梦百合杯”世界围棋赛，支云足球俱乐部成功保级，融媒体中心入围省媒体融合先导单位。

七、社会大局在和谐共治中保持稳定。坚持安全发展理念，提高本质安全水平，全力打造更高水平的平安如皋。安全生产形势平稳。紧扣“两个不放松”和“务必整出成效”总目标，扎实开展安全生产专项整治，“一年小灶”任务全面落实，33个重点领域专项整治稳步推进，全市生产安全事故起数、死亡人数同比分别下降72.4%、73.3%。民主法治扎实推进。“七五”普法深入推进，市镇村法律顾问聘用实现全覆盖，行政案件数量下降30.8%。非诉服务中心成立运行，涉企矛盾纠纷人民调解委员会荣获全国模范称号。社会治理共建共享。市域治理现代化指挥中心建成运行，初步构建市镇村三级联动指挥体系。深入开展扫黑除恶专项斗争，群众安全感98.7%。集中治理重复信访、化解信访积案。移风易俗纵深推进，殡葬改革工作获省政府督查激励。切实加强政府自身建设，自觉接受人大法律监督、工作监督和政协民主监督，主动接受社会公众舆论监督，办理人大代表建议440件、政协委员提案376件，代表、委员满意和基本满意率均达100%。此外，人武、统计、供销、气象等工作不断加强。海事、海关、边检等口岸单位高效运转。积极支持工青妇、残联、科协、工商联等群团组织发挥作用。外事、红十字会、关心下一代、慈善、老科协、老区建设、老年体协、历史文化研究、见义勇为、长寿研究等工作取得新进步。

各位代表，“十三五”时期，如皋经济社会发展取得了历史性成就，为建设长江以北最强县市奠定了坚实基础。

五年来，我们始终坚持发展为要，深入践行高质量发展新理念，突出总量与质量并行，综合实力显著跃升。高水平全面建成小康社会取得决定性成就。地区生产总值、全部工业应税销售、服务业应税销售、建筑业施工产值突破千亿大关。三次产业比重由7.3:51.4:41.3调整到5.9:47.8:46.3。战略性新兴产业、高新技术产业产值占规上工业比重分别达 32.3%和 40%。获批国家制造业单项冠军 2 个、专精特新“小巨人”企业 6 家，省特色产业集群 4 个、生产性服务业集聚示范区 3 个。获批国家可持续发展实验区、国家农业绿色发展先行区。综合实力位居全国百强县市第 24 位。

五年来，我们始终坚持改革为先，坚定践行“改革不停顿、开放不止步”重要遵循，突出开发与开放并驱，发展活力显著增强。率先开展相对集中行政许可和综合行政执法改革，营商环境评价全省领先，全面深化“2+1+1”国资国企运营体系改革，创成国家基层标准化改革创新先行区。扩大高水平对外开放，完成外资到账 17.5 亿美元，外贸进出口年均增长 5%，如皋港保税物流中心（B 型）开关运营，集装箱吞吐量年均增长 66%。积极实施创新驱动发展战略，高新技术企业 270 家，研发投入占 GDP 比重 2.6%，万人发明专利拥有量 25 件。获批国家级农业科技园区核心区、省级高新区。

五年来，我们始终坚持品质为重，认真践行“城市让生活更美好”发展要求，突出精致与精细并重，城乡面貌显著变化。累计完成城市建设投入 50 亿元。城镇化率从 55.3%提高到 62.2%。城市空间不断拓展，完成城市总规、新城功能提升等规划修编，新城建设框架全面拉开。功能配套不断提升，突出用水点亮城市，改造提升龙游河、内外城河、宝塔河、茅雉河等城市河道 15 公里，新增绿地 453 公顷。综合交通不断完善，北沿江高铁、盐通高铁正式设站，张皋过江通道即将大临开工，通皋大道正式通车，城区“八横八纵”骨干路网基本建成，行政村双车道四级公路实现全覆盖。创成中国人居环境奖、国家节水型城市。

五年来，我们始终坚持生态为基，积极践行“绿水青山就是金山银山”发展理念，突出治标与治本并施，环境质量显著提升。长江大保护纵深推进，关闭化工生产企业 127 家，拆除规模养殖场 612 个，整治黑臭河道 455 条，新建污水管网 285 公里，污水集中处理率 96.8%。环境质量大幅改善，市考以上断面水质均达优Ⅲ类，地表水环境质量全省领先，单位 GDP 能耗较“十二五”期末下降 26.7%，优良天数比例上升 17.8%、$PM_{2.5}$ 平均浓度下降 59.7%，创历史最好水平。监管机制不断健全，建立生态环境执法司法联动和镇区生态补偿机制，成立全省首家生态环境保护执法司法联动中心，省高院在我市设立长江流域环境资源第二法庭。

五年来，我们始终坚持民生为本，自觉践行以人民为中心的发展思想，突出富民与惠民并举，群众生活显著改善。财政支出中民生投入占比保持 78%以上。累计实施民生实事项目 66 件。城乡居民人均可支配收入年均分别增长 7.8%、8.7%。社会保障体系不断完善，城乡社会保险覆盖率 99.8%，城镇登记失业率控制在 2%以内。基本公共服务标准化、均等化水平稳步提升，省教育现代化监测综合得分连续五年领跑南通，人民医院、中医院建成三级乙等医院，区域供水三期工程扎实推进，全面完成镇级民营医院、民营水厂公益性回归整合。高分蝉联全国文明城市称号。连续多年被评为全国公益百强城市，省级双拥模范城创建实现“四连冠”。

我们也清醒地看到，全市经济社会发展中还存在着一些问题和不足：主导产业规模偏小，产业链尚不完整，创新能力整体不强，龙头型、创新型企业不多，开发园区集聚度、支撑度、贡献度亟待提高；交通区位优势尚未充分释放，城市功能和品质还有待提升，城市发展能级还不够高；公共服务供给与群众需求还有差距，社会治理、环境保护等领域还存在不少短板；极少数党员领导干部政绩观、发展观出现偏差，“三重一大”决策程序未能严格履行，担当意识、服务能力与高质量发展要求还有差距。对此，我们将采取切实有效措施，认真加以改进解决。

“十四五”时期的目标任务

今后五年是如皋扛起历史使命、加速迈向社会主义现代化的起步期，是加快战略机遇转化、全面融入长三角一体化的窗口期，也是建设长江以北最强县市、实现更高质量发展的关键期。我们唯有胸怀大局、把握大势，准确识变、科学应变、主动求变，善于认识机遇、用好机遇、转化机遇，更加彻底地解放思想，更加科学地应对挑战，方能在危机中育先机、于变局中开新局。我们唯有谋定战略、完善战术，聚焦聚力关键抓手，以投资拉动、科技驱动、资本带动为引领，以产业升级、城市更新、交通转型为重点，全神贯注、全力以赴、全面突破，方能在新一轮区域竞争中抢占先机、赢得主动。我们唯有保持定力、高点定位，鼓足“比学赶超”的争先劲头、激发“滚石上山”的“狼性”斗志，一张蓝图绘到底、一棒接着一棒传、一任接着一任干，方能乘势而上、行稳致远，昂首阔步迈进“十四五”。

根据市委十二届十二次全会精神和《市委关于制定如皋市国民经济和社会发展第十四个五年规划的建议》，市政府制定了“十四五”规划纲要（草案），提请大会审议。

“十四五”时期我市国民经济和社会发展的总体要求是，高举中国特色社会主义思想伟大旗帜，深入贯彻党的十九大和十九届二中、三中、四中、五中全会精神，坚持以习近平新时代中国特色社会主义思想为指导，深入落实习近平总书记对江苏工作重要讲话指示精神，统筹推进“五位一体”总体布局，协调推进“四个全面”战略布局，坚持新发展理念，坚持稳中求进工作总基调，以推动高质量发展为主题，以深化供给侧结构性改革为主线，以改革创新为根本动力，以满足人民日益增长的美好生活需要为根本目的，统筹发展和安全，全方位融入苏南、全方位对接上海、全方位推进高质量发展，积极服务构建新发展格局，不断把“强富美高”新如皋建设推向前进，高质量建成长江以北最强县市。

综合考虑全市经济社会发展现状和未来五年发展趋势，“十四五”时期我市经济社会发展的主要预期目标是：到“十四五”期末，经济质量效益显著提升。经济持续健康较快发展，地区生产总值达1900亿元、年均增长8%以上，一般公共预算收入达120亿元、年均增长10%以上，“一城两区三基地”取得突破性标志性成果，在经济总量上成为长江以北最强县市。经济结构更加优化，创新能力显著提升，内需潜力不断释放，改革开放持续深化，农业现代化走在前列。产业基础高级化和产业链现代化水平明显提高，产业园区经济效益、区域竞争力以及对全市贡献度大幅提升，规模以上企业、高新技术企业、百亿级企业全面突破。民生发展水平显著提升。实现更加充分更高质量就业，低收入群体增收成果巩固拓展，中等收入群体比重明显提高，城乡居民收入较大幅度提升、差距持续缩小。公共服务体系优质均衡，教育现代化走在前列，率先创建全国义务教育优质均衡发展县市，高质量公共卫生健康体系基本建成，社会保障和养老服务体系更加完善，人口结构更加优化，高素质人才和年轻人比重显著提高，人民群众获得感、幸福感、安全感进一步增强。城市发展能级显著提升。生活、生产、生态“三生融合”的国土空间布局持续优化，新型城镇化和乡村振兴协同推进，城乡融合发展水平、生态宜居品质显著提升，成为美丽江苏如皋样板。主、副城区功能和品质全面提升，经济和人口承载能力明显增强，城市管理现代化水平显著提高，争创国家生态园林城市、国家历史文化名城，城市美誉度、集聚度和首位度进一步提升。对外交通格局进一步拓展，多式联运枢纽功能明显增强，深度融入沪苏通大都市圈，切实成为南通跨江融合桥头堡。社会文明程度显著提升。习近平新时代中国特色社会主义思想深入人心，社会主义核心价值观融入社会发展各方面，城市文化与精神守正创新、与时俱进，现代公共文化服务体系基本建成，文化事业繁荣发展，文化产业活力迸发，文化品牌更加响亮，文化自信充分彰显，全国文明城市和文化强市建设迈上更高水平。市域治理效能显著提升。社会主义民主法治更加健全，法治化水平全面提升，系统完备、运行高效、富有特色的市域治理制度体系基本建成，重大风险防范化解能力、突发公共事件应急能力、防灾减灾救灾能力显著增强，平安建设体系更加完善，发展安全保障更加有力，社会治理体系和治理能力现代化建设走在前列。

为实现上述目标，“十四五”期间，我市经济社会发展的总体思路是：聚焦“高质量发展高地”，主动融入国内大循环为主体、国内国际双循环相互促进的新发展格局，坚持把实体经济作为经济发展的着力点，注重强化改革举措系统集成、协同高效，持续提升高端要素集聚、协同、联动能力，积极推动产业链供应链优化升级，加快构建现代化产业体系，不断增强经济创新力和竞争力。聚焦“跨江融合先锋”，深入贯彻“三个全方位”的总体思路，扎实推进“一城两区三基地”建设，以交通互联互通为先导，以产业协同发展为支撑，以满足民生需求为重点，主动对标苏南先进地区，积极构建协同发展生态，争当南通地区更高质量融入长三角一体化发展先锋。聚焦“美丽城市典范”，全面贯彻省委关于建设美丽江苏的部署要求，抢抓长三角城市群发展机遇，围绕美丽宜居城市和美丽田园乡村两个维度，突出生态优先，强化规划引领，坚持“三生融合”，注重沿江、沿河、沿路“三沿”联动发展，持续优化功能配套，不断丰富文旅内涵，全面提升生态环境质量，全力打造美丽江苏如皋样板。聚焦“民生幸福标杆”，自觉践行以人民为中心的发展理念，尽力而为、量力而行，问题导向、精准施策，大力实施富民惠民安民新举措，全面提高公共服务供给能力和共享水平，不断增强人民群众的获得感、幸福感和安全感，加快建设最具爱心的民生幸福地。

各位代表，“十四五”规划纲要描绘了未来五年的宏伟蓝图，我们将以饱满的精神、充足的干劲、务实的作风，扎实推进各项目标任务落实。我们坚信，在市委正确领导下，经过全市人民的共同努力和不懈奋斗，“十四五”规划蓝图一定能够变成美好现实。

2021 年主要工作

今年是“十四五”规划的开局之年，做好今年政府工作事关全局、意义重大。我们将按照省、南通和我市市委全会部署，围绕高质量建设长江以北最强县市，立足新发展阶段、践行新发展理念、构建新发展格局，突出“三做一建”工作重点，更好统筹发展和安全，确保“十四五”开好局、全面建设社会主义现代化起好步，以优异成绩庆祝建党 100 周年。

今年经济社会发展的主要预期目标是：地区生产总值增长 8%以上，一般公共预算收入增长 6%以上，全部工业应税销售增长 15%以上，服务业应税销售增长 12%以上，实际利用外资 3.5 亿美元、力争 4 亿美元，外贸进出口增长 2%左右，固定资产投资增长 10%以上；居民消费价格涨幅控制在 3%左右，城镇登记失业率控制在 2%以内，居民人均可支配收入增长快于经济增长，单位 GDP 能耗下降、主要污染物排放完成上级下达任务。

围绕上述目标，重点抓好八个方面的工作：

一、坚持项目至上，持续扩大有效投入，着力培育业态高端、产出高效的经济发展新引擎。秉持“项目为王、质效为先”理念，持之以恒大抓项目、抓大项目，为高质量发展提供硬核支撑。

高质量招引优质项目。围绕“3232”产业体系，持续猛攻重特大项目，密切跟踪央企、大型上市企业和产业链头部企业新一轮发展规划，聚焦日韩欧美、港台，深耕上海、苏南、珠三角等区域，突出科技创新、亩均投入、税收贡献等要素，进一步优化项目预审标准，着力招引一批战略型、基地型、功能型项目，力争全年招引 10 亿元以上项目不少于 32 个、百亿级重大项目持续突破。继续强化“一把手招商”意识，配强招商力量，办好科技人才洽谈会和各类专题招商活动，切实提高招商成效。

高效率建设重大项目。开展“重大项目质态提升年”活动，健全月度观摩、集中开工、重特大项目“一项目一领导组”等机制，集中力量突破重特大项目，力争全年新开工 100 亿元以上项目 2 个、50 亿元以上项目 8 个、20 亿元以上项目 12 个、10 亿元以上项目 21 个，入选南通市高端制造业项目 5 个。重点推动莱赛尔纤维等 21 个重大项目快开工，力促森松新能源等 110 个项目快建设，确保宏茂特钢、万达轴承等 104 个项目快达产，力争项目竣工率、转化率大幅提升。

高强度裂变扩张项目。鼓励骨干企业以规模提升、生产提“智”实现裂变扩张，实施超亿元技改项目 30 个、建成省级智能车间 3 个，确保纳税 500 万元以上企业技改全覆盖、规上企业技改面

60%以上。大力支持企业利用资本市场直接融资，完善上市企业培育梯队，建立“一对一”挂钩服务制度，主攻企业入轨、上市挂牌，新培育上市企业2家、报会2家。

二、坚持科技强市，加快集聚创新资源，着力增添引领加速、提升质量的创新创业新动能。以创建国家创新型县市为引领，突出创新核心地位，完善科创领导体制，推动产业链、创新链双向融合。

大力培育创新主体。深入实施高新技术企业“倍增计划”，加快培育和打造一批占据主导地位、具备先发优势的创新型领军企业，新认定国家科技型中小企业200家、高新技术企业158家。建立企业研发投入普惠性奖励制度，新增省级企业研发机构4家，研发投入占GDP比重提升至2.7%。深化产学研协同创新，落地科技成果转化项目140个。深入推进标准化和质量提升行动，主导或参与制（修）订各级标准6项。加强知识产权保护利用，万人发明专利拥有量26.5件，确保国家知识产权强县工程示范市通过验收。

大力集聚创新资源。启动省技术创新中心建设，推动省级高新区创建国家级高新区，支持各主功能区创建国家级科技孵化器，搭建多层次科创空间载体。做优做强中科院化合物研究院、吉林大学汽车产业研究院、中乌第三代半导体研究院等科创平台，建成省级创新平台4家、省级众创空间2家，新增新型研发机构1家。充分发挥科技镇长团作用，持续推进产学研合作。深入实施“148高层次人才梯队”培养工程、“雉水英才”引进计划，力争新引进顶尖专家和高端团队4个、培育高层次创新创业人才30名。

大力优化创新生态。探索建立科创委，完善科技创新领导体制，推动科创资源高效配置。建立市场化产业引导基金运行制度，提升金融服务科技创新的能力，全年发放“苏科贷”“高企融资直通车”等各类科技贷款2.5亿元以上。健全“1+6”人才政策体系，探索有偿投资等创新创业资助方式，高品质建设青年人才公寓、国际社区，在住房、教育、医疗、社会保障等方面提供更优的人才政策。

三、坚持转型升级，做实做强实体经济，着力打造集聚集约、特色鲜明的现代产业新优势。坚持把发展经济着力点放在实体经济上，加快推进主导产业高端化、产业链条现代化，提高经济质量效益和核心竞争力。

培育壮大产业集群。深入实施“产业强链”行动计划，建立“八个一”工作推进机制，围绕智能装备、汽车和汽车零部件产业细分领域实行产业链垂直整合、上下游联动发展，推动新材料向价值链高端攀升，加快新一代信息技术全链条提档升级，增强生命健康产业发展新动能，促进五大制造业突破千亿级，不断提升产业集群优势。加快完善商贸物流流通体系，积极培育跨境电商、数字经济等新型业态，推动信息服务产业提质增效。加快推进东大街历史街区提档升级，支持长江药用植物园、平园池荷香民俗园创建国家AAAA级旅游景区，争创国家全域旅游示范区。服务业应税销售突破2000亿元。大力推进建筑业改革和格局重构，努力打造航母级建筑集团，确保建筑业总产值超1600亿元。

推动企业转型升级。实施引航企业培育计划，发挥日达智造、斯堪尼亚重卡等企业的“链主”效应，培育一批掌握全产业链和关键核心技术的产业生态主导型企业。加大“2523”大企业、制造业单项冠军、专精特新“小巨人”培育力度，力争新增销售超百亿企业1家、50亿元企业1家、亿元企业30家、新开业规模企业60家以上。实施“千企升级”计划，优化产业配套半径，鼓励中小微企业围绕大企业生产需求，提升协作配套水平，促进大中小企业融通发展。

精准服务实体经济。落细落实支持市场主体发展的政策举措，着力解决融资、用地、用工等方面的难题，加快低效资产盘活，确保新增制造业贷款30亿元以上，盘活闲置用地完成南通下达任务。深化开发园区“去行政化”改革，完善市场化招商、企业化运作模式，加快建设氢能、光电及第三代半导体等一批产业园区，推动如皋港化工新材料产业园升格为化工园区。探索共建园区托管机制，重点打造城东工业区和磨头、下原工业园区。健全市领导挂钩联系优势产业链和重点企业机制，构建亲清政商关系，实施中生代企业家“磐石”工程、新生代企业家“雏凤”工程，培养更多创新意识强、家国情怀深的“张謇式”企业家。

四、坚持改革开放，不断激发内生动力，着力建设更有效率、更富活力的开发开放新高地。以更深层次改革激发活力，以更高水平开放抢抓先机，以更大力度推进跨江融合，为高质量发展注入新动能。

持续深化重点改革。深入推进“放管服”改革，完善涉企经营许可事项清单，深化“互联网+”监管、信用监管，对新产业新业态实行包容审慎监管，打造“如意”服务创新品牌，确保营商环境评价和政务服务能力保持全省前列。强化国资国企监管，完善“2+1+1”运营体系，支持国有企业开拓市场化业务。推动镇级债务提级管理，完成年度政府性债务化解任务。推进市域治理与网格化服务管理有效融合，构建“大数据+指挥中心+综合执法队伍”新体系，提高市镇两级指挥中心实战实用实效水平。统筹推进6项国家级和7项省级改革试点。

加快扩大对外开放。持续提升外贸质量，支持企业参加各类展会和交易平台，推动电子模组配件、机电等高科技产品形成外贸新增量。积极实施“走出去”战略，支持梦百合、明德、超达、六建等优势企业抓住RCEP签署和中欧投资协定完成谈判的机遇，在“一带一路”沿线国家（地区）布局境外产业链。推动现有外资企业增资扩股、提档升级，重点推进金鹰产业园、斯堪尼亚重卡等14个超3000万美元项目，稳步提升外资质态。充分发挥开放口岸、海关特殊监管区功能，积极申报综合保税区，大力培育进出口贸易集散地。

纵深推进跨江融合。深入落实长三角一体化发展战略江苏实施方案和南通行动计划，精准对接上海“五大中心”和苏南现代化示范区建设带来的合作空间，加强区域协调联动，落实与苏州张家港、无锡锡山区的战略合作协议，积极推动长江镇与张家港凤凰镇、金港镇跨江共建。加快承接上海创新要素外溢、苏南产业梯度转移，优选科技含量高、产出贡献大的项目落地，着力打造长三角最具资源和成本优势的中高端产业制造基地。

五、坚持统筹融合，始终突出三农优先，着力擘画产业兴旺、农村兴盛的乡村振兴新样板。以建设国家农业绿色发展先行区为引领，以培育乡村振兴示范村、先进村为抓手，加快农业农村现代化步伐。

全力促进农业高质高效。按照“特色产业规模化、主导产业品牌化、优势产业效益化”思路，毫不松懈抓好粮食、生猪等重要农产品生产，建成15万头生猪稳产保供基地。以“花木盆景和三黑三白”为切入点，构建绿色粮油、生态果蔬、优质畜禽、特色水产等全产业链体系，加强东串猪、黑塌菜、白萝卜、黄芽菜等种质资源保护和开发利用，建成中国小微盆景基地二期工程。推动品牌化建设、标准化生产、全程化监管，加快省级农高区申报进程，实现规模以上农业生产主体监管全覆盖、可追溯率85%以上。筹建农业投资公司，探索建立乡村振兴产业专项基金，完善涉农保险、信贷等金融支持体系。

全力促进乡村宜居宜业。大力实施乡村建设行动。优化乡村河道、田园、村落等空间要素，因地制宜编制实用性村庄规划。完善城乡基础设施，完成农村桥梁改造30座、通居工程50公里。推进城乡污水处理提质增效，加快3个达标区建设，整合15座镇级污水处理厂、226个村庄生活污水处理设施，建成分散农户生活污水处置设施2.5万户，改造提升农村供水管网153.8公里，完成乡镇生活垃圾中转站升级改造。提升农村人居环境整治水平。健全河道长效管护机制，建设农村生态河道15条。持续开展省市特色田园乡村、美丽宜居乡村试点建设。

全力促进农民富裕富足。做好巩固拓展脱贫攻坚成果同乡村振兴有效衔接，健全防止返贫动态监测和帮扶机制。培育壮大新型农业经营主体，大力推动农业从业人员职业化，新增新型合作农场20家、示范家庭农场30家、高素质农民2790名。壮大村级集体经济，构建高质量“百企联百村”联建体系，建成强村加油站4个。稳步推进农村土地“三权分置”改革，积极探索集体经营性建设用地入市等改革试点，优化乡村产业发展用地政策体系，释放城乡发展新空间。

六、坚持精明增长，聚力提升品质内涵，着力彰显内外兼修、功能联结的城市发展新魅力。以创建国家历史文化名城为抓手，突出规划引领，突出扩容提质，突出精细精致，全力打造现代文明和历史文化交相辉映的生态宜居康养地。

做优做强城市功能。推进“多规合一”，完成国土空间规划编制。完善新城区功能提升规划，修编城区控制性详规，深化如泰运河、通扬运河周边城市设计。统筹中心城区产业、配套、文旅、创新、生态“五大片区”建设，高标准谋划实施东大街历史文化街区、龙游河三期、如泰运河生态廊道等重大城建项目。完善新城基础设施建设，推进万达广场、希尔顿酒店等一批功能配套项目，建成高新区邻里中心、东皋农贸市场，开工建设人民医院新院区，规划建设金融集聚区。实施汪明路、中央大道东延等21条城市道路延展工程。加快农贸市场达标提升，实现规范运行管理。完善市民休闲配套场所，改造城区林荫路4条，新增绿化面积40公顷。科学把握土地出让结构、节奏和规模，完成城市搬迁65万平方米。

有序推进城市更新。统筹棚户区、反差地段改造和破旧区域更新，全年开工33.6万平方米、完成18.6万平方米的老旧小区改造任务，扩大既有小区多层住宅加装电梯覆盖面。巩固全国文明城市创建成果，持续开展城市“微治理”，深化国家规范户外广告设施试点城市建设，完成海阳路、福寿路户外广告整治提升，扎实开展小区违章搭建、乱停乱放、毁绿占地等突出问题整治，新建城市公厕3座，新增停车泊位400个。

完善综合交通体系。全面推进北沿江高铁、张皋过江通道、通皋大道二期、G40高速改扩建等重大交通工程，加快如皋西站综合枢纽设计，协同建设交通路网衔接工程。完成老204国道三期改造和紫光路北延建设，开工建设226省道白蒲段。强化道路通行安全保障，实施40公里干线公路亮化提升，完成22条县道和214个交通事故多发点位安全隐患治理。

七、坚持绿色发展，更加注重精准治理，着力塑造生态优良、水秀气净的美丽如皋新形象。坚持生态优先、绿色发展，加快美丽如皋建设，坚决守好高质量发展的生态本底，促进人与自然和谐共生。

深入推进长江生态保护。大力实施长江经济带生态环境保护修复三年计划，编制沿江岸线功能优化“一张图”和沿江生态带发展规划，推进夹江两岸船舶、钢结构等存量企业有序退出，探索“生态+城市片区开发+旅游”模式，建成沿江生态景观带示范段。严厉打击违法占用岸线行为，强化沿江码头、堆场环境监管。持续巩固化工产业安全环保整治提升成果，推动保留企业问题隐患整改销号、已关闭退出企业全面实现“两断三清”。全面做好长江禁渔工作。

持续推进污染防治攻坚。落实河长制、断面长制、支流长制，开展区域水环境综合治理，全面消除农村黑臭河道，实施城北街道片区通扬运河、白毛港疏浚整治，启动东司马港以南、通扬运河以西、如海运河以东1片区7镇1街道255平方公里的水环境治理，确保市考以上断面水质保持优Ⅲ类及以上。开展扬尘整治“654”专项行动，加强重点企业VOCs排放监测管控，确保$PM_{2.5}$平均浓度、空气质量优良天数比例完成南通下达任务。切实加强土壤修复治理，开展土壤环境调查，编制固体废物处置能力建设专项规划，推动污染地块全面纳管、持续减量、安全利用。

切实提升环境治理能力。强化“三线一单”管控，严格落实生态环境保护共同监管责任，强化水源地风险、排污、空间和执法管控。完善并落实好水环境“双向”补偿制度，建立乡镇空气环境质量量化考核机制。强化生态环境执法司法联动中心常态化运行，开展企业环境信用等级评定，建立环境违法“黑名单”制度。加强重点行业节能管理和绿色改造，推广“环保管家”新模式，严格控制新上高耗能项目，提升生态系统碳汇能力。

八、坚持共建共享，切实优化服务供给，着力创造百姓满意、社会认可的上善之城新生活。坚守为民初心，始终突出民生工作的普惠性、基础性和兜底性，聚焦重点，精准发力，努力交出一份温暖厚重的民生答卷。

慎终如始抓好疫情防控。全面落实“外防输入、内防反弹”措施，巩固拓展疫情防控成果。坚持人、物同防,加强进口冷链食品集中监管仓运行管理,做到“应进尽进,应检尽检”。严格医疗机构院感防控,加强高风险人群疫苗接种等防护工作。加快公共卫生应急体系建设,强化应急储备,继续推进二级以上医院 PCR 实验室建设,全方位提升应急处置能力。

久久为功优化公共服务。以建设“高质量教育县域样板、长三角北翼教育名城”为目标,持续优化教育资源布局,加快新城高中、如皋中学品质提升、如皋初中新校区、志颐小学、仙鹤幼儿园等工程建设,推动如师二附、如师三附、附小新城园等学校年内建成,启动如皋中专升格职业技术学院、第一中专升格技师学院工作,争创全国义务教育优质均衡发展县市,让教育如皋的金字招牌成色更足。深化健康如皋建设,实施人才提升工程,完成搬经镇、江安镇卫生院主体工程,全面推进紧密型医共体建设,强化市镇村卫生服务一体化管理,通过国家卫生城市复审。推进“互联网+医疗卫生”服务,打造全民健康信息平台。实施文化惠民工程,完善文旅公共服务设施,鼓励文化艺术精品创作,开展大运河古掘沟段考古工作。举办南通支云足球主场赛事、“梦百合杯”世界围棋公开赛等特色品牌赛事。加快“如 e 融媒”等新平台建设,全面提升媒体融合水平。持续推进广电智慧镇和社区建设。完善社会保障体系,持续推进稳就业工作,加大援企稳岗力度,新增就业 2.6 万人,稳步提高医疗保障、低保五保救助标准,发展慈善事业,推行因病支出型贫困家庭救助、自然灾害人身意外伤害和家庭财产综合保险,落实好残疾人“两项补贴”,健全普惠托育服务体系,规范发展多种形式婴幼儿照护服务,协同发展多元养老模式,居家上门养老服务比例 11%以上。

毫不松懈加强社会治理。扎实开展安全生产专项整治三年行动,认真落实省委危化品专项巡视反馈整改意见,持续做好违法违规“小字头”“停产停业”企业等专项整治,坚决杜绝重特大事故,有效遏制较大事故,实现生产安全事故起数、死亡人数“双下降”。压紧压实党政领导责任、部门监管责任和企业主体责任,扎实推进安全生产治理体系和治理能力现代化,推动安全生产形势全面稳定向好。巩固省食品安全示范市创建成果,守护好百姓“舌尖上的安全”。实施“八五”普法,健全领导接访下访、包案化解机制,完善社会治安防控体系,持续推进扫黑除恶专项斗争,切实增强人民群众安全感。

悠悠万事,民生为重。今年,我们编排了 6 个方面 12 项民生实事候选项目,提交各位代表进行大会票决后,实行清单式管理、项目化推进,着力解决好人民群众的操心事、烦心事、揪心事,努力让人民群众有更多的获得感、幸福感、安全感。

切实加强政府自身建设

各位代表，新时代呼唤新担当，新征程砥砺新作为。我们将永葆初心、牢记使命，用实干创造，用奋斗作答，奋力书写高质量建设长江以北最强县市的时代答卷。

一、以一往无前、担当担责的政治定力直面大考。深入学习贯彻习近平新时代中国特色社会主义思想，进一步把握政治大局，不断提高政治判断力、政治领悟力、政治执行力，切实加强政府系统党的建设，坚持以党的全面领导统领政府工作的组织、推进和落实，始终以严明的政治纪律和政治规矩保障政令畅通。全面落实意识形态责任制，凝聚推动高质量发展的强大正能量。

二、以一抓到底、依法依规的法治定力努力备考。深入贯彻习近平法治思想，自觉运用法治思维和法治方式推进政府工作，带头执行民主集中制、“三重一大”决策程序等制度，严格按照法定权限和程序行使权力，依法接受人大法律和工作监督、政协民主监督及监察监督、司法监督，办好人大代表议案、建议和政协委员提案，强化审计监督、社会监督、舆论监督，深入推进政务公开，让权力在阳光下运行。

三、以一着不让、务实务细的实干定力奋力赶考。全面提升能力素质，大兴求学之风，争做学习型干部，开展研究型工作，提高专业化能力。传承治沙精神、沿江开发精神，弘扬务实作风，争做“狼性”干部，当好攻坚克难的“行动派”。准确把握解放思想和守住底线、加快发展和保持定力、建强队伍和破解矛盾的关系。践行民本情怀，注重普惠普遍、实用实效、公开公平，让发展指标体现更多的“幸福指数”。

四、以一以贯之、从严从深的纪律定力从容应考。坚决贯彻全面从严治党各项要求，严格执行中央八项规定及其实施细则精神。以斗争精神破解作风建设突出问题，坚决整治形式主义、官僚主义，推动政府效能整体提升。狠抓重点领域廉政风险防控，着力整治群众身边的腐败问题和不正之风，加强公共资金、国有资产等重点领域的监察和监督，严控政府一般性支出、“三公”经费，永葆为民、务实、清廉的政治本色。

附件一：

2020年全市经济社会发展主要预期指标完成情况

表2

序号	指标名称	单位	2020年	
			绝对数	增长（%）
1	地区生产总值	亿元	1305	5.3
2	固定资产投资	亿元	476.5	10.1
3	社会消费品零售总额	亿元	458	7
4	外贸进出口总额	亿元	248.9	1.1
5	实际利用外资	亿美元	3.3	—
6	一般公共预算收入	亿元	72	—
7	常住人口城镇化率	%	62.2	—
8	研发经费支出占GDP比重	%	2.6	—
9	高新技术产业产值占规模以上工业产值比重	%	40	—
10	每万人发明专利拥有量	件	25	—
11	每万劳动力中高技能人才数	人	1103	—
12	城镇居民人均可支配收入	元	49118	4.6
13	农村居民人均可支配收入	元	23599	7.7
14	城镇新增就业人数	人	9685	—
15	城镇登记失业率	%	1.74	—
16	学前三年教育资源配置率	所/万人	0.67	—
17	高等教育毛入学率	%	78.1	—
18	单位地区生产总值能耗降低	%	6.4	—
19	化学需氧量排放量	万吨	完成下达任务	—
20	二氧化硫排放量	万吨	完成下达任务	—
21	氨氮排放量	万吨	完成下达任务	—
22	氮氧化物排放量	万吨	完成下达任务	—
23	$PM_{2.5}$浓度	微克/立方米	34.8	—
24	空气质量优良天数比率	%	84.3	—

注：上述指标体系按照高质量发展相关要求选取

附件二：

2020年为民办实事项目完成情况

1.完成城乡客运一体化运营改革，制定成本规制及财政补贴办法，完成星星公交并购重组和飞鹤公交线路经营权回收，优化运行城乡公交线路92条，上线运行电动公交车88辆，建成公交站亭34个、站牌223个。完成年度目标任务。

2.加强生态环保监测与治理能力建设，开展大气、水质网格化管控监测，建成并运行市考断面水质自动监测站4个、大气环境自动监测点14个，完成镇级污水处理厂提标改造5个，建成村庄生活污水处理设施6个、如泰运河及通扬运河重要支流周边农户生活污水处理设施2000户。完成年度目标任务。

3.实施供水安全保障提升工程，完成镇级民营水厂整合，区域供水入户率100%；区域供水三期管网基本建成，完成20万吨/天净水处理厂、60万吨/天深度处置中心土建工程、输水管线工程量的70%。完成年度目标任务。

4.实施城区农贸市场新建工程，东皋市场主体封顶，新城市场完成桩基工程、土方开挖。完成年度目标任务。

5.主城区投放生活垃圾分类设施覆盖居民小区50个，12个小区实现“两定一撤”四分类。单位食堂及餐饮单位餐厨废弃物规范收运处置实现全覆盖。凌青建筑装潢垃圾资源化处置中心建成运行。完成年度目标任务。

6.继续推进城区水系综合提升和居民小区综合整治工程，完成内外城河综合提升工程和秀水苑一期、福星新村等老小区改造及绿化集中整治。完成年度目标任务。

7.实施就业帮扶工程，帮助11869名困难人员实现就业。推进“阳光扶贫”助保贷款，审核助保申请对象2658人。转业军官、转业士官，安置率100%，下岗失业志愿兵实现再就业。完成年度目标任务。

8.继续完善应急防控体系建设，市应急指挥服务中心完成硬件装修、软件开发，与南通市应急指挥中心和市域治理现代化指挥中心实现数据对接。搬经镇消防站完成基础设施建设和装备器材采购。江安镇消防站建筑主体基本完工，完成办公设备、营区智能化设施采购。白蒲镇消防站主体封顶。

9.推进教育高质量发展，新城高中和青少年宫完成桩基施工，志颐小学、附小新城园开始主体结构施工，如皋中学品质提升工程完成总工程量的50%。实验小学西侧福星新村3幢居民楼搬迁99户，交房94户。

10.推进医共体建设，市人民医院、中医院分别与6个镇卫生院开通远程会诊、影像技术服务等；升级镇卫生院、村卫生室信息系统，实现镇村卫生机构一体化管理。新增南通市临床重点（建设）专科10个，申报省级重点（建设）专科7个。招引本科及以上卫技专业人才101人，招录免费培养农村订单定向医学生109人。完成年度目标任务。

附件三：

名词解释

1.“2523”工业大企业培育计划：指到2022年底，力争形成应税销售超100亿企业2家，50亿~100亿企业5家以上，20亿~50亿企业20家以上，10亿~20亿企业30家以上。

2.专精特新“小巨人”企业：指专注于细分市场、创新能力强、市场占有率高、掌握关键核心技术、质量效益优的排头兵企业。

3.国家制造业单项冠军示范企业：指经工信部和中国工业经济联合会共同评选的，长期专注于制造业某些特定细分产品市场，具有相当规模，生产技术或工艺国际领先，单项产品市场占有率位居全球前三、全国第一的企业。

4.夜间经济：是现代城市业态之一，指从当日下午6点到次日早上6点所包含的经济文化活动，其业态囊括晚间购物、餐饮、旅游、娱乐、学习、影视、休闲等。

5.区街分设：指根据南通《关于进一步优化提升省级以上开发区管理体制机制的指导意见》对开发区、高新区、如城工业园区进行的体制机制改革，改革后园区主要承担辖区内产业发展、招商引资、重大项目建设、企业服务等经济管理职能，街道主要承担辖区内党建、社会事务管理和公共服务职能。

6.“一件事”改革：指以企业、群众办好“一件事”为目标，整合事项、再造流程、共享信息，逐步形成“一窗受理、一次告知、一表申请、一套材料、一次提交、一次反馈、一次分办、一窗出件、一号服务、一键评价”的办理模式。

7.强村加油站：即市县联动整合资源的扶贫新路，通过建设加油站，丰富和拓展经济薄弱村的增收渠道。每个加油站将扶持3个经济薄弱村，并建立动态调整和收入核查机制，以3年为一周期动态调整项目收益的扶持对象，确保项目收益足额到村，增强经济薄弱村自身造血功能。

8.“3232”产业体系：指智能装备制造、汽车及零部件、高端新材料等三大高辨识度的主导产业集群，新一代信息技术和生命健康等两大高成长性的新兴产业集群，商贸物流、信息服务、文化旅游等三大现代服务业产业，建筑和农业等两大传统优势产业。

9.“148”高层次人才梯队：指在全市专业技术人才队伍中择优选拔10名中青年首席专家、40名中青年科技领军人才和80名中青年科技带头人。

10.“1+6”人才政策体系：指我市出台的人才政策，“1”为《关于加快推进人才创新创业发展的若干政策意见（试行)》，“6”为鼓励人才创新创业、引荐人才奖励、支持企业引才用才、建设在外人才工作站、人才住房保障和子女入学等六个专项配套政策。

11.“八个一”工作推进机制：指每条优势产业链确定一位产业链首席专家、培育一批产业链发展支撑机构、明确一个产业链专业化智库单位、建设一批产业链发展园区载体、打造一个产业链供需对接平台、梳理一批产业链龙头骨干企业和重点项目、形成一个产业链专属政策组合包、建立一张产业链关键核心技术短板长板动态表。

12.国资国企“2+1+1”运营体系：“2”，指富皋万泰（工业园区）、城发集团（高新区）；“1”，指交通集团（市本级）+长江镇国有企业；“1”，指经济技术开发区国有企业。

13.RCEP：指区域全面经济伙伴关系，即由东盟十国发起，邀请中国、日本、韩国、澳大利亚、新西兰共同参加（“10+5”)，通过削减关税及非关税壁垒，建立15国统一市场的自由贸易协定。

14.三黑三白：指黑塌菜、黑猪、黑鱼、大米、白萝卜、黄芽菜等特色农业产业。

15.两断三清：即断水、断电、清原料、清设备、清场地。

16.扬尘整治“654”专项行动：“6”是指建设工地、拆卸现场、闲置地块、道路街巷、渣土运输、“三场一站”（砂石场、煤堆场、散装货物堆场、混凝土搅拌站）等“六类现场”；“5”是指全领域贯标、全流程管理、全天候测查、全主体定责、全社会监督等“五全”要求；“4”是指主体自查自纠、市级巡查交办、纪检督查问责、社会监督曝光等“四查”机制。

17.三线一单：指生态保护红线、环境质量底线、资源利用上线和生态环境准入清单。

18.碳汇：指通过植树造林、森林管理、植被恢复等措施，利用植物光合作用吸收大气中的二氧化碳，并将其固定在植被和土壤中，从而减少温室气体在大气中浓度的过程、活动或机制。

19.PCR 实验室：指基因扩增实验室，是一种分子生物学技术，用于放大特定的 DNA 片段。目前我市主要用于新冠肺炎病毒核酸检测。

·部门公报·

如皋市2021年国民经济和社会发展统计公报

如皋市统计局

2021年，是中国共产党成立100周年，也是实现“十四五”发展目标的夯基之年。全市上下坚持以习近平新时代中国特色社会主义思想为指引，认真贯彻落实中央和省、市委决策部署，坚持稳中求进工作总基调，统筹抓好疫情防控和经济社会发展，经济运行呈现稳中向好、结构优化、质量效益提升态势，社会事业持续进步，民生福祉不断增强，“十四五”规划和现代化建设实现良好开局。

一、综合

经南通市统计局初步核算，全年实现地区生产总值1432.41亿元，可比价增长8.5%（下同）。第一产业增加值82.22亿元，增长4.6%；第二产业增加值707.6亿元，增长8.9%，其中工业增加值602.81亿元，增长11.5%；第三产业增加值642.59亿元，增长8.5%。三次产业结构为5.7:49.4:44.9。全市人均地区生产总值116201元，增长9.5%。

全年新登记私营企业9561家，年末累计达42274家；新登记私营企业注册资本520.48亿元，年末累计注册资本4354.89亿元。全年新登记个体户17092户，年末累计达148330户；新登记个体工商户资金数额29.25亿元，年末累计资金数额180.04亿元。

全年城镇新增就业1.17万人。全年帮扶城乡就业困难人员就业再就业4259人。新增转移农村劳动力1140人。全年采集发布就业岗位1.97万个。城镇登记失业人数2623人，城镇登记失业率1.73%。

年末全市常住人口122.67万人，比上年末减少1.2万人。其中，城镇人口76.52万人，增长0.4%，城镇化率62.38%，比上年提高0.86个百分点。年末户籍人口139.45万人，比上年减少0.94万人。全市人口出生率5.05‰，人口死亡率9.61‰，人口自然增长率–4.56‰。

2021年末人口数及构成

表3

指标名称	年末数(万人)	比重(%)
年末常住人口	122.67	—
城镇人口	76.52	62.4
乡村人口	46.15	37.6
年末户籍人口	139.45	—
#18岁以下	18.79	13.5
18~34岁	25.14	18.0

续表 3

指标名称	年末数(万人)	比重(%)
35~59 岁	55.36	39.7
60 岁及以上	40.16	28.8
# 男性人口	69.30	49.7
女性人口	70.15	50.3

全年居民消费价格比上年上涨 1.8%。分类别看，八大类商品及服务价格呈现“七涨一降”。其中，交通通信类价格涨幅最高，比上年上涨 6.4%；生活用品及服务类、居住类价格涨幅次之，比上年分别上涨 2.6%和 1.9%；食品烟酒类、衣着类、教育文化和娱乐类以及医疗保健类价格涨幅温和，比上年分别上涨 1.2%、0.4%、0.4%和 0.2%。其中，食品烟酒类价格涨幅较上年回落 7.7 个百分点，带动 CPI 下降 2.1 个百分点。

八大类商品及服务价格涨跌及对总指数的影响

表 4

指标名称	上年同期=100
居民消费价格总指数	101.8
食品烟酒	101.2
衣着	100.4
居住	101.9
生活用品及服务	102.6
交通和通信	106.4
教育文化和娱乐	100.4
医疗保健	100.2
其他用品和服务	97.6

二、农 业

全年实现农林牧渔业总产值 135.72 亿元，按可比价计算，增长 5.8%。其中，农业产值 78.19 亿元，增长 8.0%；牧业产值 37.50 亿元，增长 5.1%。

全年粮食种植面积 149.95 万亩，比上年增加 0.16 万亩；棉花种植面积 0.02 万亩，比上年减少 0.03 万亩；油料种植面积 13.68 万亩，比上年减少 0.17 万亩；蔬菜种植面积 35.29 万亩，比上年增加 1.54 万亩。全年粮食产量 67.68 万吨，比上年增加 0.22 万吨，增长 0.3%；其中，夏粮产量 24.42 万吨，下降 1.2%；秋粮产量 43.26 万吨，增长 1.2%。棉花产量 16.00 吨，下降 38.5%；油料产量 2.74 万吨，增长 1.8%；蔬菜产量 84.96 万吨，增长 5.7%。粮食平均亩产 451 公斤，比上年增加 1 公斤，增长 0.2%。

全年肉类总产量 9.50 万吨，比上年增长 20.3%；禽蛋总产量 7.06 万吨，增长 7.0%；生牛奶总产量 1.17 万吨，增长 9.0%；水产品总产量 2.75 万吨，增长 1.6%。

主要农副产品产量

表 5

指标名称	计量单位	全年产量	比上年增长(%)
粮　食	万吨	67.68	0.3
棉　花	吨	16.00	–38.5
油　料	万吨	2.74	1.8
生猪年末存栏数	万头	34.38	3.7
生猪出栏数	万头	66.42	44.2
羊年末存栏数	万头	18.07	33.7
羊出栏数	万头	20.11	–13.7
家禽年末存栏数	万只	984.85	12.1
家禽出栏数	万只	2418.18	–4.1
禽　蛋	万吨	7.06	7.0
水产品	万吨	2.75	1.6

全市新建高标准农田 7.1 万亩，农作物耕种收机械化率达 87.9%。年末农业机械总动力 89.36 万千瓦，比上年增长 1.6%。如皋市被农业农村部确定为绿色种养循环农业试点县和实施农作物秸秆综合利用技术模式机制创新项目制度试验任务的承担地区。"双联双助"实现帮村帮户全覆盖，被省政府表彰为完成年度计划脱贫致富奔小康成效显著、探索创新有实质成效和重要经验的县市。"新官紫桃"获批国家农产品地理标志登记产品。新增省级农业品牌 3 个。获批省农产品质量安全市、省首批绿色蔬菜（黑塌菜）产业特色县。

三、 工业和建筑业

全部工业实现应税销售 1768.30 亿元，增长 10.0%；其中，规模以上工业企业应税销售 1377.66 亿元，增幅 29.6%。全部工业实缴税金 46.72 亿元，增长 8.1%；其中，规模以上工业企业实缴税金 36.92 亿元，增幅 4.8%。

规模以上工业企业实现总产值 1415.63 亿元，增长 13.7%；高新技术产业产值 638.25 亿元，增长 28.3%，占全市规模以上工业总产值的比重为 45.1%，比上年提高 5.5 个百分点。

规模以上工业企业实现营业收入 1400.78 亿元，增长 16.6%；利润总额 71.88 亿元，增长 14.8%；营业收入利润率、成本费用利润率分别为 5.1%、5.4%，资产负债率 59.9%，产销率 98.4%。规模以上工业增加值增长 13.4%。规模工业主要工业产品产量如下：

主要工业产品产量情况

表 6

产品名称	计量单位	全年产量	比上年增长(%)
橡胶轮胎外胎	万条	304.16	-10.8
民用钢质船舶	万载重吨	3.93	-23.8
钢球	亿粒	77.83	25.5
新能源汽车	辆	4037.00	74.4
锻压设备	台	602.00	4.7
高压电器	万台	2.95	-8.8
半导体分立器件	亿只	79.54	35.5
纱	万吨	5.47	1.7
布	亿米	2.56	-8.5
服装	亿件	0.86	-18.1
玻璃纤维纱	万吨	3.97	10.3
饮料酒	万吨	1.00	8.6

全年规模以上工业企业综合能源消费量 93.24 万吨标准煤，增长 1.2%；万元产值综合能耗 0.0659 吨标准煤，下降 11.0%。

十大行业能源消耗情况

表 7

行业	综合能源消费量(万吨标准煤)	单位产值能耗(吨标准煤/万元)	单位产值能耗比上年增长(%)
化学原料和化学制品制造业	14.72	0.0858	-23.25
计算机、通信和其他电子设备制造业	2.33	0.0148	-49.05
电气机械和器材制造业	2.71	0.0230	-1.2
金属制品业	6.37	0.0543	41.33
非金属矿物制品业	10.18	0.0890	19.51
文教、工美、体育和娱乐用品制造业	4.64	0.0416	-20.89
通用设备制造业	2.89	0.0263	-23.55
纺织业	10.34	0.1459	-10.45
农副食品加工业	1.43	0.0216	3.55
橡胶和塑料制品业	5.79	0.0963	-15.43

全市完成建筑业总产值1481.84亿元，增长11.0%。全市建筑业企业实现营业收入1113.06亿元，增长2.7%。全年建筑企业承建施工面积1.85亿平方米，增长3.4%。建筑业从业人数29.76万人，其中工程技术人员1.4万人。全年建筑企业获参建鲁班奖1项、国优奖8项、省优质工程奖6项。全市拥有特级资质建筑企业4家，一、二、三级资质建筑企业分别达到47家、270家和318家。全市注册一级建造师1111人，二级建造师4194人。

四、固定资产投资

全年固定资产投资比上年增长4.8%。其中，国有及国有经济控股投资下降17.6%；港澳台及外商投资下降31.3%；民间投资增长6.7%，民间投资占全部投资比重达84.6%。房地产开发投资增长1.2%。商品房销售面积274.12万平方米，增长9.4%；其中，住宅销售面积212.01万平方米，下降7.1%。

分产业看，第二产业投资增长9.4%；第三产业投资下降3.1%。高技术产业投资增长18.5%，高新技术产业投资增长12.7%。第二产业投资中，制造业投资增势良好，全年制造业投资增长14.2%。高技术制造业增势强劲，电子及通信设备制造业增长35.3%，医疗仪器设备及仪器仪表制造业增长27.5%。第三产业投资中，互联网和相关服务增长64.3%，公共设施管理业增长37.5%，教育业增长34.7%，卫生和社会工作增长67.7%。

全年共有思源智能变压器、纳川稀土永磁体、金鹰莱赛尔纤维3个项目列入省级重大项目投资计划；10个项目列入南通市级重大项目投资计划。

五、国内贸易

全年社会消费品零售总额532.55亿元，同比增长16.3%。分行业看，批发和零售业零售额466.78亿元，增长15.6%；住宿和餐饮业零售额65.77亿元，增长21.7%。

限额以上批发和零售业主要商品零售额分类情况

表8

行　业	零售额(亿元)	比上年增长(%)
粮油、食品类	5.91	1.9
饮料类	0.64	24.2
烟酒类	0.89	−2.7
服装鞋帽、针、纺织品类	3.44	−6.7
化妆品类	0.52	15.0
金银珠宝类	2.24	35.2
日用品类	1.92	0.9
家用电器及音像器材类	1.98	−15.9
中西药品类	4.72	5.6
文化办公用品类	0.82	10.0
家具类	0.09	−20.5

续表 8

行 业	零售额(亿元)	比上年增长(%)
通信器材类	4.47	3.1
石油及制品类	15.72	10.9
建筑及装潢材料类	1.09	–49.1
汽车类	41.35	12.1

六、开放型经济

全年完成进出口总额 323.99 亿元，增长 30.1%，其中自营出口总额 248.39 亿元，增长 17.1%。从贸易方式看，一般贸易进出口总额 234.03 亿元，增长 33.8%；加工贸易进出口总额 77.21 亿元，增长 34.6%。从出口主体看，国有企业、外资企业、私营企业出口额分别下降 43.7%、增长 27.7%和增长 10.9%。从出口市场看，对欧盟、美国、日本三个传统主体市场的出口额分别增长 38.9%、增长 34.6%和下降 10.8%。从出口主要产品看，机电产品出口 92.80 亿元，增长 24.0%；纺织品出口 42.58 亿元，增长 12.2%；高新技术产品出口 27.47 亿元，下降 0.1%。全市有进出口业绩的企业 776 家，比上年增加 71 家。出口超亿元的企业 52 家，比上年增加 7 家。

进出口贸易主要方式分类情况

表 9

指标名称	总量(亿元)	比上年增长(%)
进出口总额	323.98	30.1
出口	248.39	17.1
其中：一般贸易	179.95	16.5
加工贸易	66.62	36.9
进口	75.60	104.8
其中：一般贸易	54.08	164.6
加工贸易	10.59	21.9

进出口贸易主要市场情况

表 10

国家和地区	出口总额(万元)	比上年增长(%)	进口总额(万元)	比上年增长(%)
欧盟组织	636671	38.9	77792	62
美 国	493335	34.6	16307	–43.8

续表 10

国家和地区	出口总额（万元）	比上年增长（%）	进口总额（万元）	比上年增长（%）
东盟组织	264944	3.4	377885	334.4
日　本	203675	–10.8	50150	44.2
泰　国	118073	–13.8	2692	50.8
德　国	138527	39.8	8311	36
巴　西	80990	0.6	3305	6.3
荷　兰	69771	–11.9	2527	–22.7
英　国	76566	9	2194	–53.5
法　国	76787	89.6	14323	83.4
澳大利亚	52286	34	3452	1039.4
比利时	47104	23.5	2162	339.1
意大利	60116	65.8	14612	122.9
西班牙	58730	79.4	17035	30.6
俄罗斯	48887	71.7	869	145.6
印　度	38807	51.2	1183	–53.4

全年新批外商投资项目 28 个，其中，3000 万美元到 1 亿美元项目 3 个，超 1 亿美元项目 4 个。新批协议注册外资 8.82 亿美元，比上年下降 52.5%；实际利用外资 3.24 亿美元，比上年增长 2.9%。

全年新批境外投资项目 3 个，中方协议投资额 1585 万美元。全年新增“一带一路”沿线对外投资项目 1 个，中方协议投资额 225 万美元。新签对外承包劳务合同额 12283 万美元，增长 319.5%；完成对外承包劳务营业额 14744 万美元，下降 16.6%；新派劳务人员 2468 人次，增长 349.5%；年末在外劳务人员 8544 人，增长 3.9%。

七、交通、邮电和电力

全年实现交通运输、仓储及邮政业增加值 25.30 亿元，增长 8.5%。年末全市国道、省道、农村公路总里程 3041.69 公里。全年公路客运量 215 万人次，旅客周转量 1.62 亿人公里；公路货运量 2106 万吨，货物周转量 42.56 亿吨公里。水上货运量 986 万吨，货物周转量 43.01 亿吨公里。完成港口货物吞吐量 8426.46 万吨，同比增长 2.2%，其中，外贸货物吞吐 1096.96 万吨，同比下降 21.4%。集装箱 57.51 万标准箱，增长 13.9%。年末铁路总里程达 87 公里。如皋站停靠车次高峰 50 列、平时 45 列，如皋南站停靠车次高峰 47 列、平时 36 列。铁路客运年发送旅客 109.1 万人次，较上年增长 72.6%，其中如皋站 72.3 万人次、如皋南站 36.8 万人次；货运收发 9.58 万吨，下降 3.8%。完成交通设施投入 11.73 亿元，改造危桥 30 座。

年末全市机动车保有量 38.48 万辆，比上年新增 1.69 万辆。其中，大型汽车 1.12 万辆，小型汽车 31.81 万辆，摩托车、低速车等 5.55 万辆。

大全市邮政业完成业务总量 6.22 亿元，增长 8.5%；实现业务收入 4.98 亿元，增长 11.7%。快递业完成业务 2730.28 万件，增长 32.0%。

全社会用电量 73.10 亿千瓦时，增长 13.9%，其中，农业用电量 1.06 亿千瓦时，增长 6.9%；工业用电量 47.77 亿千瓦时，增长 12.7%；建筑业用电量 0.80 亿千瓦时，增长 18.4%；城乡居民生活用电量 13.28 亿千瓦时，增长 8.9%。

八、财政和金融

全年实现财政总收入 261.18 亿元，增长 17.7%，其中一般公共预算收入 77.81 亿元，比上年增长 8.1%。税收收入 64.90 亿元，增长 6.4%；税收占一般公共预算收入比重达 83.4%。全年财政总支出 257.47 亿元，增长 12.5%，其中一般公共预算支出 139.24 亿元，增长 11.3%。一般公共预算支出中，教育支出 31.15 亿元，比上年增长 3.5%；公共安全支出 6.62 亿元，下降 9.2%；卫生健康支出 16.43 亿元，增长 24.7%；社会保障和就业支出 25.33 亿元,下降 36.7%。

年末，金融系统本外币存款余额 1789.74 亿元，增长 7.0%。其中，住户存款余额较年初增加 117.13 亿元，非金融企业存款较年初增加 4.56 亿元。金融系统本外币贷款余额 1542.93 亿元，增长 18.1%。其中，制造业贷款比年初增加 31.75 亿元，中长期贷款比年初增加 280.44 亿元。全年发放住房公积金贷款 11.38 亿元，比上年下降 11.9%；本年提取公积金 13.07 亿元，比上年增长 1.2%。

全年新增境内外上市公司 3 家，分别为星球石墨、森松国际、超达装备，数量创历史新高。年末全市境内外上市公司 9 家，通过首发、配股、增发、公司债在资本市场募集资金 169.67 亿元。年末全市共有证券营业部 4 家。保险机构总数达 39 家。全年保费收入 37.41 亿元，比上年增长 1.8%。分类型看，财产险收入 9.91 亿元，增长 0.9%；寿险收入 27.50 亿元，增长 2.1%。

九、科学技术和教育

全年专利授权量 4573 件，增长 44.1%，其中，发明专利授权量 438 件，增长 154.7%。万人发明专利拥有量 28.38 件，增长 8.8%。现有注册商标 1.72 万件，其中，驰名商标 6 件，地理标志证明商标 6 件。年末全市拥有高新技术企业 315 家。全年申报各级各类科技项目 1317 项，获得省以上立项 850 项，获各级扶持资金 4668 万元。全年有 3 项科技成果获江苏省市科技进步奖，其中二等奖 1 项，三等奖 2 项。全年新增省级工程技术研究中心 4 家，市级工程技术研究中心 16 家。

全市共有普通中学 33 所，在校学生 50435 人；职业中学 2 所，在校学生 8864 人；小学 54 所，在校学生 69397 人；幼儿园 80 所，在园儿童 32162 人；特教学校 1 所，在校学生 251 人。年末，教职工总人数 14115 人，其中专任教师 12118 人。

十、文化、卫生、体育和旅游

全市共有规模以上文化产业单位 152 家。拥有公共图书馆 2 个，文化馆 1 个，备案博物馆（纪念馆）5 个，乡镇街道文化站 14 个。拥有各级文物保护单位 53 处，其中：国家级 2 处，省级 6 处，南通市级 2 处，如皋市级 43 处。公布一般不可移动文物 9 处。拥有国家级非物质文化遗产 2 项，省级 10 项，南通市级 36 项，如皋市级 69 项。“中国共产党江苏如皋县委印”被认定为国家一级文物，9 处文物保护单位被省公布为全省第一批革命文物。

全市拥有医院 35 家（含护理院 8 家），乡镇卫生院（社区卫生服务中心）14 家，门诊部 29 个，村卫生室（社区卫生服务站）353 个，个体诊所、厂校医务室 141 个。

如皋市获评 2017—2020 年度全国群众体育先进单位。承办省青少年田径投掷项群比赛暨训练营和省青少年U12足球锦标赛2项省级体育赛事；举办第四届梦百合杯世界围棋公开赛决赛；中甲联赛南通支云获得第5名的好成绩。全市新增晨晚健身点31个；新建平园池体育公园，面积达30320平方米；新建健身步道32.6公里。体育彩票年销售额达1.39亿元。

2021年如皋市加大“国家全域旅游示范区”创建力度，盆景大观景区获评国家AAAA级旅游景区，全市累计拥有国家AAAA级旅游景区3家、国家AAA级旅游景区7家，全国、江苏省乡村旅游重点村各1家。如皋市被认定为第一批省级文化和旅游消费试点单位。东大街历史街区被认定为第一批省级夜间文化和旅游消费集聚区、第一批省级旅游休闲街区、省文化和旅游消费便捷支付示范区。全市拥有星级饭店7家，旅行社22家。全年累计接待游客1624万人次，实现旅游综合收入197亿元。

十一、人民生活和社会保障

城乡居民抽样调查数据显示，全年全体居民人均可支配收入41545元，增长10.4%；其中，工资性收入24611元，增长10.9%；经营净收入6092元，增长9.9%；财产净收入3358元，增长6.9%；转移净收入7485元，增长10.6%。城乡居民人均收入比为2.04:1，比上年缩小0.04。人均生活消费支出25179元，增长20.6%。恩格尔系数28.3%。

城镇居民人均可支配收入53735元，增长9.4%；人均生活消费性支出29784元，增长18.2%。年末全市城镇居民人均住房建筑面积64.5平方米，增长5.0%。

城镇居民人均可支配收入、人均生活消费支出情况

表11

指标名称	总额(元)	比上年增长(%)
可支配收入	53735	9.4
工资性收入	32458	9.8
经营净收入	5997	12.6
财产净收入	5173	5.6
转移净收入	10107	8.4
生活消费支出	29784	18.2
食品烟酒	8425	15.9
衣　着	2256	24.2
居　住	5262	12.1
生活用品及服务	1723	12.2
交通通信	3852	19.9
教育文化娱乐	5286	27.7
医疗保健	2211	19.5
其他用品和服务	769	12.4

全年农村居民人均可支配收入 26280 元，增长 11.4%；人均生活消费支出 19412 元，增长 24.5%。年末农村居民人均住房面积 66.5 平方米，增长 8.1%。

农村居民人均可支配收入、人均生活消费支出情况

表 12

指标名称	总额(元)	比上年增长(%)
可支配收入	26280	11.4
工资性收入	14784	12.3
经营净收入	6210	6.9
财产净收入	1085	9.8
转移净收入	4201	15.6
生活消费支出	19412	24.5
食品烟酒	5525	18.5
衣　着	1098	35.6
居　住	3495	23.1
生活用品及服务	1319	29.4
交通通信	2666	21.3
教育文化娱乐	3287	32.8
医疗保健	1566	25.0
其他用品和服务	456	35.7

全市参加基本医疗保险人数达 125.75 万人，比上年末增加 0.77 万人；其中，参加职工基本医疗保险人数 32.26 万人，比上年末增加 2.71 万人；参加城乡居民基本医疗保险人数 93.49 万人，比上年末减少 1.94 万人，城乡居民基本医疗保险筹资标准提高到人均 1280 元。

年末全市参加企业职工养老保险人数 23.23 万人，比上年末增加 3.49 万人；城乡居民养老保险参保人数 30.53 万人，比上年末减少 1.91 万人。企业退休人员基本养老金人均增长 141.66 元，增幅 5.1%。失业保险、工伤保险和生育保险参保人数分别为 18.44 万人、19.08 万人和 20.07 万人，分别比上年末增加 1.59 万人、1.64 万人和 1.59 万人。

年末全市拥有各类养老机构 32 家，总床位数 8200 张；全市农村拥有敬老院 15 家，床位数 4348 张。城乡居民最低生活保障资金 5861.31 万元，比上年增加 451.38 万元。全市城乡最低生活保障人数为 8855 人，比上年减少 1193 人。全市 5621 名农村五保对象中，有 1014 人实行了集中供养。全年婚姻登记 11057 对。

十二、城镇建设、环境保护和安全生产

全年投入中心城区基础设施建设超过 10 亿元。完成老旧小区改造面积 18 万平方米，惠及 1660 户居民；全年建成区新增道路 14.87 公里，年末建成区共有绿地面积 1706.09 公顷，城市绿化覆盖率 43.14%；年末共有道路灯具 3.24 万盏，城市亮灯率 99.8%；建成区新增燃气管道 122.6 公里，新增用户 1.85 万户，年供气量达 27600 万立方米；全年新增自来水管网 54.85 公里，自来水日供水能力

40 万吨；生活垃圾无害化处理率 100%。完成市级城建重大项目 13 项，新建生态廊道 1 条，新建“小游园”2 个。

全市空气主要污染物年平均值为：二氧化硫 9.87 微克/立方米，二氧化氮 22.73 微克/立方米，可吸入颗粒物（PM_{10}）53.46 微克/立方米，可吸入颗粒物（$PM_{2.5}$）31.52 微克/立方米。全年空气污染指数达到良好以上的天数达 312 天，占全年天数的 85.5%。全市主要河流水质基本符合相应功能区水质标准，集中式饮用水源地水质达标率 100%。区域环境噪声昼间平均等效声级为 54.1 分贝，交通干线噪声昼间加权平均等效声级为 65.9 分贝，符合国家环境噪声质量标准。

全年发生工商贸建生产安全亡人事故 5 起，死亡 5 人，比上年均下降 37.5%。未发生一次死亡 2 人（含 2 人）以上安全生产事故。发生火灾 1105 起，直接财产损失 1700 万元。

注：1. 本公报数为初步统计数。
2. 公报中地区生产总值、各产业增加值绝对数按当年价格计算，增长速度按可比价格计算。
3. 公报中部门数据由相关部门提供。
4. 部分数据因四舍五入问题，存在总计与分项合计不等的情况。
5. 部分指标数据因统计口径调整，较上年不具可比性。

如皋市第七次全国人口普查公报

如皋市统计局
如皋市第七次全国人口普查领导小组办公室
2021 年 5 月 28 日

根据如皋市第七次全国人口普查结果，现将 2020 年 11 月 1 日零时如皋市常住人口 [1] 的有关情况公布如下：

一、全市常住人口

全市常住人口为 1238448 人。

二、人口增长

全市常住人口与 2010 年第六次全国人口普查的 1267066 人相比，十年共减少 28618 人，减少 2.26%，年平均减少 0.2%。

三、户别人口

全市共有家庭户 [2] 429888 户，集体户 9829 户，家庭户人口为 1194766 人，集体户人口为 43682 人。平均每个家庭户的人口为 2.78 人，比 2010 年第六次全国人口普查减少 0.38 人。

四、城乡 [3] 人口

全市常住人口中，居住在城镇的人口为 761879 人，占 61.5%；居住在乡村的人口为 476569 人，占 38.5%。与 2010 年第六次全国人口普查相比，城镇人口增加 144818 人，乡村人口减少 173436 人，城镇人口比重提高 12.8 个百分点。

五、性别构成

全市常住人口中，男性人口为 602131 人，占 48.6%；女性人口为 636317 人，占 51.4%。总人口性别比（以女性为 100，男性对女性的比例）为 94.6，与 2010 年第六次全国人口普查比提高 3.5 个百分点。

六、年龄构成

全市常住人口中，0~14 岁 [4] 人口为 152124 人，占 12.3%；15~59 岁人口为 700305 人，占 56.5%；60 岁及以上人口为 386019 人，占 31.2%，其中 65 岁及以上人口为 295288 人，占 23.8%。

全市人口年龄构成

单位：人、%

表 13

年 龄	人口数	比 重
总 计	1238448	100

续表 13

年　龄	人口数	比　重
0~14 岁	152124	12.3
15~59 岁	700305	56.5
60 岁及以上	386019	31.2
其中:65 岁及以上	295288	23.8

七、受教育程度人口

全市常住人口中，拥有大学（指大专及以上）文化程度的人口为 127608 人；拥有高中（含中专）文化程度的人口为 172342 人；拥有初中文化程度的人口为 448548 人；拥有小学文化程度的人口为 393415 人（以上各种受教育程度的人包括各类学校的毕业生、肄业生和在校生）。与 2010 年第六次全国人口普查相比，每 10 万人中拥有大学文化程度的由 4474 人提高为 10304 人；拥有高中文化程度的由 12429 人提高为 13916 人；拥有初中文化程度的由 36908 人降低为 36219 人；拥有小学文化程度的由 39018 人降低为 31767 人；15 岁及以上人口的平均受教育年限[5]由 8.4 年提高至 9.1 年。

注释：

[1] 常住人口包括：居住在本乡镇街道且户口在本乡镇街道或户口待定的人；居住在本乡镇街道且离开户口登记地所在的乡镇街道半年以上的人；户口在本乡镇街道且外出不满半年或在境外工作学习的人。

[2] 家庭户是指以家庭成员关系为主、居住一处共同生活的人组成的户。

[3] 城镇、乡村是按国家统计局《统计上划分城乡的规定》划分的。

[4] 0~15 岁人口为 162916 人，16~59 岁人口为 689513 人。

[5] 平均受教育年限是将各种受教育程度折算成受教育年限计算平均数得出的，具体的折算标准是：小学 6 年，初中 9 年，高中 12 年，大专及以上 16 年。

2021年如皋市生态环境状况公报

一、综述

2021年，全市认真贯彻中央、省、市生态文明建设和环境保护新要求，坚持以改善环境质量为核心，深入打好污染防治攻坚战、持久战。全年地表水市考以上断面优Ⅲ类比例持续保持100%；$PM_{2.5}$均值浓度31.52微克/立方米，同比下降9.8%，优良天数比例为85.5%，同比上升1.1个百分点；土壤环境质量总体稳定。全市未发生重特大环境污染事故及环境事件。

二、环境质量

（一）水环境

1.饮用水源水

2021年,市集中式水源地如皋鹏鹞水厂和如皋市长青沙水库应急水源地水质达到或优于Ⅲ类标准，监测结果均达标，满足饮用水源地水质要求。

2.地表水

2021年，全市共设勇敢大桥、碾砣港闸、向阳桥、新334省道桥、新南新线桥、夏堡北大桥、曙光电灌站、焦港桥、引河大桥、环西大桥、新204公路桥、四新桥、长庄大桥、拉马河桥、永平闸15个国、省、市控考核断面。Ⅰ至Ⅲ类水质断面占100%。

3.地下水

2021年，岛香食品地下水测井质量综合指标类别为Ⅳ类，皋鑫电子地下水测井质量综合指标类别为Ⅲ类。

（二）空气环境

1.城市空气

2021年全市环境空气中二氧化硫、二氧化氮、一氧化碳、臭氧、颗粒物（PM_{10}）、颗粒物（$PM_{2.5}$）指标年均值分别为9.9微克/立方米、22.7微克/立方米、0.8毫克/立方米、104.4微克/立方米、53.5微克/立方米和31.5微克/立方米，2021年空气质量优良天数312天，优良率85.5%。

2.酸雨

2021年全市降水总体呈弱酸性，降水PH均值为6.93，酸雨频率为0%。

（三）声环境

1.区域环境噪声

2021年市区区域声环境质量昼间平均等效声级值为54.1分贝，总体水平等级为二级（较好）。

2.道路交通噪声

2021年全市道路交通噪声昼间加权平均等效声级值为65.9分贝，强度等级为一级（好）。

3.功能区噪声

2021年，如皋市各功能区昼、夜间声环境质量均符合相应功能区要求。

（四）固体废物

2021年，危险废物年初全市库存2282吨，全年产生量88355吨，依法转移88231吨，年末贮存2406吨。

三、环境管理

1.扎实开展大气污染攻坚。2021年，继续开展扬尘治理专项督查，严格落实建筑工地扬尘“十条规矩”。制定环境空气质量管控提升方案，围绕扬尘、工业废气、餐饮油烟、烟花爆竹等重点领域，开展分类整治。完成350台锅炉提标改造或“回头看”、20家汽修企业源头替代和4个加油站三次油气回收改造。完成主城区餐饮油烟集中整治、化工园区和九华镇企业集群整治。

2.大力推进水环境整治。推进控源截污，坚持点面结合，以重点河道考核断面整治为抓手，推进畜禽养殖污染治理和村庄生活污水收集治理，着力建设污水收集管网，不断提高污水收集率和处理率。制定全市水环境提升联动方案，对188个断面管控点位推行清单式责任管控。开展汛期水质提升专项行动，加强河道水质溯源分析。对河道考核断面水定期实施监测，落实断面水质生态补偿政策。强化执法，严肃查处一批雨污管网私搭乱接、污水乱排直排等行为，推进全市水质质量提升。

3.稳步推进土壤固体废物整治。推动重点地块土壤污染状况调查；督促64家重点监管单位实施隐患排查、自行监测。开展危险废物安全专项整治和危险废物处置企业危化品使用专项治理，完成201家企业危险废物仓库分类处置工作，帮助处理99家企业在线监控设备产生废液处理难题。

4.切实提升环境执法水平。组织参加南通市生态环境执法监测技能竞赛，获得执法技能竞赛优秀组织奖，执法四局被评为表现突出集体，监测站获评监测技能竞赛表现突出集体，3人分别被评为执法、监测技能竞赛表现突出个人。开展常态化夜查、突击检查、交叉检查、专项行动，全年累计开展40多次专项执法行动，下达行政处罚决定书286份，罚款金额1080万元，运用四个配套办法办案37件，与公安机关联合开展7次打击环境违法犯罪活动，向公安机关移送涉嫌污染环境犯罪案3件，移送行政拘留3件，对不履行处罚决定的18家企业申请法院强制执行，有效震慑了一批环境违法行为。

5.靠前服务助力绿色发展。主动靠前服务项目，参加重大项目联合预审，及时掌握项目审批要求以及总量需求，先后完成130余家企业的污染物总量平衡工作，协调8家企业完成排污权交易。推进排污许可证管理工作，在南通各县市中率先开启排污许可证技术复核工作，完成100家企业复核。践行绿色发展理念，摒弃损害生态环境的发展模式，实施生态环境损害赔偿案件38起。

6.化解生态环境突出问题。坚持“四步工作法”办理环境信访，全面落实信访办理责任。全年各级环境信访总量同比下降6.5%。强化应急管理能力建设，完成136家企业应急预案备案管理，推进危险废物、污染治理设施及核与辐射专项整治；构建生态环境部门和应急管理部门联防联控机制，生态环境应急处置能力得到加强。

7.强化生态环境宣传力度。加强与新闻媒体合作，放大世界环境日、世界地球日、生物多样性日成效，大力宣传全市环境文明建设成果。开展7次公众看环保活动，带领公众走进污水处理厂、绿色科普基地，促进公众进一步参与、支持生态环境保护。参与市生态环境政风行风热线，详细解答群众关心关注的环境热点问题。推进环保法律法规普法工作，积极营造污染攻坚的法治氛围。

大　事　记

Dashiji

2021 年 1 月

1 日 如皋市举行元旦健步行活动，市人大常委会副主任钱志刚、副市长张亚鸾、市政协副主席刘晓洁和千余名群众以健身运动的特殊方式告别2020年，意气风发地迈向新的一年。活动全程约3.6公里，经过内外城河综合提升工程、龙游河生态廊道三期等路段，最终到福寿路与仙鹤路交会处结束。

△《中华人民共和国民法典》施行第一天，中国邮政发行一枚新邮纪念这部特殊的法典。如皋市司法局、中国邮政集团公司江苏省如皋市分公司、江苏瀛联律师事务所联合举办“新邮首发仪式”。

4 日 长江镇组织18个村（社区）、38家企业集中开展中共十九届五中全会精神宣讲。

5 日 市委十二届十二次全体（扩大）会议在市行政中心礼堂召开，市委书记何益军代表市委常委会向大会作题为《高质量建设长江以北最强县市　奋力谱写“强富美高”新如皋现代化篇章》的工作报告，市委副书记丁兴华通报2020年度各镇（区、街道）项目建设考核结果，宣读关于授予2020年下半年南通市重特大高端制造业项目开工节点奖的决定；会议向年度项目建设先进单位授予流动红旗，向获得2020年下半年南通市重特大高端制造业项目开工节点奖的单位授予奖牌；长江镇、丁堰镇、经济技术开发区、下原镇、市发改委、市科技局负责人在会上作交流发言；市委副书记、代市长王鸣昊就做好当前工作提出明确要求；会议表决通过《中共如皋市委关于制定如皋市国民经济和社会发展第十四个五年规划和二〇三五年远景目标的建议（草案）》《中国共产党如皋市第十二届委员会第十二次全体（扩大）会议决议（草案）》。

△ 市委十二届十二次全体（扩大）会议第一阶段会议之后，与会人员进行分组讨论。市委书记何益军分别参加长江镇，如皋工业园区（如城街道），高新区（城南街道），经济技术开发区、城北街道分组讨论。市委副书记、代市长王鸣昊参加经济技术开发区、城北街道的分组讨论。

6 日 如皋市召开2020年度综合考核工作汇报会。南通市第一综合考核组组长、南通市政协副主席杨曹明率考核组到如皋开展年度综合考核工作，市委书记何益军作如皋市委领导班子述职报告、干部选拔任用工作报告和个人述职报告，市委副书记、代市长王鸣昊作如皋市政府领导班子述职报告。会上进行民主测评和评议。市人大常委会主任吴道健，市委副书记丁兴华等市四套班子领导参加会议。

△ 市委副书记、代市长王鸣昊带队调研2021年重大城建、搬迁项目计划编排情况。王鸣昊一行先后深入各搬迁和出让地块、城建项目建设现场进行实地调研，听取市城建指挥部关于2021年重大城建和搬迁项目计划编排情况的说明。市领导茅红宇、黄文斌、陈迪参加调研。

△ 市政协十四届二十次常委会召开。会上，市委常委、常务副市长茅红宇通报市政府关于市政协十四届四次会议以来提案办理工作情况；会议协商调整部分市政协委员，讨论通过市政协十四届常委会工作报告、提案工作报告，关于召开市政协十四届五次会议的决定，市政协十四届五次会议议程、日程，市政协十四届五次会议秘书长、副秘书长名单，市政协十四届五次会议提案委员会人员名单；通报市政协十四届四次会议以来市政协委员、常委、政协工委主任和在城界别委员组组长变动情况。

7日 如皋市召开意识形态领域情况分析研判会，分析研判当前形势和问题，全面加强和改进下一阶段意识形态工作。会议通报意识形态领域有关情况，市教育局、市商务局进行交流发言，市委网信办、市公安局进行风险预警提示。市委常委、宣传部部长高峰参加会议并讲话。

△ 南通市海门区公共资源交易中心党组书记、副主任王水兵一行5人到如皋市考察交流公共资源交易工作。

△ 长江镇举行第十五次代表大会第六次会议，全面回顾总结“十三五”发展历程，精准谋划“十四五”发展大计，重点研究部署2021年工作。

△ 江苏力源金河铸造有限公司举行中共十九届五中全会精神宣讲会。市委宣讲团成员、市人民法院党组成员、政治部主任袁夏华以《学习贯彻党的十九届五中全会精神》为题作宣讲报告。

8日 市委宣讲团成员，市委宣传部副部长、市融媒体中心党委书记、主任刘志伟先后到江苏意瑞达纺织科技有限公司、城北街道戴庄村，对中共十九届五中全会精神进行宣讲。

△ 江苏疾病预防控制中心发布江苏省新冠病毒疫苗重点人群接种相关热点问答，同时省卫健委公布江苏省承担新冠病毒疫苗紧急使用工作的接种单位名单908家，其中如皋5家，分别是如城街道卫生所、经济技术开发区卫生所、高新技术开发区卫生所、石庄镇卫生所、白蒲镇卫生所。

△ 山西省运城市盐湖区人社局相关负责人组织带领辖区50家劳务公司负责人，到如皋市考察洽谈，寻求精准劳务合作。

9日 南通市疫情防控工作电视电话会议召开。市委副书记、代市长王鸣昊在会上作交流发言。南通会议结束后，召开全市疫情防控工作会议，就贯彻落实好上级疫情防控工作要求，全力做好今冬明春特别是春节期间疫情防控工作的具体部署。

△ “童”沐春风、“阅”享未来——2021年如皋市全民阅读春风行动启动仪式在如城街道纪庄社区农家书屋拉开帷幕。

10日 市委书记何益军带领市委办、市城建指挥部、市自然资源和规划局、市住建局等部门相关负责人，深入内外城河综合提升工程现场、东大街、集贤里广场、老干部活动中心，对城市建设工作进行专题调研。副市长黄文斌参加调研。

△ 2021年1月10日是中国历史上第一个“人民警察节”，中共如皋市委书记何益军致信，向全市公安民警致以节日的问候和崇高的敬意。

△ 市委书记何益军带领同组的党代表、人大代表、政协委员，到如皋工业园区（如城街道）城南社区的“两代表一委员”工作室，了解民生、听取民意，收集老百姓关心关注的热点难点问题，切实为老百姓排忧解难。

11日 2020年度全面从严治党述职会召开。各镇（街道）党（工）委书记和市委有关工委书记进行述职，市委书记何益军一一进行点评。南通市委政法委常务副书记钱建华出席会议。

△ 市委副书记、代市长王鸣昊带领市政府办、卫健委等相关部门负责人，深入市人民医院急诊大厅、门诊大厅、发热门诊等处，督查疫情防控工作。副市长张亚骞参加督查。

△ 市第十七届人大常委会召开第三十四次会议。会议听取市第十七届人大常委会代表资格审查委员会关于个别代表的代表资格的报告，通过《关于补选南通市第十五届人民代表大会代表办法（草案）》，听取关于提请补选南通市第十五届人大代表有关事项的说明，补选南通市第十五届人大

代表。

△ 市委常委、政法委书记程瑞琴带队调研司法行政暨大调解工作，充分肯定2020年全市司法行政暨大调解工作所取得的成绩并对市司法局下一步工作提出要求。

11—12日

受江苏省发展和改革委员会委托，中国国际工程咨询公司在南京市主持召开“张皋过江通道工程可行性研究报告咨询评估会”，并成立由10位专家组成的专家组。会上，专家组听取编制单位中交公路规划设计院有限公司关于《张皋过江通道工程可行性研究报告》(2021年1月)的汇报以及江苏省直有关部门、沿线地方政府和单位的意见，阅读《可研报告》及相关资料，专家组重点就项目的技术标准、建设方案及投资估算等进行研究和讨论。

12日

市委常委陈鸣华、副市长顾凡带队走访调研部分新型研发机构和市科技创业园。陈鸣华一行对如皋市化合物半导体产业研究所、江苏如高第三代半导体产业研究院两家研发机构的人才团队、运营情况以及需协调解决的问题进行详细了解，并与市科技创业园南通广恒生物科技有限公司、南通切瑞特信息技术有限公司等入驻企业的负责人就新产品开发、产学研合作、企业管理等进行详细沟通交流，全面了解创业园科技型初创企业的孵化情况。市科技局主要负责人、高新区(城南街道)相关负责人陪同调研。

13日

2021年如皋市委务虚会召开。与会人员围绕市委十二届十二次全体(扩大)会议确定的各项目标任务、思路举措，进行“头脑风暴”，碰撞思维、凝聚共识，深化细化重点工作的实施路径。何益军、王鸣昊等市四套班子领导出席会议。

△ “开启新征程、书记话开局”大型全媒体访谈活动走进如皋，市委书记何益军接受南通电视台专访。何益军表示，如皋将围绕“工业投入三年超千亿，百强排名挺进前二十”的目标定位，高质量建设长江以北最强县市，奋力谱写“强富美高”新如皋现代化篇章。活动中，市委常委、副市长顾留忠，如皋优秀企业家代表梦百合家居科技股份有限公司董事长倪张根也畅谈新年新征程。

△ 2020—2021年度全市基层党员冬训工作部署暨理论骨干培训会召开。南通市委宣讲团成员、南通市委宣传部副部长张军以《奋进新阶段　贯彻新理念　构建新格局　开启新征程》为题进行中共十九届五中全会精神示范宣讲。市领导何益军、丁兴华、缪爱诚、高峰参加会议。

△ 市委副书记、代市长王鸣昊赴信访局专题调研信访工作，听取2020年以来全市信访工作整体推进、“一战两整治”信访矛盾积案化解、重复信访事项集中治理等方面情况，详细了解当前重点领域、重点群体、条线板块中潜在的苗头性、倾向性问题，对破解信访难题具体思路举措进行研究探讨。市委常委、政法委书记程瑞琴参加调研。

△ 江苏省工信厅副厅长石晓鹏一行到如皋经济技术开发区考察调研，参观氢能产业园标准厂房、氢能检测中心，了解如皋氢能基础设施建设及平台建设的基本情况。

△ 山东省临沂市兰陵县考察团到如皋考察花木产业发展工作。考察团一行实地参观花木大世界(如皋)国际园艺城、江苏盆景博物馆、顾庄生态园等处，详细了解如皋经济社会发展情况，听取如皋市花木盆景产业发展情况的介绍。

14日

△ 市委副书记、代市长王鸣昊主持召开十七届市政府第六十二次常务会议，听取全市根治欠薪冬季专项行动推进情况汇报，传达岁末年初全国安全防范工作紧急视频会议、全省深化安全生产三年专项整治推进会议精神，以及南通市污染防治攻坚推进会议精神和中央农村工作会议精神，并就《全市非法流动加油专项整治行动方案(送审稿)》《关于市政府领导同志工作分工的建议方案(送审稿)》《如皋市城镇既有房屋安全隐患排查整治实施方案(送审稿)》

《如皋市违法建设和违法违规审批专项清查工作方案(送审稿)》等议题进行讨论。

△ 国家级服务业标准化试点项目考评专家组到如皋,对如皋市法律援助标准化国家级试点项目进行终期考核验收。经过全面考评,考评组一致认为如皋市司法局较好完成试点项目的各项工作,一致同意通过该项目通过国家终期考核验收。

15日 市委书记何益军主持召开市委常委会会议,传达省新冠肺炎疫情防控工作领导小组等会议精神,听取全市疫情防控工作开展情况汇报;传达学习中央农村工作会议精神,研究讨论市委《关于贯彻〈中国共产党政法工作条例〉的实施细则(讨论稿)》等议题。

△ 如皋市召开镇(区、街道)组织工作述职评议会,总结2020年组织工作,谋划2021年工作,推动全市组织工作再上新台阶。

△ 2020年度镇(区、街道)政法工作述职评议会举行,总结2020年度政法工作经验做法,分析当前存在的问题和不足,谋划2021年工作目标思路。市领导程瑞琴、陈晓彬参加会议。

△ 市政府召开全市国土空间规划近期实施方案编制工作会议,对如皋市国土空间规划近期实施方案编制工作进行详细部署,要求各镇(区、街道)认真研究城镇开发边界试划方案,各部门梳理近期建设的重大项目,在近期实施方案中统筹。

△ 如皋市民政局最新统计数据显示,截至2021年1月1日,如皋市百岁老人总数再创新高,达到525位。在这些百岁老人中,105岁以上的达16位,其中最年长者为白蒲镇斜庄社区109岁的宗徐氏老人。

16日 如皋市举行智能终端精密模组项目签约活动。该项目总投资超100亿元,其中设备投资68亿元。一期投产后,预计可实现年产智能终端精密模组1.37亿套,年应税销售120亿元、纳税3.6亿元,对如皋市深度嵌入全球顶级科技产业链、实现“十四五”良好开局具有重要意义。南通市委书记徐惠民,香港立讯有限公司董事王来胜,南通市委常委、秘书长姜东,南通市副市长潘建华及如皋市领导何益军、王鸣昊、丁兴华、顾留忠参加活动。

△ 如皋市市域治理现代化指挥中心在九华镇召开现场推进会。九华镇镇域治理现代化指挥中心从“一个指挥中心、两支工作队伍、三级联动体系、四项工作举措”四个方面向与会人员作介绍,并现场实战三级演练,展现九华镇依托镇域指挥中心,拓展智慧九华模块的特色亮点。

△ 如皋华侨摄影学会第一届代表大会暨揭牌仪式在如皋举行。这是南通成立的第二家县级华侨摄影学会。

18日 由江苏、上海、浙江、安徽三省一市档案局、档案馆联合主办的“建党百年 初心如磐——长三角红色档案珍品展”在上海市档案馆外滩馆揭幕,如皋市档案馆馆藏的“中国共产党江苏如皋县委印”以实物形式亮相珍品展。

20日 副市长张亚鸾带队到凯迪大酒店集中医学观察点、经济技术开发区实验小学、博爱医院、城北街道社区卫生服务中心等处,了解相关部门防疫工作开展情况,督查全市疫情防控工作。

△ 机关示范道德讲堂暨2020年12月如皋好人发布会举行。活动通过唱歌曲、学模范、诵经典、2020年度12月份好人发布、好人故事分享、谈感悟、送吉祥等环节,引领广大干部群众发现身边凡人善举,感受真善美、汲取正能量,营造向上向善的浓厚氛围。

△ 沿江科创带建设调研活动在高新区召开,调研主要围绕高新区科创工作特色亮点、科创资源现状、人才工作等方面展开讨论。南通市委研究室副主任姜勇、市科技局副局长李建波一行,如皋市副

市长陈鸣华、林文美、顾凡参会。

22日 省统计局和省科技厅联合检查组对如皋市相关企业进行研发数据质量现场检查。检查组由省统计局社会科技和文化统计处处长顾永平带队，抽取丁堰镇10家有研发活动的企业，通过逐家上门，检查核实如皋市研发数据质量。顾永平处长对如皋市研发数据质量表示基本认可，并对企业研发台账和会计科目的设置提出要求。

△ 全市职业教育校企合作工作推进会举行，探讨未来三年校企合作如何纵深发展。副市长张亚鸾参加会议。

△ 如皋市“爱心邮路·红喇叭驿站”主题实践活动正式启动。此次活动发布8个“红喇叭”示范驿站，如皋市邮政公司将以首批参与志愿者为引领，以8个“红喇叭”示范驿站新时代文明实践点为主阵地，定期组织群众关心的重要热点政策的解读宣讲。

△ 市商务局牵头组织市公安局、交通局、市场监管局、消防大队、各镇(区、街道)召开非法流动加油专项整治推进会。

23—25日

如皋市第十二届村委员会和第七届居委会进行换届选举，选出新一届村居领导干部，全市共1073946人参加选举投票，共选出1775名村居委员成员。

25日 如皋市举行青年工作联席会议第二次全体会议，传达学习省、南通市青年工作联席会议第二次全体会议精神，研究部署当前和今后一个时期青年工作重点任务，进一步汇聚各方力量，形成工作合力，推动全市青年工作再上新台阶。

26日 市委副书记、代市长王鸣昊率领相关部门负责人，调研卫生健康工作。王鸣昊一行先后走访如城卫生所、市中医院、市精神病防治医院、世家风尚酒店集中医学观察点、市疾控中心、市妇幼保健计划生育服务中心、市120急救指挥中心等处，并听取全市疫情防控及卫生健康工作情况汇报。副市长张亚鸾参加调研。

△ 市委副书记、代市长王鸣昊带领市政府办、编办、教育局、财政局、人社局等部门负责人调研全市教育工作。王鸣昊一行先后调研江苏省如皋第一中等专业学校、如皋市技工学校、江苏省如皋中等专业学校等处，详细了解学校的师资力量、办学条件、专业设置等情况，希望相关学校立足现有基础，抢抓发展机遇，加快改革步伐，不断提升人才培养层次和规模。副市长张亚鸾参加活动。

△ 如皋市集中举办2020年度政法系统干警退休仪式。市委常委、政法委书记程瑞琴为政法干警颁发退休纪念铭座并赠送鲜花，对光荣退休的政法干警致以亲切的问候和衷心的感谢。市公安局、市人民检察院、市人民法院、市司法局退休干警代表，政法年轻干警代表进行发言。副市长陈晓彬出席活动。

△ 南通市老区开发促进会、扶贫开发协会、老区扶贫基金会理事长秦厚德率队到如皋开展“走帮服”活动。在如皋期间，秦厚德一行给107岁的红军老战士吴九成送去慰问品和慰问金，还实地走访搬经镇焦港村光电扶贫项目现场、盆景大观园、平园池村等处。

△ 如皋市博物馆自办精品展——“岁月漫漫　难掩其华——如皋本地出土文物展”开展。展览分为水色无声、银色灼灼、彩绘前朝、杂色遗珍四个部分，共展出文物100余件。展品种类丰富，包含银元、瓷器、铜镜首饰等，其中“黎元洪开国纪念币”“蟾钮海兽葡萄镜”等部分精品均为首次展出。

27日 市委副书记、代市长王鸣昊，市委常委、市人武部部长夏淼，副市长张百璘到市人民医院征兵体检现场，视察征兵体检工作。

△ 市委副书记、代市长王鸣昊调研全市污染防治攻坚工作，市领导黄文斌、陈迪参加活动。

△ 市委副书记、代市长王鸣昊带领市政府办、发改委、财政局、国资办、科技局、商务局、行政审批局、自然资源局等部门负责人赴经济技术开发区开展调研，实地调研势加透博科技有限公司、柏承HDI高密度印刷电路板项目现场、思源电气股份有限公司、氢能检测中心等处，详细了解企业发展、项目推进情况，并听取经济技术开发区经济运行、项目建设、招商引资、国企改革、重大城建项目和搬迁项目安排等重点工作情况汇报。副市长顾凡参加活动。

△ 市委常委、宣传部部长高峰带队，采取“四不两直”的方式开展网络安全检查。检查组一行先后到市域治理现代化指挥中心、市行政审批局、市教育局、市水务集团等单位，听取该单位网络安全工作汇报，询问具体落实情况，查找和梳理工作中存在的问题和网络安全漏洞隐患，并对检查发现的问题进行现场交办。

△ 2021年如皋市教育工作会议在安定小学召开，全面总结2020年教育工作，部署“十四五”时期和2021年教育工作，并对2020年度教育工作综合考核优秀单位进行表彰。副市长张亚骞、市教育局（政府教育督导室）全体班子成员出席会议。

△ 由如皋市检察院发起的“检察长+局长+董事长”三长联动座谈会首次在如皋市如皋港化工新材料产业园智慧管理中心召开。如皋市检察院党组书记、代检察长吴晓栋参加会议，并现场向参会的各位董事长送上温馨大礼包——《环境法律风险提示单》，提示单包含环境刑事责任清单及环境民事侵权赔偿责任清单。

△ 江安镇组织100名各级人大代表实地视察督导2020年重点民生工程项目建设情况。

△ 如皋市第一台老小区加装电梯——武定苑202幢1单元加装电梯正式通过验收，成功运行。

28日

市委副书记、代市长王鸣昊主持召开座谈会，就《政府工作报告（征求意见稿）》及2021年民生实事候选项目征求老领导意见。市领导陈晓彬、黄文斌、张亚骞、张百璘、陈迪、刘栩出席会议。

△ 市委常委、宣传部部长高峰带领市委宣传部（市新闻出版局）、市公安局、市市场监督管理局、市城市管理局、市文体广电和旅游局等部门的相关负责人，深入南通彩虹印刷有限责任公司、音乐派量贩式KTV、慧源书城、幸福蓝海影城等处，开展春节前“扫黄打非”集中行动。

△ 如皋市场监管局局长贾宏斌带队督查全市进口冷链食品生产经营单位常态化疫情防控工作和食品安全主体责任落实情况，先后走访查看南通双龙门食品有限公司、如皋市圣寿源食品厂、东陈高速出口、如皋市进口冷链食品集中监管仓等单位运行情况。

30日

市委书记何益军主持召开市委理论学习中心组学习会，专题学习习近平《论党的宣传思想工作》。市四套班子领导参加学习会。

△ 如皋市召开项目建设月度观摩会，动员全市上下继续树立“项目建设始终是经济工作的头版头条”的理念，进一步大抓项目、抓好项目，以更大的决心和更大的力度推进项目建设。何益军、王鸣昊、吴道健、张元健、丁兴华等市四套班子领导出席会议。

△ 如皋市召开全市污染防治攻坚暨环境质量“首季创优”专项行动推进大会，通报近期全市环境质量状况，布置“首季创优”专项行动有关工作。市领导王鸣昊、史有根、黄文斌、陈迪参加会议。

△ 如皋市举行“关爱功臣、情暖老兵”座谈会，副市长张百璘参加活动。

△ 江苏省人民政府办公厅发布《省政府办公厅关于命名宜兴市如皋市灌云县为江苏省生态园林城市的通知》，如皋市被命名为江苏省生态园林城市。

31日 2021年南通市暨如皋市文化科技卫生“三下乡”服务活动在下原镇新时代文明实践广场举行。活动现场，南通市领导对如皋的中国好人、江苏最美法治人物、江苏好人等进行慰问；下原镇接受南通各机关部门的捐赠。南通市领导陆卫东、黄卫成、陈宋义，如皋市领导何益军、丁兴华、高峰、钱志刚、刘晓洁参加活动。

1月，如皋法院长江流域环境资源第二法庭对一起涉3530只斑鸠、麻雀的江苏特大刑事附带民事“猎鸟案”作出一审判决，首犯兴化市罗某、周某犯非法狩猎罪、掩饰、隐瞒犯罪所得罪，数罪并罚，分别被判处一年和一年九个月有期徒刑，并处罚金；胡某等8人犯掩饰、隐瞒犯罪所得罪被判处拘役一个月至有期徒刑六个月不等，邵某等4人被判处罚金3000至4000元，上述14人与另外4名附带民事公益诉讼被告人共计赔偿野生动物生态资源损失105.9万元。

2021 年 2 月

1日 陆军 72 集团军某旅政治部主任刘志强，如皋市委常委、人武部部长夏淼，如皋市副市长张百璘等人到东陈镇雪东社区 6 组抗洪英雄冒小驰家，向冒小驰颁发二等功立功喜报，并送上"二等功臣之家"光荣匾。

△ 如皋经济技术开发区（城北街道）举办 2021 年度招商引资首期培训班。

△ 自 2 月起，如皋市不动产登记机构在全市范围内实施小微企业免收不动产登记费告知承诺制。

2日 市委书记何益军带领市委办、市发改委、市自然资源和规划局、市行政审批局等部门负责人赴经济技术开发区（城北街道），实地调研经济技术开发区（城北街道）部分改造地块、工业园区等处，就重点工作开展情况进行专题调研。市领导顾留忠、黄文斌参加调研。

△ 市委书记何益军带领相关部门负责人实地走访如城东、西部工业园区以及部分企业，对如皋工业园区（如城街道）重点工作推进情况进行调研。副市长黄文斌陪同调研。

△ 市委副书记、代市长王鸣昊率领相关部门负责人，走访南通超达装备股份有限公司、海迪科（南通）光电科技有限公司、江苏卓远半导体有限公司、南通世睿电力科技有限公司、江苏秦烯新材料有限公司、江苏浦丹光电技术有限公司、凌志软件如皋有限公司、顺丰速运等企业，调研高新区（城南街道）重点工作开展情况。副市长顾凡参加调研。

△ 市委副书记、代市长王鸣昊率领相关部门负责人，走访如皋市宏茂铸钢有限公司、如皋港化工新材料产业园智慧管理中心、如皋港保税物流中心、金雅名都荟等项目现场，对长江镇重点工作开展情况进行调研。副市长顾凡参加活动。

△ 如皋市召开"放管服"改革工作推进会，就 2021 年"放管服"改革工作要点展开讨论，对"跨省通办""企业松绑减负"等改革举措进行解读，同时对下一阶段的重点工作进行部署。

△ 如皋市人社局联合相关行业主管部门、各镇区在全市开展根治欠薪集中接访日活动。

3日 市委书记何益军主持召开市委常委会会议，传达学习习近平总书记对关心下一代工作的重要指示及全省、南通市关工委工作会议精神，听取市关工委工作情况汇报；会议传达全国、全省和南通市安全生产电视电话会议精神，听取《关于市委第十六轮巡察工作情况的报告》《关于对部门下属单位巡察工作情况的报告》《关于对村（社区）巡察工作情况的报告》汇报，研究讨论《2021 年如皋市委巡察工作计划》等相关议题。

△ 全市党员干部警示教育大会召开。市委书记何益军出席会议并讲话，要求全市党员干部要镜鉴常照、警钟长鸣，增强廉洁从政的自觉性坚定性，切实筑牢拒腐防变的思想防线，始终保持对信仰的忠诚、对纪律的尊崇、对权力的敬畏、对贪腐的戒惧，堂堂正正做人、干干净净做事。会议由市委副书记、代市长王鸣昊主持。市四套班子领导参加会议。

△ 市委副书记、代市长王鸣昊率领相关部门负责人，调研磨头镇、下原镇重点工作开展情况。王鸣昊一行先后走访南通市超阳模具科技有限公司、磨头镇精密智造产业园和希格玛光疗仪生产项目、下原科技产业园项目现场，听取磨头、下原两个镇重点工作开展情况汇报。副市长顾凡参加调研。

△ 市委副书记丁兴华带队检查如皋市档案馆安全工作，现场提出问题和整改措施。丁兴华充分

肯定市档案馆在档案工作特别是安全工作方面取得的成绩，并对做好下一步相关工作提出要求。

4日 南通市副市长赵闻斌、南通市政协副主席杨曹明一行到如皋，开展春节走访慰问活动。赵闻斌一行先后走访城南街道宋家桥小区低保残疾人陈松林、退役军人何忠华家，送上新年祝福。市领导张百璘、杜永红参加活动。

△ 市委常委、宣传部部长高峰率队赴盆景大观园景区、市融媒体中心、江苏有线如皋分公司、如皋高等师范学校等处，开展节前安全生产和疫情防控工作检查，副市长张亚莺参加活动。

5日 南通市委副书记、统战部部长沈雷一行到如皋，开展春节慰问活动，为城北街道平园池村五保户顾德付、老党员刘焕勤送去关怀和新春祝福。市委书记何益军参加活动。

△ 南通市委副书记、统战部部长沈雷到如皋开展安全生产检查。在江苏神马电力股份有限公司，沈雷详细了解企业生产经营情况和安全生产措施落实情况，并走进企业车间实地检查安全生产情况。市委书记何益军陪同检查。

△ 市委书记何益军主持召开市委常委会2020年度民主生活会。会议通报2019年度民主生活会和有关专题民主生活会整改措施落实情况，常委班子成员逐一进行个人对照检查，并开展批评。南通市委副书记、统战部部长沈雷参加民主生活会并点评讲话。

△ 市委副书记、代市长王鸣昊率队走访慰问百岁老人、建国前老党员、优秀人才、优抚对象、低保户、困境儿童、贫困妇女、特困职工、二等功臣、老领导等群体，代表市委、市政府向他们致以新春的问候。市领导林文美参加活动。

△ 市政协主席张元健走访慰问部分建国前老党员、百岁老人、离退休老干部、技能人才，向他们致以节日的问候和新春的祝福。

△ 市委政法委举行离退休老干部座谈会。会上，市委常委、政法委书记程瑞琴通报近年来全市政法工作情况及2021年工作计划，并对离退休老干部表示感谢。

△ 市委常委、组织部部长朱莹滢走访慰问如皋市部分退休老干部和优秀人才代表，向他们致以亲切问候和节日祝福。市领导张勇、刘栩、严世斌参加慰问。

△ 市行政审批局（政务办）召开市县一体化平台暨政务服务“好差评”动员部署会，就落实一体化平台建设和落实“好差评”工作中各部门的重点任务进行分解布置，并对操作系统进行培训与演示。

△ 市商务局（口岸办）联合长江镇政府，邀请海关、边检、海事、长航、公安、市监、交通等部门，召集各码头企业、代理公司、拖轮公司，在长江镇东四楼会议室召开如皋港水运口岸疫情防控和反走私宣贯会议。

△ 市农业农村局组织召开全市农业农村系统警示教育大会。

△ 市委网信办、市委统战部、市公安局联合召开全市自媒体管理工作会议。全市20家具有媒体属性和一定舆论动员能力的自媒体平台负责人参加会议。

△ 在奥体中心露天足球场，如皋市推出迎新春送温暖、“职”等你来2021年“春风行动”专场招聘会。

△ 为切实做好春节期间宗教领域疫情防控工作，如皋市区各宗教活动场所发布启事，定慧禅寺、灵威观、福成庵除夕夜（2月11日晚）不对公众开放，取消跨年迎新、撞钟、敬香等聚集性祈福活动。

7日 市委书记何益军深入基层开展春节慰问，给老干部、特困职工、孤困儿童、低保户、五保户、离退休人员、百岁老人、优抚对象、老党员等送上新春祝福。市领导邵晓泉、黄文斌、顾凡参加活动。

△ 市委副书记、代市长王鸣昊主持召开十七届市政府第六十三次常务会议，传达《中共中央办公厅、国务院办公厅关于做好人民群众就地过年服务保障工作的通知》精神，就《政府工作报告（讨论稿）》

及《2021年民生实事项目(讨论稿)》、《如皋市国民经济和社会发展第十四个五年规划和二〇三五年远景目标纲要草案(讨论稿)》和《如皋市2020年国民经济和社会发展计划执行情况与2021年国民经济和社会发展计划草案(讨论稿)》等议题进行研究讨论。

△ 如皋市召开2021年征兵工作推进会,市委副书记、代市长王鸣昊出席会议并讲话。市委常委、市人武部部长夏淼,市人武部政委李向阳参加会议。

△ 市委副书记丁兴华到长江镇,慰问长江镇老党员、百岁老人、困境儿童及企业人才等,给他们送去党和政府的关怀和温暖,并祝他们春节快乐。市政协副主席杜永红参加慰问。

△ 市委常委、宣传部部长高峰带领市文明办、公安局、住建局、城管局等部门相关负责人,先后到如皋高铁南站、沈海高速丁堰收费站、水绘园、城北市场、文峰大世界、汽车站、文化广场等处,详细查看绿化美化亮化情况以及沿途市容环境卫生情况,就如皋市高质量文明城市建设进行例行督查。

△ 如皋市举行2021年"扫黄打非"工作会议,回顾总结2020年全市"扫黄打非"工作情况,安排部署2021年"扫黄打非"工作。市委常委、宣传部部长高峰,副市长张亚鸾出席会议。

△ 市科技局召开党员领导干部民主生活会,市委常委陈鸣华出席会议。

△ 全市新冠肺炎疫情防控应急处置演练在如皋工业园区(如城街道)如城小学举行。副市长张亚鸾参加活动。

△ 市政协党组召开2020年度民主生活会。会上,张元健代表市政协党组班子作对照检查,各党组成员逐一进行个人对照检查,并对照党章党规党纪,对照初心使命,认真严肃开展批评和自我批评。市纪委监委相关负责人到会指导。

8日 市委书记何益军,市委副书记、代市长王鸣昊率领相关部门负责人,走访大润发超市、中山路智慧警务岗亭、35号地块安置房项目建设现场、市供电公司、高铁南站等处,督查安全生产、节日保供及安保工作。市领导顾留忠参加活动。

△ 市委书记何益军,市委副书记、市长王鸣昊率队督查市人民医院疫情防控工作。市卫健委党组书记、主任马军华,市人民医院院长朱银圣、党委书记朱小平等班子成员陪同检查。

△ 江苏南通国家农业科技园区管理办公室、如皋工业园区、如城街道召开2020年度领导班子民主生活会,市委书记何益军到会指导。

△ 市委副书记、代市长王鸣昊主持召开十七届市政府第六十三次常务会议,传达《中共中央办公厅、国务院办公厅关于做好人民群众就地过年服务保障工作的通知》精神,就《政府工作报告(讨论稿)》、《2021年民生实事项目(讨论稿)》、《如皋市国民经济和社会发展第十四个五年规划和二〇三五年远景目标纲要草案(讨论稿)》和《如皋市2020年国民经济和社会发展计划执行情况与2021年国民经济和社会发展计划草案(讨论稿)》等议题进行研究讨论。

△ 市政协主席张元健走访慰问教育系统人才,对如皋市教师发展中心高中语文研训员、正高级教师、南通市学科带头人、南通市"226"高层次人才培养工程培养对象、南通市教育家型教师培养对象杜新建进行慰问。

△ 市委常委陈鸣华、副市长顾凡带队,先后到顺丰快递金九华府店、文峰大世界、南通荣威娱乐用品有限公司、中石化南郊加油站、龙游湖欢乐世界等处,就节前安全生产及疫情防控工作进行实地督导检查。

9日 市委书记何益军主持召开市委常委会会议,研究讨论《政府工作报告(讨论稿)》、《2021年民生实事项目(讨论稿)》、《如皋市国民经济和社会发展第十四个五年规划和二〇三五年远景目标纲要草案(讨论稿)》和《关于2020年度落实全面从严治党责任制督查情况的通报》等议题。

△ 市政府党组班子召开2020年度民主生活会，市委副书记、代市长王鸣昊代表市政府党组班子作对照检查，并作个人对照检查发言。其他党组成员逐一作个人对照检查，开展批评和自我批评，明确整改方向和措施。副市长黄文斌列席会议。

△ 市政府办公室党总支第一支部召开组织生活扩大会，市委副书记、代市长王鸣昊以一名普通党员的身份参加活动。

△ 市委常委、政法委书记程瑞琴走访慰问退休老干部、困境儿童、优抚对象等，给他们送上温暖并致以节日的问候与祝福。市领导邵晓泉、刘晓洁参加慰问。

△ 副市长张百璘率队以“四不两直”的方式对白蒲镇、丁堰镇的疫情防控工作进行突击检查。

△ 副市长张百璘率队赴白蒲镇蒋殿村，走访慰问如皋市驻边海防艰苦地区部队官兵的家属。

△ 海安政法委党组成员张建率队到如皋市九华镇，参观调研该镇镇域治理现代化指挥中心。

10日 如皋市召开四套班子领导工作交流会，专题观看《生命重于泰山——学习习近平总书记关于安全生产重要论述电视专题片》，并对春节期间安全生产和疫情防控工作进行部署。

△ 市委副书记丁兴华慰问搬经镇老干部、老党员、贫困家庭和群众，为他们送去党委、政府的祝福，并致以新春问候。市委常委、政法委书记程瑞琴，市人大常委会副主任邵晓泉，市政协副主席刘晓洁参加活动。

△ 副市长张亚鸾率领相关部门负责人，督查疫情防控工作。张亚鸾一行到广慈医院，实地察看行人通道、核酸检测采样处和发热门诊等处，对住院人数、检测设备等情况进行详细了解，并采取“四不两直”的方式，对部分药店、通信营业厅、牙科诊所和南门桥市场等场所的疫情防控工作进行督查。

△ 如皋市举行春节期间空气质量管控及爆竹禁放工作会议，对春节期间烟花爆竹禁限放管理工作进行部署。市领导黄文斌、陈迪参加会议。

11日 副市长黄文斌、张亚鸾带队，对春节期间坚守在疫情防控工作岗位一线人员进行慰问。

18日 市委书记何益军带队深入经济技术开发区，与党工委班子成员进行座谈，并走访部分企业和村（社区）。市领导顾留忠、林文美参加调研。

△ 市委书记何益军，市委副书记、代市长王鸣昊带队走访服务窗口、机关部门、部分企业以及基层社区，为工作人员加油鼓劲送祝福。市领导丁兴华、顾留忠、黄文斌、张亚鸾、林文美、陈迪参加活动。

△ 市委副书记、代市长王鸣昊一行到市疫情防控指挥部办公室，走访慰问干部职工，感谢大家在春节节假日期间的辛勤付出，勉励大家做好常态化疫情防控工作，继续为群众筑牢健康防线。副市长张亚鸾参加慰问。

△ 市委副书记、代市长王鸣昊带领相关部门负责人，对如皋工业园区（如城街道）重点工作推进情况进行调研。王鸣昊一行实地走访江苏万达特种轴承有限公司、南通斯密特森光电科技有限公司、如泰运河南侧启动区安置点、如城西部工业园区、东部工业园区等处，详细了解企业生产销售、科技投入，安置点建设以及工业园区运行情况，并听取如皋工业园区（如城街道）相关负责人汇报经济运行、项目建设、招商引资和搬迁项目安排等重点工作。副市长黄文斌陪同调研。

△ 市委常委、政法委书记程瑞琴到市信访局看望信访干部，指导信访工作。

19日 中国共产党如皋市第十二届纪律检查委员会第六次全体(扩大)会议召开。市委书记何益军出席会议并讲话,王鸣昊、司祝建、张元健、丁兴华等市四套班子领导出席会议。市委常委、市纪委书记秦金春主持会议,并代表市纪委常委会作工作报告。会议审议通过秦金春代表市纪委常委会所作的工作报告和《中国共产党如皋市第十二届纪律检查委员会第六次全体(扩大)会议决议》。

△ 南通市委、市政府召开全市机关作风建设大会,如皋市领导何益军、丁兴华在南通主会场参加会议,王鸣昊、司祝建、张元健等市四套班子领导在如皋分会场收听收看会议。

△ 江苏省人社厅发布通知,国务院批准江苏106人为2020年享受国务院政府特殊津贴人员。对这些新享受国务院政府特殊津贴人员,国家将颁发国务院政府特殊津贴证书,每人一次性发给2万元津贴,由中央财政专项列支拨款,免征个人所得税。如皋市中如建工集团有限公司(如皋)江林入选。

20日 如皋市召开总结表彰暨作风效能建设大会,回顾总结2020年工作,表彰先进典型,分析存在问题,部署2021年经济工作。何益军、王鸣昊、司祝建、张元健、丁兴华等市四套班子全体领导出席会议。

△ 市委书记何益军主持召开市委常委会会议,讨论市委常委分工方案,通报《2021年市四套班子领导、"法检"两长挂钩联系工作方案》,听取公安工作情况汇报,并讨论其他议题。

△ 市委常委会议军会召开,传达学习上级军事机关党委扩大会议精神,听取2020年度全市武装工作开展情况汇报,讨论《关于全面提升民兵组织编建质效的方案》《关于大力加强专武干部配备使用管理的方案》《关于民兵训练基地提档升级的方案》等议题。市委书记、市人武部党委第一书记何益军主持会议并讲话。

△ 市第十七届人大常委会第三十五次会议召开,会议听取市人民政府关于2021年民生实事候选项目计划安排的报告,听取并通过关于如皋市第十七届人民代表大会第五次会议有关事项的说明,通过如皋市人大常委会关于接受吴道健辞去如皋市第十七届人大常委会主任职务申请的决定(草案)、如皋市人大常委会关于接受史有根辞去如皋市监察委员会主任职务申请的决定(草案)、如皋市人大常委会关于接受茅红宇辞去如皋市人民政府副市长职务申请的决定(草案)、如皋市人大常委会关于接受邵晓泉辞去如皋市第十七届人大常委会副主任职务申请的决定(草案),表决通过市人大常委会主任会议提请的人事任命事项。陈万圣为新任命人员颁发任命书,新任命人员进行宪法宣誓。会议还听取并表决市十七届人大常委会代表资格审查委员会关于代表变动情况和补选代表资格的审查报告。

△ 如皋市法宣办联合市公安局、应急管理局等10多个部门,在长途汽车站举行"共学民法典·共筑奋斗路"为主题的第十五届"农民工学法活动周"的法治宣传活动,给农民工朋友送上普法大餐,受到热烈欢迎。

△ "艺满六甲　墨润八秩"——沈正书法展在如皋市文化馆一楼大厅开幕,此次展览是沈正个人书法艺术成就的一次集中展示,全市百余名书画爱好者参加开展仪式。开幕式上,中国书法家协会行书委员会委员、东南大学中国书法研究院常务副院长、南京市书法家协会执行主席朱敏,中共如皋市委常委、宣传部部长高峰,中国书法家协会会员、如皋市书法家协会名誉主席沈正共同启动书法展。

21日 市政协召开政协委员培训会,南通市委宣讲团成员叶沈良以"精神的力量"为主题为委员们进行专题辅导,市政协副主席杜永红、秘书长许映亮出席会议。

22日 市第十七届人民代表大会第五次会议预备会议在市行政中心礼堂举行。会议明确市第十七届人民代表大会第五次会议的指导思想和主要任务，听取市人大常委会副主任、代表资格审查委员会主任委员张勇关于如皋市第十七届人民代表大会代表变动情况和补选代表的代表资格的审查报告，选举产生此次大会的主席团和秘书长，并对基层人大工作先进单位和先进工作者、优秀代表建议和先进承办单位、代表履职先进个人进行表彰。

△ 市十七届人民代表大会第五次会议在预备会议以后，召开党员代表会议，市委书记何益军作重要讲话，市人大常委会党组书记、主任人选司祝建主持会议。非党员代表列席会议。

△ 市政协举办"加快我市融入长三角一体化发展"委员论坛活动，论坛由市政协副主席郑振明主持，政协委员王东方、沙亚峰、余飞分别作题为《破解"人才虹吸效应"，建设"青年友好新名城"》《"古"与"今"的传承，"文"与"旅"的融合，争当长三角古镇保护文旅开发的特长生》《长三角竞争风起云涌，大招商理当乘势而上》的大会发言。

22—24日

中国人民政治协商会议如皋市第十四届委员会第五次会议在市行政中心礼堂召开。市委书记何益军代表市委向大会的胜利召开表示热烈的祝贺，市政协主席张元健作政协如皋市第十四届委员会常务委员会工作报告，市政协副主席严世斌向大会报告市政协十四届四次会议以来提案工作情况。会议通过《政协如皋市第十四届委员会第五次会议选举办法(草案)》，缪小华当选为市政协十四届委员会副主席。会议通报政协如皋市第十四届委员会第五次会议提案审查情况，一致通过《中国人民政治协商会议如皋市第十四届委员会第五次会议决议》。

23日 全市专职招商人员出征动员大会召开，160多名镇(区、街道)专职招商人员和市投资服务中心全体人员进行庄严的出征宣誓，会议对2020年度招商引资先进个人和招引的重大项目进行表彰。市领导何益军、王鸣昊、丁兴华、高峰、张勇、顾凡、杜永红出席会议。

△ 市委书记何益军参加市十七届人大五次会议第一代表团的审议，与代表们一同审议政府工作报告，认真听取大家对政府工作的意见建议。市人大常委会副主任陈万圣参加审议。

△ 市领导王鸣昊、顾凡参加市十七届人大五次会议第二代表团的审议。

△ 市十七届人大五次会议召开财经委员会会议，讨论和审查《如皋市国民经济和社会发展第十四个五年规划和二〇三五年远景目标纲要草案》《关于如皋市2020年国民经济和社会发展计划执行情况与2021年国民经济和社会发展计划草案的报告》《关于如皋市2020年财政预算执行情况和2021年财政预算草案的报告》。

△ 市政协召开党组会议，讨论大会选举办法(草案)，酝酿候选人建议名单，讨论总监票人、总计票人、监票人员建议名单，讨论大会决议(草案)。

△ 市政协召开十四届二十一次常委会，讨论通过大会选举办法(草案)，酝酿协商并通过候选人建议名单，讨论通过总监票人、总计票人和监票人员建议名单，听取各组审议讨论报告情况的汇报，讨论通过大会决议(草案)。

23—26日

如皋市第十七届人民代表大会第五次会议在市行政中心礼堂召开。市委副书记、代市长王鸣昊代表市人民政府向大会作工作报告。会议通过《关于如皋市人民政府工作报告的决议》《关于如皋市国民经济和社会发展第十四个五年规划和二〇三五年远景目标纲要的决议》《关于如皋市2020年国民经济和社会发展计划执行情况与2021年国民经济和社会发展计划报告的决议》《关于如皋市2020年财政预算执行情况及2021年财政预算报告的决议》《关于如皋市人大常委会工作报告的决议》《关于如皋市人民法院工作报告的决议》《关于如皋市人民检察院工作报告的决议》，通报此次大会收到的代表建议、意见及处理情况；会议决定将《关于全力打造一流"如意"营商环境品牌、为建设长江以北最强县市赋能助力的议案》《关于坚持以创建国家创新型城市为引领、大力实施创新驱动发展战略的议案》立为大会议案，交由市人民政府办理。

24日 市第十七届人民代表大会第五次会议在市行政中心礼堂召开第二次全体会议。会上，市十七届人大常委会副主任陈万圣代表市人大常委会向大会作工作报告，市人民法院代院长唐明渠作《如皋市人民法院工作报告》，市人民检察院代检察长吴晓栋作《如皋市人民检察院工作报告》，大会通过《如皋市第十七届人民代表大会第五次会议选举办法（草案）》，表决通过《民生实事项目票决办法（草案）》。

△ 市十七届人大五次会议召开主席团第二次会议。会议听取各代表团审议政府工作报告、“十四五”规划和二〇三五年远景目标纲要、国民经济和社会发展计划、财政预算草案报告、2021 年民生实事候选项目计划安排报告，以及选举办法（草案）和民生实事项目票决办法（草案）的情况汇报，听取并通过《关于“十四五”规划和二〇三五年远景目标纲要、国民经济和社会发展计划、财政预算的审查结果报告》，通过《关于市人民政府工作报告的决议（草案）》《关于如皋市 2020 年国民经济和社会发展计划执行情况与 2021 年国民经济和社会发展计划报告的决议（草案）》《关于如皋市 2020 年财政预算执行情况和 2021 年财政预算报告的决议 （草案）》《关于如皋市国民经济和社会发展第十四个五年规划和二〇三五年远景目标纲要的决议（草案）》，四个决议（草案）将在提交各代表团审议后，提请此次大会第四次全体会议通过。

△ 市十七届人大五次会议召开主席团第三次会议。会议通过如皋市第十七届人民代表大会第五次会议十人以上代表书面联名提出候选人截止时间的决定（草案）。根据《如皋市第十七届人民代表大会第五次会议选举办法》，市委书记何益军代表市委向主席团推荐候选人。通过举手表决的方式，会议通过如皋市第十八届人大常委会主任候选人、委员候选人，如皋市人民政府市长候选人，如皋市监察委员会主任候选人，如皋市人民法院院长候选人，如皋市人民检察院检察长候选人建议名单。

△ 政协如皋市第十四届委员会第五次会议闭幕大会上，市政协表彰一批先进集体和个人。市政协副主席刘晓洁主持表彰活动，宣读《关于表彰 2020 年度政协工作各类先进集体和先进个人的决定》和《关于表彰“有事好商量”优秀协商议事室和优秀协商议事案例的决定》。

25日 市委副书记、代市长王鸣昊带领相关部门负责人调研环境空气质量工作。市领导秦金春、陈迪参加调研。

△ 市十七届人大五次会议召开主席团第四次会议，听取各代表团对市人大常委会和“两院”工作报告的审议意见。会议通过《关于如皋市人大常委会工作报告的决议（草案）》《关于如皋市人民法院工作报告的决议（草案）》《关于如皋市人民检察院工作报告的决议（草案）》，以上决议（草案）将提交此次大会第四次全体会议通过；会议通过《关于如皋市第十七届人民代表大会第五次会议议案的审查报告（草案）》；会议听取组织组酝酿候选人情况的汇报，并通过举手表决的方式，通过司祝建为市人大常委会主任正式候选人，刘金城、陈敏敏、龚卫东 3 人为市十七届人大常委会委员正式候选人，王鸣昊为市人民政府市长正式候选人，秦金春为市监察委员会主任正式候选人，唐明渠为市人民法院院长正式候选人，吴晓栋为市人民检察院检察长正式候选人。

△ 参加市十七届人大五次会议的人大代表分团审议市人大常委会、“两院” 工作报告；提名、协商、酝酿候选人；酝酿推荐监票人。

△ 市十七届人大五次会议召开议案组会议，大会秘书长陈万圣听取议案组汇报。

△ 南京市江北新区行政审批局副局长沈蕾一行 5 人到如皋市行政审批局调研考察相对集中许可权改革成熟经验和做法。如皋市行政审批局局长范晓强陪同考察。

26日 如皋市召开2021年武装工作会议，传达学习上级军事机关党委扩大会议精神，总结2020年武装工作，讲评基层党管武装工作情况，明确2021年武装工作任务，宣读部分镇（区、街道）人武部政治教导员任职决定和市级机关部门人武部部长任职命令。市领导何益军、王鸣昊、夏森、钱志刚、张百璘、冒平出席会议。

△ 如皋市召开2021年城市建设大会战动员大会。市委副书记、市长王鸣昊作城市建设工作报告。市委书记何益军出席会议并讲话，要求全市上下以此次会议为号角，集中资源、集中力量、集中优势，打好一场声势浩大的城市建设大会战。市领导程瑞琴、陈万圣、黄文斌、冒平、陈迪出席会议。

△ 市十七届人大五次会议召开第三次全体会议。司祝建当选为市十七届人大常委会主任；刘金城、陈敏敏、龚卫东当选为市十七届人大常委会委员。王鸣昊当选为市人民政府市长；秦金春当选为市监察委员会主任；唐明渠当选为市人民法院院长；吴晓栋当选为市人民检察院检察长。新当选人员进行宪法宣誓。会议确定医疗卫生设施提升、农村生活垃圾治理、全市域水环境整治、城区教育资源优化、道路通行安全保障、农村供水管网改造、养老托育健康服务、扩大社会救助保障、引培并举扩大就业、城区老旧小区改造等10个项目为市政府2021年民生实事项目。

△ 如皋市召开深化镇村精神文明建设推进会，对2021年精神文明建设重点工作任务进行部署。与会人员现场参观磨头镇便民服务中心、民俗风情街、磨头社区文体广场、和谐花苑小区、特色文化墙、东皋书吧文明实践点、新时代文明实践站等点位，各镇（区、街道）宣传委员就新时代文明实践所站建设、高质量文明城市建设存在的薄弱环节和推进举措进行交流发言。

27日 2021年如皋市城市建设大会战暨龙游河三期项目开工仪式举行，一批重点城市建设项目集中开工建设。何益军、王鸣昊、司祝建、张元健、丁兴华等市领导出席开工仪式。

△ 如皋市召开全市项目建设月度观摩会，市领导何益军、王鸣昊、司祝建、张元健、丁兴华等参加会议。

△ 全市信访维稳工作会议暨全国“两会”信访维稳安保工作会议召开，市领导王鸣昊、程瑞琴、钱志刚、陈晓彬、冒平参加会议。

28日 市十七届人大五次会议主席团举行第五次会议。大会总监票人向主席团汇报市十七届人大五次会议第三次全体会议的选举计票结果和民生实事项目票决计票结果，会议确认选举结果和票决结果有效。

△ 央视新闻“一起云赏春”——直播节目走进如城街道顾庄社区，拍摄顾庄社区的特色春耕场景，了解如派盆景发展历程。

2021 年 3 月

2日

全省党史学习教育动员会议在南京举行，何益军、王鸣昊、司祝建、张元健、丁兴华等市领导在如皋市分会场参加收听收看。

△ 南通市副市长王晓斌率队到如皋，实地查看通扬运河勇敢大桥断面、如城街道贺洋社区农村分散农户生活污水治理现场、城北街道美能得环境质量省控监测点，就如皋市生态环境保护工作开展调研。市领导何益军、王鸣昊、黄文斌及各有关部门和镇（区、街道）负责人参加活动。

△ 如皋市商品混凝土商会召开第二届一次会员大会，选举产生第二届理事会领导班子并举行授牌仪式。市委常委、统战部部长，市政协党组副书记缪爱诚出席活动。

△ 南通市旅游协会第三届第四次理事（扩大）会暨盆景大观景区旅游推介会在如皋市召开，副市长张亚鸾参加活动。

△ 如皋市召开 2021 年城市管理工作会议，总结“十三五”时期城市管理领域的主要成就，谋划“十四五”城市管理目标任务，部署 2021 年重点工作。市领导陈万圣、冒平出席会议。

△ 如皋地区首批中储大豆在江苏永友物流有限公司完成入库储存，这是如皋地区首批入库的国家储备粮食。

△ 如皋黑塌菜标准研讨会在江苏省农业科学院经济作物研究所会议室举行。

3日

如皋市召开全市安全生产工作会议暨深化安全生产三年专项整治推进会，总结 2020 年度安全生产和专项整治“一年小灶”工作情况，部署专项整治“三年大灶”和 2021 年重点工作任务。市领导王鸣昊、顾留忠、陈晓彬、张亚鸾、刘栩参加会议。

△ 如皋市第三届志愿接力马拉松主题活动暨 2021“3·5”学雷锋文明实践月部署启动仪式在市融媒体中心演播大厅举行。市新时代文明实践志愿服务总队长、市委副书记、市长王鸣昊，市新时代文明实践中心办公室主任、市委常委、宣传部部长高峰，市人大常委会副主任陈万圣，副市长张亚鸾，市政协副主席严世斌参加活动。

△ 市委副书记丁兴华先后到位于丁堰镇的南通欧意姆制冷设备有限公司和江苏沃能电气科技有限公司，专题调研如皋市瞪羚企业。

△ 2021 年如皋市文体广电和旅游系统工作大会在市博物馆二楼报告厅召开。

△ 如皋市退役军人事务局举办《残疾军人证》新证换发仪式，退役军人事务局党组成员施才为 9 名优抚对象代表换发新证，此次如皋市残疾军人换证率达 100%。

4日

省人大常委会农委主任刘大旺一行到如皋，开展长江流域禁捕决定立法调研，听取意见和建议。南通市人大常委会副主任陈俊，如皋市领导司祝建、钱志刚、张百璘参加活动。

△ 市委常委、政法委书记程瑞琴对城市管理综合行政执法工作开展座谈调研。

△ 市委常委、政法委书记程瑞琴到市退役军人事务局调研退役军人事务工作。

△ 一场别开生面的役前教育活动在如皋市民兵训练基地拉开序幕。如皋籍二等功臣冒小驰、薛云丽莎回到家乡走近预征青年，进行面对面交谈，培塑预征青年思想基础，坚定预征青年从军初心。

△ 户籍为浙江杭州的郑某到如皋市公安局经济技术开发区中心派出所，完成落户迁移手续办

理，成为南通首位享受政策便利的新如皋人。2月份，长三角三省一市公安机关正式推出“升级版”便民举措。从2月19日起，江苏、上海、浙江、安徽（合肥）的户籍居民在长三角区域内跨省迁移户口时，只需在迁入地公安机关申请办理，不用在迁出地和迁入地间来回奔波。

5日 市委理论学习中心组集中学习（扩大）会召开。会议邀请省科技厅副厅长、党组成员倪菡忆进行科技创新知识专题讲座。何益军、王鸣昊、司祝建、张元健、丁兴华等市四套班子领导参加集中学习。

△ 市委副书记、市长王鸣昊主持召开十七届市政府第六十四次常务会议，就《市政府党组领导班子落实全面从严治党责任对照清单（送审稿）》《2021年市政府重点工作任务分解和民生实事项目任务分解（送审稿）》《关于如皋市2020—2021年农村水利工作的实施意见（送审稿）》等议题进行研究讨论。

6日 市妇联举行纪念“三八”国际妇女节111周年活动。活动以文艺演出的形式举行，并对妇女工作先进集体和个人进行表彰。市领导朱莹滢、陈万圣、林文美、刘晓洁参加活动。

7日 由如皋市作家协会主办、华夏电影博物馆协办的“如皋女作家文学作品朗诵会”举行，所有作者、朗读者均为如皋市作协女会员，用文学的方式致敬“三八”妇女节。

8日 市委书记何益军主持召开市委常委会会议，传达学习习近平总书记在全国脱贫攻坚总结表彰大会上的重要讲话精神、在中央党校（国家行政学院）中青年干部培训班开班式上的重要讲话精神、在党史学习教育动员大会上的重要讲话精神和省委书记娄勤俭在全省党史学习教育动员会议上的讲话精神，传达学习中共中央、国务院《关于全面推进乡村振兴加快农业农村现代化的意见》和省委、省政府《关于全面推进乡村振兴加快农业农村现代化建设的实施意见》，研究讨论其他议题。

△ 如皋市召开2021年政法工作会议，总结2020年工作，研究部署2021年工作，着力打造高标政法、高效政法、高质政法，奋力开创“长安雉水、法治如皋”高质量发展新局面。市领导何益军、程瑞琴、陈万圣、陈晓彬、缪小华出席会议。

△ 市委全面依法治市委员会第四次会议召开。会议学习贯彻中央全面依法治国工作会议以及省委、南通市委相关会议精神，总结2020年工作，研究部署2021年依法治市重点任务。市领导何益军、王鸣昊、高峰、程瑞琴、朱莹滢、陈万圣、陈晓彬、缪小华出席会议。

△ 如皋市召开政法队伍教育整顿领导小组第一次会议，深入学习贯彻习近平总书记重要指示精神和全国、省动员部署会议要求，对全市政法队伍教育整顿工作进行再研究、再细化。市领导何益军、王鸣昊、高峰、程瑞琴、秦金春、朱莹滢、陈晓彬参加会议。

△ 市总工会召开2021年庆“三八”暨女职工工作会议。

9日 南通市召开党史学习教育动员会议，如皋市委书记何益军在南通主会场参加会议，王鸣昊、司祝建、张元健、丁兴华等市四套班子领导在如皋市分会场收听收看会议。

△ 市委书记何益军主持召开市委常委会会议，研究讨论《中共如皋市委关于开展党史学习教育的实施方案》和《2021年全市宣传思想工作要点》。

△ 市文体广电和旅游局召开全市全民健身设施现状调查和室外健身设施专项清理规范工作会议，要求对各镇（区、街道）所有室外全民健身设施进行全面排查和安全隐患专项清理，建立健全长效管护机制，推动室外健身设施建设和管护更加科学规范。

10日

如皋市举行科技创新工作座谈会，市领导陈鸣华、林文美参加会议。

△ 陕西省榆林市市委宣传部副部长刘斌率队到如皋，就融媒体中心建设及运行方面的工作经验进行交流学习。

11日

如皋市召开党史学习教育动员会议，市委书记、市委党史学习教育领导小组组长何益军在会上做动员讲话。王鸣昊、司祝建、张元健、丁兴华等市四套班子领导参加会议。

△ 如皋市召开2021年医疗保障工作会议暨党风廉政建设大会，总结回顾2020年全市医疗保障工作，部署安排2021年重点工作。副市长张亚鸾出席会议并讲话。

12日

何益军、王鸣昊、司祝建、张元健、丁兴华等市四套班子领导到长江镇长江北汉参加义务植树活动，助力如皋天更蓝、水更清、地更绿、生态更美好。

△ 市委书记何益军，市委副书记、市长王鸣昊率队调研长江镇重点工作，实地调研如皋港务集团、日达智能终端精密模组项目、如皋市宏茂铸钢有限公司等处，听取2021年以来长江镇各项重点工作推进情况的汇报，勉励该镇深度推进港产城融合发展，加快建设如皋副中心城市，奋力实现从一个镇到一座城的转变。市领导丁兴华、顾留忠参加调研。

△ 如皋市举行长江生态修复公益林揭牌仪式。活动中，南通市人民检察院党组书记、检察长恽爱民与如皋市委书记何益军共同为长江生态修复公益林揭牌。随后，与会领导在主题墙上签名，留下对守护长江母亲河的志愿和期待，并在公益林参加植树活动。

△ 如皋市举行公益诉讼检察指挥中心揭牌仪式暨公益诉讼大数据集成系统启动仪式。活动中，南通市人民检察院党组书记、检察长恽爱民和如皋市委书记何益军为公益诉讼检察指挥中心揭牌；恽爱民、何益军和华东政法大学社会治理研究院常务副院长、教授邹荣共同按下公益诉讼大数据集成系统启动球。如皋市领导张勇、缪小华及市人民检察院检察长吴晓栋参加活动。

△ 市委书记何益军带领市委、市政府相关部门及长江镇负责人调研江苏省如皋第一中等专业学校。

△ 市人大常委会举行贯彻实施《中华人民共和国长江保护法》座谈会，就相关工作进行动员部署。市人大常委会主任司祝建、市人大常委会副主任陈万圣、副市长黄文斌出席会议。

△ 市文明委全委会、深化新时代文明实践中心暨高质量全国文明城市建设部署会召开，着眼新形势新要求，研究部署高质量全国文明城市建设、新时代文明实践中心建设等精神文明建设重点工作任务。市领导丁兴华、高峰、张亚鸾、严世斌出席会议。

△ 市委党史学习教育领导小组办公室第一次全体会议举行，解读《中共如皋市委关于党史学习教育的实施方案》，研究推进党史学习教育各项工作。市委常委、宣传部部长，市委党史学习教育领导小组副组长、办公室主任高峰参加会议。

△ 全市打击治理电信网络诈骗违法犯罪工作动员部署会议举行，通报全市打击治理电信网络诈骗违法犯罪工作情况，对全市打击治理电信网络诈骗违法犯罪专项行动进行部署。市领导程瑞琴、陈万圣、陈晓彬、缪小华出席会议。

△ 共青团如皋市委十七届六次全体（扩大）会议举行。市委常委、组织部部长朱莹滢，副市长张亚鸾，政协副主席严世斌参加会议。

△ 全市交通运输工作会议举行，总结“十三五”期间如皋市交通运输工作，分析新形势新要求，研究“十四五”发展总体思路，部署2021年重点工作，努力实现“十四五”良好开局，为建设长江以北最强县市筑牢交通保障。副市长黄文斌参加活动。

△ 如皋市召开中小企业出口信用保险统保工作会议。会上，市商务局与中国信保江苏分公司正式签署合作协议，合作搭建如皋市出口信用保险统保平台，进一步扩大出口信用保险覆盖面、扩大出

口承保规模、降低出口信用保险费率,助力中小企业发展外贸。副市长顾凡参加会议。

△ 市自然资源局在如皋农商银行召开“优化营商环境 提升不动产登记便利度工作推进会”,全市22家银行业金融机构及中皋融资担保公司负责人参加会议。

13日 全市司法行政暨大调解工作会议召开。会议对2020年先进集体、先进个人进行表彰,总结回顾2020年全市司法行政暨大调解工作,研究部署2021年重点工作。市委常委、政法委书记程瑞琴,副市长、市公安局局长陈晓彬出席会议。

△ 由南通市卫健委、南通市医学会主办,如皋市卫健委及市人民医院承办的“专家新春走基层”基层巡讲系列活动在市人民医院成功举办,如皋市副市长张亚鸾、南通市医学会会长王晓敏到会致辞。此次活动有11名专家进行义诊,13名专家开展学术讲座与交流,获得社会各界的高度评价。

15日 市委书记何益军对龙游河三期工程建设现场、皋邻PARK项目建设现场、72#D安置房建设现场等重点城建交通工程进行现场调研,现场查看紫光路北延工程、新城高中、新城幼儿园、中皋宸园等处。市领导程瑞琴、黄文斌参加调研。

△ 全市政法队伍教育整顿领导小组办公室主任第一次会议召开。市委常委、政法委书记程瑞琴,副市长、市公安局局长陈晓彬出席会议。

△ 市委政法委举行队伍教育整顿第一次集中学习研讨会议。市委常委、政法委书记程瑞琴以一名普通党员身份参加会议。

△ 由市放心消费创建活动办公室、市市场监督管理局、市消费者协会联合主办的如皋市2021年消费维权新闻发布会在如皋文峰大世界举行。

16日 如皋市召开宣传思想工作会议,总结2020年全市宣传思想工作,分析形势,研究部署2021年工作任务。会议传达市委书记何益军对全市宣传思想工作批示要求,对宣传思想工作先进集体、宣传思想工作先进个人、第五届如皋市哲学社会科学优秀成果获奖代表、2020年如皋市“十佳网络文化活动”获奖代表、2020年如皋市“十佳政务新媒体”获奖代表进行颁奖。

△ 如皋市举办专业招商队伍培训班,市委常委、宣传部部长高峰出席活动并讲话。

△ 南通市人大常委会副主任葛玉琴带队调研如皋市法院执行规范化建设和贯彻立案登记制工作。市领导程瑞琴、陈万圣陪同调研。

△ 南通市“防线前哨”建设现场推进会在如皋市召开。市委常委、政法委书记程瑞琴出席会议并致辞。

△ 省水利厅公布2020年度生态河道建设示范样板名单,如泰运河如皋段名列其中。如泰运河是江苏省重要区域性骨干河道,全长142.18公里,在如皋市境内全长50.08公里,主要承担供水、排涝、航运等功能。

△ 省委党史工办二级巡视员赵民强带队到如皋,就党史教育基地建设、管理、运行等方面工作开展调研。

△ 如皋籍革命英烈俞铭璜烈士的外甥女、程克烈士的女儿程江江一行到红十四军纪念馆参观祭扫。他们在新四军研究会领导和纪念馆宣教科领导的陪同下到俞铭璜夫妇烈士墓前敬献花篮,寄托对逝去亲人的哀思,表达缅怀之情,并参观革命烈士纪念馆,瞻仰俞铭璜夫妇、程克烈士的遗照。

17日 市人大常委会党组及机关党史学习教育动员会议召开。市人大常委会主任司祝建,副主任陈万圣、张勇、钱志刚出席会议。

△ 市政法队伍教育整顿座谈会召开,市委常委、政法委书记、市政法队伍教育整顿

领导小组副组长兼办公室主任程瑞琴参加会议。

△ 如皋市在市行政中心第一会议室举行全市政法队伍教育整顿第一次新闻发布会。市领导程瑞琴、陈晓彬参加会议。会议通报全市政法队伍教育整顿有关情况，来自市委政法委和各政法单位的代表对记者关心的问题一一予以解答。

△ 市委常委、常务副市长顾留忠主持召开龙游湾生态景观带建设推进会。

△ 省供销社一级巡视员郭乃红一行到如皋市调研供销社工作，先后到中皋农产品供应链有限公司、江苏皋德食材有限公司等地进行实地考察，对如皋市供销社在改革发展方面取得的新成效表示肯定。南通市供销社主任葛志华、如皋市人民政府副市长张百璘陪同调研。

△ 省农业农村厅二级巡视员张学平率队到如皋，督查如皋市高标准农田建设。张学平一行实地督查如皋市城北街道杨宗社区、搬经镇龙桥村两处高标准农田建设项目施工现场，深入了解如皋市高标准农田建设的基本情况。副市长张百璘陪同督查。

△ 如皋市举行非法流动加油专项整治推进会，副市长顾凡参加会议。

△ 山西省高平市行政审批服务管理局副局长部华伟一行到如皋市考察工程建设项目审批制度改革工作。如皋市行政审批局副局长徐猛、如皋市行政审批局总工程师卢宗志等陪同考察。

18日 市委常委、宣传部部长高峰带队专题督查农家书屋建管用情况。高峰一行先后走访调研高新区（城南街道）明池村、夏庄社区，吴窑镇平田村、陈家村，江安镇曹杜村、马堡村等处，详细了解当地的农家书屋建设情况，并听取工作情况汇报。

△ 全市科协工作暨全国科普示范县（市）创建工作动员会召开，回顾总结2020年全市科协工作成绩，研究部署下一阶段工作。市委常委、组织部部长朱莹滢，副市长顾凡出席会议。

△ 如皋市水务局与南通市水文局联合，以焦港闸上游引河段作为演练单元，开展防汛应急演练。

19日 南通市委理论学习中心组召开集中学习（扩大）会，邀请国家减灾委专家委副主任、国务院应急管理专家组组长、国务院参事闪淳昌以《学习贯彻习近平新时代中国特色社会主义思想，开创安全生产工作新局面》为题作专题辅导，司祝建、张元健等市领导在如皋市分会场收听收看。

△ 市人大常委会开展主任接待代表日活动。市人大常委会主任司祝建率队到东陈镇，实地走访南通市新空间幕墙材料制造有限公司、江苏新核力机电有限公司和凯晖科技股份有限公司等处，并召开座谈会，了解民声、听取民意，收集老百姓关心关注的热点难点问题，切实为老百姓排忧解难。

△ 市政协党组及机关党史学习教育动员会举行，市政协主席张元健，副主席缪小华、冒平、杜永红、郑振明、严世斌、刘晓洁，秘书长许映亮参加会议。

△ 市委党史学习教育领导小组办公室第二次会议举行，研究推进党史学习教育各项工作。市委常委、宣传部部长，市委党史学习教育领导小组副组长、办公室主任高峰出席会议并讲话。

△ 如皋市举行2021年度市域治理现代化工作推进会议，回顾总结如皋市2020年治理能力和治理水平现代化工作情况，并对2021年各项工作进行研究部署。市领导程瑞琴、顾留忠出席会议。

△ 南通市政协原副秘书长、办公室原主任，南通市慈善总会副会长叶沈良率队到如皋，调研如皋市慈善救助工作推进情况和基层慈善组织建设情况。市领导张百璘、刘晓洁参加活动。

△ 市人大常委会副主任陈万圣率队先后到高新区邻里中心、如城街道贺洋社区、吴窑污水处理厂、如皋港化工园区百川化工等处，对如皋市环境保护工作进行督查。市政府党组成员陈迪参加活动。

20日 市委理论学习中心组集中学习会召开，何益军、王鸣昊、司祝建、张元健、丁兴华等市委理论学习中心组成员参加学习会。

△ 市委书记何益军主持召开市委常委会会议，传达学习习近平总书记在全国“两会”上的重要讲话精神和全国“两会”精神，《中国共产党统一战线工作条例》及相关会议精神，研究部署如皋市统战工作，并研究讨论如皋市关于贯彻《中国共产党宣传工作条例》的实施方案、如皋市《持续深化新时代文明实践中心建设实施方案》等议题。

△ 首都医科大学附属北京安贞医院吕树铮教授工作站揭牌仪式在如皋市中医院举行。活动中，吕树铮教授与市中医院相关负责人共同签署合作协议书。随后，吕树铮教授和如皋市副市长张亚鸾共同为“吕树铮教授冠脉介入专家工作站”揭牌。

△ 江苏省农业科学院、苏州农业职业技术学院及苏州、镇江两市相关科研机构的果树专家一行8人到九华镇实地考察枇杷生产情况，市老年科协、市种子管理站的相关人员陪同。

22日 党史学习教育中央宣讲团宣讲报告会在南京举行，何益军、王鸣昊、张元健、丁兴华等市领导在如皋市分会场收听收看。

△ 市委书记何益军率队赴如城街道贺洋社区，就如皋市农村分散农户生活污水治理工作开展调研。副市长黄文斌、市政府党组成员陈迪及相关部门负责人参加活动。

△ 市委审计委员会召开第三次会议，听取2020年市级预算执行和其他财政收支审计发现主要问题整改情况和2020年全市审计工作情况汇报，审议通过《关于调整中共如皋市委审计委员会成员的通知》和《2021年度审计项目计划(草案)》，研究部署相关审计重点工作。市领导何益军、王鸣昊、顾留忠参加会议。

△ 2021年全市发展党员工作部署会暨第一期发展对象培训班在市委党校举行，开班典礼由市委组织部副部长、市委“两新”工委书记、市委老干部局局长陈实主持，市委常委、组织部部长朱莹滢等出席典礼。全市各党(工)委分管领导和组织人事干部、各党(工)委选派的参加第一期集中培训的党员发展对象参加会议。

△ 由市水务局主办、市节水办承办的“世界水日”和“中国水周”主题联合宣传活动正式启动。副市长张百璘出席活动。

23日 南通市副市长赵闻斌率全市农村工作会议与会人员参观如皋市城北街道平园池村、如城街道顾庄社区、花木大世界控股有限公司，听取相关情况介绍。如皋市领导何益军、丁兴华、张百璘陪同参观。

△ 市镇领导班子换届工作会议召开。市委书记何益军出席会议并讲话，强调要在南通市委、如皋市委的坚强领导下，聚焦“选好干部、配好班子”这一中心任务，系统谋划，缜密部署，确保绘出好蓝图、选出好干部、配出好班子、树立好导向、形成好气象，为如皋市建设长江以北最强县市提供坚强的组织和队伍保证，以优异成绩庆祝建党100周年。

△ 市委副书记、市长王鸣昊到市人民来访接待中心接访，面对面了解群众诉求，倾听群众呼声，为民排忧解难，化解矛盾纠纷。市领导程瑞琴、顾留忠参加接访活动。

△ 市委副书记、市长王鸣昊在如皋市爱心城市馆完成认领的“1000+”志愿微心愿认领项目，为失聪儿童宁宁带去绘本图书，赠送彩色画笔。

△ 全市组织工作会议召开，全面落实全国、全省、南通组织部长会议精神和市委十二届十二次全会部署，总结2020年全市组织工作，研究部署2021年重点任务。会议对2020年度全市党建工作先进集体、人才工作先进集体、“皋城党员先锋”进行通报和表彰。市委常委、组织部部长朱莹滢出席会议并讲话。

△ 如皋市组织、宣传系统举行党史学习教育专题讲座。活动邀请上海市委党校副校长、上海行政学院副院长、上海市习近平新时代中国特色社会主义思想研究中心特聘研究员朱亮高以《百年大党铸就牢记初心使命奋进史诗》为题作专题辅导。市委常委、宣传部部长高峰，市委常委、组织部部长朱莹滢参加活动。

△ 南通市妇联党组书记、主席张洪晖率队到如皋，实地走访江苏北环生物科技有限公司、花木大世界控股有限公司妇联组织以及如城街道“朝夕家长学吧”，并召开座谈会，调研如皋市妇联工作。市委常委、组织部部长朱莹滢陪同调研。

△ 市纪委监委举行党史学习教育动员会，对全委开展党史学习教育进行动员部署。市委常委、市纪委书记、市监委会主任秦金春出席活动。

△ 省残联党组书记、理事长万力一行到如皋调研如皋市残疾人工作。南通市人民政府副秘书长陈林，南通市残联党组书记、理事长杨丁勇，如皋市委常委、政法委书记程瑞琴，如皋市残联党组书记、理事长戴斌等陪同参观调研。

△ 市绿色蔬菜产业发展工作推进会在市农业技术推广中心会议室召开，各镇（街道）农业农村和社会事业局（农业服务中心）负责蔬菜的技术人员及规模蔬菜生产基地负责人60多人参加。

24日 南通星球石墨股份有限公司在上交所科创板正式挂牌上市，成为如皋市首家科创板上市企业。至2021年3月，如皋市上市企业总数达到8家。活动中，市委书记何益军，市委副书记、市长王鸣昊，南通星球石墨股份有限公司董事长钱淑娟等共同敲响开市锣。市领导司祝建、张元健、丁兴华、石慧宏、顾留忠、刘栩、冒平出席企业挂牌仪式。

△ 如皋市举行政法队伍教育整顿书记专题党课活动。市委书记、市政法队伍教育整顿工作领导小组组长何益军以《传承红色基因　恪守初心使命　奋力打造忠诚干净担当的新时代如皋政法铁军》为题，作专题党课。

△ 市委副书记、市长王鸣昊主持召开十七届市政府第六十五次常务会议，对市政府党组党史学习教育进行动员部署，讨论《如皋市新冠病毒疫苗接种工作方案（送审稿）》等议题。

△ 全市政法队伍教育整顿廉政教育报告会举行。市委常委、政法委书记程瑞琴主持报告会。市委常委、市纪委书记、市监委会主任秦金春作专题廉政报告。

△ 全市统战工作会议召开。市委常委、统战部部长、市政协党组副书记缪爱诚出席会议并讲话。

△ 省委党史学习教育领导小组办公室实践活动组调研座谈会在南京召开。如皋市搬经镇党委书记、党史学习教育领导小组组长刘莉作为南通市唯一一个乡镇（街道）党委代表参加，并作交流发言。

25日 市委理论学习中心组集中学习会召开，何益军、王鸣昊、司祝建、张元健等市委理论学习中心组成员参加学习会。学习会上，朱莹滢领学《论中国共产党历史》第15篇《总结党的历史经验，牢固树立“四个意识”》和第22篇《新时代中国共产党的历史使命》。王鸣昊、缪爱诚、高峰、秦金春围绕党史学习教育主题，结合各自工作实际，交流心得体会，提出意见建议。其他中心组成员作书面发言。

△ 市委书记何益军率队调研高新区（城南街道）各项重点工作推进情况，要求该区努力打造全市创新驱动的核心策源地。市领导陈鸣华、顾留忠参加调研。

△ 如皋市召开新冠病毒疫苗接种工作动员部署会议，对新冠病毒疫苗接种工作进行再动员、再安排、再部署。市领导王鸣昊、张亚骞出席会议。

△ 市总工会举行第十五届九次全委（扩大）会议，听取并审议市总工会工作报告，通报2020年度获南通市级以上工会表彰的单位和个人名单，同时对被授予“如皋市五一劳动奖章”荣誉称号的援鄂勇士进行表彰。市委常委、组织部部长朱莹滢，市人大常委会副主任陈万圣参加会议。

△ 市委常委、宣传部部长高峰率队实地走访江苏省档案馆如皋电影史料馆、市红十四军纪念馆，督查党史学习教育情境教学点建设工作。

26 日 南通市委、市政府召开农村工作会议，市领导何益军、王鸣昊、丁兴华、钱志刚、杜永红在如皋市分会场收听收看。

△ 市委书记何益军主持召开市委常委会会议，讨论《关于西部片区城市更新建设指挥部运行机制》，并就下一阶段工作如何开展提出要求。

△ 全市金融工作会议召开，回顾总结过去、谋划部署未来，进一步强化服务支撑作用，推动全市金融业高质量发展。市领导何益军、王鸣昊、司祝建、张元健、丁兴华、石慧宏、顾留忠、陈晓彬、刘栩参加会议。

△ 全市网格化服务管理工作动员部署会举行。与会人员实地参观经济技术开发区（城北街道）袁桥社区、如皋工业园区（如城街道）新民社区和高新区（城南街道）建设社区三个现场点，听取相关工作经验介绍。市委常委、政法委书记程瑞琴参加会议。

△ 全市退役军人服务保障工作会议召开，回顾总结 2020 年如皋市退役军人服务保障工作，并对 2021 年重点工作进行研究部署。

△ 市政协正式启动“有事好商量·自己的河道自己管护”专题协商议事月活动，市政协副主席缪小华、冒平、郑振明、严世斌分别带队到丁堰镇凤山社区、九华镇龙舌村两个试点村（社区）进行观摩指导。

△ 南京市交通运输局行政审批处苏祝明处长一行 8 人到如皋，开展交通运输行业“放管服”改革调研和学习。南通交通运输局审批局邱崔华副处长陪同。

27 日 全市乡村振兴工作推进会暨一季度“村（社区）书记大讲坛”召开，组织参观部分镇（区、街道）规模农业项目及产业发展典型。何益军、王鸣昊、司祝建、张元健、丁兴华等市四套班子领导参加活动。

△ “小手拉大手 共护母亲河”长江生态保护暨长江增殖放流活动、“鱼游雉水”志愿服务启动仪式在长江如皋段刀鲚国家级水产种质资源保护区举行。此次活动放流 37 万多尾鱼苗，包括 20 万尾鲢鱼、5.6 万尾鳙鱼和 11.6 万尾翘嘴红鲌，有效促进渔业生态健康平衡，为长江水生生物多样性构筑起坚实的屏障。

△ “诵读红色经典 学传百年历程”如皋市青年志愿者“学党史、强信念、跟党走”主题教育暨第四届 21 天亲子共读活动启动仪式在如皋市青少年红军历史教育馆举行。

28 日 南通市卫健委党组书记、主任陈冬梅率队到如皋检查新冠疫苗接种工作推进情况，实地考察市人民医院方舱接种点接种区域设置、接种流程、物资保障、人员配备等情况，充分肯定市人民医院新冠疫苗接种工作。如皋市副市长张亚鸾参加活动。

29 日 如皋市召开项目建设月度观摩会，通过观摩、汇报、点评等形式，对全市项目建设推进情况进行阶段性督促和检验。何益军、王鸣昊、司祝建、张元健、丁兴华等市四套班子领导参加观摩会。

△ 市人大常委会举行全国人代会精神专题讲座。市人大常委会主任司祝建，市人大常委会副主任陈万圣、张勇、钱志刚，副市长黄文斌参加活动。

△ 市退役军人事务局与中国人寿保险股份有限公司如皋支公司联合开发的“爱军保”项目签约仪式举行。市委常委、市人民武装部部长夏森，副市长张百璘参加活动。

△ “德美江苏”全国网络媒体江苏行走进如皋，来自中央新闻网站和江苏省（市）新闻网站、全国重点商业网站的记者编辑以及网络知名人士代表到如皋，了解、宣传如皋市在推进诚信建设中的亮点和成效。

29—30 日

市第十七届人大常委会第三十七次会议召开，听取和审议市政府关于 2020 年度全市环境保护的专项工作报告以及市公安局、民政局、交通运输局、应急管理局和医疗保障局关于市人大代表评议意见整改落实情况的报告，表决通过《如皋市人大常委会关于全力打造一流“如意”营商环境品牌、为建设长江以北最强县市赋能助力的决议》《如皋市人大常委会关于实施创新驱动发展战略、建设创新型城市的决议》《如皋市人大常委会关于加强国家机关同人大代表联系的暂行办法》，审议市政府关于贯彻落实《市人大常委会〈关于如皋市脱贫攻坚工作情况报告的审议意见〉》的报告，并通过相关人事任免事项，司祝建为新任命人员颁发任命书，新任命人员进行宪法宣誓。

△ 如皋市人民政府副市长、科技镇长团团长林文美率市科技局、长江镇、如城街道相关负责人以及 12 家企业，赴上海大学开展产学研对接活动。

30 日

市委副书记、市长王鸣昊率队督查如皋市新冠病毒疫苗接种点筹备情况。王鸣昊指出，要严格按照市委、市政府部署要求，安全有序推进接种工作，按时保质完成接种任务，巩固好来之不易的疫情防控成果。副市长张亚骞参加督查。

△ 在市人大常委会“生态环境保护工作”专题询问会上，市发改委、住建局、农业农村局、城管局、水务局、生态环境局等有关部门相关负责人，现场接受由市人大常委会委员、人大代表组成的“考官团”的严格“考核”。市人大常委会主任司祝建，副主任陈万圣、张勇、钱志刚，副市长黄文斌出席会议。市人大常委会二级调研员邵晓泉列席会议。

△ 如皋市举行政法系统党员干部下沉网格“察民情、访民意、解民忧”活动启动仪式。市委常委、政法委书记程瑞琴，副市长、市公安局局长陈晓彬参加活动。

△ 由市文明办、市委市级机关工委、市教育局主办的“不忘初心 为党育人”市级机关部门示范道德讲堂活动在经济技术开发区实验小学举行。活动通过如皋市新时代文明实践云平台直播，全市老师观看道德讲堂线上直播。

△ 市政协副主席杜永红、刘晓洁到作为首批推进“自己的河道自己管护”长效管理机制试点的长江镇杨洲社区进行指导交流。

△ 南通市卫健委副主任丁国宁到如皋市南部片区新冠病毒疫苗方舱接种点（长江镇卫生院车马湖分院）现场检查指导。

31 日

金鹰（如皋）产业园奠基仪式在长江镇举行。该项目计划总投资 410 亿元，产业园包括总投资 200 亿元的白卡纸项目和总投资 60 亿元的莱赛尔纤维项目等。南通市委书记徐惠民，新加坡金鹰集团董事局主席陈江和，省委统战部副部长、省侨办主任王华，南通市政协主席黄巍东，南通市委常委、秘书长姜东，南通市副市长潘建华以及如皋市领导何益军、王鸣昊、司祝建、张元健、丁兴华等参加奠基仪式。

△ 经济技术开发区（城北街道）与思源电气股份有限公司，就百亿智能装备产业园暨中压开关项目达成合作协议。思源电气股份有限公司董事长董增平、党委书记陈照平，如皋市领导何益军、王鸣昊、丁兴华、顾凡参加签约仪式。此次投资新建的智能中压开关项目，建成后预计年产销达 30 亿元、年税收不低于 9000 万元。

△ 市委书记何益军主持召开市四套班子领导工作交流会。会上，市四套班子领导围绕项目招引、项目建设交流过去一年挂钩联系镇（区、街道）的相关情况，并就挂钩企业发展过程中亟待解决的问题

进行讨论。

△ 南通市人民政府副市长赵闻斌到如皋市经济技术开发区卫生所接种点、奥体中心集中接种点、中华长寿文化谷疫苗接种点检查指导。南通市卫健委党组成员曹忠，如皋市委副书记、市长王鸣昊，副市长张亚鸾以及市卫健委党组书记、主任马军华等领导陪同。

△ 南通市地方金融监管局张乃华局长一行专题调研九华镇永大化工装备和江安镇汤臣汽车两家企业，市委副书记丁兴华陪同调研。

△ 如皋市举行台胞台属联谊会第八届理事会，选举产生新一届理事会。市委常委、统战部部长、市政协党组副书记缪爱诚参加会议。

△ 如皋市召开城乡垃圾分类治理工作会议，回顾总结前一阶段垃圾分类治理推进情况，谋划部署下一阶段重点工作任务。市领导黄文斌出席会议。

2021 年 4 月

1 日 市委书记何益军主持召开市委常委会会议，就《2021 年如皋市深化“放管服”改革优化营商环境工作要点（送审稿）》《关于推进市交通产业集团、如皋港集团和富港建设集团整合改革的工作方案（送审稿）》《关于如皋市 2020—2021 年农村水利工作的实施意见（送审稿）》等议题进行研究讨论。

△ 市委书记、市委党的建设工作领导小组组长何益军主持召开市委党的建设工作领导小组会议，通报南通市委对如皋市 2020 年党建考评情况和整改要求、2020 年度基层党建优秀“书记项目”评比情况，研究讨论通过 2021 年党建工作要点、南通市委常委会听取如皋市抓全面从严治党述职点评意见的整改方案、村（社区）组织振兴的试行意见等内容。市领导丁兴华、缪爱诚、高峰、秦金春、朱莹滢参加会议。

△ 南通市委、市政府召开南通市创新发展大会。如皋市委书记何益军在南通主会场参加会议，王鸣昊、司祝建、张元健、丁兴华等市四套班子领导在如皋分会场收听收看。

△ 如皋市召开佛教协会第四次代表会议，审议通过第三届理事会工作报告、修改后的《如皋市佛教协会章程》和《如皋市佛教协会第四次代表会议决议》，选举产生新一届理事会和领导班子。南通市政协副主席、南通市民宗局局长刘洪，如皋市领导缪爱诚、张勇、张亚鸾、刘晓洁出席会议。

△ 如皋市召开道教协会第五次代表会议，审议通过市道教协会第四届理事会工作报告和修改后的《如皋市道教协会章程》，审议通过《如皋市道教协会第五次代表会议决议》，选举产生新一届理事会和领导班子。南通市政协副主席、南通市民宗局局长刘洪，如皋市领导缪爱诚、张勇、张亚鸾、刘晓洁出席会议。

△ 南通市水利局在如皋市焦港闸管理所主持召开如皋市焦港闸下游港道（近闸段）整治工程竣工验收会。竣工验收委员会通过察看工程现场，查阅工程档案，听取工程建设、设计、施工、监理、检测、运管等工作报告，听取工程质量监督报告、安全监督报告和竣工决算审计决定，同意如皋市焦港闸下游港道（近闸段）整治工程通过竣工验收。

△ 如皋市新冠疫苗方舱（人民医院）接种点正式投入使用。接种点开设 20 个接种台，根据一天 12 个小时的工作量计算，预计每天可满足 4000 人次进行接种。地点位于奥体中心东南处，靠近绿杨南路和惠政东路，由市人民医院负责建设、运行。

△ 新冠疫苗如皋四院接种点和林梓分院接种点正式投入使用。

△ 老户庄战斗遗址纪念馆正式揭幕。纪念馆位于磨头镇何昆烈士陵园内，馆内展陈包括老户庄战斗、何坤、红十四军、红色磨头、奋斗的磨头五个部分，生动演绎和阐释百年来中国共产党在磨头地区所走过的光辉历程、所创造的辉煌业绩、所铸就的伟大精神，激励党员群众在感动感悟中发扬红色传统、传承红色基因，始终保持革命者的大无畏奋斗精神，鼓起迈进新征程、奋进新时代的精气神。

1—2 日

南通市治理重复信访化解信访积案专项工作暨压降越级进京访工作推进会在如皋召开。南通市政府副秘书长、信访局党组书记、局长张炎，如皋市领导王鸣昊、程瑞琴、陈晓彬参加会议。

2日 如皋市召开党政联席会议，专题研究2020年度高质量发展考核情况。市委书记何益军出席会议并就做好下一步工作提出要求。

△ 如皋市在市融媒体中心演播大厅举办第二届"最美网格员"表彰颁奖典礼。南通市委常委、政法委书记姜永华，如皋市领导何益军、程瑞琴、陈万圣、陈晓彬出席活动。

△ 南通市人大代表如皋第三组视察如皋市就业创业工作，实地视察市劳动人事争议仲裁院、梦百合家居科技股份有限公司、市技工学校国家级高技能人才培训基地等处，详细了解相关单位在创业就业工作方面的开展情况。如皋市领导王鸣昊、张勇参加活动。

△ 市委副书记、市长王鸣昊带领财政、国资等部门负责人到富皋万泰集团，就企业经营发展情况进行调研。

△ "党报记录的党史"专题展在江苏省档案馆如皋电影史料馆正式启动。活动中，市委常委、宣传部部长、市委党史学习教育领导小组办公室主任高峰与有74年党龄的党员代表房本立共同为专题展揭幕。

△ 以国家热土、家乡泥土、思想净土等方面为教育主要内容的"宣传部长思政课"首场开讲。市委常委、宣传部部长，市委党史学习教育领导小组办公室主任高峰走进中国工农红军南通如皋红军小学，为学校五、六年级的200多名学生上了一堂生动的思政课。

△ 市委常委、市纪委书记、市监委会主任秦金春带领市攻坚办、市城管局、市住建局等有关部门负责人员，检查工地扬尘管控措施落实情况，并组织召开扬尘管控工作会议。市政府党组成员陈迪参加督查。

△ 以国家热土、家乡泥土、思想净土等方面为教育主要内容的"宣传部长思政课"首场开讲。市委常委、宣传部部长、市委党史学习教育领导小组办公室主任高峰走进中国工农红军第十四军发源地——江苏如皋江安镇红军小学（原东燕小学），为学校五、六年级的200多名学生上了一堂生动的思政课。

3日 市退役军人事务部正式开通"烈士寻亲政府公共服务平台"，并联合《人民日报》和央视新闻客户端等发布100位烈士的寻亲信息，向全社会征集线索。

△ 如皋籍革命英烈俞铭璜的儿子俞继璜携家人回到如皋，祭拜俞铭璜等革命先烈，缅怀逝去的英雄。

4日 南通市委统战部副部长、南通市工商联党组书记王虎带队到如皋开展服务企业调研，实地走访新空间集团有限公司、九鼎集团有限公司、中浩银河实业有限公司、润宏置业（如皋）有限公司、南通荣威娱乐用品有限公司、江苏卓远机器人科技有限公司等6家民营企业，了解企业运行情况，听取企业家相关意见建议。

5日 如皋市在沪企业家商会一届第四次会员大会暨第三次"故乡行"活动举行。活动邀请资深电视编导、制片人、《张謇》大型纪录片总编导夏骏作专题讲座。市委常委、统战部部长、市政协党组副书记缪爱诚，市政协副主席杜永红参加活动。

6日 市委副书记、市长王鸣昊带队就如皋市自然资源和规划工作进行调研。市委常委、常务副市长顾留忠参加调研。

△ 市慈善会、慈善基金会三届六次理事会召开，回顾总结2020年工作情况并对2021年工作安排进行部署，审议通过市慈善基金会监事会2020年度工作报告，审议通过市慈善会、慈善基金会2020年度财务报告和2021年度支出预算，并对村级募捐配套资助情况进行通报。市领导程

瑞琴、张百璘、刘晓洁参加会议。

△ 市委网信办联合如皋市司法局走进如城街道秀水社区，组织开展“法润雉水 如 e 净网”——如皋市第四届“4·8”司法日联动服务宣传暨网信普法启动仪式。

6—8 日

省文明办暗访组以不打招呼、直插现场的方式，对如皋市文明城市建设工作进行实地暗访。

7 日

市委副书记、市长王鸣昊带领市政府办、市城建指挥部、市攻坚办、市行政审批局、市自然资源和规划局相关负责人，实地视察宏坝河城市特色空间工程、72#D 安置房建设工程、紫光路北延建设工程、如师二附建设工程、新城高中新建工程等处，督查城建交通重点工程及搬迁地块。副市长黄文斌参加督查。

△ 市老科协四届九次会员代表会举行，市政协主席张元健参加会议。会议解读《中共中央国务院关于全面推进乡村振兴加快农业农村现代化的意见》，汇报 2020 年工作亮点及 2021 年工作要点，宣读《关于表彰 2020 年度先进集体和先进个人的决定》《关于公布南通市和如皋市老科协认定的“两个助力”示范单位的通知》等文件，并对受表彰群体进行颁奖。

△ 市委政法委开展恩来精神集中学习会，市委常委、政法委书记程瑞琴以一名普通党员身份参加活动。

△ 如皋市举办 2021 年全市高新技术企业申报与管理培训班，260 多家企业、咨询服务机构、会计师事务所等 350 余人参加培训。市科技局党组书记、局长宗爱君主持会议并作动员讲话。

8 日

省政法队伍教育整顿南通驻点指导组副组长殷竹钧率队下沉如皋市调研政法队伍教育整顿工作开展情况。市委书记何益军向指导组一行介绍如皋市政法工作和政法队伍教育整顿工作开展情况。殷竹钧对如皋市教育整顿工作取得的成绩给予充分肯定，并就下一步工作如何开展提出要求。南通市委政法委副书记江英，如皋市领导程瑞琴、陈晓彬参加活动。

△ 市政协主席张元健一行到位于江安镇的中国工农红军南通如皋红军小学，开展“红色文化进校园”活动。市政协副主席刘晓洁、秘书长许映亮参加活动。

△ 南通市科技局副局长林伟带队到如皋市调研高新技术企业培育工作情况，实地走访辰同智能科技有限公司，了解企业情况，并召开座谈会，听取如皋市 2021 年高企激励意见出台、当前高企培育以及下一步培育举措等情况汇报。

△ 副市长张亚鸾、发改委国检主任陪同京东集团副总裁、京东健康京东事业部总经理周新元一行 5 人，调研市人民医院健康产业项目。

△ 如皋市邵庄大桥改造工程质量安全监督交底会议在工程施工现场项目部举行。

9 日

市委副书记、市长王鸣昊调研西部片区更新建设工作开展情况，市领导程瑞琴、陈万圣、黄文斌参加调研。

△ 全市区域水环境治理动员部署会议召开。市领导王鸣昊、张百璘、陈迪、杜永红参加会议。

△ 如皋市启动“防诈反诈·全民行”集中宣传月活动，市委常委、政法委书记程瑞琴，副市长、市公安局局长陈晓彬参加活动。

△ 市政协主席张元健带领相关部门分管负责人赴白蒲镇邓杨村，就“双联双助”工作开展调研。市政协秘书长许映亮参加活动。

△ 如皋市召开 2021 年建议提案交办会，回顾总结 2020 年办理工作，部署交办 2021 年目标任务。市领导顾留忠、张勇、严世斌参加会议。

△ 全市机关党的建设工作会议举行，回顾总结2020年相关工作，研究部署下一阶段目标任务。市委常委、组织部部长朱莹滢，副市长顾凡出席会议。

△ 市老区建设促进会六届一次暨扶贫开发协会五届一次会员代表大会举行，选举产生新一届老建会和扶贫开发协会理事会组成人员。市领导朱莹滢、钱志刚、张百璘、杜永红出席会议。

△ 如皋市场监管局党建文化馆暨党建品牌发布仪式在市场监管局机关八楼举行。市委常委、组织部部长朱莹滢，市政府副市长顾凡，市委组织部副部长、"两新"工委书记、市委老干部局局长陈实出席活动。

△ 市长寿研究会联合如皋市各养老机构举行长寿研究与老年事业研究会。

△ 南通市卫健委党组成员、副主任丁国宁带队到丁堰镇卫生院、东陈镇卫生院，实地督查如皋市新冠病毒疫苗接种情况。市卫健委副主任秦龙银等陪同督查。

10日

市委副书记、市长王鸣昊到如皋工业园区（如城街道）龙游河村，走访慰问部分困难群众，开展"走帮服"活动。

△ 南通党史学习教育宣讲团宣讲报告会在如皋经济技术开发区举行。党史学习教育南通市委宣讲团成员、南通职业大学党委委员、副校长陈玉君作宣讲报告。

△ 铁路运行图大调整，如皋南站增停南通—沈阳G2632、南通—北京南G886、上海虹桥—淮安东G9452等3趟列车。调图后，经停如皋站列车日常每天达49个班次，高峰期每天达57个班次；经停如皋南站列车日常每天达36个班次，高峰期每天达47个班次，为广大群众出行提供极大便利。

11日

2021年如皋黑塌菜专场推介会在北京天泰宾馆三楼报告厅举行。市领导丁兴华、钱志刚、张百璘出席活动。

△ 如皋市召开交通秩序综合提升专项行动会议，市委常委、宣传部部长高峰出席会议。

11—12日

国铁集团鉴定中心召开新建上海至南京至合肥高速铁路11座中间站房初步设计审查会。会上，中铁四院汇报如皋西站设计方案，与会专家对建筑、结构、给水排水、通风空调、建筑电气、机械、工经等专业进行讨论。会议要求，设计单位根据初设审查会专家意见，尽快组织修订，5月上旬完成初设鉴修，力争6月底前随主线一并批复项目初步设计。如皋西站位于吴窑镇平田村，车站东侧邻靠G204国道，西侧邻靠S603省道，距离如皋城区约15千米。站房总建筑面积11980平方米，站场规模为两台六线，设2座岛式站台和2座进出站通道，均设立楼梯、扶梯、垂直电梯，建成后将成为如皋的第三座高铁站。

12日

市委书记何益军主持召开市委常委会会议，传达学习贯彻习近平总书记在福建考察期间的重要讲话精神，研究讨论《中共如皋市委关于促进村（社区）组织振兴的试行意见》《2021年如皋市开放型经济工作考核办法》《如皋市庆祝中国共产党成立100周年活动安排方案》等议题。

△ 如皋市举行市委理论学习中心组集中学习会暨党史情境学习教育活动，何益军、王鸣昊、司祝建等市委理论学习中心组成员参加学习会。与会人员瞻仰红十四军纪念馆革命烈士群雕铜像，向烈士默哀致敬，重温入党誓词，并参观江苏省档案馆如皋电影史料馆"党报记录的党史"专题展。

△ 市政法队伍教育整顿领导小组第二次会议暨工作推进会召开，总结学习教育环节，部署查纠整改环节。市领导何益军、王鸣昊、高峰、程瑞琴、秦金春、朱莹滢、陈晓彬参加会议。

△ 市委副书记、市长王鸣昊主持召开十七届市政府第六十六次常务会议。会议对统计方法制度

暨《统计法》进行了专题辅导解读，并讨论《关于进一步加强和规范全市统计基层基础工作的意见（送审稿）》；会议通报全市一季度安全生产工作情况，研究部署下一阶段工作，并就《市政府领导班子成员2021年安全生产重点工作清单》《如皋市2021年安全生产目标管理考核办法》《2021年各镇（区、街道）党委政府和市安委会成员单位履行安全生产工作责任考核评价指标》《2021年度如皋市深入打好污染防治攻坚战工作计划（送审稿）》《2021年度如皋市深入打好污染防治攻坚战考核办法（送审稿）》等议题进行研究讨论。

△ 市公安局召开2021年高质量全国文明城市建设城区交通秩序提升专项行动动员部署会。

△ 新疆克拉玛依市白碱滩区教育考察团走进开发区实验小学，开展学习交流活动。

13日 南通市人大环资城建工作座谈会在如皋召开。与会人员实地参观如皋市生态环境保护执法司法联动中心、外城河绿化景观提升工程等处。如皋、海安、通州、海门等县（市）区人大常委会相关负责人作交流发言。南通市人大常委会副主任陈俊，如皋市领导何益军、司祝建、陈万圣参加会议。

△ 2021南通支云足球俱乐部出征誓师大会在如皋奥体中心篮球馆举行，为即将征战中甲赛场的球队壮行助威。大会对最佳青训教练员、俱乐部杰出贡献奖、2020优秀球迷会、2020赛季感动球迷、2020赛季最佳球迷进行颁奖，南通市副市长赵闻斌向出征球队授予战旗。如皋市领导王鸣昊、高峰、钱志刚、张亚鸾、刘晓洁参加活动。

△ 市委副书记、市长王鸣昊调研城发集团重点工作。市政府办、市财政局、市国资办等部门相关负责人陪同调研。

△ 如皋市召开2021年全民阅读活动领导小组会议，回顾总结2020年工作，部署2021年书香城市建设任务。市委常委、宣传部部长高峰出席会议并讲话，副市长张亚鸾主持会议。

△ 如皋市举行水环境管控工作东部片区会议，现场查看通扬运河勇敢大桥国考断面、蒲西居污水处理站、通扬运河334省道桥市考断面等处，就水环境管控工作中出现的问题进行现场讨论、交办。市领导秦金春、黄文斌、陈迪参加会议。

△ 如皋市人大常委会副主任张勇一行调研如皋地方金融监管工作。金融监管局向调研组汇报组建以来服务实体经济、推动企业上市、地方金融监管、防范非法集资等工作取得的成绩、存在的问题以及下一步的思路举措和相关工作建议。调研组充分肯定金融监管局组建两年以来所取得的成绩，并对今后工作提出建议。

△ 如皋市举行党史学习教育基层宣讲集中备课暨示范宣讲观摩会，深入学习贯彻习近平总书记在党史学习教育动员大会上的重要讲话精神，围绕如何做好党史学习教育进行集体研讨和备课，并就做好基层宣讲工作进行动员和部署。

△ 2021年江苏省老年人体育节如皋分会场开幕式在安定广场举行。开幕式上，武术、健身气功等4个优秀文体健身节目进行集中展演，市老年人文化体育协会主席周金仁进行致辞。

△ 哈尔滨石油学院院长柴维斯、副院长冯研等一行走访双钱集团（江苏）轮胎有限公司、中如建工集团有限公司等如皋市重点企业，南通市人社局及如皋市人社部门相关负责人员陪同调研。

14日 市委党史学习教育领导小组办公室第三次会议暨巡回指导工作培训会举行。市委常委、宣传部部长，市委党史学习教育领导小组副组长、办公室主任高峰参加会议。

△ 南通市“新时代政法英模”先进事迹巡回报告会（如皋专场）举行。巡回报告会上，与会人员聆听关于如皋市人民法院党组成员、审判委员会专职委员周云，如皋市人民检察院因公牺牲的第三检察部原副主任刘涛等4位政法英模的先进事迹宣讲。

△ 市交通运输局联合市应急管理局、市文体广电和旅游局及市公安局，召开全市旅游包车安全

管理工作会议。全市8家重点旅游包车企业、21家旅行社的负责人参加会议。

15日 南通市委副书记、市长王晖到如皋调研乡村振兴工作。市委书记何益军，副市长黄文斌、张百璘陪同调研。

16日 市委书记何益军实地踏勘58#安置房新建工程、老旧小区改造工程、外城河道路贯通工程、龙游河三期工程等城建项目现场，详细了解通扬运河风光带、如泰运河南侧安置点、如泰运河生态廊道启动区等处项目进度以及推进过程中遇到的难点问题。市领导程瑞琴、黄文斌参加活动。

△ 如皋市召开2021年一季度市政府民生实事项目督查推进会议。市领导王鸣昊、顾留忠、钱志刚、陈晓彬、黄文斌、张亚鸾、缪小华参加会议。

△ 市委常委、市人武部部长夏森率队到搬经镇，分别为荣立二等功、三等功的蔡新华、刘红军现役军人家庭送去喜报。副市长张百璘参加活动。

△ 启东市委副书记、宣传部部长邵茂华到如皋考察乡村振兴建设工作推进情况，先后到城北街道平园池村、如城街道顾庄社区和花木大世界（如皋）国际园艺城等处，详细了解如皋市在乡村振兴建设方面作出的努力。如皋市副市长张百璘陪同考察。

17日 党史学习教育市委宣讲团宣讲报告会举行。南通市委宣讲团成员、南通市委宣传部二级巡视员，南通市政协常委黄正平以《学史明理悟思想、复兴路上开新局》为题作宣讲报告。何益军、王鸣昊、司祝建、张元健、丁兴华等市四套班子领导参加会议。

△ 如皋市召开市人民医院新院区规划方案征求老领导意见座谈会。市委书记何益军，市委常委、宣传部部长高峰，副市长张亚鸾出席会议。

△ 如皋市举行全市村（社区）党组织书记履职培训班开班仪式。南通市委组织部组织一处处长周锋杰，如皋市委常委、组织部部长朱莹滢参加活动。

△ 如皋市第八届全民读书节暨“一路先锋·开往春天的大巴”红色阅读主题公交发车仪式举行。活动为2020年度书香如皋建设先进集体、2020年度书香如皋建设先进个人、2020年度优秀阅读推广志愿者、2020年度优秀阅读推广品牌、如皋市“书香家庭”获奖单位及个人颁奖，与会领导共同为如皋市“一路先锋·开往春天的大巴”红色阅读主题公交车揭幕，并乘坐红色阅读主题公交车，体验经典红色阅读之旅。南通市新闻出版局副局长徐庆满，市领导钱志刚、张亚鸾、刘晓洁参加活动。

△ 上海青年盆景研讨会如皋专场活动在如皋市举行。此次活动围绕“创新、创优、创生”这一主题开展，来自长三角地区的盆景青年才俊共同商讨盆景技艺创新，精研盆景养护管理，勾画长三角一体化背景下盆景产业的发展蓝图。

△ 全市未成年人思想道德建设联席会议举行。各联席会议成员单位分管领导、职能科室负责人及各镇（区、街道）宣传委员参加会议。

18日 南通市如皋生态环境局携手如皋市自然资源和规划局在高新区龙游湖明珠广场开展“珍爱地球 人与自然和谐共生”主题活动。市委常委、常务副市长顾留忠参加活动。

19日 国家医疗保障局基金监管司副司长段政明率队到如皋，调研如皋市医疗保障智能监控工作开展情况。市领导王鸣昊、张亚鸾陪同调研。

市委书记何益军到江苏力星通用钢球股份有限公司，对企业新项目的研发情况进行专题调研。市领导顾留忠以及市发改委、科技局、商务局、如城街道等单位主要负责人陪同调研。

19—23 日

中国国家铁路集团有限公司工程设计鉴定中心组织新建沪蓉高铁上海至南京至合肥段（北沿江高铁）初步设计预审。

20 日 市委理论学习中心组集中学习会召开，市委副书记、市长王鸣昊领学《中国共产党简史》第三章第五篇《加强党的建设、推进马克思主义中国化和开展整风运动》。市领导石慧宏、陈鸣华、秦金春分别围绕党史学习教育主题，结合各自工作实际，交流心得体会。何益军、王鸣昊、司祝建、张元健、丁兴华等市委理论学习中心组成员参加学习会。南通市委党史学习教育第三巡回指导组到会指导。

△ 一汽集团总经理助理、一汽解放集团董事长胡汉杰一行到如皋考察相关产业发展情况，实地走访江苏汤臣汽车零部件有限公司、江苏华永复合材料有限公司等处，并举行一汽解放与江苏汤臣战略合作协议签署仪式。市领导何益军、王鸣昊、丁兴华、顾留忠参加活动。

△ 如皋海外联谊会三届一次理事代表大会暨海外侨社团联谊大会召开，审议并通过《如皋海外联谊会章程》（修改草案）、《如皋海外联谊会第三届理事会选举办法》（草案），选举产生如皋海外联谊会第三届理事会会长、常务副会长、执行会长、副会长和常务理事。缪爱诚当选为如皋海外联谊会第三届理事会会长。中国侨联副主席、江苏省侨联主席周建农，市委书记何益军，市委常委、统战部部长、市政协党组副书记缪爱诚参加会议。

△ 省委党史学习教育第四巡回指导组组长方标军一行到如皋指导党史学习教育工作，并实地走访红十四军纪念馆、江苏省档案馆如皋电影史料馆等红色教育基地。市领导丁兴华、高峰陪同现场督查指导。

△ 如皋市召开党史学习教育专题宣讲动员会。市委常委、宣传部部长，市委党史学习教育领导小组副组长、办公室主任高峰出席会议。

△ 如皋市召开一季度高质量全国文明城市建设模拟测评情况通报分析暨十大专项行动推进会，市委常委、宣传部部长高峰出席会议。

△ 市政法队伍教育整顿领导小组办公室第二次主任会议召开，听取市委政法委、政法各单位、政法队伍教育整顿领导小组各专项组对查纠整改环节的工作落实情况汇报，解读、讨论《如皋市政法队伍教育整顿问题线索办理工作办法》。市委常委、政法委书记、市教育整顿领导小组办公室主任程瑞琴，副市长、市公安局局长陈晓彬出席会议。

△ 省建筑安全监督总站党支部与如皋市住建局建筑安全生产监督站党支部、江苏南通六建建设集团党委共同开展“党建共建聚合力 创新发展谋新篇”党建结对共建活动。市委常委石慧宏出席活动。

△ 全市 2021 年农业农村系统工作会议召开，回顾总结 2020 年全市农业农村系统取得的成绩，并对 2021 年全市农业农村系统工作进行部署。

△ 新疆伊宁县委常委、副县长贾弘伟率卫生健康考察组一行到如皋，交流学习医共体及中医科建设方面的成功实践和宝贵经验。在如皋、伊宁两地与会领导的见证下，如皋市中医院与伊宁县中医医院签订合作协议，未来将在学科建设、人才培养等方面加强协作，促进中西部交流合作，推动中医药事业共同发展。副市长张亚鸾参加签约活动。

△ 省文化和旅游厅、省文物局公布全省第一批革命文物名录，包括不可移动革命文物 447 处，可移动革命文物 8759 件（套）。其中，南通共有不可移动革命文物 33 处，如皋市 9 处，数量位居南通县市区首位。分别为，江苏省文物保护单位：白蒲镇民居——国、共、美三方军事停战谈判小组旧址；南通市文物保护单位：何坤墓；如皋市文物保护单位：中国工农红军十四军成立遗址，华中野战军第一师师部遗址，俞铭璜、沈序故居，如皋烈士陵园，如泰工农红军建军遗址，吴庄烈士陵园，新四军烈士纪念碑。

21日 如皋市举办“四史”学习教育进家庭主题活动启动仪式。市委常委、组织部部长朱莹滢，市政协副主席严世斌出席活动。

△ 全市民政系统安全生产培训会召开，副市长张百璘参加会议。

△ 南通市委副秘书长、南通市市域治理现代化指挥中心党委书记李学义带队到如皋，针对市域治理联动平台相关交办事项开展现场监督检查工作。市政府党组成员刘栩参加活动。

△ 金融监管局联合经济技术开发区召开银政企合作推进会，全市 24 家金融机构和开发区 150 家企业参会。

△ 中国农村专业技术协会下发文件《关于同意设立“中国农村专业技术协会科技小院”的批复》，同意中皋农产品供应链有限公司设立江苏如皋黑塌菜科技小院，共建单位为江苏省科协、南京农业大学、如皋市科协，有效期为三年。

22日 如皋市召开科技创新大会。会上，市委常委、组织部部长朱莹滢宣读《2020 年度全市科技创新省级以上先进单位名单》，南通市科技局党组书记、局长赵玉峰和如皋市委书记何益军共同为如皋市科技创新委员会揭牌，市委副书记、市长王鸣昊对如皋市新出台的《关于实施创新驱动战略推动经济高质量发展的激励意见》进行解读，市委书记何益军总结“十三五”期间如皋市科技创新工作取得的成绩，指明今后创新发展的方向路径。

△ 南通市人大常委会老领导到如皋考察，实地参观红十四军纪念馆和江苏省档案馆如皋电影史料馆。市人大常委会主任司祝建、副主任陈万圣陪同考察。

△ 如皋市举行 2021 年企业职工社会保险扩面工作会议，市委常委、常务副市长顾留忠参加会议。

△ 市总工会在江苏九鼎新材股份有限公司举行“永远跟党走　奋进新征程”党史学习教育百企行启动仪式暨九鼎集团专场宣讲会，引领广大职工学党史、悟思想、办实事、开新局，推动工运事业和工会工作高质量发展。市委常委、组织部部长朱莹滢参加活动。

△ 省水利厅工程运行管理处处长陆一忠、省水利厅四级调研员高杏根到如皋市焦港水利枢纽指导国家级水管单位创建工作。南通市水利局局长吴晓春、副局长蔡莉、如皋市副市长张百璘参加活动。

△ 首届中国慢行交通大会在北京召开，如皋市作为江苏唯一入选县级城市，与杭州、济宁、唐山、郑州共同被评为共享慢行出行服务优秀城市。如皋共享单车管理“三个强化”的做法成功入选全国慢行交通优秀城市案例。

23日 省委宣传部副部长、省文明办主任葛莱一行到如皋调研，反馈文明城市暗访情况。南通市委宣传部副部长、南通市文明办主任毛炜峰，如皋市领导何益军、丁兴华、高峰参加活动。

△ 中国工程院官网传来喜讯，中国地质大学(北京)校长孙友宏和中国科学院过程工程研究所研究员、博士生导师曹宏斌两名如皋籍人才入选 2021 年院士增选有效候选人名单。

△ 如皋市政府对外公开征集李昌钰刑侦科学博物馆二期建筑设计方案，李昌钰刑侦科学博物馆二期创建工作正式启动。

△ 为庆祝党的百年华诞，配合全省党史学习教育，由新华报业传媒集团、江苏省电影集团、江苏省文联、中国联通江苏分公司联合主办，江苏省电影家协会、江南时报社承办，如皋市委宣传部、华夏电影展示馆等单位联办的“光辉的历程·奋进的时代——庆祝建党百年红色经典电影海报展”在新华报业传媒集团揭开帷幕。该次展览分为“星火燎原”“万里长征”“抗日烽火”“解放全中国”“新中国·中国梦”等主题，展出自新中国成立以来各类电影海报 100 余张。

24日 “长寿之乡·诗意小城”如皋市第十届旅游文化节在如皋盆景大观景区开幕。开幕式上，南通市原副市长、南通旅游协会会长朱晋和市委副书记、市长王鸣昊共同为国家AAAA级旅游景区——如皋盆景大观景区揭牌。市领导丁兴华、高峰、钱志刚、张亚鸾、刘晓洁参加活动。

△ 省人社厅职建处处长李建方一行到如皋，先后参观如皋市新能源实训基地、市第一中专、市技工学校等处，就技师学院的创建情况进行调研。副市长张亚鸾、林文美陪同调研。

△ 中国高等教育学会档案工作分会一行近60名专家、老师，在理事长、南京大学档案馆馆长吴玫的带领下，到江苏省档案馆如皋电影史料馆，开展声像档案抢救保护学术交流，参与党史学习情境教育活动，现场气氛热烈。

25日 如皋市召开一季度项目建设观摩暨重点工作点评会，何益军、王鸣昊、司祝建、丁兴华等市四套班子领导出席会议。

△ 市科技局举办2021年科技服务类业务培训会，全市研发制造类企业、科技型中小企业、服务骨干机构及新型研发机构负责人、镇区分管领导及科技助理等近220人参加培训。

26日 市委书记何益军主持召开市委常委会会议，传达学习习近平总书记近期关于打击治理电信网络诈骗违法犯罪工作、职业教育工作重要指示和李克强总理批示等精神，听取市打击治理电信网络诈骗违法犯罪工作领导小组办公室近期工作情况汇报，就《关于建立市委大督查机制的实施方案》等议题进行研究讨论。

△ 市委十二届十三次全体会议召开，表决通过《关于召开中国共产党如皋市第十三次代表大会的决议(草案)》。市领导何益军、王鸣昊、丁兴华等市委委员参加会议。

27日 南通市关工委“颂建党百年　做时代新人”主题教育现场推进会在如皋市举行。南通市关工委主任曹能新一行实地参观如皋市校外教育辅导总站通过剪纸、书法、文艺会演等形式开展党史学习教育的现场以及各镇(区、街道)开展主题教育的展板。如皋市委副书记丁兴华出席会议。

△ 南通市“乡村振兴巾帼行动”现场推进会在如皋长江镇召开。与会人员现场观摩石庄镇楼房村高效生态农业园区、如皋市禾恬家庭农场、江苏北环生物科技有限公司等处，实地参观南通市巾帼名优农副产品展。省妇联二级巡视员施郁佩，省妇联发展部部长丁同俊，南通市副市长、南通市“双学双比”领导小组组长赵闻斌，如皋市领导丁兴华、张百璘参加活动。

△ 南通市巾帼名优农副产品展在如皋市长江镇人民政府同步举行，来自各县(市、区)的13家巾帼企业及新型农业主体出产的数十种名优农副产品集中亮相，引起参会人员的关注和好评。

△ 如皋市召开2020—2021年度基层党员冬训工作总结评比会，交流冬训工作。

△ 如皋市召开全市铁路护路联防工作会议，市委常委、政法委书记程瑞琴，副市长黄文斌出席会议。

△ 省能源研究会常务副理事长、东南大学教授王培红带领江苏氢能产业院士协同创新中心(如皋)科研人员及部分新能源企业代表到访南京大学，就中心平台专家进一步服务如皋氢能产业园区提升发展层级等事宜，与中国科学院院士、南京大学环境材料与再生能源研究中心主任邹志刚教授进行交流。如皋科协主席张勇、如皋氢能产业园办公室主任赵巍、宇石(南通)能源集团总裁董辉、百应能源总经理陈融、江苏清能动力技术总监陈杰和东南大学青年教师孙立、储升、吴石亮以及研究会秘书处人员参加交流。

27—28日

南通市督学、教育局副调研员余宙带队到如皋，对如皋市政府2020年履行教育职责情况进行督导考评。如皋市委常委、宣传部部长高峰，如皋市人民政府副市长张亚鸾出席活动，市级相关部门参加活动。

28日 南通市委副书记、统战部部长沈雷到如皋，实地走访白蒲镇蒲东社区、朱家桥村，江苏花名堂农业科技发展有限公司，城北街道袁桥社区、平园池村等处，调研如皋市乡村振兴工作。如皋市委书记何益军、副市长张百璘陪同调研。

△ 市法学会召开第三次会员代表大会，审议市法学会第二届理事会工作报告，通过《关于市法学会第二届理事会工作报告的决议》，选举产生市法学会第三届理事会和领导机构，市委常委、政法委书记程瑞琴当选为市法学会第三届理事会会长。南通市委政法委副书记殷蓓，如皋市领导何益军、程瑞琴、陈万圣、陈晓彬、缪小华出席会议。

△ 第四届“MLILY梦百合0压床垫杯”世界围棋公开赛决赛在如皋市开幕。中国围棋协会主席林建超、中国围棋协会副主席华学明等棋坛名宿及如皋市领导何益军、王鸣昊、高峰、张亚鸾、刘晓洁出席活动。

△ 由南通市农业农村局、如皋市农业农村局、磨头镇人民政府共同举办的“2021年南通市放心农资下乡进村宣传活动”启动仪式在如皋市磨头镇邓高社区举行。南通市、如皋市农业农村局、磨头镇人民政府工作人员及全市各镇区街道农资监管员、邓高社区群众等300多人参加活动。

29日 市委书记何益军出席市投资服务中心社会化招商新聘人员见面会，并与大家分享“招商经”。市委常委、宣传部部长高峰主持见面会。

△ 市委政法委员会一季度全体委员会议举行。市委常委、政法委书记程瑞琴，副市长、市公安局局长陈晓彬参加会议。

△ 如皋市举办市级机关党史学习教育百场宣讲启动仪式暨“百年华诞　群心向党”朗诵比赛。市委常委、组织部部长朱莹滢参加活动。

△ 涉法涉诉信访积案“百日攻坚”专项行动领导小组第三次会议举行。市委常委、政法委书记程瑞琴，副市长、市公安局局长陈晓彬参加会议。

△ 市人大常委会主任司祝建带队实地走访势加透博洁净动力如皋有限公司、南通中铁华宇电气有限公司、江苏力星通用钢球股份有限公司、江苏卓远半导体有限公司、南通欧意姆制冷设备有限公司等处，视察全市科技创新工作，了解掌握科技创新战略实施情况。市委常委陈鸣华、市人大常委会副主任钱志刚参加会议。

△ 如皋市政府召开二季度GDP核算联席会议。市委常委、市政府常务副市长顾留忠出席会议并讲话，各镇（区、街道）行政主要负责人及各GDP联席会议成员单位主要负责人参加会议。

△ 如皋市举办“学党史、强信念、跟党走”主题团日活动。共青团南通市委副书记朱元星，如皋市领导朱莹滢、陈万圣、张亚鸾、严世斌出席活动。

△ 如皋市召开2021年如皋市互联网行业党建工作现场会暨互联网行业党史学习教育推进会。会上，如皋市互联网党委为属地第5家如皋互联网企业党支部揭牌，并向已建支的5家互联网企业赠送党史学习教育用书，同时聘请全国理论宣讲先进个人姚呈明担任如皋市互联网行业首位党建指导员。会后，与会人员一起参加如皋市第一家自媒体平台党支部——南通雉水文化传媒有限公司党支部成立揭牌仪式。

△ 来自中央新闻网站和江苏省（市）新闻网站、全国重点商业网站的记者编辑以及网络知名人士代表到如皋，先后走访搬经镇高明庄社区和花木大世界（如皋）国际园艺城，了解、宣传如皋市在推进

诚信建设中的亮点和成效。

29—30 日

南通市农村不动产登记发证工作培训及现场观摩会在如皋顺利召开。与会人员先后观摩 3 个镇的农房发证现场，听取相关情况介绍，实地了解如皋市农房发证从申请—公示—确认—颁证的具体做法和成效。

30 日

市委理论学习中心组集中学习(扩大)会召开。会议邀请省生态环境厅环境影响与评价处处长戴明忠作关于生态环境保护工作的专题讲座。何益军、王鸣昊、司祝建、丁兴华等市四套班子领导参加学习会。

△ 市委书记、市委党史学习教育领导小组组长何益军深入如皋工业园区(如城街道)、经济技术开发区(城北街道)，开展“我为群众办实事”走访活动，用心用情解决基层困难事、群众烦心事，切实把党史学习教育成果转化为办实事开新局的实际成效。

△ 市委副书记、市长王鸣昊，市委常委陈鸣华分别带队开展安全生产及疫情防控工作检查。副市长黄文斌、张亚鸾陪同检查。

△ 市医疗保障局在安定广场举办《医疗保障基金使用监督管理条例》施行新闻发布会，宣传讲解基金使用监管政策。

△ 晚间 8 点左右，如皋市遭受突发大风强对流天气袭击。灾情发生后，市委、市政府、各镇(区、街道)、各相关部门迅速组织力量，争分夺秒、全力救援，妥善安置受灾群众，多措并举做好善后工作。

4 月，2020 年度江苏省县市新闻中心好新闻奖评选结果公布，如皋市融媒体中心(传媒集团)共有 18 件作品获奖，获奖总数和等次在全省县市媒体中继续名列前茅。

△ 南京大学历史学院受如皋市文体广电和旅游局委托，在如城街道新民社区十里铺，对如皋境内古运盐河、古掘沟进行考古勘探。

△ 如皋籍著名儿童文学作家黄蓓佳最新长篇儿童文学作品《太平洋，大西洋》由江苏凤凰少年儿童出版社重磅推出。

2021 年 5 月

1 日 市委书记何益军，市委副书记、市长王鸣昊到市市域治理现代化指挥中心，现场视频连线 14 个镇（区、街道）镇域治理现代化指挥中心，详细了解各镇（区、街道）受灾救灾情况，督导调度全市抢险救灾工作。市委常委、常务副市长顾留忠参加调度会。

2 日 如皋市博物馆、市邮政分公司和集邮协会联合组织的“邮‘记’初心——邮票上的百年党史”主题展览在如皋市博物馆一楼临展厅正式展出，展出时间将持续到 7 月底。

6 日 南通人大常委会副秘书长徐国祥带队南通农委、南通生态环境局到如皋市江安镇就《南通市畜禽养殖污染防治条例》开展执法调研活动，如皋市人大、农委、生态环境局相关人员陪同参加。徐国祥一行先后参观江安镇合作村的如皋市时来牧业有限公司、江安镇西庄村李金文生猪养殖专业户家、江安镇畜禽粪污处理中心，并召开座谈会。

△ 如皋市成人仪式示范观摩活动在如皋市第一中学举行。此次成人仪式以青春、成长、感恩、责任为主题。仪式上，家长代表、学生代表和教师代表依次发言，校领导为同学们送上祝福。

7 日 省政法队伍教育整顿南通驻点指导组组长秦景安率队到如皋，实地走访高新区人民法庭、郭园派出所等处，调研政法队伍教育整顿工作开展情况。市领导何益军、程瑞琴、陈晓彬参加活动。

△ 南通市副市长、公安局局长高山率队到如皋市调研河流断面水质治理工作和公安工作，并率南通市政法队伍一行到城南街道宋家桥社区开展“我为群众办实事”走访活动，了解电信网络诈骗社区防范工作，并视察党建联系点的党建工作；同时赴城南花苑平安前哨工作站、如皋市局高新区派出所督导检查平安前哨工程建设。市领导何益军、王鸣昊、张元健、陈晓彬陪同调研。

8 日 如皋市召开 2021 年城市建设大会战现场推进会，进一步加快城建、交通重点工程和城市搬迁项目的推进节奏，确保搬迁工作、城建交通工程按既定序时高标准推进。市领导王鸣昊、程瑞琴、黄文斌出席会议。

△ 市委副书记、市长王鸣昊带领市政府办、发改委、住建局、交通局等部门负责人，实地走访如皋工业园区（如城街道）宏坝社区公共服务中心、宏济苑老小区改造现场，龙游河村居住河、龙池港，如皋忠广电子技术有限公司，江苏万达特种轴承有限公司等处，开展“我为群众办实事”走访活动。

△ 由如皋市现代农业机械有限公司与乐星农业装备（青岛）有限公司联合打造的韩国乐星拖拉机现代体验中心，在东陈镇华日水稻种植基地正式揭牌。市人大常委会主任司祝建出席揭牌仪式。

△ 市委常委、宣传部部长，市委党史学习教育领导小组副组长、办公室主任高峰深入如皋工业园区（如城街道）、九华镇等处，开展“我为群众办实事”走访活动，用心用情解决基层困难事、群众烦心事，切实把党史学习教育成果转化为办实事开新局的实际成效。

△ 如皋市举行“五一劳动奖”命名大会，宣读《关于命名表彰如皋市“五一劳动奖状”“五一劳动奖章”和“五一先锋号”荣誉称号的决定》，并为获奖代表颁奖。市委常委、组织部部长朱莹滢，市人大常委会副主任陈万圣，市政协副主席严世斌参加会议。

△ “自学·议论·引导”教学法如皋实验区教学改革推进会在如皋北外附属龙游湖外国语学校举行。南通市李庚南实验学校总校总顾问、全国教书育人楷模、著名特级教师李庚南，南通市督学、教育局副调研员余宙，如皋市教育局副局长丁非等出席活动。

△ 中华环保联合会、如皋市绿色科普志愿服务队、“滨江盟”志愿服务队联合举办第五届“益起行、益起动——守护长江一公里”环保公益活动，护江志愿者、生态巡护员到长江如皋港段捡拾垃圾、打捞水中废弃物。

△ 如皋市疾控中心完成新 PCR 实验室的改扩建工作。

9日 如皋市、镇两级“我为群众办实事”项目清单 549 项，通过《如皋日报》、市委新闻网、“如 e 融媒”App、“如皋发布”、“文明如皋”等多个平台对外公示，村(社区)项目清单由所属镇(区、街道)汇总公示，接受全市广大党员、干部、群众的监督和评议。

10日 市委党史学习教育领导小组办公室主任第四次会议召开，总结交流经验做法，分析当前形势任务，研究部署下一阶段工作，进一步推动全市党史学习教育走深走实。市委常委、宣传部部长，市委党史学习教育领导小组副组长、办公室主任高峰出席会议。

△ 2021 年农业农村系统党风廉政建设会议暨“5·10”思廉日廉政大党课举行。副市长张百璘参加活动。

△ 南通市港航事业发展中心如皋分中心到连申线如皋水上服务区邀请船民给自己“找茬”，通过座谈会形式请船民对服务工作提意见。

11日 南通市政法队伍教育整顿第二指导组副组长、南通市委组织部副部长、市公务员局局长张辉，南通市委政法委副书记殷蓓率队下沉如皋市指导政法队伍教育整顿工作。市领导何益军、程瑞琴、秦金春、朱莹滢、陈晓彬参加活动。

△ 省政府党组成员胡广杰一行到如皋市调研民政工作，并走访慰问部分受风灾影响的民政对象。市委书记何益军、副市长张百璘陪同调研。

△ 中国工程院院士、中国人民解放军防化研究院第一研究所研究员杨裕生回访母校如皋经济技术开发区第二实验小学，看望师生员工。副市长张亚鸾等出席活动。

12日 全市企业董事长资本运作暨金融干部专题培训班在市民服务中心三楼报告厅开班。市委书记何益军，市委常委、常务副市长顾留忠参加开班仪式。

△ 市委副书记、市长王鸣昊主持召开第十七届市政府第六十七次常务会议，听取一季度重点经济指标完成情况汇报，传达学习省委常委、常务副省长樊金龙在省消防安全委员会成员单位会议上的讲话精神，讨论《如皋市消防安全委员会成员单位消防工作职责(送审稿)》，听取危险化学品、道路交通安全、群租房、户外广告设施安全生产专项整治工作情况，研究部署下一步工作，传达国务院、省政府廉政工作会议精神，讨论其他议题。

△ 市委副书记、市长王鸣昊带领市政府办、编办、教育局、财政局、人社局等部门负责人调研全市教育工作。王鸣昊一行先后调研如皋市实验初中、江苏省如皋师范学校附属小学、东皋幼儿园等处，详细了解相关学校的硬件设施、师资力量、特色课程等基本情况。副市长张亚鸾参加活动。

△ 市委常委、政法委书记程瑞琴深入经济技术开发区(城北街道)、搬经镇等处，开展“我为群众办实事”走访活动，用心用情解决基层困难事、群众烦心事，切实把党史学习教育成果转化为办实事开新局的实际成效。

△ 省水利厅党组成员、省南水北调办副主任郑在洲带领省节水办、南京水利科学研究院一行，

到如皋开展如皋节水型高速服务区创建情况专题调研指导。南通市水利局党组书记、局长吴晓春，如皋市副市长张百璘等陪同调研。

△ 市发改委组织新型电力装备、汽车及零部件、电子信息三条优势产业链重点企业举行座谈会。

△ 南通市卫健委党组成员曹忠带专家队督导如皋慢病综合防控示范区建设工作，对如皋慢病综合防控示范区建设工作每项指标存在问题一一进行辅导，提出成立创建专办、列出时间进度等总体要求。

13日 全市道路交通安全委员会第一次（扩大）会议召开，市领导王鸣昊、陈晓彬、黄文斌参加会议。

△ 市委常委、统战部部长、市政协党组副书记缪爱诚带队走访无锡市总商会如皋商会，开展“我为群众办实事”实践活动。缪爱诚等实地参观无锡伍创物业管理有限公司等商会企业，听取商会的发展情况及下一步工作思路，并与商会会长王建国等进行深入交流。

△ 如皋市举行水环境管控工作中部片区会议，并现场检查部分水环境考核断面、污水处理厂、镇区及老撤并镇管控情况。市领导秦金春、黄文斌、陈迪参加会议。

△ 如皋市2021年水稻集中育秧现场会暨“三夏”工作现场会在白蒲镇合兴村举行。

△ 2021年江苏省青少年田径投掷项群赛暨训练营在如皋市奥体中心开赛，12个城市的12支代表队350多名运动员、教练员参加。

14日 市人民政府与农业银行南通分行举行政银战略合作协议签订仪式。根据政银战略合作协议，“十四五”期间，农业银行南通分行将向如皋市提供不低于300亿元人民币意向性信用额度，进一步加大金融对地方经济社会发展的支持力度，为如皋“建设长江以北最强县市、实现更高质量发展”注入“金融动力”。农业银行南通分行行长郑志春以及如皋市领导何益军、王鸣昊、顾留忠、刘栩参加签订仪式。

△ 市委副书记、市长王鸣昊专题调研全市科技创新工作，了解科技“二十三条”政策落实情况及当前科技工作面临的难点、痛点。市委常委陈鸣华参加调研。

△《环球时报》作题为《“长寿城”为应对中国老龄化指路》的报道，关注如皋的长寿现象，并介绍如皋在破解养老难题上的先进做法。

15日 市委书记何益军主持召开市委常委会会议，传达学习习近平总书记在广西考察期间的重要讲话精神，讨论《关于一季度全市“两个责任”落实情况督查的通报》，听取2021年以来如皋市平安建设工作开展情况汇报，并就相关议题进行研究讨论。

△ 如皋市举行退役军人事务工作会议，回顾总结2020年退役军人事务工作完成情况，研究部署2021年重点工作任务。市领导程瑞琴、张百璘、刘晓洁参加会议。

△ 如皋市第31次“全国助残日”系列活动启动仪式暨纪录片《无臂七子》南通首映礼在华夏电影胶片博物馆内举行，副市长张百璘出席活动。

△ 长110米的三层趸船“威龙趸”停靠长江镇长源码头，它与如皋水上绿色综合服务区原有的70米趸船和60米趸船相连，成为长江流域最大的水上绿色综合服务区。

△ 市人才中心组织35家如皋企业赴江苏工程职业技术学院参加大型“青春逐梦时 才聚长三角”2021年毕业生校园招聘会。参会企业涵盖化工、电子、建筑、服装等行业，共提供1677个岗位，现场收获简历103份。

17日　市人大常委会主任司祝建带队赴如皋市江海高级技工学校调研民办职业教育工作。市人大常委会副主任钱志刚参加活动。

18日　市委书记何益军召集市文体广电和旅游局、市自然资源和规划局、如城街道、东陈镇、市博物馆、市规划设计院等部门和单位，专题听取如皋古掘沟考古勘探工作进展情况。南京大学如皋古掘沟考古团队进行专题汇报。市领导高峰、钱志刚、张亚鸾等参加汇报会。

△ 市委常委、市纪委书记、市监委会主任秦金春深入吴窑镇钱庄社区，开展“我为群众办实事”实践活动，用心用情解决基层困难事、群众烦心事，切实把党史学习教育成果转化为办实事开新局的实际成效。

△ 市委常委、组织部部长朱莹滢深入丁堰镇部分社区和企业，开展“我为群众办实事”实践暨“落实科创大会精神部门在行动”活动。

△ 如皋福建商会第二届理事会第四次会员大会举行，总结商会工作情况，通报商会2020年至2021年5月财务收支情况以及爱心基金池收支情况。市委常委、统战部部长、市政协党组副书记缪爱诚参加会议。

19日　财政部农业农村司司长吴奇修率调研组到如皋市调研现代农业发展情况。南通市委副书记、统战部部长沈雷及如皋市领导何益军、张百璘陪同调研。

△ 市委办公室举行党史学习教育暨党支部会议，市委书记何益军、市委常委石慧宏以普通党员的身份参加会议。

△ 市政府在市场监督管理局召开全市知识产权高质量发展重点工作暨知识产权保护培训会议。各镇区、街道政府分管领导和科技助理、如皋市重点高新技术企业知识产权负责人、服务代表以及市监局各分局相关监管人员共130余人参加会议。

△ 如皋市“劳模工匠进校园”专题报告会在江安中学举行。全国劳动模范、九鼎集团董事长、党委书记顾清波做专题报告。如皋市总工会党组书记、主席周太荣，如皋市委教育工委书记、市教育局局长郭其龙出席活动。

19—21日

由江苏省中小学教学研究室主办、南通市教育科学研究院承办的2021年江苏省高中地理优质课评选活动在如皋市长江高级中学举行。来自全省13个地市的27名优秀高中地理教师、17名评委、近百名观摩老师齐聚一堂，共襄盛会。

20日　市政协举行“做优城市功能品质　提升生态宜居水平”协商座谈会。会上，市住建局、交通局、如城街道等单位汇报如皋市在统筹城市规划、推进城市设施建设、优化城市治理现代化水平、提升生态宜居水平等方面的做法、存在问题和建议意见，市政协主席张元健对全市城市功能品质提升工作表示肯定。

△ 市人社局组织如皋市32家知名企业赴淮阴工学院开展如皋专场校园招聘活动。

△ 电影《我要我们在一起》上映。该影片改编自2013年豆瓣长帖《与我十年长跑的女友明天要嫁人了》，作者是如皋人李海波。

21日　市委理论学习中心组集中学习会召开。何益军、王鸣昊、司祝建、张元健、丁兴华等市委理论学习中心组成员参加学习会。南通市委党史学习教育第三巡回指导组到会指导。

△ 新疆伊宁县委副书记、县长阿地力·买买提带队到如皋，实地考察顾庄生态园、神

马电力股份有限公司、花名堂等处，并在座谈会上与如皋市委副书记、市长王鸣昊就如何进一步深化两地全面合作进行深入交流。市领导顾留忠、刘栩陪同考察。

△ 南通市委统战部副部长、市侨办主任吴亚军带队到如皋开展“凝聚‘新’力量，献礼一百年”新联会互学观摩交流活动。如皋市市委常委、统战部部长，市政协党组副书记缪爱诚参加活动。

△ 南通市委党史学习教育第三巡回指导组组长倪建明率队到如皋，走访城北街道平园池村、江苏思源赫兹互感器有限公司、广大特材（如皋）产业园和长江镇中心沙社区等处，对如皋市“我为群众办实事”实践活动和“奋进现代化 跑赢新赛程”主题实践活动开展巡回指导。市委常委、宣传部部长高峰陪同调研。

△ 市委大督查工作领导小组举行第一次（扩大）会议，动员部署2021年市委大督查重点工作，并为市委大督查办揭牌。市委常委、市纪委书记、市监委会主任秦金春出席会议。

△ 市委网信办举行自媒体平台负责人及网友座谈会，围绕“助推如皋经济社会高质量发展”话题各抒己见，畅所欲言，并通报2020年度自媒体十佳网络正能量传播案例评选结果并颁奖。市委常委、宣传部部长高峰参加活动。

△ 市农业农村局举行2021年度小麦品种考察论证会，投票选出“镇麦9号”“镇麦10号”“扬麦25”等几个品种为2021年度小麦主推品种。

22日 市委书记何益军主持召开市委常委会会议，听取全市党史学习教育情况汇报，讨论《中共如皋市委全面深化改革委员会2021年工作要点》《中共如皋市委全面深化改革委员会关于调整市委全面深化改革委员会和专项小组组成人员的通知》，传达学习《关于贯彻中央文明办文件精神进一步推动文明城市创建常态长效的通知》《中央文明办关于对17个全国文明城市创建整改工作复查情况及相关决定的通报》精神，研究讨论《如皋市“文明典范城市”创建三年行动计划（2021—2023年）》、“文明典范城市”创建动员大会方案等议题。

△ 市委理论学习中心组安全生产专题集中研讨会召开。会上，相关人员围绕“从根本上消除事故隐患”主题，结合各自的工作实际进行交流发言。何益军、王鸣昊、司祝建、张元健、丁兴华等市委理论学习中心组成员参加会议。

△ 如皋市347个村（社区）集中公布“我为群众办实事”清单。

△ 2021年南通市医师协会泌尿外科分会学术年会暨第二届龙游湖泌尿外科论坛在如皋市中医院召开。此次会议由南通市医师协会主办，如皋市中医院承办，来自省内外的著名泌尿外科专家、学者及代表100余人出席会议，聆听前沿之音，共享学术盛宴。

24日 南通市委、市政府召开推进文明城市长效管理工作动员大会。会议以视频会议形式召开，王鸣昊、司祝建、张元健等市四套班子领导在如皋市分会场收听收看。

25日 如皋市委、市政府召开全市生态文明建设暨深入打好污染防治攻坚战动员大会，总结近三年污染防治攻坚战成效，排查生态建设和环境保护问题，部署新一轮污染防治攻坚战任务。市领导何益军、王鸣昊、司祝建、张元健、丁兴华、顾留忠、秦金春、陈万圣、黄文斌、陈迪、冒平出席会议。

△ 市委副书记、市长王鸣昊带队调研如皋市新冠疫苗接种情况，副市长张亚鸾参加调研。

△ 如皋市“五月风”文艺展示月之“书系长三角·同心颂小康”如皋·金山·海盐三地书法作品邀请展开展。市委常委、宣传部部长高峰参加活动。

△ 南通市文联党组书记、主席姜平率队到如皋非遗展示馆、木偶剧场、南通荣威娱乐用品有限公

司等处，走访参观并进行采风创作。如皋市委常委、宣传部部长高峰参加活动。

△ 2021年“护苗·绿书签”暨红色经典阅读进校园活动在经济技术开发区实验小学举办，副市长张亚鸾出席活动。

26日 “习习书香浸润希望田野”全市第三届农民读书节暨2021“新时代乡村阅读季”活动启动仪式举行。活动中，南通市委宣传部新闻出版处处长黄毅和如皋市委常委、宣传部部长高峰分别为南通市四星级农家书屋和如皋市优秀农家书屋管理员代表授牌颁奖。

△ 如皋市举行以“共创平安畅通铁路，共享建党百年华光”为主题的爱路护路宣传活动，进一步增强市民知路、爱路、护路意识，确保铁路沿线运输环境安全。

△ 家住磨头镇曹石村二十二组的越南籍DUONG THI KIEU LOAN女士，成功献血200毫升，成为如皋市首位参加无偿献血的外籍人士。

26—27日

市第十七届人大常委会第三十八次会议召开。会议听取和审议市政府关于全市供销为农服务工作情况的报告、市政府关于全市医疗保障工作情况的报告、市人大常委会执法检查组关于检查《中华人民共和国传染病防治法》实施情况的报告，审议市政府关于《市人大常委会关于检查〈中华人民共和国土壤污染防治法〉实施情况报告》的落实情况报告，专题学习省人大常委会常务副主任、党组副书记李小敏在省十三届人大常委会第二十二次会议上的讲话精神，以及省人大常委会“深入学习贯彻习近平法治思想推动地方人大工作实现新发展”座谈会精神，通过相关人事任免事项，司祝建为新任命人员颁发任命书，新任命人员进行宪法宣誓。

27日 如皋市召开项目建设月度观摩会。会上，市委副书记丁兴华通报项目建设情况，与会人员集中观摩主功能区新开工重特大项目和重大服务业项目、面上镇新开工重大项目和设备类项目建设现场。何益军、王鸣昊、司祝建、张元健、丁兴华等市四套班子领导参加会议。

△ 市人大常委会举行“建最强县市·做最美代表”主题实践活动推进会，动员全市各级人大代表自觉担当使命、认真履行职责，推动实践活动进一步做深做实。市人大常委会主任司祝建，副主任张勇、钱志刚出席会议。

△ 省政法队伍教育整顿南通驻点指导组临时党支部到如皋开展主题党日活动，先后到市红十四军纪念馆、江苏省档案馆如皋电影史料馆等实地学习，深入了解党的重大历史事件，学习革命英烈英勇斗争、无私奉献的精神。如皋市委常委、政法委书记程瑞琴参加活动。

△ 江苏省教育考试院副院长邓洪斌率队到如皋督查2021年如皋高考考前安全工作。南通市教育局、南通教育考试院、如皋市人民政府、如皋市教育局相关负责人员陪同督查。

△ 由市文体广电和旅游局、市教育局联合主办，市木偶艺术团承办的2021年如皋市“圆梦工程”戏曲进校园专场巡演在开发区第三实验小学拉开帷幕。

28日 市政法队伍教育整顿领导小组第三次会议暨查纠整改推进会召开，对查纠整改环节各项工作进行再动员、再部署、再落实，全面推动如皋市政法队伍教育整顿工作走深走实。市领导何益军、程瑞琴、秦金春、朱莹滢、陈晓彬参加会议。

△ 如皋市召开“园区保”综合金融服务调研座谈会。省信用再担保集团党委副书记、总裁孙宝成，如皋市领导何益军、刘栩出席会议。

△ 2021中国羽——全国小微盆景展暨盆景交易大会在如皋市开幕。开幕式上，如皋市领导与嘉宾代表共同按下大会启动键，并为全国小微盆景展金奖、银奖获得者颁奖。中国盆景艺术家协会会长鲍世骐，中国盆景艺术家协会秘书长苏放，江苏省农业技术推广总站副站长、江苏省花卉协会秘书长

顾鲁同，以及如皋市领导丁兴华、钱志刚、杜永红出席开幕式。

△ 如皋市在安定广场举行首届“民法典宣传月”活动启动仪式。自即日起至7月中旬，如皋市在全市范围内开展以“美好生活　法典相伴”为主题的民法典宣传月活动，包括“典伴行政　依法履职”“典亮青春　护航成长”“典助企业　诚信守法”“典进家庭　和谐万家”等十大主题活动。市委常委、政法委书记、市法治宣传教育工作领导小组组长、市法学会会长程瑞琴出席活动。

△ 广东省鹤山市委副书记、市长聂加伟带队到如皋，先后走访高新区创新体验中心、凌志软件如皋有限公司、江苏卓远半导体有限公司、思源电气股份有限公司、国家氢能源汽车研究检测公共服务平台等处，考察如皋市经济社会发展情况。市委常委、常务副市长顾留忠，副市长顾凡陪同考察。

△ 如皋市举办党史知识竞赛活动，重温百年党史，汲取奋进力量。

△ 新四军老战士陈扬的家人陈宁、陈申一行，到红十四军纪念馆，向红十四军纪念馆无偿捐赠陈扬生前参与编辑的报纸、杂志及撰写的原稿、手记，红十四军纪念馆为陈宁、陈申一行举行实物史料交接仪式。

△ 世界长寿乡——如皋特色农产品推介会在江苏省农副产品展示展销中心举行。江苏省供销合作总社一级巡视员、苏合集团党委书记、董事长徐筱棣，省政协办公厅接待处处长、省政协机关服务中心主任孙越，南通市供销合作总社党组成员、理事会副主任马桂祥出席活动。如皋市人民政府副市长张百璘，苏合集团党委委员、副总经理华天泽致辞。

29日

庆祝第五个“全国科技工作者日”暨如皋市第33届科普宣传周主场活动举行。市委常委、宣传部部长高峰出席会议。

31日

市委书记何益军主持召开党政专题会，听取2021年49项重点工作进展情况，分析存在问题，探讨做好下一步工作的思路举措。

△ 市委书记、市政法队伍教育整顿领导小组组长何益军主持召开防止干预司法“三个规定”专题辅导宣讲会，市人民法院院长、市政法队伍教育整顿领导小组副组长唐明渠以《严格执行“三个规定” 共同维护公正司法》为题作专题辅导宣讲。会上，全市各单位主要领导集体签订《领导干部严格执行“三个规定”公开承诺书》。

2021 年 6 月

1 日 市委副书记、市长王鸣昊主持召开十七届市政府第六十八次常务会议，传达学习省委常委会会议相关精神，听取 2021 年县（市、区）高质量发展考核共性指标第一季度监测情况的书面汇报，研究讨论《全面贯彻落实国务院安委会开展深化江苏安全生产专项整治指导工作实施方案（送审稿）》《2021 年科技人才洽谈会工作方案（送审稿）》等议题。

△ 市委副书记、市长王鸣昊到市社会福利院，看望孤残儿童，并送去节日祝福和慰问品。副市长张百璘参加慰问。

△ 市人大常委会主任司祝建带队到市市域治理现代化指挥中心，调研如皋市大数据建设、信息共享平台建设等情况。市人大常委会副主任张勇陪同调研。

△ 如皋市召开深化镇村精神文明建设月度推进会，市委常委、宣传部部长高峰参加会议。

△ 姚呈明理论武装工作室与“爱心邮路·红喇叭驿站”共建合作签约仪式在邮政大楼举行。

△ 南通市副市长赵闻斌率队专题调研如皋市东陈镇夏收夏种工作。如皋市副市长张百璘、市农业农村局局长朱为民陪同调研。

1—3 日

全省新型农村集体经济发展培训班及工作座谈会在如皋市举办，省农业农村厅副厅长季辉出席并讲话。全省 13 个设区市农业农村局分管负责人、业务处（站）长及各县（市、涉农区）农业农村局分管负责人参加培训。

2 日 南通如皋、南京玄武、无锡江阴三地法院在位于长江镇的长江流域环境资源第二法庭审判大楼共同签署《长江流域（江苏段）生态环境保护司法协作框架协议》。江苏省高级人民法院党组书记、院长夏道虎，南通市委常委、政法委书记姜永华及如皋市领导王鸣昊、程瑞琴出席会议。

△ 如皋市统一战线以“同心向党　砥砺奋进”为主题，举行庆祝中国共产党成立 100 周年主题活动。市领导缪爱诚、张勇、郑振明出席活动。

△ 市人大常委会主任司祝建带队到市市场监督管理局，调研市场监管工作。市人大常委会副主任张勇参加调研。

△ 江苏省疾控中心覃玉博士、苏健等专家到如皋市城北街道陆姚村、如城街道秀水居，督导慢病及其危险因素监测人群信息核对与补充工作。

3 日 市人大常委会主任司祝建带队实地走访江苏世睿集团有限公司、江苏秦烯新材料有限公司、江苏浦丹光电技术有限公司等处，调研高新区科技创新工作。市领导陈鸣华、钱志刚、顾凡陪同调研。

△ 市政协“完善村规民约　推进人情减负”专题协商议事观摩推进会在白蒲镇蒲东社区举行。市政协主席张元健，副主席冒平、杜永红、郑振明、严世斌、刘晓洁，秘书长许映亮出席会议。

△ 如皋市举行党史学习教育现场推进会。部分与会人员对如皋市七个点的党史学习教育进行现场观摩。市委常委、宣传部部长，市委党史学习教育领导小组副组长、办公室主任高峰出席会议。

△ 市人民法院召开新闻发布会，发布《环境资源跨区域审判白皮书》，充分展示辖区内环境司法

年度发展状况。发布会上，市人民法院相关负责人通报跨区域管辖两年来涉“长江大保护”的 12 起环境资源典型案例和如皋市一年来环境资源跨区域审判工作的开展情况。

4 日

如皋市召开“文明典范城市”创建动员大会，市委副书记丁兴华就《如皋市“文明典范城市”创建三年行动计划（2021—2023 年）》及配套的实施方案进行解读；市委常委、宣传部部长高峰宣读《关于表彰 2018—2020 年度如皋市深化高质量全国文明城市建设突出贡献集体和个人的决定》。何益军、王鸣昊、司祝建、张元健等市四套班子领导出席会议。

△ 江苏省人民政府正式批复沪陕高速公路平潮至广陵段扩建工程（南通段）用地申请，标志着该项目南通段已扫清全面开工条件制约，即将实质性动工。沪陕高速公路平潮至广陵段扩建工程起于沪陕高速公路与锡通高速公路交叉处的平潮北枢纽，向西经南通通州区、如皋市和泰州靖江市、泰兴市，止于广陵枢纽东侧，全长 48.9 千米，其中南通段 32.1千米，泰州段 16.8千米，项目总投资 93.91 亿元，南通段投资 58.13 亿元。

△ “世界环境日”前夕，如皋法院长江流域环境资源第二法庭对一起涉中华鲟危害珍贵、濒危野生动物案公开开庭审理。当天，中央电视台《现场》栏目全程直播，《新华日报》、交汇点、新江苏·中国江苏网等 20 多家媒体全程参与，425 万网友在线观看。

5 日

市委书记何益军主持召开市委常委会会议，学习《习近平关于注重家庭家教家风建设论述摘编》，就《如皋市专精特新“小巨人”企业培育三年行动方案（2021—2023 年）》《关于加强企业家队伍建设的实施意见》《市领导挂钩联系优势产业链工作方案》《2021 年科技人才洽谈会工作方案》等议题进行研究讨论。

△ 如皋市召开优化营商环境工作推进大会，何益军、王鸣昊、司祝建、张元健、丁兴华等市四套班子领导出席会议。

△ 如皋市举办“人与自然和谐共生”主题活动，进一步唤醒全社会生物多样性保护的意识，牢固树立尊重自然、顺应自然、保护自然的理念，建设人与自然和谐共生的美丽家园。活动现场公布 2020 年度如皋市生态环境质量公报，并对南通市首批环保示范性企业进行表彰。副市长黄文斌、市政府党组成员陈迪参加活动。

△ 如皋市政府领导和南通市如皋生态环境局党组成员为梦百合家居科技股份有限公司、南通百应能源有限公司、南通力威机械有限公司、海迪科（南通）光电科技有限公司等 14 家环保示范性企业授牌。

6 日

2021 年如皋市业余足球联赛在奥体中心拉开序幕，来自各镇（区、街道）和市级机关部门的 20 支代表队，395 名运动员依次入场，裁判员代表和运动员代表分别庄严宣誓。副市长张亚鸾出席开幕式并致辞。

7 日

“感党恩、听党话、跟党走”——南通市残疾人先进典型事迹如皋专场报告会在市民服务中心三楼报告厅举行。如皋市残疾人代表，江苏省自强模范、全国优秀教师夏冰等 6 位残疾人先进典型以自身经历，讲述他们身残志坚、顽强奋斗的感人故事。

△ 市委常委陈鸣华率队到丁堰镇，实地走访江苏启宸新材料有限公司、南通亘祺纺织有限公司等处，调研科技创新工作。

8 日

南通市政协副主席马啸平带队到如皋，实地查看如皋市公共法律服务中心、如城街道公共法律服务中心、城北街道公共法律服务中心和城北街道桥港村司法行政工作室，调研公共法律服务工作。市政协主席张元健，副市长、市公安局局长陈晓彬，市政府党组成员刘栩陪同调研。

△ 市委副书记、市长王鸣昊专题调研全市检察工作开展情况，市委常委、政法委书记程瑞琴参加调研。

△ 市委副书记、市长王鸣昊率队从皋张汽渡出发，先后查看长江沿线水域、长江渔政执法基地、长青沙西南角、如皋防汛物资储备库等处，视察沿江防汛和长江禁捕工作开展情况。副市长张百璘参加视察。

△ 市人大常委会主任司祝建深入如城街道迎新社区，开展"我为群众办实事"实践活动，用心用情解决基层困难事、群众烦心事，切实把党史学习教育成果转化为办实事开新局的实际成效。

△ 市人大常委会主任司祝建率队赴南通辰同智能科技有限公司，调研营商环境建设工作，了解企业家切身感受，助力企业高质量发展。

△ 如皋市举行"双随机、一公开"监管工作推进会，全市30家成员单位70余人参加会议。

9日

全国半导体材料标准暨技术研讨会在如皋市举行。市委书记何益军，有色金属技术经济研究院有限责任公司党委书记、执行董事林如海出席会议。

△ 市委副书记、市长王鸣昊专题调研信访工作，听取2021年以来如皋市重复信访专项整治等工作开展情况及下一步工作思路，并就具体信访案件与相关镇（区、街道）和部门进行剖析，共同研究化解办法。市领导程瑞琴、陈晓彬参加调研。

△ 市委副书记、市长王鸣昊带领市公安局、住建局、人社局、长江镇等部门、镇（区、街道）负责人走进南通广播电台《民心专列·政风行风热线》直播室，与群众在线互动交流，就群众关注的如皋城市规划建设、自来水水质、生态环境等方面的问题进行解答。

△ 如皋市召开深化校企合作企业家座谈会，14个校企合作项目分四批次进行集中签约。市领导丁兴华、顾留忠、张亚鸾参加会议。

△ 由市融媒体中心参与的"重走七战七捷路"大型全媒体新闻行动在海安市苏中七战七捷纪念馆正式启动。

10日

南通市"永远跟党走"夏夜千场红色主题文化活动启动仪式暨如皋市"永远跟党走"雉水之夜主题文艺晚会在市红十四军纪念馆举行。江苏省委党史学习教育第四巡回指导组组长方标军、副组长万来存，南通市委常委、宣传部部长，南通市委党史学习教育领导小组副组长、办公室主任陆卫东，南通市党史学习教育第三巡回指导组组长倪建明，南通市委宣传部常务副部长蔡忠及如皋市领导何益军、王鸣昊等出席活动。

△ 何益军、王鸣昊、司祝建、张元健、丁兴华等市领导分别带领同组的党代表、人大代表、政协委员，走进挂钩联系村（社区），集中开展"两代表一委员"接待日暨"完善村规民约、推进人情减负"专题协商议事活动。

△ 南京市政协副主席朱晓琳一行到如皋考察"有事好商量"协商议事工作，实地参观城北街道平园池村"有事好商量"协商议事室、"荷塘月色"荷花池和藕池一号河等处。南通市政协副主席、党组成员杨曹明，如皋市政协主席张元健、副主席冒平、秘书长许映亮参加考察。

△ "不忘初心·我的入党故事"主题展演在市文化馆举行。南通市委党史学习教育第三巡回指导组副组长、南通市纪委监委派驻市委办纪检监察组组长阮汝旭及如皋市委常委、宣传部部长高峰，市委常委、组织部部长朱莹滢出席活动。

△ 南通市制造业单项冠军、专精特新"小巨人"企业培育政策宣讲会在如皋市召开。活动邀请省工信厅中小企业局副局长史文剑对南通超达装备股份有限公司和江苏思源赫兹互感器有限公司进行

现场指导。市委常委、常务副市长顾留忠参加会议。

△ 白蒲镇“中华诗词之镇”授牌仪式在白蒲镇礼堂举行。活动宣读中华诗词学会《关于批准江苏省南通市如皋市白蒲镇为“中华诗词之镇”的通知》,省诗词协会、南通市诗词协会和如皋市领导为白蒲镇“中华诗词之镇”揭牌。市政府党组成员刘栩出席活动。

11日 南通市委常委、政法委书记、南通市政法队伍教育整顿领导小组副组长兼办公室主任姜永华率队到如皋,实地视察高新区(城南街道)建设社区、市市域治理现代化指挥中心、市交通管理服务中心等处,调研了解政法队伍教育整顿工作、如皋市平安前哨和网格化服务管理、建党100周年安保维稳、交通事故一体化处理机制等工作。市领导何益军、程瑞琴参加活动。

△ 如皋市举行科技创新重点工作推进会,各镇(区、街道)围绕2021年企业研发投入、高企培育、技术合同登记、专利申报等重点工作进展情况进行交流发言,市科技局、市市场监管局就相关工作做点评和部署。市委常委陈鸣华出席会议。

△ 如皋水上绿色综合服务区正式运营暨如皋市港航综合调度中心试运行启动、“智信皋港”平台上线仪式在如皋港举行,副市长顾凡参加活动。如皋水上绿色综合服务区由长110米的“威龙趸”以及三艘60米、65米、70米趸船和待泊基地共同组成,是长江流域乃至全国最大的水上绿色综合服务区,可同时为30条万吨及以下内河船舶提供提供餐饮住宿、医疗卫生、购物休闲、船舶保养及配件销售等多项服务。

△ 南通市军休系统庆祝中国共产党成立100周年文艺会演活动在如皋市文化馆举行,省军休文艺调演专家组到现场进行指导遴选。

13日 如皋市进入梅雨期。

15日 市委书记何益军带队赴丁堰镇，实地调研江苏启宸新材料有限公司无纺布生产项目、龙创精工(南通)有限公司FPC(柔性线路板)设备生产项目、南通普洛代尔智能装备有限公司生物质炭化设备生产项目等项目现场和天储物流地块,并召开座谈会,调研丁堰镇经济社会发展情况。市政协副主席严世斌参加调研。

△ 省乡村振兴局副局长刘文俊带队调研督导下原镇农村户厕摸排整改工作。

16日 市委书记何益军主持召开市委常委会会议,传达学习习近平总书记关于湖北十堰市张湾区艳湖社区集贸市场燃气爆炸事故的重要指示精神，听取如皋市安全生产工作汇报,研究部署相关工作;会议还传达学习习近平总书记给淮安市新安小学少先队员的回信精神,研究讨论《江苏省如皋中等专业学校创建江苏联合职业技术学院如皋分院和独立高职院校实施方案》《如皋第一中专与如皋技工学校合并创建技师学院方案》等议题。

△ 南通市人大常委会副主任葛玉琴一行到如皋,先后到下原镇花园头村、下原镇利园山庄、市奥体中心、如城街道“朝夕家长学吧”等处,就《江苏省家庭教育促进条例》贯彻实施情况和乡村振兴战略实施情况进行调研。市领导司祝建、陈万圣、张亚鸾参加活动。

△ 上海应用技术大学——如皋校企对接会在如皋举行,市委常委陈鸣华、副市长顾凡参加会议。

△ 如皋市公安局召开干部大会宣布公安局主要领导调整决定,南通市副市长、公安局局长高山,如皋市委书记何益军,南通市局党委委员、政治部主任顾坚,市委常委、政法委书记程瑞琴,市委常委、组织部部长朱莹滢出席会议。顾坚主持会议,朱莹滢宣布公安局主要领导调整的任免决定,陈晓彬、陈刚先后发言。

17日 南通市市域治理现代化推进会召开，何益军、司祝建、张元健等市四套班子领导在如皋市分会场收听收看会议。

△ 交通运输部海事局党组书记、局长曹德胜与全国各直属海事局主要领导调研如皋市水上绿色综合服务区。调研中，曹德胜一行先后走进长江汇线下体验店、红色驿站、流动党员活动室、调度大厅、政务大厅、趸船等处，就“加快推进水上综合服务区建设”“加快船舶水污染物联合监管与服务信息推广应用”两项交通运输部“我为群众办实事”项目开展情况进行深入了解。南通市副市长王洪涛，如皋市委副书记、市长王鸣昊陪同调研。

△ 市委常委陈鸣华、副市长顾凡率领市商务局、市市场监督管理局、市公安局、市住建局等相关部门和单位负责人，对如皋市商贸流通领域安全生产工作开展督查。

△ 如皋市举办“张謇与如皋”座谈会，市委常委、宣传部部长高峰出席活动。

△ 市委常委、组织部部长朱莹滢深入挂钩联系社区——经济技术开发区城北社区，调研社区文明典范城市创建工作。

17—19日

市委网信办联合新浪江苏开展“奋斗百年 如愿皋地”线上线下城市推广活动。活动通过“探访追忆·红色如皋”“还看今朝·金色如皋”两条线，展现党领导下如皋的百年巨变。

18日 江苏力星通用钢球股份有限公司高端滚动体发展论坛暨风电大球扩产项目投产仪式启动。工信部装备工业司副巡视员王建宇、中国轴承工业协会理事长周宇、中国机电一体化技术应用协会会长李亚平、江苏省工信厅装备工业处处长申高青等，以及如皋市领导何益军、王鸣昊、丁兴华出席活动。

△ 市人大常委会主任司祝建到磨头镇，深入南通泽明家居科技有限公司、绿美佳塑胶有限公司、众翔模具科技有限公司、光大生物能源（如皋）有限公司，以“优化营商环境”为主题开展主任接待日活动。

△ 市委常委、宣传部部长高峰率队深入交通枢纽、居民小区、背街小巷、商业街、菜市场等处，督查全国文明典范城市创建工作。

△ 副市长张百璘带领中国人寿如皋支公司工作人员看望慰问如城街道城西社区退役军人徐永光，并为他送去“爱军保”的理赔款。“爱军保”是如皋市退役军人事务局根据组织牵头、自愿参与、众筹互助的原则，联合中国人寿如皋支公司，为如皋市60周岁以下退役军人和配偶提供的商业综合医疗保险。这次徐永光收到的理赔款是“爱军保”的第一起重大疾病赔付款。

△ 李昌钰刑侦科学博物馆二期建筑设计方案评选会在如城街道举行，3家设计单位初步入围，最终方案征集结果将于6月28日公布。

19日 木偶剧《抗战小英雄》首演暨“献礼百年”百场巡演启动仪式在如皋大剧院举行。南通市委党史学习教育领导小组办公室副主任、南通市委宣传部副部长张军，如皋市领导高峰、钱志刚、张亚鸾、刘晓洁参加活动。

△ 如皋市举行优化营商环境工作推进会，市领导司祝建、顾留忠、张勇参加会议。

△ “党建引领‘乡’约‘藕’遇”如皋平园池第五届荷花节暨平园池乡村振兴培训学院揭牌仪式在城北街道国家AAA级旅游景区、中国最美乡村——平园池村举行。市委常委、组织部部长朱莹滢，副市长张亚鸾出席活动。

△ 如皋市村（社区）“标杆书记”培育对象暨年轻村（社区）党组织书记培训班开班，市委常委、组织部部长朱莹滢出席开班仪式并讲话。

△ 李昌钰、蒋霞萍夫妇整理的206箱数千件珍贵藏品顺利抵达如皋，未来将在李昌钰刑侦科学

博物馆二期集中亮相。

20日 以“勇担金融使命　献礼百年辉煌”为主题的全市金融系统献礼建党百年文艺会演在市文化馆举行。市委常委、常务副市长顾留忠参加活动,并为11名“光荣在党50年”的老党员颁发纪念章。

△ 市委常委、政法委书记程瑞琴到市公安局,调度全市大庆安保工作。市政府党组成员、市局党委书记陈刚参加活动。

21日 商务部欧洲司司长翟谦带队到如皋调研如皋市外贸情况,市领导何益军、王鸣昊、丁兴华、顾凡陪同调研。

△ 市委书记何益军到市人民来访接待中心接访,与群众面对面交流,倾听群众诉求,协调处理群众反映的问题。市委常委、政法委书记程瑞琴,市政府党组成员、市委政法委副书记、市公安局党委书记陈刚参加接访活动。

△ 市人大常委会主任司祝建到丁堰镇梦百合家居科技股份有限公司、江苏明德玩具股份有限公司、南通泰利达化工有限公司、南通天龙畜产品有限公司等处,专题调研优化营商环境工作。

△ 市委常委陈鸣华带队深入江苏海纳空调净化设备有限公司、通力液压(南通)有限公司、南通敦强紧固件制造有限公司等科技型重点企业,开展科技创新工作调研。

△ 如皋市退役军人事务局组织召开2021年度转业士官座谈会。

22日 市委书记何益军主持召开市委常委会会议,讨论2021年度先进基层党组织、优秀共产党员、优秀党务工作者、“五强”型村(社区)党组织书记标兵和星级村(社区)党组织表彰方案。

△ 市委理论学习中心组集中学习会召开。学习会上,何益军领学《中国共产党简史》第十章第十节《在应对风险挑战中推进各项事业》,石慧宏领学《习近平新时代中国特色社会主义思想学习问答》第七章第二篇《如何理解党政军民学,东西南北中,党是领导一切的》;王鸣昊、缪爱诚、高峰围绕党史学习教育主题,结合各自工作实际,交流心得体会;其他中心组成员作书面交流。南通市委党史学习教育第三巡回指导组到会指导。

△ 市委书记何益军到城北街道走访慰问部分老党员和生活困难党员,送去组织的关怀和节日的祝福,感谢他们为党和人民的事业作出的贡献。

△ 市委书记何益军采取“四不两直”方式,实地督查城北街道如泰运河生态走廊和通扬运河风光带等地块的搬迁工作。

△ 市委书记何益军到市公安局调研指导队伍教育整顿工作,并参观大数据指挥服务中心,检查指导大庆安保工作和大数据指挥服务中心联指运行情况。

△ 市公安局举行党委班子教育整顿整治通报承诺会。政法队伍教育整顿省指导组成员王锐、南通市指导组成员黄忠新,市委书记何益军,市委常委、政法委书记程瑞琴,市政府党组成员、市委政法委副书记、市公安局党委书记陈刚出席会议。

△ 如皋市举办市级机关“永远跟党走,奋进新征程”主题党日示范活动。市委常委、组织部部长朱莹滢,市政府党组成员、市委政法委副书记、市公安局党委书记陈刚出席活动。

△ “永远跟党走”书画摄影展揭幕仪式在市文化馆举行,市委常委、组织部部长朱莹滢出席活动,并为一等奖作品获得者颁奖。

△ 南通市委党史学习教育第三巡回指导组组长倪建明率队到如皋,先后走访市政务中心、江苏万达特种轴承有限公司和东陈镇徐湾社区等处,对如皋市“我为群众办实事”实践活动和“奋进现代化

跑赢新赛程"主题实践活动开展巡回指导。市委常委、宣传部部长高峰陪同调研。

△ 副市长张亚鸾带队深入如皋市部分医院、中小学校和公共文化场馆，督查全国文明典范城市创建工作。

△ 江苏省血吸虫病防治所、南通市疾控中心一行13人在杨坤博士的带领下，对如皋市2021年春季查灭螺工作进行督导检查。

22—23日

省文化和旅游厅执法局局长唐建军一行，对如皋市的文旅场所开展"七一"节前安全生产和疫情防控督导检查工作，重点检查文旅场所"全员安全生产责任制、隐患排查与治理、流量管控、教育培训和应急处置"等主体责任落实情况。

23日 全国红军小学建设工程理事会在如皋市东燕小学举行"中国工农红军南通如皋红军小学"授旗授牌仪式。第十二届全国政协委员、中国人民解放军原总参四部部长万晓援少将，全国红军小学建设工程理事会副理事长兼秘书长、全国红办把红色基因一代代传下去工作领导小组秘书长方强，时任通海特委书记刘瑞龙之女、全国红军小学建设工程理事会副理事长刘延淮，以及姜永华、杨曹明、何益军、司祝建、张元健、高峰、夏淼、张亚鸾等南通和如皋市领导参加授旗授牌仪式。

△ 南通市培育基层党建工作示范点现场推进会在如皋召开，与会人员实地观摩如皋农村商业银行股份有限公司党委、如城街道孔庙社区党总支、双钱集团(江苏)轮胎有限公司党委和城北街道平园池村党总支等党建现场。南通市委常委、组织部部长封春晴，南通市委组织部副部长、"两新"工委书记陈鹏军，如皋市领导何益军、丁兴华、朱莹滢参加活动。

△ 市委常委、政法委书记程瑞琴一行先后到市汽车站、盐通高铁如皋南站和市公安局智慧警务服务站，专题督导全市社会面稳控、公共场所安保维稳工作，并慰问一线执勤民警、辅警。市政府党组成员、市委政法委副书记、市公安局党委书记陈刚陪同督导。

△ 市人大常委会主任司祝建带队到如皋农村商业银行总部调研企业开办"一站式"服务改革工作。市人大常委会副主任张勇参加活动。

△ 市政协主席张元健走访慰问白蒲镇部分老党员和生活困难党员，为他们送去组织的关怀和节日的祝福，感谢他们为党和人民的事业作出的贡献。

24日 市委书记何益军带队深入搬经镇搬东社区、斯伯特精密制造数控机床项目现场、曼淇威高铁动车内饰件项目现场等处，调研搬经镇经济社会发展情况。市委常委、政法委书记程瑞琴参加调研。

△ 市委书记何益军带队实地走访江苏高懿精密机械科技有限公司，并听取相关负责人汇报，调研东陈镇招商引资、项目建设、污染防治、矛盾化解、人居环境提升等重点工作情况。

△ 市委副书记、市长王鸣昊带领市政府办、市场监管局、应急管理局、消防救援大队、如城街道等部门和单位主要负责人实地走访江苏九鼎新材料股份有限公司、南通力威机械有限公司、江苏天南电力股份有限公司等处，开展安全生产检查暨安全宣讲活动。

△ 市委副书记、市长王鸣昊走访慰问如城街道凌青村、方庄村部分老党员，送上节日问候以及党的温暖和关怀，感谢他们为党和人民事业作出的贡献。

△ 市委常委、政法委书记程瑞琴深入搬经镇，走访慰问部分老党员和生活困难党员，为他们送去组织的关怀和节日的祝福，感谢他们为党和人民的事业作出的贡献。

△ 市委常委、政法委书记程瑞琴带队实地走访江中世纪城、如皋垃圾分类科普展馆、凌青建筑垃圾消纳场、皋城e站东皋站等处，调研全市城市管理工作。副市长黄文斌参加调研。

24—25日

市人大常委会主任司祝建带队赴无锡市国家级高新区、杭州市城西科创产业集聚区学习考察，与当地部门负责人进行深入细致的交流，深层次的探讨科技创新难点问题的解决方法，主动对接研究推动创新驱动的举措和政策。市委常委陈鸣华、市人大常委会副主任钱志刚、市政府副市长顾凡，市委办、政府办、科技局、科协、高新区等部门相关负责人参加活动。

25日

市领导何益军、丁兴华、朱莹滢分别带队赴企业进行安全生产检查，开展“百团进百万企业千万员工”安全宣讲活动。

△ 市委副书记、市长王鸣昊主持召开十七届市政府第六十九次常务会议，传达省、南通市防范当前突出风险维护社会稳定会议和国务院和省、南通市安委会视频会议精神，听取城镇燃气、交通运输及港口危险化学品、批发市场、商业场所的安全生产专项整治工作情况，研究部署下一步工作，研究讨论《如皋市城市绿线管理办法（送审稿）》《如皋市永久性绿地保护管理办法（送审稿）》等议题。

△ 市委副书记丁兴华，市委常委、组织部部长朱莹滢分别走访慰问长江镇、丁堰镇部分老党员和生活困难党员，向他们致以节日的问候，将党和政府的关怀与温暖送到老党员的心坎上。

△ 如皋市举行“共庆百年华诞 谱写双拥新篇”军民共建活动，市委常委、政法委书记程瑞琴，副市长张百璘，市政协副主席刘晓洁参加活动。

△ 由市档案馆牵头，市委宣传部、市档案局、市委党史办、市融媒体中心、红十四军研究会共同举办的“百年足迹 光辉历程——如皋档案中的党史”专题展览在市行政中心大楼二楼平台正式展出。

26日

如皋市举行“七一”大党课暨二季度“村（社区）书记大讲坛”。与会人员实地参观城南街道建设社区、下原镇老坝村、白蒲镇邓杨村、九华镇郑甸社区和龙舌村、长江镇田王村、搬经镇高明庄社区7个基层治理典型。市委书记何益军以“永远跟党走　奋进新征程”为主题，回顾党的百年奋斗历程，深刻感悟党的初心使命，为大家上一堂专题党课。王鸣昊、司祝建、张元健、丁兴华等市四套班子领导参加活动。

△ 如皋市举行禁毒教育馆揭牌仪式暨“6·26”国际禁毒日宣传活动。市委常委、政法委书记程瑞琴，市政府党组成员、市委政法委副书记、市公安局党委书记陈刚出席活动。

27日

如皋市组织开展2021年防汛暨危险化学品事故应急救援演练，模拟强对流天气引起的长江水位上涨、路边危险化学品泄漏和油罐区起火三种场景，分别设置组织指挥、事故响应、现场警戒、事故救援、医疗救护等流程。市委副书记、市长王鸣昊，市委常委、常务副市长顾留忠参加活动。

28日

如皋市举行“永远跟党走”庆祝中国共产党成立100周年文艺晚会，何益军、王鸣昊、司祝建、张元健、丁兴华等市四套班子领导参加活动。

△ 如皋市举行项目建设月度观摩暨重大项目开工活动，何益军、王鸣昊、司祝建、张元健、丁兴华等市四套班子领导参加活动。

△ 位于高新区（城南街道）的正海磁材高性能稀土永磁体研发生产基地项目开工建设。该项目总投资50亿元，建成投产后预计年产高性能稀土永磁体产品18000吨，新增应税销售约50亿元，新增税收约2.6亿元。

△ 南通市人大常委会副主任葛玉琴到如皋，实地走访市公安局大数据指挥服务中心、如皋南站等处，督导建党100周年大庆安保工作。市领导程瑞琴、陈万圣、陈刚参加活动。

△ 全国“两优一先”表彰大会在北京举行，集中表彰一批全国优秀共产党员、全国优秀党务工作者和全国先进基层党组织。如皋市委宣讲团成员、全国基层理论宣讲先进个人、市人大常委会党组成员、专职委员姚呈明获评全国优秀党务工作者。

△ “中国共产党江苏如皋县委印”定级评审会在市档案馆举行。评审会由省文物局组织，中国第二历史档案馆研究馆员、《民国档案》主编杨斌，南京博物院典藏部副主任、研究馆员杨海涛和常熟市博物馆研究馆员周公太组成专家组，经鉴定后认定“中国共产党江苏如皋县委印”为国家一级革命文物。

29日 如皋农商银行赋能科技企业授信大会暨创新合作协议签订仪式举行。市委书记何益军与如皋农商银行党委书记、董事长刘刚共同为如皋农村商业银行股份有限公司科技支行揭牌。市领王鸣昊、丁兴华、陈鸣华参加活动。

△ 市委书记何益军走访江安镇东部工业园区、如皋市坤瀚智能装备有限公司、江苏汤臣汽车零部件有限公司、江安镇合作村等处，调研江安镇重点工作。市委常委、市人武部部长夏森参加活动。

△ 吴窑镇举行“永远跟党走 奋进新征程”庆祝建党100周年主题党日活动。市委常委、市纪委书记、市监委会主任秦金春，市政府党组成员陈迪参加活动。

△ 市妇联系统举行“永远跟党走 巾帼绽芳华”庆祝中国共产党成立100周年活动。南通市妇联党组书记、主席张洪晖，如皋市领导朱莹滢、陈万圣、张亚鸾、严世斌参加活动。

△ 市委常委陈鸣华带队深入海迪科（南通）光电科技有限公司进行安全生产检查，开展“百团进百万企业千万员工”安全宣讲活动。

△ 市人大常委会主任司祝建带队实地走访南通白蒲黄酒有限公司、南通宇鑫服饰有限公司以及如皋市逸人服饰有限公司等处，调研白蒲镇优化营商环境工作。

△ 由市委党史办、市文体广电和旅游局、市融媒体中心联合举办的“三叶映红、跟党前行”建党百年百件党史文献展在市博物馆开幕。

△ 如皋市组织开展“伟创杯”建筑安全监管人员知识与技能竞赛，副市长黄文斌出席活动。

△ 副市长顾凡率领市商务局、市市场监督管理局、市公安局、市住建局等相关部门和单位的负责人，对如皋市加油站、商业场所、特种设备领域企业安全生产工作开展督查。

△ 由如皋市交通局主办，如皋市长江镇人民政府、如皋苏中国际集装箱码头有限公司承办的“如皋市2021年港口突发恐怖事件和船舶火灾事故应急演练”在如皋苏中国际集装箱码头成功举行。

△ 江苏省鲜食玉米品鉴与现场观摩活动在磨头镇丁冒村金旺家庭农场内举行。来自全省相关市县（区）推广站负责人、特粮特经产业体系玉米相关专家、特粮特经鲜食产业联盟各试点负责人以及新型经营主体代表近60人参加活动。江苏省农业技术推广总站站长管永祥、南通市农业农村局副局长彭长青、江苏省农科院经作所所长陈新出席活动。

30日 市委书记何益军率队调研石庄镇重点工作，实地走访南通雷圣特种电机有限公司、南通市乡村振兴乡风文明先进村创建点邹蔡村、石庄镇智能装备产业园等处。

△ 市委副书记、市长王鸣昊带领市政府办、财政局、自然资源和规划局、国资办、长江镇等部门和单位调研市交通产业集团。市委常委、常务副市长顾留忠参加活动。

△ 市委副书记、市长王鸣昊率队调研龙游湾沿江生态景观带工程。市政府党组成员、副市长人选吴海军参加调研。

△ 市人大常委会主任司祝建走访慰问磨头镇部分老党员，为他们送去组织的关怀和节日的祝福，感谢他们为党和人民的事业作出的贡献。

△ 市委政法委开展“重温入党誓词 践行政法担当”主题活动，市委常委、政法委书记程瑞琴出席

活动。

△ 市委常委、政法委书记程瑞琴到市残联，以《赓续红色血脉、强化使命担当，推动全市残疾人事业高质量发展》为题为残联系统党员干部上“七一”专题党课。

△ 市纪检监察系统举行2021年“打铁必须自身硬”专项行动推进会暨“七一”专题大党课，市委常委、市纪委书记、市监委会主任秦金春出席会议。

△ 由共青团如皋市委、市教育局、如城街道联合举办的“百年党史青春说”暨庆祝中国共产党成立100周年主题活动在市融媒体中心演播大厅举行。市委常委、组织部部长朱莹滢出席活动。

△ 如皋市召开驻村第一书记现场会暨新选派第一书记集中出征仪式，市委常委、组织部部长朱莹滢参加活动。

6月，如皋籍皮划艇国手李彤成功入选东京奥运会，成为第一位出征奥运会皮划艇项目的如皋人。

△ 如皋市开展“永远跟党走——奋斗百年路　启航新征程”红色经典电影公益放映系列活动。

2021 年 7 月

1 日 上午 8 时，庆祝中国共产党成立 100 周年大会在北京天安门广场举行，中共中央总书记、国家主席、中央军委主席习近平发表重要讲话。何益军、王鸣昊、司祝建、张元健、丁兴华等市四套班子领导第一时间收听收看大会直播盛况。

△ 市委副书记、市长王鸣昊到市市域治理现代化指挥中心，调研如皋市域治理现代化工作推进情况。市委常委、常务副市长顾留忠参加活动。

△ 市委副书记、市长王鸣昊以《赓续红色血脉　激发奋进力量　在提升“三服务”水平中展现新担当实现新作为》为题，为全市政府系统办公室党员上党史学习教育专题党课。

△ 如皋市举行 2021 年科技人才洽谈会组委会第一次会议，进一步明确工作任务和工作要求，对科技人才洽谈会总体方案进行部署。市领导王鸣昊、陈鸣华、顾凡参加会议。

2 日 市委书记何益军主持召开市委常委会会议，传达学习习近平总书记在庆祝中国共产党成立 100 周年大会上的重要讲话精神和在青海考察期间重要讲话精神，传达学习省委书记娄勤俭和南通市委书记徐惠民在党史学习教育专题党课上的讲话精神，研究如皋市贯彻落实工作，研究讨论《全省脱贫攻坚暨对口帮扶支援合作先进个人、先进集体推荐对象》以及《如皋市第八次归侨侨眷代表大会方案》等议题。

△ 富皋万泰集团有限公司与嘉兴斐君永平股权投资管理合伙企业（有限合伙），就如皋斐君智能制造产业基金达成合作协议。嘉兴斐君永平股权投资管理合伙企业（有限合伙）创始合伙人黄宏彬，市领导王鸣昊、顾留忠参加签约仪式。

△ 全市市域治理现代化工作推进会举行，对“大数据+指挥中心+综合执法队伍”试点和政务服务便民热线整合归并工作进行部署。市领导顾留忠、张勇、郑振明出席会议。

△ 市人大常委会副主任张勇、邵晓泉带队市人大财经工委及常委会财经组对市场监管局重点建议办理情况进行督办。市政府副市长顾凡参加会议。

3 日 市委副书记、市长王鸣昊率队实地走访南通美能得新能源科技股份有限公司、丁堰镇皋南社区、白蒲镇林梓污水处理厂及翻身河、文池河片区区域治水资源化利用现场等处，调研如皋市污染防治攻坚工作。市领导吴海军、陈迪参加活动。

△ 如皋市举行党的建设研究会第四次会员大会，审议通过《市党的建设研究会第三届理事会工作报告》和《如皋市党的建设研究会章程（修订草案）》，选举产生市党的建设研究会第四届领导机构成员，为市党建研究会特聘研究员颁发证书，并对 2020 年度市党建研究会获奖论文创作者进行表彰。市委常委、组织部部长朱莹滢参加活动。

△ 如皋市举行应对极端天气视频调度演练。演练模拟如城街道新民新村排水不畅、长江镇长青沙西南多处江堤外侧块石护坡倒塌现场灾情处置，相关部门负责人汇报本部门职能及灾情应对准备情况。市委常委、常务副市长顾留忠担任总指挥。

△ 如皋工业园区（如城街道）、江苏国石新能源科技有限公司石墨烯粉体项目签约仪式在南通举行。此次签约的年产 2000 吨石墨烯粉体生产项目将落户如城街道西部工业园区，总投资 10 亿元，设备投资 4 亿元，项目达产后年应税销售预计 10~20 亿元，将填补石墨烯粉体生产技术国内乃至世界空

白，产线建成后，将成为世界产量最高的石墨烯粉体生产厂家。

5日 市委副书记、市长王鸣昊主持召开市政府党组理论学习中心组集中学习会，王鸣昊领学习近平总书记在庆祝中国共产党成立100周年大会上的重要讲话精神，顾留忠、张亚鸾、吴海军、顾凡分别围绕习近平总书记重要讲话精神交流学习心得体会。

△ 市政府办公室第一党支部举行党史学习教育专题组织生活会，市领导王鸣昊、顾留忠、刘栩以普通党员身份参加，带头开展批评与自我批评。

△ 如皋市住建系统学习贯彻习近平总书记在庆祝中国共产党成立100周年大会上的重要讲话精神暨庆祝建党100周年活动在市融媒体中心演播大厅举行。市领导高峰、石慧宏、黄文斌出席活动。

6日 南通市疫苗接种工作座谈会在如皋举行，总结前一阶段新冠疫苗接种工作存在的问题和短板，对下一阶段疫苗接种工作进行再安排、再部署。南通市副市长赵闻斌，如皋市委副书记、市长王鸣昊，副市长张亚鸾参加会议。

△ 市城管局举办"一群人　一座城　一生情"——庆祝建党100周年文艺会演，市委常委、政法委书记程瑞琴出席活动。

△ 市人大常委会主任司祝建率队先后到江苏力星通用钢球股份有限公司和江苏万达特种轴承有限公司，专题调研高端成套设备及关键零部件产业链建设情况。市委常委、市纪委书记、市监委会主任秦金春参加活动。

△ 市政协主席张元健主持召开市政协第十四届常务委员会第二十二次会议。与会人员实地参观新城高中项目、龙游河三期工程、外城河绿化景观提升工程等处，协商通过部分委员调整及相关专委会主任、副主任任免方案，传达学习习近平总书记在庆祝中国共产党成立100周年大会上的重要讲话精神，冒平就《做优城市功能品质，提升生态宜居水平建议案（草案）》及起草情况进行说明，与会人员对"做优城市功能品质，提升生态宜居水平"工作进行专题协商。

△ 省委宣传部召开学习宣传贯彻习近平总书记"七一"重要讲话精神电视电话会议。市委常委、宣传部部长高峰以及如皋市宣传文化系统党员干部在如皋市分会场收听收看。

7日 市委副书记、市长王鸣昊带领相关部门负责人，先后到如城街道顾庄社区、中皋农产品供应链有限公司、搬经镇搬东社区和龙桥村等地，实地调研乡村振兴工作开展情况。副市长张百璘参加调研。

△ 南通市委常委、政法委书记姜永华一行到如皋，实地走访长江镇长青社区、搬经镇搬东社区、磨头镇丁冒村、城南街道夏庄社区等处，调研乡村振兴工作。市领导程瑞琴、张百璘、陈刚参加活动。

△ 如皋市人大常委会副主任陈万圣一行调研指导如皋市人民法院破产审判工作。法院党组书记、院长唐明渠，党组副书记、副院长顾雪红，审判委员会专职委员吴剑平等陪同调研。

8日 市委书记何益军带队实地走访江苏沃能电气科技有限公司、江苏玖通塑业制造股份有限公司、磨头镇精密智造产业园等处，调研磨头镇招商引资、项目建设、城镇建设、乡村振兴等重点工作开展情况。市人大常委会主任司祝建参加调研。

△ 如皋市举行"攻坚有我"行动推进新冠病毒疫苗接种部署会，市领导朱莹滢、张亚鸾出席会议。

△ 如皋农商银行企业开办"一站式"服务启动大会举行，市领导司祝建、顾留忠、张勇、刘栩参加会议。

△ 市委政法委举行理论中心组专题学习（扩大）会，传达学习贯彻习近平总书记"七一"重要讲话精神。市委常委、政法委书记程瑞琴出席会议。

9日 市委理论学习中心组集中学习会召开，传达学习习近平总书记在参观“‘不忘初心、牢记使命’中国共产党历史展览”时重要讲话精神，姚呈明领学习近平总书记在庆祝中国共产党成立100周年大会上的重要讲话精神，并介绍参加全国“两优一先”表彰大会情况。南通市委党史学习教育第三巡回指导组到会指导。何益军、司祝建、张元健、丁兴华等市委理论学习中心组成员参加学习会。

△ 全市政法队伍教育整顿领导小组第四次会议召开，传达中央、省及南通市《全国第一批政法队伍教育整顿“回头看”指导方案》及《省政法队伍教育整顿南通驻点指导组向南通市反馈意见》文件精神，市委常委、政法委书记、市政法队伍教育整顿领导小组副组长兼办公室主任程瑞琴就如皋市政法队伍教育整顿工作开展情况进行汇报。市领导何益军、高峰、程瑞琴、秦金春、朱莹滢、陈刚出席会议。

△ 市委副书记、市长王鸣昊带领如皋市10家企业负责人赴华北电力大学开展产学研对接活动。市委常委陈鸣华、副市长顾凡参加活动。

△ 如皋市举行政法队伍教育整顿第二次新闻发布会，向社会公开如皋市政法队伍教育整顿成果。市领导程瑞琴、陈刚参加活动。

△ 如皋市举行政法队伍教育整顿第三次座谈会，市领导程瑞琴、陈刚参加会议。

△ 市市域治理现代化指挥中心举行“向人民汇报”专题活动，市领导顾留忠、陈万圣、冒平参加活动。

△ 市人大常委会党组及机关举行习近平总书记“七一”重要讲话精神专题学习会，市人大常委会主任司祝建，副主任陈万圣、张勇、钱志刚参加会议。

10日 市委书记何益军主持召开市委常委会会议，传达学习中共江苏省委办公厅《关于深入开展党史、新中国史、改革开放史、社会主义发展史宣传教育实施意见的通知》文件精神，听取2021年上半年全面从严治党情况汇报，讨论《全市产业投资母基金、科创基金设立方案》等议题。

△ 如皋市举行宣传思想文化系统学习贯彻习近平总书记“七一”重要讲话精神会议。市委常委、宣传部部长，市委党史学习教育领导小组副组长、办公室主任高峰出席会议。

11日 如皋经济技术开发区召开领导干部会议，宣读省委、南通市委关于如皋经济技术开发区党工委书记的任职决定。经省委批准，何益军任如皋经济技术开发区党工委书记。南通市委组织部常务副部长陆国强出席会议并讲话。如皋市委书记何益军，市委常委、组织部部长朱莹滢参加会议。

△ 南通市卫健委党组书记、主任陈冬梅一行对如皋市新冠病毒疫苗接种点开展督查工作。

△ 根据气象资料分析，7月11日大气环流形势发生调整，如皋市出梅。梅雨期28天，略偏长（常年23天）。全市梅雨量146.3毫米（如皋港）~355.7毫米（柴湾）（常年梅雨量：如城214.5毫米），梅雨量偏多。

△ 央视新闻频道《24小时》栏目播出报道《陈慧：菜场里的女作家　用文字化解生活的不易》。陈慧，如皋籍作家，现居浙江。她是一名菜市场摊贩，同时也是当地出名的“菜场女作家”。著有《渡你的人，再久也会来》《世间的小儿女》。2021年5月公布的浙版月度好书榜单上，《世间的小儿女》榜上有名。

12日 在通省人大代表第三小组实地走访江苏卓远半导体有限公司、江苏神马电力股份有限公司等处，调研如皋市经济社会发展情况。市委书记何益军，市人大常委会主任司祝建参加调研。

△ 江苏城市频道《德行天下》栏目特别节目《文明实践让城市更文明》聚集如皋，市委书记、市新时代文明实践中心主任何益军作为嘉宾接受专访，分享新时代文明实践中心建设的如皋路径。市委常委、宣传部部长、市新时代文明实践中心办公室主任高峰参加活动。

△ 市委副书记、市长王鸣昊率队先后到奥体中心接种点、东陈镇卫生院丁北分院接种点、江安镇卫生院接种点和搬经镇接种点等处，调研如皋市新冠疫苗接种工作，慰问一线医务人员。副市长张亚鸾参加活动。

△ 市工商业联合会（总商会）和市花木盆景产业联合会联合组织开展《民法典》宣讲活动。市委常委、统战部部长、市政协党组副书记缪爱诚参加活动。

13日 如皋市举行第十三次党代会调研成果汇报会。市委书记何益军主持汇报会，市领导王鸣昊、丁兴华、陈鸣华、顾留忠、顾凡参加会议。

△ 市委副书记、市长王鸣昊调研如皋市人民法院特色亮点工作。市委常委、政法委书记程瑞琴参加活动。

△ 市级机关党史知识竞赛决赛在市文化馆举行，市委常委、组织部部长、市委市级机关工委书记朱莹滢参加活动。

△ 如城街道滨溪社区党总支、筹备委员会正式揭牌成立，这标志着如城街道又增添一新社区。活动中，副市长张百璘、如皋工业园区党工委书记崔建村为如城街道滨溪社区党总支揭牌；市委组织部副部长、“两新”组织党工委书记陈实，如城街道党工委书记储开平为如城街道滨溪社区筹备委员会揭牌。

△ 省教育厅基础教育处副处长、通州区人民政府副区长、通州区科技镇长团团长殷雅竹率通州区教育考察团参观如皋经济技术开发区实验初中、如皋市李渔小学，调研如皋教育改革发展举措。如皋市人民政府副市长张亚鸾出席活动。

14日 市委书记何益军带队赴省科技厅专题汇报省级农业高新技术产业示范区申建工作。省科技厅党组书记、厅长王秦，南通市科技局局长赵玉峰，如皋市领导陈鸣华、顾凡参加汇报会。

△ 市委书记何益军带领市科创办、国家农业科技园区核心区等相关单位负责人到江南大学进行考察，并就对接、引进、转化江南大学食品专业创新资源，助推如皋市省级农业高新技术产业示范区创建等相关事宜进行协商。市委常委陈鸣华、副市长顾凡参加活动。

△ 省纪委监委派驻省教育厅纪检监察组组长李文飙等省教育厅领导一行到如皋调研。座谈会上，李文飙一行观看反映如皋教育近年来改革发展情况的专题片《使命成就荣光》，听取江苏省白蒲高级中学工作汇报，对如皋教育给予高度评价。南通市委教育工委书记、市教育局局长郭毅浩及市教育局相关负责人，如皋市领导王鸣昊、张亚鸾等陪同调研。

15日 市委常委陈鸣华、副市长顾凡带队赴上海嘉定新城考察推进如皋离岸孵化器建设工作。

△ 市人大常委会开展“规范城区养犬”重要建议推进督办会。市人大常委会副主任陈万圣，市政府党组成员、市委政法委副书记、市公安局党委书记陈刚出席会议。

△ 如皋市召开城市书房、农家书屋建设现场推进会，市政协副主席刘晓洁出席会议。

16日 如皋市召开省级农业高新技术产业示范区创建动员大会，对省级农业高新技术产业示范区创建工作做动员和部署。江苏省生产力促进中心农村科技服务中心主任高凯，南通市科技局局长赵玉峰，如皋市领导何益军、王鸣昊、司祝建、陈鸣华、钱志刚、顾凡、郑振明参加会议。

△ 市委书记何益军主持召开市第十三次党代会调研成果汇报会，进一步完善如皋市“十四五”时期的发展定位、主要目标、总体思路、工作举措和保障措施，迎接如皋市党代会的召开。市领导王鸣昊、丁兴华、高峰、陈鸣华、顾留忠、顾凡出席会议。

△ 市人大常委会主任司祝建带队实地走访通皋大道、盐通铁路如皋南站、紫光路北延项目等处，调研如皋市交通运输工作。

△ 南通市科技局局长赵玉峰率队深入如皋高新区调研科技创新型企业，副市长顾凡，市科技局、高新区相关负责人陪同调研。

△ 江苏省如皋中学在长江镇青少年素质教育实践基地举行2021级高一新生军训成果汇报会。市委常委、市人武部部长夏淼，副市长张亚鸾出席活动。

17日 全市食品安全委员会全体(扩大)会议举行，市委常委、常务副市长顾留忠，副市长顾凡参加会议。

19日 如皋经济技术开发区召开领导干部会议。市委常委、组织部部长朱莹滢主持会议并宣读干部调整有关安排。南通市委决定，由丁兴华兼任如皋经济技术开发区党工委副书记(主持党工委日常工作)。市委书记、如皋经济技术开发区党工委书记何益军，市委副书记丁兴华出席会议。

△ 市委书记、如皋经济技术开发区党工委书记何益军主持召开经济技术开发区党工委领导班子成员会议暨重点工作推进会，听取并研究开发区招商引资、重大项目推进、城市建设、财政收入、国企改革等重点工作。何益军和市委副书记、如皋经济技术开发区党工委副书记丁兴华分别对各项重点工作进行全面安排部署、提出明确要求。市委常委、常务副市长顾留忠及相关市级机关部门负责人列席会议。

△ 市委副书记、市长王鸣昊带领相关部门负责人，实地走访北沿江高铁如皋西站、江苏友恒新材料有限公司、江苏中兆基信集团家居生活馆、江苏江中集团等处，对吴窑镇经济社会发展情况进行专题调研。

△ 南通市沿江沿海生态景观带建设领导小组执行副组长陈勇到如皋调研沿江生态景观带建设情况。市委副书记、市长王鸣昊，市政府党组成员、副市长人选吴海军参加调研。

△ 如皋市举行新冠病毒疫苗接种工作推进会，总结前一阶段相关工作，分析存在的问题和短板，对下一阶段重点工作进行部署。市委副书记、市长王鸣昊，副市长张亚鸾出席会议。

△ 如皋市信访干部培训班在市委党校开班。市政府党组成员、政法委副书记、公安局党委书记陈刚出席开班典礼并做动员讲话，全市40名信访干部参加培训。

△ 2021年度如皋市妇女干部能力提升培训班在市委党校开班。市委常委、组织部部长朱莹滢，市妇联主席李晓红等出席开班典礼。

20日 市委书记何益军主持召开市委常委会会议，传达上级国安委会议精神，讨论《关于加强新时代全市国家安全工作的实施意见》、《市委国家安全委员会2021年工作要点》、中国共产党如皋市第十三次代表大会工作方案等议题，听取关于主功能区省级以上科技孵化器创建工作、全市重点信访矛盾化解工作等市委大督查事项后续推进情况的汇报。

△ 山西省阳泉市郊区区委书记王晓丽率队到如皋，参观城北街道平园池村、袁桥社区以及如城街道孔庙社区、顾庄社区、花木大世界(如皋)国际园艺城等处，考察如皋市社会基层治理、乡村振兴等工作。市领导王鸣昊、张百璘、吴海军参加活动。

△ 市人大常委会主任司祝建率队先后到威格(江苏)电气设备有限公司和南通斯密特森光电科技有限公司,专题调研高端成套设备及关键零部件产业链建设情况。市委常委、市纪委书记、市监委会主任秦金春参加活动。

△ 南通市司法局局长朱志强带队到如皋,实地参观长江生态检察公益林、长江生态修复基地、长江镇二百亩社区法治文化园、如皋市生态环保法治教育区等处,调研长江法治文化景观带建设工作。市委常委、政法委书记程瑞琴参加活动。

△ 江苏省疫情防控工作领导小组暨涉外联防联控指挥部召开紧急电视电话会议,市领导王鸣昊、顾凡在如皋分会场收听收看会议实况,并就贯彻落实省电视电话会议精神提出要求。

21日 市委副书记、市长王鸣昊主持召开十七届市政府第七十次常务会议。会议传达学习省委书记、省人大常委会主任娄勤俭对苏州市吴江区四季开源酒店辅房坍塌事故批示和7月16日省委常委会精神,听取上半年全市安全生产工作情况汇报;传达江苏省疫情防控工作领导小组暨涉外联防联控指挥部紧急电视电话会议精神,部署如皋市当前疫情防控工作。

22日 如皋市举行2021年市政府民生实事项目现场推进会,市领导王鸣昊、顾留忠、陈万圣、黄文斌、张亚鸾、吴海军、陈刚、冒平参加会议。

△ 省政府召开全省防汛抗旱指挥部、疫情防控工作领导小组暨涉外联防联控指挥部视频调度会议。市领导王鸣昊、张亚鸾、吴海军、顾凡在如皋分会场参加收听收看。

△ 市人大常委会主任司祝建、副主任钱志刚,副市长张百璘率队赴福建走访慰问驻如皋部队官兵,实地了解部队官兵日常学习生活情况,并送上慰问物资。

23日 市委书记、如皋经济技术开发区党工委书记何益军率队到相关水利枢纽和沿江堤防,实地检查防汛防台工作。市委常委、常务副市长顾留忠参加检查。

△ 如皋市举行城市建设大会战现场推进暨第6号台风“烟花”防御工作会议,市领导王鸣昊、程瑞琴、黄文斌参加会议。

24日 市委书记、如皋经济技术开发区党工委书记何益军主持召开市委全委会,听取市第十三次党代会议程、日程安排的建议;讨论提交市第十三次党代会的市委、市纪委工作报告、党费收缴使用管理情况报告;讨论通过十三届市委委员、市委候补委员、市纪委委员候选人预备人选名单;会议还听取市第十三次党代会代表产生和代表资格初审情况、市第十二次党代会代表资格终止和停止人员情况的报告;票决通过出席南通市第十三次党代会代表候选人预备人选名单,根据表决结果,丁峰等67人确定为如皋市出席南通市第十三次党代会代表候选人预备人选。

△ 如皋市举行座谈会,就中国共产党如皋市第十三次代表大会报告(征求意见稿),征求老领导意见。市委书记、如皋经济技术开发区党工委书记何益军,市委副书记、如皋经济技术开发区党工委副书记丁兴华出席会议。

△ 市委书记、如皋经济技术开发区党工委书记何益军主持召开市委常委会会议,传达学习习近平总书记关于防汛救灾工作重要指示、省防汛抗旱指挥部视频调度会议精神和国务院领导关于疫情防控工作的重要批示精神以及省委、省政府疫情防控工作有关会议精神,研究部署如皋市贯彻落实工作;会议听取中国共产党如皋市第十三次代表大会筹备工作情况汇报,讨论提交中国共产党如皋市第十三次代表大会市委、市纪委工作报告。会议还讨论其他议题。

△ 市委副书记、市长王鸣昊以“四不两直”方式,督查如皋市常态化疫情防控工作。市领导黄文斌、张亚鸾、顾凡参加活动。

△ 如皋市召开打击内河非法采砂(取土)专题工作会议,市政府党组成员、副市长人选吴海军出席会议。

25日 市领导何益军、吴海军实地走访中铁山桥码头和长青沙西南缘险工险段,落实全市防汛防台风相关措施情况。

△ 如皋市组织收听收看江苏省、南通市召开的防御台风"烟花"视频调度会议。就防汛防台风相关措施落实情况,如皋市召开续会。市领导王鸣昊、顾留忠现场听取市水务局、市住建局、市农业农村局等相关部门及长江镇、如城街道、城南街道等镇(区、街道)相关负责人对防汛防台风工作准备情况的汇报,市委副书记、市长王鸣昊就防汛防台风工作提出具体要求。

△ 如皋市人民医院和市中医院40名医护人员驰援南京浦口。

26日 市委书记、如皋经济技术开发区党工委书记何益军带队深入九华镇、下原镇,调研重点工作推进情况。市委常委、宣传部部长高峰参加活动。

△ 市第十七届人大常委会第三十九次会议召开。会议听取关于提请人事任免事项的报告,被提请任命的人员分别围绕本职工作、廉洁自律情况和任职后的打算作表决前的供职发言;会议审议并表决通过相关人事任免事项,司祝建为新任命人员颁发任命书,新任职人员进行宪法宣誓。

△ 如皋市举行经济运行分析会,研判当前经济形势,分析上半年短板弱项,全力推进下半年经济高质量发展。市领导王鸣昊、顾留忠、陈鸣华、黄文斌、张亚鸾、张百璘、顾凡、刘栩参加会议。

△ 如皋市组织收听收看省防指传达贯彻国务院会议精神暨台风"烟花"防御视频会议。市领导王鸣昊、顾留忠、吴海军参加收听收看。

△ 市人大常委会主任司祝建,副主任陈万圣、张勇、钱志刚以普通党员身份参加组织生活会,带头开展批评与自我批评。

△ 如皋市防汛防旱指挥部举行防御台风"烟花"指挥会议,对防汛防台风工作进行再部署。副市长吴海军参加会议。

27日 市第十三次党代会在市行政中心礼堂召开预备会议,何益军主持会议。

△ 市第十三次党代会主席团第一次会议召开,何益军主持会议。会议通过主席团常务委员会委员和大会执行主席分工名单;朱莹滢作代表资格的审查报告和党费收缴使用管理情况报告,并审查通过;会议通过代表团正副团长名单、大会副秘书长名单和大会秘书处工作机构人员名单;会议通报列席人员和嘉宾名单,通过大会议程和日程安排。

△ 中国共产党如皋市第十三次代表大会举行代表团临时召集人会议。何益军介绍市第十三次党代会筹备工作情况,布置各代表团酝酿相关人员建议名单以及讨论大会议程、日程安排(草案)、代表编团等工作。

△ 市第十三次党代会代表资格审查委员会召开会议,对应出席此次大会的397名党代表资格进行审查。

△ 如皋市疾控中心5名流调员作为南通援宁流调一组第2小组成员,跟随南通援宁流调队赶赴南京,投入初筛阳性病例的流行病学调查工作中。

△ 鉴于"烟花"台风对如皋市的影响减弱,如皋市气象台2021年7月26日21时59分将台风橙色预警信号变更为台风黄色预警信号。市防指经会商决定,自7月27日9时30分起,将如皋市防台风Ⅱ级应急响应变更为Ⅲ级应急响应。

28日 中国共产党如皋市第十三次代表大会在市行政中心礼堂开幕。王鸣昊主持大会，何益军代表中国共产党如皋市第十二届委员会作题为《勇担新使命　砥砺再出发　奋力谱写如皋现代化建设新篇章》的报告，大会对中国共产党如皋市第十二届纪律检查委员会工作报告审议。

△ 何益军以党代表的身份参加第一代表团、第二代表团、第三代表团和第四代表团的审议，与大家一同讨论市委工作报告和市纪委工作报告。王鸣昊参加第二代表团审议，丁兴华、顾留忠参加第一代表团审议，陈鸣华、顾凡参加第四代表团审议。

△ 市第十三次党代会第二次全体会议在市行政中心礼堂举行。大会由何益军主持。会上，朱莹滢宣读《中国共产党如皋市第十三次代表大会选举办法(草案)》。何益军作关于选举工作的讲话。

△ 中国共产党如皋市第十三次代表大会主席团第二次会议举行，何益军主持会议。会议听取各代表团关于市委工作报告、市纪委工作报告审议情况的汇报，举手表决通过大会选举办法(草案)，审议并通过十三届市委委员、候补委员、市纪委委员、出席南通市第十三次党代会代表候选人预备人选名单。

29日 中国共产党如皋市第十三次代表大会在市行政中心礼堂胜利闭幕。何益军主持大会。大会一致通过《中国共产党如皋市第十三次代表大会关于中国共产党如皋市第十二届委员会报告的决议(草案)》和《中国共产党如皋市第十三次代表大会关于中国共产党如皋市第十二届纪律检查委员会工作报告的决议(草案)》。

△ 中国共产党如皋市第十三届委员会召开第一次全体会议。何益军主持会议并作重要讲话。会议举手表决通过《中国共产党如皋市第十三届委员会第一次全体会议选举办法(草案)》，选举产生中国共产党如皋市第十三届委员会常务委员会委员和书记、副书记，表决通过中国共产党如皋市第十三届纪律检查委员会第一次全体会议选举结果的报告。

△ 中共如皋市第十三届纪律检查委员会召开第一次全体会议，选举产生市纪委书记、副书记、常委。

△ 市第十三次党代会主席团常务委员会会议召开。何益军主持会议。会议听取各代表团讨论酝酿第十三届市委委员、候补委员、市纪委委员及出席南通市第十三次党代会代表候选人名单的情况汇报，并以举手表决的方式初步确定第十三届市委委员、候补委员、市纪委委员及出席南通市党代会代表候选人名单。

△ 中国共产党如皋市第十三次代表大会主席团第三次会议举行。会议由何益军主持。会议听取各代表团对选举办法(草案)和两个报告决议(草案)讨论情况的汇报，以举手表决的方式，一致通过选举办法(草案)；会议通报各代表团对第十三届市委委员、候补委员、市纪委委员及出席南通市第十三次党代会代表候选人名单讨论酝酿的情况，讨论确定第十三届市委委员、候补委员、市纪委委员以及出席南通市第十三次党代会代表候选人名单，通过选举工作人员名单。

△ 市第十三次党代会召开第三次全体会议，选举产生中国共产党如皋市第十三届委员会、中国共产党如皋市纪律检查委员会和出席中共南通市第十三次代表大会的代表。

△ 市第十三次党代会第三次全体会议召开期间，举行主席团第四次会议，听取大会总监票人选举记票结果的报告，以举手表决的方式确定第十三届市委候补委员候选人名单，推选何益军为第十三届市委第一次全体会议召集人，秦金春为第十三届市纪委第一次全体会议召集人。

30日 全市项目建设会办会举行，聚焦重特大项目建设，现场解决项目“肠梗阻”，全力推动项目尽快实质性开工、尽快建成投产、尽快达产达效。市领导何益军、王鸣昊、丁兴华、顾留忠、陈鸣华、卢志敏、顾凡参加会议。

△ 如皋市举行疫情防控工作调度会，传达上级相关会议精神，严格落实上级决策部署，对下一阶段疫情防控重点工作进行再动员、再部署。市领导何益军、王鸣昊、顾留忠、卢志敏、黄文斌、张亚鸾、顾凡、陈刚参加会议。

△ 市委办党支部第一党小组召开党史学习教育专题组织生活会。市委书记、如皋经济技术开发区党工委书记何益军，市委常委陈鸣华以普通党员身份参加会议。

△ 市委副书记、市长王鸣昊率队走访慰问市军休所、人武部、消防救援大队、武警中队等处，送上节日的问候和祝福。市领导张百璘、刘晓洁参加活动。

△ 市委副书记、市长王鸣昊到市人民医院征兵体检现场，检查征兵体检工作。市领导夏森、张百璘参加活动。

△ 市委政法委举行全体委员会议，深入学习贯彻习近平总书记在庆祝中国共产党成立100周年大会上的重要讲话精神，传达学习市第十三次党代会精神，总结回顾上半年政法、信访重点工作，安排部署下半年工作，研究全面从严管党治警落实情况。市委常委、政法委书记程瑞琴，副市长、市公安局局长陈刚参加会议。

31日 市委书记、如皋经济技术开发区党工委书记何益军率队走访慰问空军驻如皋部队，代表市委、市政府向他们致以节日的问候。市领导程瑞琴、夏森、陈万圣参加活动。

△ 市委宣传部举行专题会议，研究学习宣传贯彻市第十三次党代会精神。市委常委、宣传部部长高峰参加会议并讲话。

△ 市委常委、市纪委书记、市监委会主任秦金春带队，采取“四不两直”的方式实地走访吴窑镇卫生院、疫苗集中接种点、农贸市场、星联万家商场、家家乐超市及钱庄、四房、黄石三个社区，对吴窑镇疫情防控工作落实情况进行督查。

2021 年 8 月

1日 南通市委书记王晖主持召开南通疫情防控工作视频调度会，对南通市疫情防控工作进行再部署、再落实。如皋市领导何益军、王鸣昊、顾留忠、卢志敏、黄文斌、张亚鸾、顾凡、陈刚在如皋市分会场收听收看。

△ 经江苏省人民政府同意，从 2021 年 8 月 1 日起调整全省最低工资标准。月最低工资标准：一类地区 2280 元，二类地区 2070 元，三类地区 1840 元。非全日制用工小时最低工资标准：一类地区 22 元，二类地区 20 元，三类地区 18 元。如皋市最低工资标准为 2070 元/月，非全日制用工最低工资标准为 20 元/小时。

3日 市委书记、如皋经济技术开发区党工委书记何益军主持召开市委常委会会议，传达学习习近平总书记在中央政治局第三十一次集体学习时的重要讲话精神，研究讨论如皋市生态环境保护责任清单、《关于进一步优化科技创新体制组建市科技创新委员会的实施方案》等议题。

△ 市委召开市委常委会会议暨市委应对疫情工作领导小组会议，传达省委常委会会议暨省委应对疫情工作领导小组会议精神和南通市委常委会会议暨南通市委应对疫情工作领导小组会议精神，听取如皋市当前疫情防控工作情况汇报，研究部署下一阶段工作。市委书记、如皋经济技术开发区党工委书记何益军主持会议。

△ 市委常委、政法委书记程瑞琴带队调研如皋市行政复议与应诉工作，听取行政复议与应诉工作、行政复议体制改革试点工作以及当前机构设置、人员配备、硬件设施建设等情况汇报，并就当前行政复议与应诉工作中存在的问题进行交流。副市长、市公安局局长陈刚参加调研。

△ 副市长顾凡带领市卫健委、商务局、市场监督管理局等相关部门负责人实地检查大润发、家家乐超市宝利店、西皋市场、红星市场、富皋新生市场和万达广场，检查城区部分市场和商场的疫情防控工作。

△ 如皋市疾控中心新 PCR 实验室正式投入使用。

△ 如皋市残联召开残疾人证专项清理工作推进会。如皋市纪委派驻市残联纪检组组长陈建应邀参会并讲话。

4日 市委书记、如皋经济技术开发区党工委书记何益军带领市委办、发改委、公安局、民政局、商务局、卫健委、市场监管局等部门负责人，先后到城北市场及附近药店、上海嘉苑、如皋博爱医院、南通荣威娱乐用品有限公司、城北街道新冠疫苗集中接种点、城北街道敬老院等点位，以“四不两直”方式，督查如皋经济技术开发区（城北街道）疫情防控工作开展情况。市委副书记、如皋经济技术开发区党工委副书记丁兴华参加督查。

△ 市委书记、如皋经济技术开发区党工委书记何益军率队实地走访市司法局、如城司法所，督导市司法局队伍教育整顿“回头看”工作。市委常委、政法委书记程瑞琴参加活动。

△ 市委副书记、市长王鸣昊带领政府办、市委大督查办、发改委、卫健委、公安局、交通局等部门，实地查看格林豪泰酒店集中医学观察点，如城街道疫情防控指挥部，如城街道陆桥社区、秀水社区、宏坝社区，江苏九鼎新材料股份有限公司，东陈高速交通卡口等处。以“四不两直”方式，督查疫情防控工

作。副市长黄文斌参加督查。

△ 市委副书记、市长王鸣昊率队到下原镇，为荣立二等功的现役军人洪益军家庭送去喜报。市领导夏森、张百璘参加活动。

△ 全国疫情防控工作电视电话会议召开，省政府召开续会对近期疫情防控工作进行部署。如皋市领导王鸣昊、黄文斌、张亚鸾、顾凡、陈刚在如皋分会场收听收看。

△ 由赛迪顾问县域经济研究中心编制的《2021 中国县域经济百强研究》正式发布，如皋位列 2021 年赛迪百强县排行榜第 22 名。

4—5 日

市第十七届人大常委会第四十次会议举行。会上，市委副书记、市长王鸣昊向市人大常委会提请任命陈鸣华为如皋市人民政府副市长。司祝建为新任职人员颁发任命书，新任职人员进行宪法宣誓。会议听取和审议市政府关于办理《关于加快推进镇卫生院与村卫生室一体化建设的建议》情况的报告，关于办理《关于规范城区养犬管理的建议》情况的报告，关于市十七届人大五次会议议案办理和相关决议落实情况、2020 年相关重点建议办理情况、2021 年上半年国民经济和社会发展计划执行情况、2021 年上半年财政预算执行情况、2020 年度市级预算执行和其他财政收支的审计工作、实施《江苏省农村公路条例》情况等专项工作报告；会议听取和审议市人大常委会执法检查组关于检查《中华人民共和国农产品质量安全法》实施情况的报告、市人民法院关于落实破产审判工作审议意见情况的报告、市人民检察院关于适用认罪认罚从宽制度情况的报告，并进行满意度测评；对《如皋市人大常委会关于批准 2020 年市级财政决算的决议（草案）》和《如皋市人大常委会关于进一步加强审计查出问题整改情况监督的办法（草案）》进行表决；会议还讨论其他议题。

5 日

国家税务总局南通市税务局与如皋市人民政府举行战略合作签约仪式。市委书记何益军，南通市税务局党委书记、局长、督办佘元原，市委副书记、市长王鸣昊，南通市税务局党委委员、副局长刘红梅，市委常委、常务副市长顾留忠等出席签约仪式。

△ 市委书记、如皋经济技术开发区党工委书记何益军主持召开如皋经济技术开发区党工委专题民主生活会。市委副书记、如皋经济技术开发区党工委副书记丁兴华参加会议。

△ 市委副书记、市长王鸣昊带队先后到志颐小学、如皋初中新校区、仙鹤幼儿园、如皋中学品质提升工程、如师二附、新城高中、新城幼儿园等项目现场，督查城区教育重点工程项目。副市长黄文斌、张亚鸾参加活动。

△ 市委常委、宣传部部长高峰率队到如城街道秀水社区督查疫情防控工作，并向疫情防控志愿者赠送防疫物资。

△ 市委常委、组织部部长、统战部部长朱莹滢赴定慧寺、药王庙、灵威观，以“四不两直”方式检查宗教场所疫情防控和安全工作。

6 日

市委副书记、市长王鸣昊主持召开新冠病毒全员核酸检测动员部署会，就全市新冠病毒全员核酸检测工作进行部署。市领导黄文斌、张亚鸾、顾凡、陈刚参加会议。

△ 市委统战部举行专题会议，学习贯彻市第十三次党代会精神，谋划部署下半年统战工作。市委常委、组织部部长、统战部部长朱莹滢出席会议。

7 日

市委书记何益军率队先后到如城街道宏坝社区江中世纪城东大门采样点、孔庙社区集贤里广场采样点和仙鹤社区东郡丽水采样点，督查全员核酸检测工作。副市长、市公安局局长陈刚参加活动。

△ 市委副书记、市长王鸣昊带队到如皋软件园，如城街道秀水社区、安定社区，城北街道鹿门社

区、南通荣威娱乐用品有限公司，东陈镇尚书村等检测点，督查如皋市核酸检测及疫情防控工作。王鸣昊一行还到东陈高速交通卡口、S28启扬高速雪岸道口，慰问一线查控的公安、交通、卫健等部门工作人员，检查卡口查控措施落实工作。副市长张亚鸾、陈刚参加督查。

△ 市委副书记、市长、市新时代文明实践志愿服务总队长王鸣昊带队参加“‘疫’线有你 服务有我”主题实践活动，先后到高新区（城南街道）建设社区城南花苑核酸检测采集点、如城街道城南社区海宁鑫城核酸检测采集点和城北街道柴湾小区核酸检测采集点，看望慰问奋战在全员核酸检测一线的医务工作者和保障人员，并送上防暑降温慰问品。市领导丁兴华、高峰参加活动。

7—8日

市新冠肺炎疫情防控指挥部于2021年8月7—8日在全市范围内组织开展全员核酸检测。全市共采集核酸样本120.64万份，截至8月10日10时，样本检测全部完成，结果均为阴性。

9日

市委书记何益军主持召开市委常委会会议，研究讨论市委常委分工安排方案和市四套班子领导、“法检”两长挂钩联系镇（区、街道）方案。

△ 市委书记何益军率队先后到如皋市进口冷链食品集中监管仓、集中隔离点世家风尚酒店和长江镇水运口岸南通瑞泰船务工程有限公司、森松（江苏）重工有限公司、如皋港务集团有限公司中林码头、南通阳鸿石化储运有限公司等处，督查涉外疫情防控工作。市领导卢志敏、张亚鸾参加活动。

△ 市委书记、市政法队伍教育整顿领导小组组长何益军率队实地走访市人民法院、市人民检察院和市公安局等处，调研督导政法队伍教育整顿“回头看”工作。市委常委、政法委书记程瑞琴，副市长、市公安局局长陈刚参加活动。

△ 副市长顾凡、市政府党组成员刘栩带领市商务局、市场监督管理局等相关部门负责人实地检查高新区（城南街道）益丰大药房、俞氏草堂大药房、农商银行、品德超市、杨花桥村等地，检查高新区（城南街道）疫情防控工作。

10日

市委理论学习中心组集中学习会召开，深入学习习近平总书记“七一”重要讲话精神和关于安全生产重要论述精神，集体观看学习电视专题片《生命重于泰山——学习习近平总书记关于安全生产重要论述》。何益军、王鸣昊、司祝建、张元健、丁兴华等市委理论学习中心组成员参加学习会。

11日

如皋市举行科技人才洽谈会组委会第二次会议，相关职能部门负责人和四大主功能区负责人分别汇报2021年科技人才洽谈会组委会第一次会议以来的各项活动筹备推进情况和产业项目签约情况。市委副书记、市长王鸣昊，市委常委、副市长、市科技创新委员会办公室党组书记陈鸣华参加会议。

△ 南通市政法队伍教育整顿“回头看”工作调研督导组到如皋，实地调研市人民法院开发区人民法庭、经济技术开发区司法所、经济技术开发区派出所、市人民法院诉讼服务中心、市检察机关检务服务窗口，对如皋市政法队伍教育整顿进展情况进行督导检查。市委常委、政法委书记、市政法队伍教育整顿领导小组办公室主任程瑞琴参加活动。

12日

如皋市举行市委人才工作领导小组（扩大）会议，对2020年及2021年上半年全市人才工作情况进行总结，并对《如皋市“十四五”人才发展规划》和《2021年全市人才工作要点》进行说明。市领导何益军、王鸣昊、顾留忠、朱莹滢、陈鸣华、卢志敏参加会议。

△ 市人大常委会主任司祝建率队先后到南通星球石墨股份有限公司和江苏永大化工机械有限

公司，专题调研高端成套设备及关键零部件产业链建设情况。市委常委、市纪委书记、市监委主任秦金春参加活动。

△ 如皋市委退役军人事务工作领导小组会议召开，市委书记、市委退役军人事务工作领导小组组长何益军出席会议并讲话。市领导王鸣昊、程瑞琴、夏森、张百璘、陈刚出席会议。

13日 市委书记何益军主持召开市委常委会会议，传达习近平总书记、李克强总理关于当前疫情防控工作的重要指示批示精神和国家、江苏省疫情防控工作会议精神，听取如皋市疫情防控工作情况汇报，研究下一阶段疫情防控工作和如皋市出席省第十四次党代会代表候选人推荐人选名单。

△ 中国共产党如皋市第十三届委员会召开第二次全体会议。会上，市委常委、组织部部长、统战部部长朱莹滢就如皋市酝酿提名省第十四次党代表大会代表候选人推荐人选的相关情况作说明；会议以举手表决的方式，一致通过出席省第十四次党代会代表候选人推荐人选名单。市委书记何益军主持会议。

△ 南通市人大常委会副主任葛玉琴和南通市政协副主席陈宋义率队到如皋，先后到如皋火车站、金九华府小区北大门、市人民医院等处，督导如皋市疫情防控工作。市委书记何益军、副市长张亚鸾参加活动。

△ 市委副书记、市长王鸣昊主持召开十七届市政府第七十一次常务会议，讨论《关于市政府领导同志工作分工调整的通知（送审稿）》，传达国务院、省和南通市关于疫情防控工作会议精神和南通市安委会全体（扩大）会议暨深化安全生产三年专项整治推进会精神以及上级关于既有建筑安全隐患排查整治专项行动方案精神，研究部署如皋市疫情防控工作，并对当前和今后一段时期全市安全生产工作和既有建筑安全隐患排查整治工作进行再部署。

△ 市委政法委举办主题为“敬业奉献勇担当、政法服务暖人心”的道德讲堂暨“情系政法、青春飞扬”主题活动。市委常委、政法委书记程瑞琴参加活动。

△ 40 名驰援南京的如皋医疗队队员圆满完成任务，平安返回如皋。

14日 市委副书记、市长王鸣昊带领市政府办、卫健委、公安局、消防救援大队等部门相关负责人实地查看市委党校、如城街道凯迪酒店、高新区云合酒店等集中隔离场所，督查集中隔离场所疫情防控措施落实情况。市领导卢志敏、张亚鸾、陈刚参加督查。

△ 在如皋南站担任现场防控 A 组组长的退伍军人陈光龙，在防疫一线栽倒，不幸逝世。

16日 南通市科学技术局局长赵玉峰率队到如皋日达智造（科技）如皋有限公司、江苏新瑞药业有限公司、江苏汤臣汽车零部件有限公司、南通辰同智能科技有限公司等处，调研如皋市科技创新工作。如皋市领导何益军、陈鸣华、卢志敏参加调研。

△ 市委书记、市委退役军人事务工作领导小组组长何益军带领相关领导及部门负责人到已故退役军人陈光龙家中吊唁，对其家人进行慰问。何益军表示，要充分学习宣传陈光龙忠诚担当、敬业奉献的优良品格，在夺取疫情防控和经济社会发展双胜利的大考中争作贡献。

△ 市委副书记、市长王鸣昊到市人民来访接待中心接访，面对面解群众诉求，倾听群众心声，协调处理群众反映的问题。市委常委、政法委书记程瑞琴参加活动。

△ 市委副书记丁兴华带队到东陈镇、白蒲镇实地督查推进高标准农田建设工作。

△ 市行政审批局市场准入科科长何勤在市政务大厅，向南通普泽大药房连锁有限公司育贤店颁发全市首张《行业综合许可证》。这张许可证，标志着如皋市“一业一证”改革全面开启，实现准入即准营。

17日 如皋市举行全市知识产权高质量发展推进会，通报全市上半年各镇（区、街道）知识产权相关指标完成情况，并对《关于在全市开展发明之星竞赛活动的通知》进行解读。市领导高峰、顾凡参加活动。

18日 如皋师范附属小学开发区校区（筹）开工仪式举行。如皋师范附属小学开发区校区项目位于经济技术开发区，计划于2022年6月份竣工，2022年9月1日正式投入使用。市领导何益军、王鸣昊、丁兴华、高峰、张亚鸾出席活动。

△ 市人大常委会主任司祝建带队调研如皋市交通产业集团国有资产管理及公司运营情况。市人大常委会副主任张勇参加活动。

△ 副市长顾凡率队实地参观枫盛汽车（江苏）有限公司、延康汽车零部件如皋有限公司和南通柏源汽车零部件有限公司等处，调研如皋市汽车及零部件产业重点企业。

19日 如皋市举行金融工作座谈会，总结2021年以来的金融运行情况，分析研判经济形势，安排部署下一步金融工作。市领导何益军、王鸣昊、顾留忠、刘栩参加会议。

△ 市委书记、市委网络安全和信息化委员会主任何益军主持召开市委网信委第三次会议，认真学习落实中央和省委网信委会议精神，研究部署下一阶段任务，并讨论审议《中共如皋市委网络安全和信息化委员会2021年工作要点》和《如皋市网络综合治理体系建设责任清单》。市领导王鸣昊、丁兴华、高峰、程瑞琴、顾留忠、朱莹滢、张亚鸾、陈刚参加会议。

20日 如皋市举行企业上市工作座谈会，交流前一阶段好的经验做法，研究下一步工作思路对策。市领导何益军、王鸣昊、顾留忠、陈鸣华、卢志敏参加会议。

△ 市委书记何益军，市委副书记、市长王鸣昊率队现场踏勘如皋市部分重点城建交通工程及搬迁地块。市领导丁兴华、卢志敏、黄文斌、吴海军参加活动。

△ 副市长顾凡率队调研如皋市汽车及零部件产业重点企业，实地参观南通海泰科特精密材料有限公司、南通沪达机械设备有限公司和江苏汤臣汽车零部件有限公司等处，了解企业发展历程、现状及战略发展规划，听取企业在积极提升自主研发能力、稳步开拓产品市场等方面取得的成绩。

△ 市政协副主席杜永红、刘晓洁带领部分市政协委员先后考察磨头镇、江安镇、长江镇居住河整治现场，并举行督导座谈会，就如皋市农村水环境治理情况进行现场督导。

21日 如皋市举行全市上半年高质量发展考核指标分析会，通报如皋市高质量发展考核指标总体情况、存在问题和下一步工作举措，相关牵头部门负责人围绕相关指标进行分析交流。市领导何益军、王鸣昊、丁兴华、高峰、程瑞琴、顾留忠、秦金春、朱莹滢、陈鸣华、黄文斌、张亚鸾、张百璘、吴海军、顾凡、陈刚参加会议。

△ 如皋市举行既有建筑安全隐患排查整治暨混凝土行业质量安全整治推进会，副市长黄文斌参加会议。

23日 市委书记何益军主持召开市委常委会会议，传达学习中办国办《关于遏制"两高"项目盲目发展的通知》精神和南通市委十二届十五次全会精神，听取2021年乡村振兴战略实绩考核半年评估反馈整改落实情况汇报，研究部署下半年工作。

△ 南通市网信干部队伍能力建设工作会议在如皋市举行，如皋市委书记、市委网络安全和信息化委员会主任何益军参加会议并在活动上致辞。会上，市委常委、宣传部部长高峰就如皋市网信工作中的经验做法进行交流发言。

△ 市委副书记、市长王鸣昊就如皋市项目建设情况进行专题调研。市领导顾留忠、陈鸣华参加活动。

△ 市委副书记、市长王鸣昊率队实地走访南通生光化工有限公司、南通金源催化剂有限公司、如皋市乐恒化工有限公司等处，调研如皋港化工新材料产业园整治提升工作。市领导顾留忠、陈鸣华、卢志敏参加活动。

△ 全市各镇（区、街道）和市级机关相关部门近 50 名领导干部参加旁听一起确认合同无效案件庭审活动。市政府党组成员刘栩全程参加旁听。

24 日 市委人大工作会议暨纪念如皋人大设立常委会 40 周年大会召开，总结成绩经验，部署工作任务，奋力开创新时代如皋人大工作新局面。何益军、王鸣昊、司祝建、张元健等市四套班子领导出席会议。

△ 如皋市召开双拥工作暨创建省级双拥模范城动员会议。会议通报 2017 年以来全市双拥工作情况，并就争创省双拥模范城“五连冠”的主要工作任务进行部署。市领导何益军、程瑞琴、夏淼、卢志敏、张百璘参加会议。

△ 市委书记何益军率队先后到大司马路与宁海路口小游园、南门桥市场、金地城邦商业街、东皋三组团等处，督查文明典范城市创建工作。市领导高峰、黄文斌、顾凡参加活动。

△ 如皋市举行民营经济代表人士综合评价工作会议，就全市民营经济代表人士综合评价工作进行动员部署。市委常委、组织部部长、统战部部长，市政协党组副书记朱莹滢参加活动。

25 日 如皋市举行优化营商环境工作分析推进会。市人大常委会主任司祝建，市委常委、常务副市长顾留忠，市人大常委会副主任张勇，市政府党组成员刘栩参加会议。

△ 南通市工商联主席陆建新一行 6 人到如皋开展“弘扬张謇企业家精神，唱响新时代通商品牌”调研。调研组先后走访江苏卓远半导体有限公司、南通斯密特森光电科技有限公司、南通荣威娱乐用品有限公司，专题召开民营企业家座谈会，就弘扬张謇企业家精神听取企业家意见建议。市政协副主席、市工商联主席杜永红参加活动。

26 日 如皋市举行离退休干部党建工作协调议事会，组织研讨《离退休干部党建工作协调议事会议制度（讨论稿）》，吸纳成员单位意见和建议。市委常委、组织部部长、统战部部长朱莹滢参加会议并就进一步做好离退休干部党建工作提出要求。

△ 南通市退役军人事务局党组书记、局长周海斌一行到如皋调研退役军人事务工作，实地查看指导白蒲镇、高新区退役军人服务站工作，并召开基层服务保障体系建设座谈会。副市长张百璘陪同。

△ 由省扶贫“三会”和碧桂园沪苏一对一帮扶基金联合举办的“心牵五载　爱在沪苏——碧桂园沪苏一对一帮扶基金 2021 年度助学万里行”如皋站发放仪式在如皋市华夏电影展示馆举行。活动中，与会领导为受助的 32 名学生代表颁发助学金。副市长张亚鸾参加活动。

27 日 南通市应急管理局与如皋市人民政府举行高质量安全发展合作签约仪式。南通市应急管理局党委书记、局长郃江森，南通市应急管理局党委委员、总工程师张欣及如皋市领导何益军、王鸣昊、顾留忠、陈鸣华出席签约仪式。

△ 如皋市举行新型电力装备产业链重点企业座谈会。座谈会上，相关企业和部门负责人就新型电力装备产业链发展情况和今后的发展方向进行交流，并提出意见建议。市委常委、宣传部部长高峰参加会议。

28日 张靖皋长江大桥前期工作调研座谈会在如皋市召开。会议听取设计单位、长江镇、市自然资源和规划局等单位就开工前有关工作情况的汇报，并就张靖皋长江大桥与沿江公路互通设置方案、大桥先行用地及搬迁等工作进行深入讨论。省交通运输厅党组成员，省交通工程建设局党组书记、局长蒋振雄，省铁路办二级巡视员、省交通工程建设局副局长缪玉玲，省交通工程建设局党组成员、副局长杨玉冬，南通市交通运输局党委书记、局长周建飞，如皋市领导何益军、王鸣昊、程瑞琴、黄文斌、杜永红参加会议。

△ 如皋市举行见义勇为主题文化园开园暨见义勇为"宣传周"活动启动仪式。如皋市见义勇为主题文化园2020年立项，2021年上半年开始实施，由义勇赞歌群雕区、雉水之花事迹展示区、见义勇为文化长廊等8个部分组成。市委常委、政法委书记程瑞琴，副市长、市公安局局长陈刚参加活动。

△ 由市委市级机关工委主办、市行政审批局机关党委承办的市级机关"永远跟党走，奋进新征程"道德讲堂举行。市委常委、组织部部长、统战部部长，市委市级机关工委书记朱莹滢参加活动并点评。

△ 如皋市"双减"工作动员部署会议在市行政中心召开。会议印发《关于进一步减轻义务教育阶段学生作业负担和校外培训负担的实施意见》，明确如皋市"双减"工作领导小组，厘清"双减"工作相关部门任务清单。市委常委、宣传部部长高峰，副市长张亚鸾等出席会议。

30日 如皋市—南通创新区沿江创新联动合作签约仪式在南通五洲皇冠酒店举行。南通市委副书记、南通创新区党工委书记沈雷，南通市副市长、南通创新区党工委副书记王晓斌，如皋市领导何益军、王鸣昊、丁兴华、陈鸣华、顾凡参加活动。

△ 南通市委常委、政法委书记姜永华率队到如皋，调研如皋市网格化服务管理工作。市领导何益军、程瑞琴、陈刚参加活动。

30—31日

如皋市召开项目建设月度观摩会，集中观摩部分镇（区、街道）项目建设现场，通过对项目建设情况的集中检阅，动员全市上下进一步大抓项目、抓好项目，以更大的决心和更大的力度推进项目建设。何益军、王鸣昊、司祝建、张元健、丁兴华等市四套班子领导参加会议。

8月，沿江公路如皋段、通州段大中修工程相继启动。沿江公路是356省道的组成部分，2007年建成，为干线一级公路，由于来往的重载大吨位车流量较大，道路坑槽、沉陷、松散、车辙较多，此前曾对病害部位进行过"打补丁"式的小修。此次大修如皋段约2.5公里，通州段约2.8公里，将对路况质量、标志标线、安保设施、沿线绿化进行综合提升，分别计划于9月底、10月底前完工。施工期间开放半幅路面双向通行。

△ 受南通市科技局委托，市科技局组织专家组对江苏思源赫兹互感器有限公司承担的"江苏省（思源赫兹）互感器工程技术研究中心"、江苏明德玩具股份有限公司承担的"江苏省（明德）塑胶新型地垫工程技术研究中心"进行验收。经质询、审查和讨论后，验收专家组一致认为2家省级工程技术研究中心圆满完成合同规定的建设任务，各项考核指标达到要求，部分指标超额完成，一致同意2家省级工程技术研究中心通过验收。

△ 市医疗保障局积极打造省级（以九华镇为试点）、市级（以东陈镇、江安镇、石庄镇为试点）"15分钟医保服务圈"建设，优化营商环境。

△ 总投资1.5亿元的拓丰健康科技食品项目落户如皋市江安镇。该项目占地30亩，建设厂房20244平方米，将购置全自动水果粉生产线、糖果类生产线、水果榨汁类生产线、全自动包装设备等生产设备159台（套）。项目主要以新鲜蔬菜、粮食、冷冻水果为原料，生产各种水果类造粒、功能糖类造粒、花粉、果蔬益生菌粉、果汁酵素粉等，竣工后预计年应税销售不低于2亿元，年综合税收900万元。

2021 年 9 月

1 日

如皋市召开政法队伍教育整顿总结大会，市领导何益军、程瑞琴、秦金春、朱莹滢、陈刚出席会议。

△ 如皋市举行政法队伍教育整顿汇报会，与会人员共同观看市政法队伍教育整顿专题片。市委常委、政法委书记、市政法队伍教育整顿领导小组副组长兼办公室主任程瑞琴汇报政法队伍教育整顿及重点工作推进落实情况，市公安局、市检察院、市人民法院、市司法局负责人分别就本单位教育整顿工作完成情况进行汇报。市领导司祝建、张元健等参加会议。

△ 江苏如皋港集团有限公司与阿里巴巴国际站南通本地服务商南通亿启网络科技有限公司就如皋跨境电商产业园跨境电商平台项目正式签约。南通亿启网络科技有限公司总经理赵垒，副总经理裴佳彪，如皋交通产业集团党委委员、副总经理、如皋港集团董事长陈然出席签约仪式，与中国保税区出口加工区协会副会长潘力共同参与见证。

1—2 日

如皋市举行镇、街道人大干部培训班。市领导司祝建、陈万圣、缪爱诚、张勇、钱志刚参加培训班结业仪式。

2 日

市委书记何益军主持召开市委常委会会议，传达学习习近平总书记在西藏考察时的重要讲话精神、省委十三届十次全会精神和南通市“双减”工作动员部署会精神，听取如皋市贯彻落实“双减”工作情况汇报。

△ 国家公共信用信息中心中经网总经理助理邓吉到如皋，参观如皋市爱心城市馆、搬经镇高明庄社区新时代文明实践站、花木大世界（如皋）国际园艺城等处，调研如皋市社会信用体系建设情况。市领导司祝建、高峰、刘栩参加活动。

△ 如皋市举行新冠肺炎疫情应急处置联合实战演练，市领导王鸣昊、黄文斌、张亚鸾、张百璘、顾凡、陈刚、刘栩参加活动。

△ 如皋市举行 2021 年“99 公益日”网络募捐工作会议，副市长张百璘出席会议。

△ 如皋市精神病防治医院加入国家二级公立医院绩效考核系统。

3 日

省委政法委副书记田洪率队到如皋，实地调研市市域治理现代化指挥中心、下原镇老坝村等处，详细了解如皋市基层社会治理工作。市领导王鸣昊、程瑞琴参加活动。

△ 如皋市举办援扬援宁医疗队员回如返岗欢迎仪式，庆祝首批 47 名援扬援宁医疗队员平安回如皋返岗。市委常委、宣传部部长高峰，副市长张亚鸾参加活动。

△ 南通市委理论学习中心组集中学习（扩大）会召开。会议邀请上海复旦大学卫生发展战略研究中心主任郝模教授，以《新冠疫情防控视角下的公共卫生体系建设》为题作专题辅导。司祝建、张元健、高峰、顾留忠、秦金春、朱莹滢等市四套班子领导在如皋市分会场收听收看会议。

△ 市人大常委会副主任陈万圣率队实地视察长江镇龙游湾生态景观带、长江镇二百亩社区法治文化阵地、搬经镇运河法治文化主题公园等处，调研全市“七五”普法规划实施情况，副市长、市公安局局长陈刚参加活动。

4日 如皋市委书记、如皋经济技术开发区党工委书记何益军，如皋市委副书记、如皋经济技术开发区党工委副书记、市委党校校长丁兴华，如皋市委常委、长江镇党委书记、如皋港工业园区党工委书记卢志敏带队考察北京泓慧国际能源技术发展有限公司，并见证签约磁悬浮飞轮储能制造基地项目。北京泓慧国际能源技术发展有限公司，是一家专门从事大功率真空磁悬浮飞轮储能产品研发、制造的高新技术企业。项目计划建设飞轮储能大规模制造基地，总投资20亿元，完全达产后可以实现飞轮储能设备年产能10万台(套)，实现年产值300亿元。

6日 市委书记何益军带队实地走访白蒲中学、如皋市第一中学、经济技术开发区实验初中、安定小学、东皋幼儿园等学校，调研全市教育工作并开展教师节慰问。市领导高峰、钱志刚、张亚鸾、严世斌参加活动。

△ 如皋市举行江苏省如皋第一中等专业学校(技工学校)揭牌仪式。市领导何益军、高峰、顾留忠、朱莹滢、卢志敏、钱志刚、张亚鸾、严世斌参加活动。

△ 全市道路交通安全委员会半年工作点评暨道路交通安全专题宣讲会召开，市领导王鸣昊、黄文斌、陈刚参加会议。王鸣昊对各板块、单位2021年上半年以来道路交通安全管理工作予以肯定，并就全市道路交通安全管理工作提出要求。

△ 市退役军人事务局在市行政中心第一会议室开展"红色先锋"授旗暨红色文化宣讲活动，活动宣布成立如皋市退役军人"红色先锋"三团志愿服务组织。副市长张百璘参加活动。

△ 江苏省人民政府研究决定，赋予中国(江苏)自由贸易试验区第二批省级管理事项30项，赋予开发区(自由贸易试验区联动创新发展区)省级管理事项14项。赋权区域严格按照明确的实施范围执行。这是江苏首次将省级权限赋予开发区，如皋经济技术开发区名列其中。

7日 省科技厅一级巡视员段雄带领专家组到如皋，实地调研江苏皋德食材有限公司、江苏和府餐饮管理有限公司、南通欧意姆制冷设备有限公司、江苏花名堂农业科技发展有限公司、农高区规划展示馆等处，就如皋市省级农业高新技术产业示范区创建进行评审。南通市副市长王晓斌，如皋市领导何益军、王鸣昊、陈鸣华参加活动。

△ 南通市政法重点工作暨市域社会治理现代化试点工作现场推进会召开，实地观摩如皋下原镇老坝村"网格驿站"示范点、党群服务中心，观看如皋市政法重点工作及市域社会治理现代化试点工作专题片《共奏"三治"融合交响乐》，并对如皋市政法工作及基层治理体系建设给予肯定。市委副书记、市长王鸣昊，市委常委、政法委书记程瑞琴，副市长、市公安局局长陈刚参加活动。

△ 如皋市举行深化镇村精神文明建设推进会，市委常委、宣传部部长高峰出席会议。

8日 省安委办主任，省应急管理厅党委书记、厅长宋乐伟率队到如皋调研安全生产工作。如皋市领导何益军、王鸣昊、顾留忠、卢志敏陪同调研。

△ 市委书记何益军率队先后到金鼎朗诗三期、人才公寓省考大气监测点、紫光路北延工程、朱树平码头、曙光电灌站断面等处，督查污染防治攻坚工作，市领导丁兴华、秦金春、吴海军参加活动。

△ 竞争力智库、中国经济导报社和北京中新城市规划设计研究院等机构在北京联合发布《中国乡镇综合竞争力报告2020》，同时揭晓2020中国百强镇、2020中国中部百强镇、2020中国西部百强镇名单。江苏如皋市长江镇位列第62位，相较于2019年，位次前移2名。

9日 省交通运输厅厅长陆永泉带领调研组到如皋，对如皋市农村物流、交邮融合等工作进行调研。南通市副市长王洪涛，如皋市领导王鸣昊、黄文斌参加活动。

△ 市委副书记、市长王鸣昊主持召开十七届市政府第七十二次常务会议，传达学习新修订的《中华人民共和国安全生产法》及《国务院安委办、应急管理部关于近期重大及典型事故情况的通报》精神、《国家自然资源督察南京局2021年江苏省耕地保护督察工作实施方案》和自然资源部卫片执法工作有关问题视频通报会精神、《省政府办公厅关于认真贯彻落实中央领导同志防汛抢险救灾工作中央指示精神全力以赴抓好防汛抗洪救灾工作的通知》，讨论《如皋市关于贯彻落实〈省安全生产第十一巡查组巡查南通反馈意见整改方案〉的实施方案（送审稿）》等议题。

△ 市委统战部举办第五期同心大讲堂，邀请市委宣讲团成员、全国基层理论宣讲先进个人、全国优秀党务工作者、市人大常委会党组成员、专职委员姚呈明作“荣耀与使命”专题讲座。市委常委、组织部部长、统战部部长朱莹滢，市政协副主席郑振明参加活动。

△ 市委常委、政法委书记程瑞琴，副市长、公安局局长陈刚实地踏勘高铁南站站前警务室业务用房建设项目现场，围绕警务室与铁路护路工作站一体化设计、建设、运行进行深入研究，并就项目设计思路、功能区布局、建设工期节点等明确具体要求。市委政法委、市交通局、富皋万泰集团有限公司、保安公司、高新技术开发区派出所相关负责人参加调研。

△ 如皋市举行“八五”普法规划暨规范性文件备案审查专题会议，市领导司祝建、陈万圣、陈刚参加活动。

△ 省委网信办二级巡视员杜家雷，南通市委宣传部副部长、网信办主任俞雷共同为如皋市“雉水e家”互联网党建活动室、“雉水e评”网络传播研习所、“如e净网”互联网违法和不良信息举报工作室揭牌。

△ 市委党史办编纂《中国共产党在如皋一百年大事记》，以事为点，串点成线，全书共计8万余字，重点记述中共如皋地方党组织1921年7月至2021年6月间的重大决策、重大活动、主要成就等。

10日 市委理论学习中心组集中学习会召开。会上，市委常委、常务副市长顾留忠领学新《中华人民共和国安全生产法》相关内容，市委书记何益军讲话要求全力推进新《中华人民共和国安全生产法》的贯彻落实，确保全市安全生产形势稳定。王鸣昊、司祝建、丁兴华等市委理论学习中心组成员参加学习会。

△ 何益军、王鸣昊、司祝建、丁兴华等市领导分别带领同组的党代表、人大代表、政协委员，走进挂钩联系村（社区），集中开展“两代表一委员”接待日“优化营商环境——我们的发展我参与”专题议政活动。

△ 全市高质量教育县域样板创建动员大会召开，对高质量教育县域样板创建工作进行部署。市领导何益军、王鸣昊、司祝建、张元健、丁兴华、顾留忠、钱志刚、张亚鸾、严世斌参加活动。

△ 海门区政协主席倪永平一行到如皋考察，参观如皋市沿江生态景观带建设现场等处。如皋市领导张元健、卢志敏参加活动。

△ 如皋市举行《唱响新时代教育“皋”歌》——第37个教师节庆祝大会。市人大常委会副主任钱志刚、副市长张亚鸾、市政协副主席严世斌出席活动。

11日 如皋市召开全市坚决打赢污染防治攻坚翻身仗暨突出生态环境问题“大排查、大整治”专项行动推进大会，回顾总结2021年以来污染防治攻坚各项工作，检视问题，剖析原因，进一步动员全市党员干部高质量完成全年目标任务。市领导何益军、司祝建、张元健、丁兴华、顾留忠、秦金春、陈万圣、吴海军、冒平参加会议。

△ 中国中小城市研究院在北京召开2021年中小城市发展指数研究课题座谈会，如皋市委副书记、市长王鸣昊受邀参会。

△ 全市国企改革三年行动工作推进会议举行。会上，市国资办负责人解读如皋市国企改革三年

行动实施方案的主要内容，并就下一阶段工作进行部署。市委常委、常务副市长顾留忠参加会议。

13日 市委书记何益军到市人民来访接待中心，与来访群众面对面交流，听取群众诉求和呼声，与相关部门负责人研究解决来访群众反映的问题。市领导程瑞琴、黄文斌、陈刚参加活动。

△ 市委副书记、市长王鸣昊率队实地走访如城街道健康花苑、都市华庭北区，城北街道上海嘉苑，城南街道龙游河小区等处，督查文明典范城市创建工作。市领导丁兴华、高峰参加活动。

△ 如皋市举行文明典范城市小区创建现场推进会。市委常委、宣传部部长高峰出席会议。

△ 泰州市委政法委副书记、二级调研员何银海率队到如皋考察网格化服务管理工作。市委常委、政法委书记程瑞琴参加活动。

△ 市人大常委会主任司祝建率队实地走访中皋·宸园、志颐小学、富皋新生市场、高铁南站、桃林自来水厂等处，调研富皋万泰集团经营发展情况。市人大常委会副主任张勇参加调研。

△ 如城街道举办学习贯彻习近平总书记"七一"重要讲话精神宣讲会，邀请南通市政协副主席刘洪作《汇聚为第二个百年奋斗目标而奋斗的强大力量　在党的领导下走好新的赶考路》专题宣讲。如皋市政协副主席郑振明参加活动。

△ 受2021年第14号台风"灿都"影响，13日晚，如皋市出现大风大雨天气，东北风6~8级逐渐增大到8~10级，沿江江面东北风6~8级逐渐增大到8~10级，最大累计雨量出现在城北街道柴湾社区，为22.3毫米。截至14日上午11时，如皋市基本无受灾情况。

14日 市委书记、如皋经济技术开发区党工委书记何益军深入经济技术开发区思源电气智能组合电器产业化项目现场、威格（江苏）电气设备有限公司等处，开展安全生产大排查大整治专项行动。市委副书记、如皋经济技术开发区党工委副书记丁兴华参加活动。

△ 如皋市举行2021年全国科普日主场活动暨"红色百年路·科普万里行"全国科普大篷车庆祝建党100周年联合行动（如皋站）活动启动仪式，市领导陈鸣华、钱志刚出席活动。

15日 市人大常委会主任司祝建率队深入经济技术开发区，先后走访南通龙源电站阀门有限公司和江苏高泰电气有限公司，调研科技创新工作情况，市人大常委会副主任钱志刚参加活动。

△ 中国司法大数据研究院"数助决策"工作总负责人陈志宏一行到如皋市人民法院开展"数助决策"暨智慧法院建设专项调研。

16日 江苏省如皋高新技术产业开发区与江苏弘远晶体科技有限公司就半导体金刚石基片项目达成合作协议。江苏弘远晶体科技有限公司总经理王东海及如皋市领导何益军、丁兴华、陈鸣华参加签约仪式。

△ 2021年南通市燃气压力管道事故应急演练观摩会在如皋举行。省市场监管局二级巡视员何西环，南通市市场监督管理局党组副书记、副局长秦华，如皋市委常委、常务副市长顾留忠参加活动。

△ 市委党校2021年秋季学期正式开学。市领导丁兴华、朱莹滢出席开学典礼。

△ 如皋市第十二届中国统计开放日主题宣传活动在市文化馆举办，市委常委、副市长、市科技创新委员会办公室党组书记陈鸣华出席活动并致辞。

△ 省人大监察和司法委员会副主任委员张锦道一行参观如皋法院经济技术开发区人民法庭、如皋港生态修复基地、如皋法院长江流域环境资源第二法庭等处，对如皋法院环境资源审判工作进行调研，市领导司祝建、卢志敏陪同调研。

17日 南通市副市长王洪涛带队到如皋实地走访如皋危化品停车场建设现场和G204与G345交叉路口，督查节前安全生产工作，市委常委、政法委书记程瑞琴参加活动。

△ 由长江镇党委、南通如皋海事处党支部、市交通产业集团有限公司党委共同组建的三方党建联盟——“红色‘皋’地 绿色江畔”党建联盟正式成立。南通海事局党委书记、局长沈道明，南通市委组织部组织二处处长刘建军，如皋市委常委、组织部部长、统战部部长朱莹滢，市委常委、长江镇党委书记、如皋港工业园区党工委书记卢志敏出席签约仪式。

18日 如皋市举行2021年“慈善宣传月”文艺演出暨捐赠动员大会，何益军、王鸣昊、司祝建、张元健、丁兴华等市四套班子领导参加活动。

△ 如皋市首家质量合作社——如皋市机动车检验检测行业质量合作社正式成立。大会介绍机动车检验检测质量合作社筹备情况，宣读质量合作社章程、公约，宣布合作社首任社长、副社长、秘书长建议人选并提交全体社员审议。

△ 南通市精神卫生专科联盟第三次理事会暨南通市精神科质量控制第三次活动在如皋市精神病防治医院召开。

19日 市委副书记、市长王鸣昊率队到三禾酒店隔离点、水绘园风景区、江苏力星通用钢球股份有限公司、如皋火车站等处，检查安全生产工作及疫情防控，并向节日期间仍然坚守岗位的一线工作人员送去慰问和祝福，市领导陈鸣华、张亚鸾、陈刚参加活动。

△ 如皋市首档电视问政节目《热点关注·面对面》开播。该节目通过网上收集、记者调查、人大代表议案、政协委员提案等方式，甄选出一批群众反映强烈的问题，再通过记者暗访，以视频短片展现给观众。节目中设置现场提问、嘉宾点评、观众参与等环节，重点对相关职能部门负责人就履职尽责、勤政廉洁、公正执法等进行现场问政。

22日 如皋市举行企业职工光荣退休典礼，与会人员一起观看专题片《燃情岁月》和快板、歌唱、演讲等节目，并举行师徒传承仪式和赠送纪念品仪式。南通市人大常委会副主任、总工会主席葛玉琴及如皋市领导何益军、朱莹滢、陈万圣、张亚鸾、严世斌参加活动。

△ 市政协十四届五次会议第001号《关于扎实推进科技创新工作　助推如皋市实体经济高质量发展的建议案》办理推进会召开。会前，市政协主席张元健率队实地查看江苏汤臣汽车零部件有限公司、江苏卓远半导体有限公司、南通世睿电力科技有限公司、江苏秦烯新材料有限公司、南通力威机械有限公司等科技创新典型企业，对如皋市科技创新工作进行调研。会上，市科技局对第001号提案办理情况进行汇报，市委组织部、市发改委、财政局、人社局、地方金融监管局等部门进行补充发言。市领导张元健、陈鸣华、郑振明、严世斌，市政协秘书长许映亮参加会议。

23日 市委理论学习中心组集中学习会召开，市委常委、宣传部部长高峰领学人民日报文章《满怀信心踏上新的赶考之路》，市领导丁兴华、顾留忠、陈鸣华作交流研讨发言，其他中心组成员作书面交流。南通市委党史学习教育第三巡回指导组到会指导。何益军、司祝建、张元健等市委理论学习中心组成员参加学习会。

△ 市委常委、宣传部部长高峰带队深入校外培训机构集中地区，实地督查校外培训机构“双减”工作落实情况。

△ 副市长顾凡带队先后到江苏长寿集团有限公司、城北市场、中盛石化海阳路站、文峰城市广场、泰华大酒店等处，督查如皋市安全生产及疫情防控工作。

24日 如皋市举行贯彻落实市第十三次党代会精神座谈会，进一步深入学习宣传贯彻市党代会精神，凝聚力量落实市党代会提出的各项目标任务，全力以赴推动各项工作落细落深落实。会上，相关市四套班子领导围绕“综合实力挺进全国百强县(市)二十强”、“建成省级创新型县(市)”、“申报国家历史文化名城、建成国家生态园林城市”等主题进行汇报交流。何益军、司祝建、张元健、丁兴华等市四套班子领导参加会议。

△ 市委书记何益军主持召开市委常委会会议，传达学习江苏省委和南通市委选举工作会议精神，讨论《中共如皋市人大常委会党组关于做好市镇两级人民代表大会换届选举工作的意见》《全市市镇人大换届选举工作会议方案》。

△ 如皋市举行三季度平安建设现场推进会，总结前一阶段工作情况，部署下一阶段重点任务。市领导程瑞琴、陈刚出席会议。

△ 南通市科学技术协会十届九次常委会在如皋召开，回顾总结南通市科协上半年主要工作，传达学习中央、省、南通市相关会议精神，听取并审议人事选举事项，并集中参观李昌钰刑侦科学博物馆、江苏华夏电影胶片修复有限公司。南通市科协党组书记、主席陆军，如皋市委常委、副市长、市科技创新委员会办公室党组书记陈鸣华参加会议。

△ 在由科学技术部、中国科学院、中国科学技术协会、北京市人民政府共同主办的“2021 中关村论坛”活动中，如皋农商银行与中科聚信现场签约“三农金融创新项目”，标志着全国金融行业首例落实国家乡村振兴战略的三农金融深度服务创新项目正式启动。

25日 市委书记何益军主持召开市委常委会会议，传达学习习近平总书记在中央党校(国家行政学院)中青年干部培训班开班式上的重要讲话精神和省市域社会治理现代化试点工作推进会会议精神，讨论《关于对中央、省、南通市市域社会治理现代化试点工作指引责任分解的通知》《关于持续深化移风易俗 弘扬文明新风的实施方案》等议题。

27日 江苏省2021年第二批网络名师李虎、夏从林工作室授牌暨“领航杯”信息化教学能手培训在如皋市外国语学校博雅厅举行，网络名师工作室全体成员、2021年“领航杯”信息化教学能手比赛参赛教师及全市电化教育兼职研训员近百人参加活动。

27—28日

江苏省档案馆副馆长孙敏实地走访江苏省档案馆如皋电影史料馆，江安镇徐芳德烈士纪念碑、红十四军建军纪念碑、中共如皋第一个支部遗址、红色周庄、红军小学，长江镇档案中心等地，调研如皋市档案工作。副市长张亚鸾参加活动。

28日 市人大常委会举行水环境治理工作专题询问会。市人大常委会委员、人大代表组成的“考官团”针对如皋市水环境治理工作中的有关问题和群众普遍关注的事项进行询问。市水务局、住建局、农业农村局及南通市如皋生态环境局相关负责人结合实际情况，当场对问题逐一进行答复。市人大常委会主任司祝建，党组成员缪爱诚，副主任张勇、钱志刚，副市长吴海军参加会议。

△ 市委常委、宣传部部长、市新时代文明实践中心办公室主任高峰带队实地走访城南街道张八里社区、如城街道陆桥社区、城北街道城北市场、中山路转盘警务服务岗亭等处，开展“文明典范城市创建·感谢有你”慰问活动。市政协副主席严世斌参加活动。

△ “雉水之夜”国庆·人民的节日广场文艺晚会首场演出在市文化馆南广场举行。省委宣传部印刷发行处一级主任科员黄贤义、南通市新闻出版局副局长徐庆满，如皋市领导高峰、钱志刚参加活动。

△ 如皋市举办“两在两同建新功 争当政法排头兵”政法队伍教育整顿“回头看”知识竞赛决赛。

南通市委政法委政治部主任钱永忠，如皋市委常委、政法委书记程瑞琴出席活动。

△ 由市委市级机关工委主办、市行政审批局机关党委承办的市级机关“永远跟党走，奋进新征程”道德讲堂举行。市委常委、组织部部长、统战部部长，市委市级机关工委书记朱莹滢参加活动。

△ 省卫健委复审组组长，盐城市卫健委党委委员、中医药管理局副局长张国瑞一行到如皋，开展“全国基层中医药工作先进单位”复审工作。副市长张亚鸾参加活动。

△ 《光明日报》公布由中国中小城市高质量发展指数研究课题组、国信中小城市指数研究院联合发布的《2021 年中国中小城市高质量发展指数研究成果》，揭晓全国综合实力百强县市、全国绿色发展百强县市名单、全国科技创新百强县市名单等榜单。其中，如皋市位列 2021 年全国综合实力百强县市第 21 名，南通市第 1 名。

△ 《新华日报》头版头条刊发报道《动能转换锚定新目标　跨越赶超重塑新空间　如皋优化赛道再奋蹄》，聚焦如皋市大力开展招商引资、强力推进科技创新、加速实施产业重构，努力打造跨江融合样板区的生动实践。

△ “阅夜悦精彩”——如皋市“雉水之夜”书市在市文化馆南广场启动。伴随着精彩好看的文艺大餐和目不暇接的文创非遗特产，“雉水之夜”书市为来往的市民奉上折扣多多的精选好书，让大家流连忘返。

28—29 日

市第十七届人大常委会第四十一次会议召开。会议听取和审议市政府关于 2020 年度国有资产管理情况的综合报告、市政府关于“七五”普法工作情况的报告，审议通过《关于开展第八个五年法治宣传教育的决议（草案）》和市、镇人大换届选举工作的有关事项，审议市人大常委会规范性文件备案审查工作报告；会议表决通过相关人事任免事项，司祝建为新任命人员颁发任命书，新任职人员进行宪法宣誓；会议还听取和审议《中华人民共和国水法》执法检查报告，并就“水环境治理工作”开展专题询问。

29 日

全市“两在两同”建新功“攻坚有我”显担当行动推进会暨三季度“村（社区）书记大讲坛”召开，何益军、王鸣昊、司祝建、张元健、丁兴华等市四套班子领导参加活动。

△ 如皋市人民政府与南京大学环境规划设计研究院集团举行战略合作签约仪式。南京大学党委常委、副校长邹亚军，南京大学资本运营有限公司董事长、南京大学环境规划设计研究院集团股份公司董事长尹建康，如皋市领导何益军、王鸣昊、程瑞琴、吴海军参加活动。

△ 如皋市庆祝第四个中国医师节专场演出在市文化馆举行。副市长张亚鸾为活动致辞，对医务工作者在疫情防控工作中做出的突出贡献予以充分肯定，并向全体干部职工的辛勤付出表示感谢。市领导钱志刚、严世斌出席活动。

△ 市委、市政府组织文明典范城市创建调度演练并在市公安局设临时指挥部，市委常委、宣传部部长高峰主持演练活动。

△ 2021 年全市打击治理电信网络诈骗违法犯罪工作推进会举行，会议通报全市一至三季度打击治理电信网络诈骗违法犯罪工作情况，并对第四季度的工作进行部署，对反诈劝阻工作突出人员进行表彰。副市长、市公安局局长、市打击治理电信网络诈骗违法犯罪工作领导小组副组长陈刚参加会议。

△ 如皋市自然资源和规划局在长江镇田王村举办“共绘苏乡”规划师下乡揭牌暨支部共建活动。长江镇规划师工作站成为南通地区首家获得省自然资源厅批准的服务站。

30 日

如皋市在烈士陵园举行烈士纪念日缅怀先烈公祭活动暨《烈士光荣证》颁授仪式，纪念为民族独立解放、人民和平幸福而英勇献身的烈士。公祭活动由市委副书记、市长王鸣昊主持。市委书记何益军宣读祭文，并向沈银亮烈士的遗属代表颁授《烈士光荣证》。

△ 市委书记何益军主持召开市委常委会会议，传达学习中国共产党南通市第十三次代表大会精神。

△ 如皋市召开市镇人大换届选举工作会议，分析当前工作面临的形势，安排部署下一阶段工作任务，确保市镇人大换届选举高效推进。市领导何益军、司祝建、丁兴华、高峰、程瑞琴、秦金春、朱莹滢、卢志敏、陈万圣、缪爱诚、张勇、钱志刚参加会议。

△ 市委副书记、市长王鸣昊主持召开十七届市政府第七十三次常务会议，传达中国共产党南通市第十三次代表大会精神和南通市能耗“双控”会议精神，听取如皋市能耗“双控”工作汇报，研究部署下一阶段工作，并讨论《如皋市“十四五”消防救援事业发展规划（送审稿）》。

△ 如皋市举行三季度招商引资工作点评推进会，全力聚焦项目招引建设工作，深入剖析 2021 年全市招商引资工作，确保完成全年目标任务。市领导高峰、顾凡参加会议。

2021年10月

2日 最高人民法院信息中心许建峰主任调研指导如皋法院信息化工作。如皋市委常委、政法委书记程瑞琴，南通中院党组成员、政治部主任章智敏，如皋法院党组书记、院长唐明渠等陪同。

△ 如皋市举行能耗“双控”工作紧急会议，总结分析能耗“双控”工作面临的形势，进一步统一思想认识、锁定工作目标、压紧压实责任。市领导何益军、王鸣昊、顾留忠、陈鸣华出席会议。

7日 市委副书记、市长王鸣昊率队到江苏大唐国际如皋热电有限责任公司、南通江森电子科技有限公司、国网如皋市供电公司等处，督查能耗“双控”工作。市委副书记、如皋经济技术开发区党工委副书记丁兴华，市委常委、副市长陈鸣华参加活动。

△ 市委常委、宣传部部长，市新时代文明实践中心办公室主任高峰带队督查文明典范城市创建工作。

8日 市委书记何益军率队调研教育工作，实地走访石庄高级中学、江海高级技校等处。市领导高峰、顾留忠、张亚鸾参加调研。

9日 市委书记、如皋经济技术开发区党工委书记何益军到城北街道北郊花苑慰问百岁老人章长银、张达伍，送去党和政府的温暖，并致以节日的美好祝福。

△ 全国信访工作示范县(市)创建暨信访工作“三年攻坚”动员会议召开，市委常委、政法委书记程瑞琴通报2021年全市信访工作推进情况，分析研究当前形势，就冲刺四季度工作目标任务、全国信访工作示范县(市)创建、全市信访工作“三年攻坚”行动等进行动员部署和具体安排。市领导何益军、卢志敏、钱志刚、陈刚参加会议。

△ 如皋市举办2021年秋季退役士兵返乡欢迎仪式，热烈欢迎退役士兵圆满完成国防建设使命载誉返乡。市委常委、市人武部部长夏森，副市长张百璘参加活动。

10日 市政协主席张元健走进吴窑镇长庄村，开展“有事好商量”民生专题协商议事暨习近平总书记“七一”重要讲话精神宣讲活动。

11日 重阳节来临之际，市人大常委会主任司祝建到磨头镇慰问百岁老人程廷芳、程广炎，为他们送上慰问金及慰问品，并致以重阳节的亲切问候。

△ “皋城网安2021”如皋市网络安全宣传周开幕式暨网络安全应急演练在市综治中心举行。南通市委宣传部副部长、市委网信办主任俞雷，如皋市委常委、宣传部部长高峰参加活动。

△ 市委常委、宣传部部长高峰到九华镇看望慰问百岁老人荣子英、王改英，向他们送上节日祝福。

△ 如皋市住建青年“两在两同·青春建功”行动启动仪式在龙游河生态公园举行。启动仪式上，全体青年共同观看《青春筑梦·建功时代》短片；8位青年突击队队长接受授旗，并带领全体青年庄严宣誓。共青团南通市委书记吴冰冰，如皋市委常委、组织部部长、统战部部长朱莹滢参加活动。

△ 全市水环境治理现场推进会议召开，就相关工作进行再动员、再部署、再推进。副市长吴海军参加活动。

△ 市人大常委会副主任钱志刚率队到城南街道张八里社区走访慰问百岁老人陈仰成、葛兰芳，送去党和政府的关怀，并向他们致以节日祝福。

12日 广联达科技股份有限公司董事长刁志中率队到如皋市考察，实地参观市域治理现代化指挥中心、软件园二期、如皋第一中等专业学校（技工学校）等处，详细了解如皋市产业发展、创新环境等方面的情况，并就双方深度合作进行交流。市领导何益军、程瑞琴、黄文斌参加活动。

△ 市政协主席张元健到白蒲镇，走访慰问百岁老人沈义莲、颜元功，为他们送去节日的问候和祝福。

13日 市人大常委会主任司祝建率队实地走访长江镇科技企业孵化器、江苏华永复合材料有限公司、日达智造科技（如皋）有限公司，调研长江镇科技创新工作。市委常委、副市长陈鸣华，市人大常委会副主任钱志刚参加调研。

△ 市委常委、常务副市长顾留忠走访慰问如城街道百岁老人王有英、周文福，为他们送上慰问金及慰问品，并致以重阳节问候。

△ 市委常委、组织部部长、统战部部长朱莹滢赴下原镇开展组织工作调研。朱莹滢一行先后到江苏希格玛医疗科技有限公司等4家企业以及下原科技产业园、野树社区、花园头村、老坝村，就干部队伍建设、人才工作、基层党建等相关工作开展调研。

△ 如皋市召开国家卫生城市复审工作推进会。副市长张亚鸾出席会议。

14日 市选举委员会举行第一次会议，审议市镇两级人大换届选举工作相关文件，部署有关工作。市人大常委会主任、选举委员会主任司祝建主持会议并讲话，市领导朱莹滢、张勇及市选举委员会部分委员参加会议。

△ 市人大常委会主任司祝建带队调研高端成套设备及关键零部件产业链建设情况，实地走访南通华东油压科技有限公司、江苏迅镭激光科技有限公司两家企业。市委常委、市纪委书记、市监委主任秦金春参加活动。

△ 如皋市举行第十五届“九九重阳”敬老联谊活动。市领导钱志刚、张亚鸾、缪小华参加活动。

△ 市政协副主席严世斌率队走访慰问如皋市下原镇郭松涛、任福坤两位百岁老人，向他们致以节日的祝福。

△ 南通市水利局在如皋市主持召开了如皋市焦港（如皋北段）整治工程竣工验收会议。会议成立如皋市如皋港整治工程竣工验收委员会，通过查看工程现场、查阅工程档案，听取工程建设、设计、监理、施工、运行管理以及工程质量检测、审计等工作报告和质量与安全监督报告，一致同意如皋市焦港（如皋北段）整治工程通过竣工验收。该工程概算投资4044万元，于2018年11月5日开工，2019年5月25日完工，2019年7月4日通过完工验收，2021年10月13日通过工程档案专项验收，竣工决算通过审计，工程初期运行。

15日 南通市委召开市第十三次党代会精神专题学习会。司祝建、张元健、高峰、顾留忠、夏森、朱莹滢、陈鸣华等如皋市四套班子领导在如皋市分会场收听收看会议。

△ 南通市人大常委会副主任葛玉琴带队到如皋，围绕《南通市文明行为促进条例》立法工作开展专题调研，实地了解如皋市文明城市创建的具体情况，征求《南通市文明行为促进条例》立法的意见建议。市领导司祝建、高峰、陈万圣参加活动。

△ 市政协主席张元健主持召开制定行政规范性文件《如皋市城市公园管理办法》专题民主协商

会。副市长黄文斌，市政协副主席缪小华、秘书长许映亮参加会议。

△ 市委常委、宣传部部长高峰率队实地走访网络安全应急指挥中心选址地、市委党校的网信活动基地、华夏电影展示馆的如皋市互联网企业红领党务通工作室和凌志软件股份有限公司等处，调研如皋市互联网企业党建工作及网络安全宣传周工作落实情况。

△ 涉粮问题专项巡察如皋联动组召开涉粮问题专项巡察工作动员会议，市委常委、市纪委书记、市监委主任、市委巡察工作领导小组组长秦金春出席会议并就如何配合联动组做好涉粮问题专项巡察工作提出明确要求。

△ 市委政法委员会举行三季度全体委员会议，传达学习南通市第十三次党代会精神、南通市政法领域全面深化改革推进会精神等，通报三季度市政法单位在相关新媒体稿件录用情况，各部门汇报交流 2021 年全面从严治党工作情况，对照年初目标和考核任务找问题、谈举措。市领导程瑞琴、陈刚参加会议。

△ 如皋市女企业家协会举行“强国有我·科创未来”主题活动。市委常委、组织部部长、统战部部长朱莹滢参加活动。

16日 市政府全体（扩大）会议召开，动员全市政府系统围绕“打造跨江融合发展样板区”新定位，奋力冲刺四季度，确保圆满完成全年目标任务。市领导王鸣昊、顾留忠、陈鸣华、黄文斌、张亚鸾、张百璘、顾凡、陈刚、刘栩参加会议。市人大常委会副主任钱志刚、市政协副主席缪小华应邀参加会议。

△ 市委副书记、市长王鸣昊主持召开城市污水处理相关规划方案专题汇报会。会上，相关设计单位负责人分别汇报《如皋市城市污水处理厂整合规划方案》、《如皋市城市排水专项规划》和《白蒲镇勇敢大桥断面老集镇水污染源治理实施方案》。相关部门及镇（区、街道）相关负责人进行交流发言。市领导程瑞琴、顾留忠参加会议。

△ 如皋市举行第三届花卉园艺师（盆景）职业技能竞赛。80 余名花卉盆景园艺师同台竞技，一展身手。经过激烈角逐，园艺师郝建磊作品《卧虎藏龙》夺得比赛第一名。

17日 市委副书记、市长王鸣昊主持召开十七届市政府第七十四次常务会议，传达学习中央人才工作会议精神，讨论《关于加快建设人才高地推动如皋高质量发展的若干政策意见（送审稿）》《如皋市 2021—2022 农村水利工作实施意见（送审稿）》，听取全市食品安全工作情况汇报。

18日 市委书记何益军主持召开市委常委会会议。会议传达学习省委第九巡视组对南通市开展涉粮问题专项巡视工作动员会议精神，听取如皋市涉粮工作情况汇报，研究部署下一步工作；传达学习中央人才工作会议精神，讨论《关于加快建设人才高地推动如皋高质量发展的若干政策意见》和科技强企人物入选名单等议题。

△ 如皋市召开第八次归侨侨眷代表大会，听取和审议如皋市侨联第七届委员会工作报告，选举产生如皋市侨联第八届委员会。市领导何益军、司祝建、张元健、朱莹滢、缪爱诚参加会议。

△ 市委书记何益军率队督查文明典范城市创建、国家卫生城市复评工作，现场查看新民大桥河北及周边、庆余新村、庆余社区新时代文明实践站、天瑞绿洲小区、实验初中东大门废品收购站、128 号地块、皋南五组团、大润发超市周边、阳光花苑、全民健身中心后背街后巷等点位。市领导丁兴华、高峰、张亚鸾参加督查。

△ 张謇嫡孙张绪武到九华镇，参观镇涛红军游击队成立遗址和九华镇红色教育主题公园，缅怀英烈，弘扬英烈精神。市委副书记丁兴华参加活动，并代表如皋为张绪武送上烈士头像的水晶纪念品、

烈士事迹简介画册和如皋革命史书籍。

△ 2021年度全市国资国企系统干部培训班开班，市委常委、常务副市长顾留忠参加开班典礼。

18—20日

省纪委监委驻省人社厅纪检监察组组长王书龙带队到如皋市，调研如皋市人社局“两在两同”建新功行动开展情况。如皋市领导何益军、顾留忠、刘栩陪同调研。

19日

以“永远跟党走　奋进新征程”为主题的第四届“百姓名嘴”理论宣讲比赛决赛在市文化馆举行。南通市委宣传部副部长张军，如皋市委常委、宣传部部长高峰参加活动。

△ 南通市市场监督管理系统党建联盟基层党建工作现场推进会在如皋市召开。与会人员现场参观市市场监督管理局丁堰分局和市市场监督管理局党建文化馆，观看党建工作专题片《力量，在党旗下凝聚》。省市场监管局直属机关党委专职副书记茅政一，南通市市场监管局党组成员、副局长、机关党委书记刘爱中及如皋市委常委、宣传部部长高峰参加活动。

20日

南通市第一人民医院与如皋市人才办举行人才医疗服务合作签约仪式。南通市第一人民医院党委书记卢红建，上海仁济医院副院长、南通市第一人民医院党委副书记、院长王育，如皋市委常委、组织部部长、统战部部长朱莹滢出席此次签约仪式。

△ 市卫健委举行2021年人大代表建议办理工作见面汇报会，市人大常委会副主任钱志刚出席会议。

21日

“e起致富”2021年如皋市苏货直播新农人直播电商培训班开班仪式在如皋市举行。江苏省政协常委、省政协学习委员会副主任、江苏省通信管理局原局长袁瑞青，如皋市委常委、宣传部部长高峰参加活动。

△ 南通市委宣传部副部长张军到如皋市，先后走访城北街道平园池村、如城街道花园社区海月寺新时代文明实践点、如城街道孔庙社区、万达轴承等处，就如皋市党史学习教育开展情况进行调研。市委常委、宣传部部长高峰陪同调研。

△ 市委常委、宣传部部长高峰牵头组织召开14个镇（区、街道）的医保电子凭证推广工作推进会。

△ 在第27届中国义乌国际小商品（标准）博览会上，如皋市企业江苏万达特种轴承有限公司生产的精密回转轴承、南通中铁华宇电气有限公司生产的新型抗电磁干扰LED隧道灯等4件产品受邀亮相于全国对标达标展区。

22日

市委全面依法治市委员会办公室举行第三次（扩大）会议，传达学习省委全面依法治省工作会议等会议精神和法治如皋建设“十四五”规划。市委常委、政法委书记、依治办主任程瑞琴，副市长、市公安局局长陈刚参加会议。

△ 如皋市“朗读者进校园”暨《我是朗读者》创办200期颁奖晚会在如皋市外国语学校举行。

23日

如皋市召开四季度重点工作冲刺动员大会，对2021年以来全市经济社会发展情况进行“回头看”，对冲刺全年目标任务进行再部署，引导全市上下以更强的担当、更实的举措冲刺四季度，圆满完成全年各项目标任务。何益军、王鸣昊、张元健、丁兴华等市四套班子领导出席会议。

25日

市委理论学习中心组集中学习会召开。南通市委党史学习教育第三巡回指导组到会指导，何益军、司祝建、张元健、丁兴华等市委理论学习中心组成员参加学习会。

△ 市委书记何益军主持召开市四套班子领导挂钩联系重点工作交流会，聚焦49项年度重点工作，交流最新进展、分析存在问题、强化推进举措，以决战决胜姿态冲刺全年目标任务。

△ 2021年如皋市高中教育工作会议在市安定小学召开。会议回顾总结2020—2021学年度高中教育工作情况，研究部署新学年度高中教育工作。市委常委、宣传部部长高峰，市人大常委会副主任钱志刚，副市长张亚鸾、市政协副主席严世斌出席会议，并为2020—2021学年度在如皋市高中教育教学工作中取得优异成绩的先进集体和先进个人颁奖。

△ 如皋市举办第七届梦想之星“农商行杯”创业大赛决赛。经过现场专家组评委和大众评审的共同打分，江苏融至新材料有限公司的项目获得一等奖。市领导陈鸣华、钱志刚、郑振明参加活动。

26日 如皋市举行2021年中青年干部座谈会，市委书记何益军出席会议并就部分话题与学员展开深入交流。市委副书记丁兴华，市委常委、组织部部长、统战部部长朱莹滢参加会议。

△ 全市审计发现问题整改推进会举行。会议通报2020年下半年至2021年上半年审计发现问题，并提出审计建议。市委常委、常务副市长顾留忠，市人大常委会副主任张勇，市政协副主席冒平参加活动。

△ 市人大常委会集中开展民生实事项目办理情况视察活动，以听取汇报、现场查看的形式，全面解如皋市民生实事项目的落实情况。

△ 下午五点，如皋市惠政路龙游河桥梁工程主线正式通车。该工程于5月开工，计划竣工日期为12月26日。10月主线桥梁和面层沥青已全部完成施工，非机动车道及人行道钢箱梁已全部安装到位，实现了主线提前通车。

27日 如皋市举行“才聚雉水 智汇皋地”2021高层次人才项目产业融合汇巅峰对决活动。市委书记何益军，二级巡视员、省科协学会部部长李政，市委常委、组织部部长、统战部部长朱莹滢，副市长(挂职)、市科技镇长团团长唐余宽参加活动。

△ 第四届中国·如皋第三代半导体晶体及装备论坛在如皋市举行。乌克兰工程院院士杨为佑，中科院半导体研究所原副所长、“十三五”国家重点研发计划“战略性先进电子材料专项”总体专家组组长陈弘达等专家及企业代表，市领导何益军、司祝建、张元健、丁兴华、钱志刚、顾凡、郑振明参加活动。

△ 如皋市召开2021年如皋高职、技师院校建设推进大会。大会发布如皋中专建设江苏联合职业技术学院分院和高水平高职院校规划、第一中专(技工学校)建设技师学院规划，现场举办“如皋中专与思源电气股份有限公司共建电气企业学院”“第一中专(技工学校)与如皋建筑产业协会共建如皋建筑产业学院”校企共建学院揭牌仪式。如皋中专、第一中专(技工学校)分别与5家企业进行合作签约，聘任企业技术骨干为产业教授。江苏省人力资源和社会保障厅副厅长朱从明，江苏联合职业技术学院党委书记夏成满等领导、嘉宾，以及如皋市领导何益军、顾留忠、钱志刚、张亚鸾、严世斌参加会议。

△ 市人大常委会主任司祝建率队调研市镇人大换届选举工作。市人大常委会副主任张勇参加调研。

△ 如皋市举行学习“江苏最美信访干部”座谈会，传承公仆情怀，弘扬优良作风。市委常委、政法委书记程瑞琴，副市长、市公安局局长陈刚参加会议。

△ 南通市人防工程质量监督技能比武决赛在如皋市九华镇举行，南通市政府党组成员凌屹、如皋市副市长黄文斌参加活动。

△ 省公安厅交警总队在南通召开全省城市交通管理工作现场攻坚会，研究部署交通秩序管理精细化提升工作，并在如皋市设2处实地观摩点。省公安厅交警总队副总队长朱传彪率队，组织全省各市支队分管支队长、秩序部门主要负责人、县(市、区)大队分管大队长共150余人参加活动。副市长、

市公安局局长陈刚陪同观摩。

27—29 日

省发改委在南京组织召开张靖皋长江大桥初步设计咨询评估会。会议一致认为该项目初步设计在工程可行性研究报告的基础上，进行了深入的勘察设计工作，结合项目特点开展了相关专题及关键技术研究。设计文件执行了工程可行性研究报告批复的相关意见和要求，基础资料齐全、设计内容完整，文件编制符合《公路工程基本建设项目设计文件编制办法》和《公路工程特殊结构桥梁项目设计文件编制办法》的深度要求。此次初步设计咨询评估会的顺利召开标志着该项目向全面开工迈出坚实的一步。

28 日

2021 年如皋科技人才洽谈会开幕。此次洽谈会主题为“智汇皋地　创新未来”，市委书记何益军以《雉水凭潮起　等您踏浪来》为题，作主旨演讲。中科院院士、清华大学教授费维扬，南通大学校长施卫东等来自全国近 80 所知名高校院所的 200 多位专家学者和国内外部分知名企业、院校、机构、协会负责人齐聚如皋共话发展。省科技厅副厅长蒋洪，省人社厅副厅长朱从明，南通市委副书记、宣传部部长沈雷以及何益军、王鸣昊、司祝建、张元健、丁兴华等如皋市四套班子领导出席活动。

△ 南通市委书记王晖到如皋，就贯彻落实南通市第十三次党代会精神，全面冲刺全年目标等工作开展调研。南通市委常委、秘书长王洪涛及如皋市领导何益军、王鸣昊、丁兴华、卢志敏、吴海军参加调研。

△ 如皋市举行 2021 年校企合作对接洽谈会。来自上海交通大学、南京大学、东南大学等 40 所高校院所的 73 名专家、教授积极与如皋市企业对接洽谈，共话发展。市委副书记、市长王鸣昊，市委常委、副市长、市科技创新委员会办公室党组书记陈鸣华，市人大常委会副主任钱志刚参加活动。

△ 省交警总队薛魁总队长到如皋调研指导道路交通管理工作。南通市局副局长徐静，如皋副市长、公安局局长陈刚陪同。

△ 时代楷模、全国道德模范、全国脱贫攻坚楷模、有机农业专家赵亚夫带领省农业农村厅、省农科院、沿江农科所专家一行到磨头镇深入走访调研磨头镇金旺家庭农场现代农业发展情况并现场进行技术指导。磨头镇党委书记柳杰军参加活动。

29 日

如皋市举行 2021 年如皋科技人才洽谈会重大项目集中开工活动暨高性能稀土永磁体研发生产基地开工仪式。此次集中开工活动采取“主会场+分会场”形式举行，共有 16 个产业项目集中开工、4 个孵化器开园入驻以及青年人才公寓国际社区开工建设。市领导何益军、王鸣昊、司祝建、张元健、丁兴华、陈鸣华、顾凡在主会场参加活动。

△ 位于如皋市长江镇的科技企业孵化器——长江智创园正式开园，聚集电子信息、机器人、智能制造等前沿新兴企业，打造集“产、学、研、商”为一体的万里长江沿线“最美创业平台”。市委常委、长江镇党委书记、如皋港工业园区党工委书记卢志敏参加活动。

△ 2021 年南通市“永远跟党走　奋进新征程”主题理论宣讲比赛在如皋市文化馆举行。南通市委宣传部副部长张军参加活动。

30 日

如皋市举行“赓续红色血脉　传承建党精神”主题党日活动启动暨互联网企业“红领党务通工作室”揭牌仪式。市委常委、宣传部部长高峰，市委常委、组织部部长、统战部部长朱莹滢参加活动。

△ 磨头镇举行 2021 年度“爱在深秋、情缘金磨”大型集体婚礼，8 对新人共度幸福时刻。市委常委、宣传部部长高峰出席活动，并为新人们送上新婚祝福。

31日 市政协主席、党组书记张元健带队赴杭州、苏州、无锡等地，专题调研异地如皋商会服务全市经济社会发展情况。市政协副主席、党组副书记冒平，市政协副主席、工商联主席杜永红，市政协秘书长许映亮，有关部门负责人参加活动。

10月，中国中小城市发展指数研究课题组、国信中小城市指数研究院对外发布“2021年中国中小城市发展指数研究成果”，研究将建制镇的综合实力纳入研究范围，形成《2021年全国千强镇名单》。南通市共有33个镇成功上榜，其中如皋市有8个镇名列其中，分别是长江镇104名、白蒲镇455名、九华镇476名、石庄镇532名、丁堰镇545名、搬经镇643名、东陈镇680名、江安镇812名。

2021 年 11 月

1 日 市委书记何益军主持召开市委常委会会议。会议传达学习习近平总书记在中央人大工作会议上的重要讲话精神、全国文明城市创建工作培训班精神和南通市委副书记、宣传部部长沈雷在南通市委党史学习教育领导小组办公室主任第八次会议暨全市“我为群众办实事”现场推进会上的讲话精神，研究部署如皋市全国文明城市创建贯彻落实工作，听取《市委大督查办关于如皋市村（社区）污染防治攻坚考核情况督查剖析的专题报告》，讨论《如皋市全面推行林长制实施办法》等议题。

2 日 市委党史学习教育领导小组办公室举行第六次会议暨“我为群众办实事”现场推进会，总结回顾前一阶段工作，研究部署融合推进“两在两同”建新功行动与“我为群众办实事”实践活动，推动全市党史学习教育持续走深走实。市委常委、宣传部部长、市委党史学习教育领导小组办公室主任高峰参加会议。

△ 南通市青商会助力乡村振兴行动暨“强国公益书架”捐赠仪式在长江镇永平社区举行。活动中，共青团南通市委和南通市青商会共同向永平社区农家书屋捐赠 1200 本图书。共青团南通市委书记吴冰冰为永平社区农家书屋颁发“强国公益书架”标识牌。市委常委、宣传部部长高峰，市委常委、长江镇党委书记、如皋港工业园区党工委书记卢志敏参加活动。

△ 市委常委、宣传部部长高峰一行走进开发区实验小学调研教育工作。市委党史学习教育领导小组、市教育局、开发区教育管理中心相关负责人参加调研。

△ 南通市城管局党组书记、局长陈如海带队实地参观如皋市厨余垃圾处置中心黑水虻养殖基地、新城悦隽小区垃圾分类、城区户外广告整治、市容外包、皋城 e 站等项目，调研城市管理行政执法工作。市领导程瑞琴、黄文斌陪同调研。

3 日 市人大常委会主任司祝建带队实地走访如皋市 112 号、273 号、114 号安置房建设地块，调研挂钩搬迁项目推进情况。市领导程瑞琴、黄文斌参加活动。

△ 市委副书记、如皋经济技术开发区党工委副书记丁兴华率队实地督查庆余东路、新民路、上锦花园建筑工地、城北小区、志颐路、南通荣威娱乐用品有限公司等点位，督查文明典范城市创建工作。市委常委、宣传部部长高峰参加活动。

△ 市委常委、政法委书记程瑞琴到交通管理服务中心视察指导工作，副市长、市公安局局长陈刚陪同视察。

△ 如皋市 2021 年中青年干部培训班结业典礼在市委党校举办，市委常委、组织部部长、统战部部长朱莹滢参加活动。

4 日 如皋市举行以“落实消防责任、防范安全风险”为主题的“119”消防宣传月主题活动启动仪式。市委常委、副市长陈鸣华参加活动。

△ 市教育系统党建、监委会业务培训在安定小学举行。各市直学校、镇（区、街道）教育管理中心党组织书记、校监委主任，市教育局直属机关党委各支部委员等 80 余人参加集训。

5日 2021年度如皋——洋县对口协作联席会议在如皋市召开。与会人员共同观看如皋形象宣传片《如皋好》，两地签订共建有机产业园区项目框架合作协议，结对帮扶有关镇（区、街道）签订对口协作框架合作协议。与会人员实地走访华夏电影展示馆、李昌钰刑侦科学博物馆、江苏明德玩具股份有限公司、梦百合家居科技股份有限公司等处，并看望南通荣威娱乐用品有限公司部分洋县在如务工人员，查看洋县农特产品展销会现场情况。洋县领导赵斌、晏莉、王建云、苟晓斌、廖华波，如皋市领导何益军、顾留忠、朱莹滢参加会议。

△ 市委常委、宣传部部长高峰到市融媒体中心（传媒集团）看望慰问新闻工作者，代表市委、市政府向大家致以节日的祝贺和亲切的问候。

△ 如皋市举行平安建设领导小组办公室会议，就下一步工作开展进行部署。市委常委、政法委书记、市平安建设领导小组副组长兼办公室主任程瑞琴，副市长、市公安局局长陈刚参加会议。

△ 南通市党建学会在如皋举行“抓党建促乡村振兴”专题调研活动。与会人员实地观摩长江镇田王村、城北街道平园池村“田园党建”现场，如皋市委常委、组织部部长、统战部部长朱莹滢介绍如皋市在探索抓好党建工作、促进乡村振兴方面经验。南通市党建学会会长、市委组织部二级巡视员王亚雄，市委常委、长江镇党委书记、如皋港工业园区党工委书记卢志敏参加调研。

6日 市委书记何益军率队实地走访龙游河三期工程、宣化路南延工程、花海路新建工程、志颐小学、如泰运河南侧及绢纺厂周边搬迁地块、外城河道路贯通工程、宏坝河城市特色空间工程、58#安置房建设工程等项目现场，调研重大城建交通项目推进情况。市领导王鸣昊、程瑞琴、黄文斌参加活动。

△ 市委副书记、市长王鸣昊主持召开十七届市政府第七十五次常务会议。会议传达国家、省、南通市疫情防控工作会议精神，并听取如皋市疫情防控工作情况汇报；会议传达南通市深入打好污染防治攻坚战三季度点评暨生态环境保护督察整改工作推进会精神，部署下一阶段如皋市污染防治攻坚工作，并就《如皋市“十四五”环境保护规划（送审稿）》、社会治安防控体系建设工作等议题进行讨论。

7日 南通市副市长陈冬梅率队到如皋督查疫情防控及发热门诊改造工作，实地查看市人民医院和磨头医院医院发热门诊、门诊预检分诊、基因诊断实验室，并查看水绘园景区和李昌钰博物馆现场防疫措施落实情况。如皋市副市长张亚鸾参加活动。

8日 如皋市庆祝第二十二个中国记者节主题活动在市融媒体中心（传媒集团）演播大厅举行。市领导高峰、钱志刚、张亚鸾、严世斌参加活动。

△ 如皋市城管局开展第十届“城管开放日”“政府公众开放月”活动。活动以“绣花功夫管理城市，美好家园你我共建”为主题，采取现场观摩的形式，邀请人大代表、政协委员、政风行风监督员、城管志愿者、市民代表等50余人走进城市管理工作。

9日 南通市委常委、政法委书记王晓斌率队到如皋调研政法工作，实地走访如皋市生态环保执法联动中心、下原镇老坝村网格驿站及村委会、市市域治理现代化指挥中心等处，详细解各点位工作推进情况。如皋市领导何益军、程瑞琴、陈刚参加调研。

△ 2021年如皋市道德模范事迹巡讲首场报告会举行，市领导何益军、丁兴华、高峰、张亚鸾参加活动。报告会前，市委书记何益军一行参观更新后的如皋爱心城市馆，随后慰问第五届如皋市道德模范及提名奖获得者，为第五届如皋市道德模范及提名奖获得者颁发证书并合影留念。

△ 南通市人大常委会党组副书记姜永华率队到如皋，调研人大工作并走访部分人大代表。市人大常委会主任司祝建、副主任陈万圣参加活动。

△ 南通市副市长赵闻斌率队到如皋，实地调研磨头镇新徐村、高李村、顾沈村等处的高标准农田项目现场，调研如皋市高标准农田项目建设情况。副市长张百璘参加活动。

△ 南通市人大常委会副主任、市选举工作办公室主任黄卫成率队到如皋，调研市镇两级人大换届选举工作。如皋市委常委、长江镇党委书记、如皋港工业园区党工委书记卢志敏，市人大常委会副主任张勇参加活动。

△ 副市长张亚鸾、市卫健委主任马军华到如皋市第三、四人民医院调研发热门诊建设情况。

10日 省公安厅党委副书记、常务副厅长尚建荣率队到如皋调研指导公安工作，实地参观白蒲中心派出所、如城中心派出所百战警务室、市公安局战训基地、李昌钰刑侦科学博物馆等处。南通市副市长、市公安局党委书记、局长高山，如皋市委书记何益军，副市长、市公安局局长陈刚参加活动。

△ 南通市人大常委会副主任陈俊率队到如皋开展接待人大代表活动，重点围绕长江生态保护等主题，面对面交流、零距离听取人大代表的意见和建议。如皋市领导司祝建、卢志敏、陈万圣参加活动。

△ 市委全面依法治市委员会守法普法协调小组第一次（扩大）会议举行。会议传达学习《南通市关于开展法治文化阵地“村村有、村村优”培育工程的实施意见》、《南通市法治社会建设实施方案（2021—2025年）（草案）》和市人大《关于全市开展第八个五年法治宣传教育工作》决议；市委宣传部、市司法局相关负责人汇报起草〈全市“八五”普法规划〉的说明；会议讨论通过《如皋市全面依法治市委员会守法普法协调小组工作规则（试行）》。市委常委、宣传部部长、全面依法治市委员会守法普法协调小组组长高峰出席会议。

△ 如皋市举行深化基层“三整合”暨行政执法新模式改革现场推进会，市领导顾留忠、朱莹滢、张勇参加活动。

△ 如皋市市域治理现代化指挥中心举办首个“政府开放日”活动，邀请党代表、人大代表、政协委员、群众代表、网格员代表、媒体代表等近30人进行观摩交流。市政府党组成员刘栩参加活动。

11日 如皋市举行优化营商环境分析推进会，市领导司祝建、顾留忠、张勇参加会议。

12日 南通市委理论学习中心组集中学习（扩大）会召开，邀请上海市卫健委主任邬惊雷就应对公共卫生突发事件作专题报告。何益军、司祝建、张元健、丁兴华等市四套班子领导在如皋市分会场收听收看。

△ 第二届“如皋市金牌导游员（讲解员）”评选大赛决赛举行。经过激烈角逐和专家评委的认真评选，共评出2021年度如皋市金牌导游员（讲解员）3名、2021年度如皋市优秀导游员（讲解员）7名。市委常委、宣传部部长高峰，市人大常委会副主任钱志刚，副市长张亚鸾参加活动并分别为第一、二、三名选手颁奖。

△ 如皋市第十一届“新时代好少年”颁奖典礼暨青少年党史学习教育汇报活动在如皋师范学校第二附属小学举行。市委常委、宣传部部长高峰出席活动。

△ 如皋市举行污染防治攻坚冲刺四季度暨迎接省环保督察部署推进会，市领导秦金春、吴海军参加会议。

13日 市委理论学习中心组召开集中学习（扩大）会，邀请省委全面依法治省委员会办公室秘书处处长桂万先作题为《学习贯彻习近平法治思想 深化全面依法治省新实践》的专题讲座，邀请中国统一战线理论研究会常务理事、江苏省统战理论研究会副会长、江苏省社会主义学院副院长魏晓蕾围绕《中国共产党统一战线工作条例》作专题讲座。何益军、司祝建、张元健、丁兴华等市四套班子领导参加会议。

15日 市委书记何益军主持召开市委常委会会议，传达学习中共十九届六中全会精神和南通市委贯彻落实习近平总书记视察江苏重要讲话指示精神工作推进会精神，研究部署如皋市下一阶段贯彻落实工作，并讨论关于召开如皋市第十八届人民代表大会第一次会议和政协如皋市第十五届委员会第一次会议相关事宜。

△ 下原镇人民政府与南通超达装备股份有限公司就年产20万台(套)电池箱体生产项目达成合作协议。项目位于下原科技产业园，计划于2022年1月31日前完成总平方案、单体方案、施工图设计审查、预算编制等施工前的准备工作，于2024年3月31日前正式投产。项目全部建成投产后，预计可以实现应税销售超6亿元。南通超达装备股份有限公司董事长、总经理冯建军及如皋市领导何益军、丁兴华、陈鸣华、顾凡参加签约仪式。

△ 南通市"'志'敬百年 追梦江海"志愿服务接力暨首届文明实践志愿服务项目大赛在如皋市新时代文明实践中心举行。南通市委宣传部副部长、市文明办主任盛慧琴，如皋市委常委、宣传部部长高峰参加活动。

16日 市委书记何益军主持召开全市汽车及零部件产业链企业家座谈会，市领导丁兴华、卢志敏、顾凡参加会议。

△ 如皋市召开"双减"工作现场推进会，市委常委、宣传部部长高峰和副市长张亚鸾率相关部门、镇(区、街道)负责人调研校外培训机构与学校"双减"工作落实情况。

△ 如皋市举行市镇人大换届选举转段工作会议，总结前一阶段工作情况，部署下一阶段工作任务，确保选举依法有序顺利进行。市人大常委会主任司祝建、市人大常委会副主任张勇、市人大常委会党组成员王贵成出席会议。

17日 市委理论学习中心组集中学习会召开。会上，全国优秀党务工作者、全国基层理论宣讲先进个人、市委宣讲团成员姚呈明以《百年成就与成功密码》为题，领学中共十九届六中全会精神。何益军、司祝建、张元健、丁兴华等市委理论学习中心组成员参加学习会。

△ 市委书记何益军率队先后到经济技术开发区宝林科技孵化器(科技创业中心)、如城"创客盲盒"科技企业孵化器、高新区智慧谷、吴窑台商城科创基地、长江智创园、下原镇科技创业中心等处，调研如皋市科技孵化器建设运行情况。市领导丁兴华、顾留忠、陈鸣华、卢志敏参加活动。

△ 南通市慈善总会副会长叶沈良率队到如皋，调研如皋市慈善事业发展、基层慈善组织标准化建设、慈善项目实施等工作。市领导程瑞琴、陈万圣、张百璘参加活动。

17—18日

省生态环境厅党组成员、副厅长张明华带队到如皋，实地查看如皋市农村生活污水治理、农村黑臭水体整治及畜禽、水产养殖污染处置等情况，就如皋市农业农村污染治理工作进行调研。市委常委、市纪委书记、市监委主任秦金春，副市长吴海军参加活动。

18日 市委政法委举行理论学习中心组(扩大)会暨中共十九届六中全会精神专题宣讲活动。市委常委、政法委书记程瑞琴参加活动。

△ 如皋技师学院创建工作推进会举行，与会人员实地参观如皋技工学校北开校区、大明校区的基础设施、校园环境，详细解如皋技师学院现阶段创建工作推进情况。市领导顾留忠、张亚鸾参加会议。

△ 江苏国石新能源科技有限公司年产2000吨物理法石墨烯项目正式开工。该项目落户于如城

街道十里社区，总投资10亿元，新增用地70.4亩，新建厂房及附属用房50456.4平方米。项目建成后，将年产石墨烯粉体2000吨，年销售收入15亿元、税收3200万元。市委常委、副市长陈鸣华出席开工仪式。

△ 中国科学院、中国工程院公布2021年院士增选结果。如皋籍科学家、中国地质大学（北京）孙友宏教授当选为中国工程院院士（能源与矿业工程学部）。

19日 在通省人大代表第三小组到如皋市调研经济社会发展情况，实地走访如城街道顾庄社区。市委书记何益军、市人大常委会主任司祝建、副市长张百璘参加调研。

△ 市委书记何益军率队先后到市委第四巡察组、如城街道秀水社区、长巷社区、顾庄社区农家书屋、“新心向荣”园艺荟、磨头镇磨头社区新时代文明实践站、长江镇中心沙社区、江安镇六团村等处，实地调研全市党建工作开展情况。市领导高峰、程瑞琴、秦金春、朱莹滢、卢志敏参加活动。

△ 市委副书记丁兴华率队督查如皋市高标准农田项目建设工作，实地走访九华镇云屏村、下原镇沈阳社区、白蒲镇斜庄社区等地，认真查看暗渠、泵站、机耕路、河道护坡等工程建设情况，深入解项目进展及存在问题。

19—20日

省河长办常务副主任、省水利厅副厅长张劲松带队到如皋，实地走访如城街道十里社区、城北街道平园池村等村（社区）的河道，就如皋市河长制工作进行专项督查。南通市人民政府副秘书长陈林，如皋市领导丁兴华、吴海军参加活动。

20日 市委副书记、市长王鸣昊主持召开十七届市政府第七十六次常务会议，传达学习全省安全生产电视电话会议有关消防安全相关指示精神，听取全市校园消防安全检查、安置小区隐患排查整治、基层消防站建设等相关工作情况汇报，就《如皋市镇（街道）行政权力事项清单（送审稿）》《如皋市城市公园管理办法(送审稿)》等议题进行研究讨论。

△ 市委副书记、市长王鸣昊主持召开市政府党组理论学习中心组集中学习会，学习贯彻中共十九届六中全会精神。市领导顾留忠、陈鸣华、黄文斌、张亚鸾、张百璘、吴海军、顾凡、陈刚、唐余宽、刘栩参加会议。

△ 如皋经济技术开发区（城北街道）举办“幸福的约定”大型婚事辩论赛暨首届集体婚礼、第四季度道德讲堂活动。市委副书记、如皋经济技术开发区党工委副书记丁兴华参加活动。

△ 如皋市举行“谁执法谁普法”履职评议工作会议。由市人大代表、市政协委员、各镇（区、街道）相关负责人组成的评议团根据市交通运输局、住建局、教育局、文体广电和旅游局、城管局等被评议单位履职汇报和工作实效进行现场打分，并对被评议部门的普法工作进行点评、提出建议。市领导程瑞琴、陈万圣、陈刚参加会议。

△ 如皋市举行2021年建议提案办理工作督查推进会，相关承办单位汇报交流建议提案办理落实情况，市人大代表、市政协委员对建议提案办理工作进行点评。市领导顾留忠、张勇、严世斌参加活动。

△ 如皋市举行如皋市欧美同学会（如皋市留学人员联谊会）成立大会。大会宣读市委书记何益军关于成立如皋市欧美同学会（如皋市留学人员联谊会）的批示；举行如皋市欧美同学会（如皋市留学人员联谊会）揭牌仪式；宣布第一届理事会会长、副会长选举结果及提名的秘书长和聘请的名誉会长名单，并向名誉会长、会长、副会长、秘书长进行授牌。南通市委统战部副部长、市侨办主任吴亚军，如皋市领导朱莹滢、缪爱诚、郑振明参加会议。

△ 全市法治宣传教育工作领导小组成员会议举行。会上，市司法局负责人汇报起草《全市“八五”

普法规划》的说明,领学市人大常委会《关于开展第八个五年法治宣传教育的决议》。市领导程瑞琴、陈万圣、陈刚参加会议。

△ 如皋市举行全市村(社区)“两委”班子成员主题轮训班开班仪式。市委常委,组织部部长、统战部部长朱莹滢参加会议。

△ 著名作家丁立梅走进如皋,在如皋农商行如城支行“东皋书吧”举办一场“美的感知”阅读分享会,数百名书迷特地赶来,与梅子老师共赴一场文字的约会。

21日 如皋市正式启动殡仪车改革工作。此次改革以市殡仪馆、石庄殡仪馆作为政府购买服务的主体,通过购买遗体火化接运服务的方式,对符合资格审核的车辆和驾驶员进行管理和调配。自2022年1月1日起,所有如皋范围内享受惠民殡葬补助的丧户遗体直接免费接运;不享受惠民殡葬补助的,在结算国家丧葬补助时扣除遗体结运费,不重复享受。

21—26日

2021年如皋市民营经济代表人士培训班分两期在张謇企业家学院举办,来自如皋市的100多名优秀民营经济代表人士参加集中调训。

22日 如皋市举行文明典范城市创建暨乡风文明建设、未成年人思想道德建设深化推进会。市委常委、宣传部部长高峰参加会议。

23日 南通市副市长陈冬梅率队到如皋,先后走进如皋市实验初中、江苏省如皋师范学校附属小学、江苏省如皋中学,调研指导教育工作。南通市政府副秘书长周健,南通市委教育工委书记、南通市教育局局长郭毅浩,如皋市副市长张亚鸾等陪同调研。

△ 工业和信息化部中国电子信息产业发展研究院直属机构赛迪顾问正式发布《赛迪投资竞争力百强县(2021)》《赛迪投资竞争力百强区(2021)》。在赛迪投资竞争力百强县榜单中,如皋市位列第35位。

24日 如皋农商银行东皋书吧揭牌仪式在如皋农商银行如城支行举行。市委常委、宣传部部长高峰参加活动。

△ 如皋市举行房地产市场平稳健康发展工作会议,对全市在建在售开发项目工程进度和资金账户专项检查情况、全市商品房销售情况进行通报,对房地产形势和存在问题进行分析,对资金监管提出新的要求。市委常委、政法委书记程瑞琴,副市长黄文斌参加会议。

25日 市政协主席会议专题调研如皋市市域治理现代化工作推进情况,实地调研下原镇老坝村党群服务中心、江安镇镇域治理现代化指挥中心和市市域治理现代化指挥中心。市政协主席张元健,市委常委、常务副市长顾留忠,市政协副主席缪小华、冒平、杜永红、郑振明、严世斌、刘晓洁,秘书长许映亮参加活动。

△ 如皋市举行省级慢性病综合防控示范区复审汇报会,市委常委、常务副市长顾留忠,副市长张亚鸾参加活动。

25—26日

南通市土木建筑学会施工专业委员会2021年会在如皋金陵金鼎大酒店举行,来自南通各县(市、区)的32家建筑企业,100余人参加此次活动。活动总结一年来委员会的工作,交流研讨有关施工学术问题,筹划2022年的工作计划。副市长黄文斌参加活动。

28日 市人大常委会主任司祝建率队专题视察全市科技创新工作,先后走进南通省级农高区规划展示馆、势加透博洁净动力如皋有限公司、江苏思源赫兹互感器有限公司、南通力威机械有限公司、高新区智慧谷、如城创客盲盒等地,了解如皋市科技创新工作开展情况。市领导陈鸣华、钱志刚参加视察。

△ 市人大常委会主任司祝建率队调研磨头镇人大换届选举工作,市人大常委会副主任钱志刚参加活动。

△ 南通市政协副主席马啸平带队实地走访法华寺、灵威观、定慧寺等处,调研如皋市"中华优秀传统文化进宗教活动场所"情况。市政协主席张元健、副主席刘晓洁、秘书长许映亮参加活动。

△ 如皋市人民医院举行"百年院庆日·专家如皋行"系列活动。市委常委、宣传部部长高峰与南京医科大学临床学院副院长姚欣共同为江苏省人民医院医联体单位揭牌;其他与会领导和嘉宾一起为"东南大学附属中大医院马根山教授名医工作室"、"上海交通大学附属儿童医院王瑜教授名医工作室"和"苏州大学附属第二医院周晓中教授名医工作室"揭牌。副市长张亚鸾参加活动。

△ 如皋市举行经济运行工作部署会议,分析研判当前经济形势,查找存在问题和不足,部署安排下一阶段工作。市领导顾留忠、陈鸣华、顾凡参加会议。

△ 市商务局举行重点提案督办汇报会。与会人员实地参观如皋市南通斯密特森光电科技有限公司、南通天正信息技术服务有限公司、凌志软件如皋有限公司等开放型经济企业,了解全市对外开放现状。市政协主席张元健,副市长顾凡,市政协副主席郑振明、严世斌参加活动。

△ 如皋市举行文物审查委员会工作会议。经与会人员审查和讨论,同意将法华寺等 9 处文化遗存拟公布为如皋市第二批一般不可移动文物,同意将吴窑井等 10 处文化遗存拟撤销文物登记。副市长张亚鸾参加会议。

27日 全市高质量发展考核指标暨经济运行及 GDP 核算业务工作培训会议举行,市领导王鸣昊、顾留忠、黄文斌、张百璘、吴海军参加会议。

29日 学习贯彻中共十九届六中全会精神中央宣讲团宣讲报告会在南京举行,中央宣讲团成员、全国人大财政经济委员会副主任委员娄勤俭围绕学习贯彻习近平总书记在中共十九届六中全会上的重要讲话和全会审议通过的《中共中央关于党的百年奋斗重大成就和历史经验的决议》,结合参与起草《决议》过程中的学习和领悟,对中共十九届六中全会精神进行系统宣讲和深入解读。何益军、司祝建、张元健、丁兴华等市四套班子领导在如皋市分会场收听收看。

△ 如皋市举办创建省级双拥模范城汇报会,市领导程瑞琴、夏森、张百璘参加会议。

29—30 日

市第十七届人大常委会第四十二次会议召开,会议听取和审议市政府关于 2021 年民生实事项目实施情况的报告和关于办理市十七届人大五次会议代表建议情况的报告,审查和批准 2021 年市级财政预算调整方案,作出关于召开市第十八届人民代表大会第一次会议的决定;通过相关人事任免事项,唐余宽当选市人民政府副市长,司祝建为新任命人员颁发任命书,新任职人员进行宪法宣誓。

30日 市委书记何益军主持召开市委常委会会议,传达学习省第十四次党代会精神,研究部署如皋市贯彻落实工作;传达学习习近平总书记关于精神文明建设的重要论述、中共中央办公厅《关于拓展新时代文明实践中心建设的意见》精神,听取 2021 年如皋科技人才洽谈会绩效情况报告。

△ 如皋市召开项目建设月度观摩会,何益军、司祝建、张元健、丁兴华等市四套班子领导参加活动。

△ 民盟南通市委调研组到如皋调研沿江生态景观带建设情况，副市长吴海军、市政协副主席杜永红参加活动。

11 月，国家标准化管理委员会印发《关于下达 2021 年国家农业标准化区域服务和推广平台项目的通知》，确定 25 项国家农业标准化区域服务和推广平台项目。如皋市花木盆景产业联合会申报的“国家花木盆景标准化区域服务和推广平台”项目位列其中，是江苏省市场监督管理局推荐并获批的 2 个项目之一。

△ 梦百合家居科技股份有限公司参与制定的国际标准《家具 床垫 性能测试方法》经 ISO 国际标准化组织批准发布。

2021 年 12 月

1 日 市委书记何益军率队赴上海交通大学闵行校区考察，并与上海交通大学党委常委、副校长朱新远座谈。上海交大先进产业技术研究院副院长刘欢喜、船舶海洋与建筑工程学院副院长付世晓、航空航天学院党委副书记陈方和如皋市委常委、副市长陈鸣华参加相关活动。

△ 市选举委员会第二次会议暨市人大常委会主任会议举行，讨论通过《如皋市第十八届人民代表大会代表正式候选人名单（草案）》和《如皋市选举委员会召开代表候选人与选民见面会办法（草案）》，听取对初步候选人考察审查情况的汇报。市人大常委会主任、选举委员会主任司祝建主持会议，市领导陈万圣、缪爱诚、张勇、钱志刚及市选举委员会部分委员参加会议。

△ 全市招商引资工作专题调研会召开，市委常委、宣传部部长高峰，副市长顾凡参加会议。

△ 2021 年全市宣传干部暨文体旅游工作培训班开班仪式举行，市领导高峰、张亚鸾参加开班仪式。

△ 中央组织部干部教育局一处处长、河北雄安新区党群工作部副部长吕斌带队到如皋，参观江苏省档案馆如皋电影史料馆、顾庄生态园等地，调研干部教育培训现场教学点建设工作。市委常委，组织部部长、统战部部长朱莹滢参加活动。

2 日 南通市人大代表换届选举现场观摩会在如皋市召开，与会人员参观如皋市长江高级中学和长江镇二案社区选举现场，考察选举大会以及投票站的布置，现场观摩代表候选人与选民见面会，南通各县（市、区）进行换届选举工作交流。南通市人大常委会副主任黄卫成，如皋市人大常委会主任司祝建、市人大常委会副主任张勇、市人大常委会党组成员王贵成参加活动。

△ 2022 年度全省党报党刊发行工作视频会议召开，贯彻落实中宣部专题会议要求，对江苏省 2022 年度党报党刊发行工作作出部署。如皋市设立分会场，市委常委、宣传部部长高峰在如皋市分会场收听收看会议。

3 日 市委副书记、市长王鸣昊以市人大代表正式候选人身份，到市代表如城街道第十四选区，与选民代表见面，听取选民代表关于南门桥市场电瓶车停车难问题的意见和建议。

△ 市委常委、宣传部部长高峰，市委常委、组织部部长、统战部部长朱莹滢，市委常委、副市长、市科技创新委员会办公室党组书记陈鸣华，市人大常委会副主任张勇，分别到市代表九华镇第八选区、丁堰镇第三选区、吴窑镇第五选区、下原镇第三选区，以市人大代表正式候选人身份与选民代表见面。

△ 市人大常委会党组及机关举行中共十九届六中全会精神专题学习会。市人大常委会主任司祝建，副主任陈万圣、张勇、钱志刚出席会议。

△ 如皋市人民对外友好协会第一届理事会全体会议暨成立大会举行。会议表决产生如皋市人民对外友好协会第一届理事会会长、常务副会长、专职副会长、副会长和秘书长，顾留忠当选如皋市人民对外友好协会会长。会议审议并通过《如皋市人民对外友好协会章程（草案）》，并为“如皋市人民对外友好协会”揭牌。南通市人大常委会副主任、南通市人民对外友好协会会长黄卫成，南通市外事办公室党组书记、主任吴瑕，如皋市委常委、常务副市长顾留忠，副市长顾凡，市政协副主席刘晓洁参加活动。

△ 如皋市召开生态环境保护督察迎查动员会，市领导顾留忠、秦金春、陈鸣华、黄文斌、张亚鸾、吴海军、顾凡、陈刚、刘栩参加会议。

△ 南通赤子情华侨图书馆与如皋港集团联合举办“赤子情图书漂流站”系列共建活动。市委宣传部副部长纪树华，南通赤子情华侨图书馆发起人、省侨联原副主席镇翔一行参加共建活动。

△ 如皋市举行全市城镇燃气安全工作会议，通报全市城镇燃气安全百日攻坚行动开展情况，并对下一阶段工作进行部署。副市长黄文斌参加会议。

4日

市政协主席张元健，市委常委、政法委书记程瑞琴以市人大代表正式候选人的身份，分别到市代表白蒲镇第四选区、搬经镇第六选区，与选民代表进行面对面交流和互动，听取选民代表意见和建议。

△ 市青年联合会第五届委员会第一次全体会议召开。大会选举产生市青年联合会第五届委员会主席、副主席和常委，审议通过《如皋市青年联合会第五届委员会第一次全体会议关于四届常务委员会工作报告的决议》。南通团市委书记、南通市青联主席吴冰冰，如皋市领导朱莹滢、陈万圣、张亚鸾、严世斌参加活动。

△ 如皋市组织各机关部门相关负责人及法治宣传联络员进行集中宣誓活动。市委常委、政法委书记程瑞琴，副市长、市公安局局长陈刚参加活动。

6日

市人大常委会主任司祝建率队到磨头镇场东村、磨头社区，实地调研磨头镇人大换届选举工作。

△ 市人大常委会主任司祝建，市委常委、常务副市长顾留忠分别到市代表磨头镇第二选区、东陈镇第九选区，以市人大代表正式候选人的身份与选民代表见面。

△ 由省人大常委会原副主任、省关工委常务副主任李明朝带队，省、南通市关工委相关人员实地走访如皋市高新区派出所、白蒲镇中心派出所和如皋市校外教育辅导总站等处，调研如皋关心下一代工作情况，如皋市副市长、市公安局局长陈刚陪同调研。

△ 市文体广电和旅游局发布通知，将法华寺遗址、颐园遗址、福成庵、陈子文故居、大德染料店、白蒲虎牢关遗址、贾公桥遗址、古运盐河（东陈汤湾—如城新民段）遗址、日军侵华地堡（石南子堡）等9处文化遗存公布为如皋市第二批一般不可移动文物，同时将吴窑井、飞来磨、下原岳王公祠、驻如空军营房旧址、朱显忠墓、东陈民办小学旧址、东陈冒乃新宅、如城镇镇办厂旧址、范氏祠堂、南京会馆等10处文化遗存撤销文物登记，如城永泰药店旧址、焦港闸2处文化遗存保留登记。

△ 全国县域经济专业智库社会组织——中郡研究所完成并发布《2021县域经济与县域发展监测评价报告》，揭晓第二十一届全国县域经济与县域综合发展前100名县市。江苏省如皋市位列第16名。

7日

省人大常委会副主任、省选举办公室主任邢春宁一行到如皋调研人大换届选举工作。南通市人大常委会副主任、南通市选举办公室主任黄卫成，如皋市领导司祝建、卢志敏、张勇参加活动。

△ 市委常委、市纪委书记、市监委主任秦金春，市委常委、长江镇党委书记、如皋港工业园区党工委书记卢志敏分别到市代表石庄镇第三选区、长江镇第七选区，以市人大代表正式候选人身份与选民代表面对面交流。

8日

市委书记、如皋经济技术开发区党工委书记何益军以市人大代表正式候选人身份，到市代表城北街道第八选区，与选民代表见面，并就选民代表提出的“如何支持平园池乡村振兴培训学院发展”“如何在当前‘双减’政策落地的背景下最大限度满足家长和学生的高质量教育需求”等问题，进行认真细致的回答。

△ 如皋市举行引导产业投资基金合伙协议签约仪式。活动中，如皋市人民政府、深圳市东方富海创业投资管理有限公司、江苏中皋私募基金管理有限公司共同签订如皋市引导产业投资基金（有限合伙）合伙协议。市领导何益军、王鸣昊、高峰、顾留忠参加活动。

△ 市委书记何益军专题调研市人大工作和市人大换届选举工作。就进一步做好新形势下人大工作，何益军强调，要真抓实干、争先创优，努力打造让市委放心、让人民群众满意的模范机关。市人大常委会领导司祝建、陈万圣、缪爱诚、张勇、钱志刚参加活动。

△ 市委副书记、市长王鸣昊主持召开十七届市政府第七十七次常务会议，传达学习中央政治局会议关于 2022 年经济工作的相关精神，听取关于市十七届人大常委会第 42 次会议精神及相关议题审议意见的专题汇报，研究讨论《如皋市“十四五”现代服务业发展规划（送审稿）》和《如皋市“十四五”先进制造业高质量发展规划（送审稿）》等议题。

△ 市政协主席张元健率队实地走访如皋市生态环境保护执法司法联动中心，督查重点提案办理推进情况，市委常委、政法委书记程瑞琴，市政协副主席缪小华、严世斌参加活动。

△ 市第十五届政协委员推荐提名工作会议举行。会议传达学习全国加强换届风气监督工作电视电话会议及省推进会主要精神，并对如皋市第十五届政协委员规模、界别设置、名额分配方案和拟继续提名人选进行说明。市委常委、组织部部长、统战部部长、市政协党组副书记朱莹滢，市政协副主席严世斌参加活动。

△ 南京大学与如皋市税务局签署研究生理论宣讲实践基地合作协议，南大校党委研究生工作部副部长李宁、如皋市政府常务副市长顾留忠共同为实践基地揭牌。

9日 市委办党支部举行主题党日活动，深入学习贯彻中共十九届六中全会、省第十四次党代会、南通市第十三次党代会和如皋市党代会精神，进一步加强办公室支部建设，提升办公室“三服务”工作水平。市委书记何益军、市委副书记丁兴华以普通党员的身份参加主题党日活动。

△ 市委副书记、如皋经济技术开发区党工委副书记丁兴华以市人大代表正式候选人身份，到市代表城北街道第十一选区，与选民代表见面，并对选民代表提出的“如何做好城北街道建设”“如何进一步提升农村人居环境”“如何用好闲置用地”等问题进行认真解答。

9—10 日

如皋市召开全委会重点课题调研成果汇报会，回顾分析 2021 年目标任务完成情况，认真总结经验做法，找准需要重点突破的关键问题，高起点综合筹划，研究确定 2022 年全市经济社会发展各项工作目标、思路和关键措施，迎接市委第十三届二次全会召开。市领导何益军、司祝建、张元健、丁兴华、高峰、程瑞琴、顾留忠、秦金春、夏森、朱莹滢、陈鸣华、卢志敏等参加会议。

10日 市镇两级人大代表换届选举投票工作拉开大幕，社会各界选民分赴各自的选区，为自己心中满意的代表候选人投下神圣而庄严的一票。市领导何益军、司祝建、张元健分别前往各自所在选区城北街道第八选区平园池村投票站、磨头镇第二选区邓高社区投票站、白蒲镇市人大代表第四选区，以普通选民的身份参加如皋市第十八届人大代表选举投票。

△ 如皋市发展环境和人才政策推介会在南京航空航天大学举行。市委副书记、市长王鸣昊，市委常委、常务副市长顾留忠参加活动。

△ 如皋市市镇两级人大代表换届选举投票日，市人大常委会领导司祝建、陈万圣、缪爱诚、张勇、钱志刚，分别赴各镇（街道）督导选举投票工作。

△ 市投资服务中心举行全体招商人员年终述职会，回顾分析 2021 年目标任务完成情况，总结经

验做法，深入研究今后招商引资工作的目标、思路。副市长顾凡参加活动。

△ 如皋市住建局、生态环境局、市场监管局和水务集团等部门联合组织开展《如皋市分散农户生活污水处理设施建设与运维规程》审查暨《如皋市分散农户生活污水资源化利用模式》论证。会上，专家组一致认为：如皋推进农村人居环境改善、美丽宜居乡村建设，进一步规范分散农户生活污水治理设施，编制建设与运维规程，探索利用模式，该项工作走在全省前列。

△ 江苏省住房和城乡建设厅、省财政厅下发《关于开展古典园林免费开放试点工作的通知》，如皋市水绘园景区将作为全省首批古典园林免费开放试点，于 2022 年 1 月 1 日起免费开放。

11日

市委副书记丁兴华到所在选区市人大代表城北街道第十一选区投票站，以普通选民的身份参加如皋市第十八届人大代表选举投票。市人大常委会副主任张勇参加活动。

12日

如皋市石庄中学建校 70 周年办学精神研讨暨石庄教育发展基金会成立仪式在学校举行。中科院院士、东华大学材料学院院长、博士生导师朱美芳，中国科学院过程工程研究所研究员、博士生导师曹宏斌，东华大学基建后勤处处长汤跃宁，中信资本控股有限公司总裁张海涛等优秀校友应邀出席成立仪式，共同研讨“石中建校 70 周年办学精神”。市领导何益军、顾留忠参加活动。

13日

市委副书记丁兴华，市委常委、宣传部部长高峰采取现场抽签的方式，对如皋市如城街道、城北街道、城南街道部分小区以及下原镇文明典范城市创建工作进行督查。

△ 学习贯彻中共十九届六中全会精神南通市委宣讲团宣讲报告会在如皋工业园区（如城街道）举行。南通市委宣讲团成员、市委统战部常务副部长马建清为全体镇村干部和村（社区）理论宣讲员宣讲中共十九届六中全会精神，并与基层干部群众互动交流。

14日

市选举委员会第三次会议暨市人大常委会第八十八次主任会议举行。会上，张勇汇报如皋市第十八届人民代表大会代表投票选举的相关情况，会议审议通过《如皋市第十八届人民代表大会当选代表名单（草案）》。市人大常委会主任司祝建，市人大常委会党组成员缪爱诚，市人大常委会副主任张勇、钱志刚出席会议。

△ 南通市“产业链+法律服务”现场会在如皋召开。与会人员实地参观如皋市律师护企业工作站和产业律师培训基地、江苏图腾电力科技股份有限公司、江苏九鼎集团有限公司等处，观看专题片《法耀雉水 彩“链”当空》，深入了解如皋市“产业链+法律服务”工作情况，肯定如皋市现代法律服务与产业融合发展的能力。南通市司法局副局长、市律师行业党委书记刘继东出席会议。

△ 安徽的王女士在如皋市公安局如城中心派出所为刚出生的小孩成功办理新生儿出生申报，这是如皋首例长三角地区“跨省通办”新生儿出生申报。

15日

市委书记何益军主持召开市委常委会会议，议传达学习中央经济工作会议精神，研究部署如皋市贯彻落实工作，并审定南通市第十六届人大代表候选人预备名单。

△ 省人大常委会农委副主任姜葵带队到如皋考察，实地走访城北街道平园池村、如城街道顾庄社区、市城管局公益性岗位安置处、江苏花名堂农业科技发展有限公司、江苏花心思盆景有限公司、下原镇张庄村等处，详细解如皋市农民就业创业、高素质农民培训、农业创业园建设、特色劳务品牌打造等情况。南通市人大常委会副主任陈俊，如皋市领导司祝建、缪爱诚、吴海军参加调研。

△ 江苏省地方标准审查会在南京举行。由江苏省人社厅、南京海关、江苏省农业农村厅、江苏省市场监督管理局、江苏省质量和标准化研究院等部门的专家组成的审查组，对如皋市市场监督管理局

承担起草的江苏省地方标准《“双随机、一公开”监管工作规范》进行审查。

△ 省教育厅基础教育处副处长殷雅竹率专家到如皋，对如皋市省优质幼儿园创建工作进行指导，对两所幼儿园进行现场考察。

△ 如皋市青年画家张亚飞西洋画展在市文化馆举办。这是如皋市首次举办的个人西洋画展。画展以“绘画的堂吉诃德”为主题，共计展出作品40余幅，以具象写实风格的油画作品为主，兼有部分色粉画作品。

16日 经济技术开发区（城北街道）召开干部会议。会议由市委副书记丁兴华主持，市委常委、组织部部长、统战部部长朱莹滢宣读干部调整有关安排。南通市委决定，卢志敏同志任如皋经济技术开发区党工委副书记（主持党工委日常工作），吴鹏任如皋经济技术开发区党工委副书记，刘亚东任如皋经济技术开发区党工委委员、管委会副主任。市委书记、如皋经济技术开发区党工委书记何益军，市委常委卢志敏出席会议。

△ 学习贯彻中共十九届六中全会精神南通市委宣讲团宣讲报告会如皋经济技术开发区（城北街道）专场举行。市领导朱莹滢、卢志敏参加活动。

△ 上海电气环保热电（南通）有限公司飞灰填埋场一期封场工程竣工会议顺利召开。该项目位于长江镇，封场投影面积约26600平方米，工程总投资约3000万元，是上海电气环保热电（南通）有限公司生活垃圾焚烧发电的配套设施，主要用于填埋如皋市和南通市大部分生活垃圾焚烧发电产生的固化飞灰。省住建厅城管局、南通市城管局、市城管局、如皋生态环境局相关负责人，监理代表、设计单位、施工单位和专家代表出席会议。

17日 如皋市举行“初心永擎 霞映皋城”市管干部荣誉退休仪式。南通市委组织部副部长、老干部局局长、离退休干部工委书记袁鸿飞和如皋市委书记何益军为退休市管干部颁发“光荣退休纪念牌”，市委常委、组织部部长、统战部部长朱莹滢为6个老党员工作室、市涉老团体老干部党支部授牌；6位退休干部接受年轻干部成长导师聘书。

△ 长江镇（如皋港工业园区）、高新区（城南街道）分别召开干部会议，宣读干部调整有关安排。市委书记何益军，市委副书记丁兴华，市委常委、组织部部长、统战部部长朱莹滢，市委常委、如皋经济技术开发区党工委副书记卢志敏出席会议。

△ 2021年长三角国际健康养老产业交易会在江苏省苏州市召开。来自如皋的富硒农产品叫响交易会，长三角30多家健康养老服务中心（企业）与如皋富硒农产品企业、合作社签下常年供需合同。

18日 全市四季度安委会（消委会）全体（扩大）会议暨安全生产专项整治推进会举行。市领导王鸣昊、顾留忠、陈鸣华、黄文斌、张亚鸾、张百璘、吴海军、陈刚、刘栩参加会议。

△ 如皋市举行省生态环境保护督察交办信访问题整改推进会，市领导王鸣昊、张百璘、吴海军参加会议。

△ 市委副书记、市长王鸣昊带队调研龙游湾生态景观带建设情况，实地走访龙游湾生态景观带多个点位，详细解工程推进情况。市委常委、常务副市长顾留忠，副市长吴海军参加调研。

△ 学习贯彻中共十九届六中全会精神南通市委宣讲团报告会长江镇专场举行。南通市委宣讲团成员，如皋市委常委、宣传部部长高峰作宣讲报告。

△ 全市选派驻村第一书记工作推进会暨“雉水先锋”视频号开通仪式顺利举行。活动中，市委常委、组织部部长、统战部部长朱莹滢为驻村第一书记授旗、赠书；市委组织部副部长、市委“两新”工委书记陈实为驻村第一书记“成长导师”颁发聘书；活动现场还举行“雉水先锋”视频号开通仪式和“请党放心 强国有我”全市红色主题短视频作品大赛获奖作品颁奖仪式。

△ 学习贯彻中共十九届六中全会精神南通市委宣讲团报告会高新区专场举行，南通市委宣讲团成员、南通大学经济与管理学院教授、研究生导师臧乃康以“以史为鉴、开创未来，实现中华民族伟大复兴的行动指南”为主题作报告。

20日 市委书记何益军主持召开市委常委会会议，传达学习省委《关于深入学习宣传贯彻中共十九届六中全会精神的通知》和中共中央办公厅、国务院办公厅《农村人居环境整治提升五年行动方案（2021—2025年）》，讨论其他议题。

△ 市委理论学习中心组集中学习会召开，市委书记何益军领学省委书记吴政隆在省第十四次党代会上的报告《争当表率　争做示范　走在前列　奋力谱写“强富美高”新江苏现代化建设新篇章》。市领导程瑞琴、顾留忠、夏森分别结合各自工作实际，交流心得体会。其他中心组成员作书面交流。何益军、王鸣昊、司祝建、张元健、丁兴华等市委理论学习中心组成员参加学习会。南通市委党史学习教育第三巡回指导组到会指导。

△ 第五届如皋市道德模范事迹基层巡讲报告会九华镇专场举行。宣讲会上，市道德模范宣讲团三名成员分别讲述见义勇为——严怀岗、助人为乐——陈子芬、敬业奉献——汪秀珍三位道德模范的事迹，九华镇宣讲志愿者介绍“九华好人”——王志军的先进事迹。

21日 全市四季度“村（社区）书记大讲坛”召开，动员全市上下深化乡风文明建设和河道管护工作，探索符合如皋实际、特色鲜明、富有成效的路径模式。何益军、王鸣昊、司祝建、张元健、丁兴华等市四套班子领导参加活动。

△ 2021中国江苏乡土人才技艺技能大赛盆景制作项目决赛在如皋市江苏盆景博物馆举行。活动由省人力资源和社会保障厅、省农业农村厅、省总工会等部门共同主办，南通市人力资源和社会保障局、如皋市人民政府、中国花卉协会盆景分会承办。江苏省人力资源和社会保障厅党组成员、副厅长朱从明，南通市人民政府副市长赵闻斌，如皋市领导何益军、顾留忠参加活动。

△ 省住建厅二级巡视员刘向东率省考评组人员，走进如皋市如城街道翠湖苑小区，对如皋市申报的党建引领物业管理服务工作省级示范点进行现场评价。市委常委、组织部部长、统战部部长朱莹滢参加活动。

22日 南通市委宣讲团成员，南通市委副秘书长、南通市委办公室主任任新峰到如皋，以《以史为鉴　开创未来》为题宣讲中共十九届六中全会精神，并到如城街道孔庙社区与社区群众和基层干部互动交流，详细了解社区抓实党史学习教育，整合资源集中力量推进老小区改造、邻里中心建设以及采取线上、线下等多种方式组织党员群众学习贯彻中共十九届六中全会精神等方面的工作。司祝建、张元健、丁兴华等市四套班子领导参加活动。

△ 如皋市举行学习贯彻中共十九届六中全会精神宣讲工作推进会，对学习贯彻中共十九届六中全会精神宣讲工作再推进，对市委宣讲团集中宣讲任务及基层宣讲工作要求进行再明确。市委常委、宣传部部长高峰参加会议。

△ 南通市委宣传部副部长、南通市委网信办主任俞雷带队到如皋，就如皋市网信工作进行调研。活动中，俞雷和如皋市委常委、宣传部部长高峰为如皋市委网信办网络安全应急指挥中心揭牌。

△ 市老年人文化体育协会举行六届二次会员大会暨总结表彰大会，全面总结协会6年来取得的成绩，并部署今后一个时期的工作。会议以举手表决的方式选举邵晓泉担任协会新任主席，并对2020至2021年两年度全市优秀老年之友、优秀组织者、优秀文艺编导等先进集体和个人予以表彰。市人大常委会副主任钱志刚、副市长张亚骞、市政协副主席刘晓洁出席会议。

△ 南通市人大常委会副主任陈俊率队到如皋，先后走访长江镇田王村、下原镇桃园社区，查看如

皋市无动力分散农户生活污水处理站点、微动力集中式生活污水处理站点等处，专题调研农村生活污水治理工作。市人大常委会副主任陈万圣、副市长黄文斌陪同调研。

△ 2021赛季中甲联赛圆满收官。南通支云最终以20胜5平9负，积65分的成绩，获得联赛第五名，这也是俱乐部有史以来的最好成绩。

23日 南通超达装备股份有限公司在深圳证券交易所正式鸣钟上市，至此如皋市上市企业总数达到9家。市领导何益军、张元健、丁兴华、顾留忠、顾凡、刘栩出席企业上市仪式。

△ 由南通市委宣传部、南通广电传媒集团、江苏长江经济带研究院联合组织的《“智”进赶考路 对话“一把手”》大型融媒体行动走进如皋，市委书记何益军和江苏长江经济带研究院院长兼首席专家成长春教授，围绕“跨江融合、科技创新”等话题与主持人及现场观众畅谈交流，共话“强富美高”新南通的如皋篇章。

△ 南通广播电视台驻如皋记者站正式揭牌。南通广电传媒集团党委书记、台长、董事长王一鸣，如皋市委书记何益军，市委常委、宣传部部长高峰参加活动。

△ 2021年度镇、街道人大工作交流会举行，对各镇、街道人大一年来的工作进行总结和回顾，研究探讨做好换届后镇、街道人大工作的新路子、新措施，奋力开创基层人大工作新局面。市领导陈万圣、缪爱诚、张勇、钱志刚参加会议。

△ 如皋市举行新当选市第十八届人大代表培训会，市人大常委会副主任张勇参加活动。

△ 南通市参加第二届全国退役军人创业创新大赛江苏选拔赛总结表彰大会举行，如皋市退役军人左林、王小龙接受表彰，市退役军人事务局获评优秀组织奖。

△ 市融媒体中心“983黄丝带”公益行动——如洋爱心图书捐赠活动举行，共募集图书近2万册。如皋融媒体中心FM98.3如皋人民广播电台与“如e融媒”App同步直播各爱心捐赠点的捐书仪式。这批书籍将由如皋邮政“爱心邮路”26日送达陕西洋县孩子们手中。

24日 市工商业联合会（总商会）第十二次会员代表大会召开。会议听取并审议通过市政协副主席、市工商联（总商会）主席（会长）杜永红代表市工商业联合会（总商会）第十一届执委会所作的题为《凝聚民企力量、服务发展大局，奋力谱写如皋工商联现代化建设新篇章》的工作报告，选举产生市工商业联合会（总商会）第十二届执行委员会，并在第十二届执委会第一次会议上选举产生了市工商联（总商会）新一届主席（会长）、副主席、副会长、秘书长和常委。杜永红当选市工商联（总商会）第十二届执委会主席、市总商会会长。南通市工商联主席陆建新，全国政协委员、全国工商联常委、月星集团董事局主席丁佐宏，如皋市领导何益军、王鸣昊、朱莹滢、张勇、顾凡、杜永红出席会议。

△ 如皋经济技术开发区与思源电气股份有限公司就全效功率电池项目达成合作协议。该项目是思源电气股份有限公司跨界投资新领域的力作，项目总投资约24亿元，其中设备投入约14亿元，占地300亩，建设厂房及配套用房16万平方米。项目预计2024年建成投产，届时可实现年销售34亿元，年税收约3亿元。思源电气股份有限公司董事长董增平、党委书记陈照平，市领导何益军、王鸣昊、丁兴华、顾留忠、卢志敏、顾凡参加签约仪式。

△ 市政协专题协商如皋市财政收支预算执行情况。会上，市财政局就全年财政收支情况及财政工作情况作汇报，市政协主席张元健对市财政局各项工作取得的成绩表示肯定。副主席冒平、杜永红、郑振明、严世斌、刘晓洁，秘书长许映亮参加活动。

25日 市委常委、宣传部部长高峰走访慰问店铺倒闭、打工还钱的“信义小伙”陈伟，给他送去慰问金，并颁发“微笑之城 大爱如皋”徽章。

△ 如皋市举办女企业家协会首届联谊会，市领导朱莹滢、张亚鸾出席活动。

△ 郭朝晖新书《岁月长歌》阅读分享会在市图书馆举行，本土作家郭朝晖带着他的新书《岁月长歌》与如皋市文学爱好者及受邀前来的专家学者齐聚一堂，共同探索书中的世界。

△ "奉天承运——明清圣旨珍品展"在如皋市博物馆开展。此次展览由如皋市博物馆和徐州圣旨博物馆联合组织开展，共分天下大明、清亮丕振、锡光有庆、华冠丽服 4 个单元，共计展出明清圣旨及官员服饰等相关文物 64 件，

27日 南通市副市长赵闻斌率队到如皋实地走访如泰运河闸工程、如泰运河部分整治工程、如泰运河消防主题公园以及宗港河整治现场等处，开展四季度如泰运河巡河活动。市领导丁兴华、吴海军参加活动。

△ "凝青聚力十四五　赋能发展新征程"南通市团干部风采展示大赛决赛在如皋市举行。共青团南通市委四级调研员罗刚，如皋市委常委、组织部部长、统战部部长朱莹滢参加活动。

△ 南通市老区开发促进会、乡村振兴促进会副理事长、执行理事长王乃儒率队到如皋考察乡村振兴帮扶项目，详细了解城北街道袁桥社区光伏电站帮扶项目、平园池村佳鑫家庭农场、如城街道江苏花名堂农业科技发展有限公司运行情况，对如皋市产业项目帮扶工作给予肯定。市委常委、组织部部长、统战部部长朱莹滢，副市长张百璘参加活动。

28日 如皋市"一业一证"改革新闻发布会暨企业开办政府大礼包首赠仪式在市民服务中心举行，市领导司祝建、顾留忠、张勇参加活动，并为"一业一证"首批企业颁发《行业综合许可证》。活动还向首批企业赠发企业开办政府大礼包，内含行政公章、财务章、发票专用章、法定代表人名章、工商营业执照正本、副本、税务 Ukey、《优惠政策一本通》及《市长致企业家的一封信》等，让企业开办实现证照、政策"一站式拎取"。

△ 副市长张亚鸾带领相关部门负责人专题调研江苏省江安高级中学教育教学工作，实地查看学校校园环境及基础设施建设情况，听取学校关于教育资源配置、教师队伍建设、教育经费保障等方面的情况汇报。

△ 第五届如皋市道德模范事迹基层巡讲报告会在长江镇举行。

29日 南通市召开学习贯彻省第十四次党代会精神省委宣讲团报告会，省委宣讲团成员、南通市委书记王晖结合学习贯彻中共十九届六中全会精神，联系南通发展和实际，对省第十四次党代会精神进行宣讲。如皋市委书记何益军，市委副书记、市长王鸣昊在南通主会场参加会议，司祝建、张元健、丁兴华等市四套班子领导在如皋市分会场收听收看。

△ 市委举行座谈会，就市委十三届三次全体（扩大）会议报告（征求意见稿），征求老领导意见。市委书记何益军、市委副书记丁兴华出席会议。

△ 如皋市举行"我为如皋发展献 e 策"网友见面会，充分听取广大网民对如皋市经济社会发展的意见建议，构建网上网下同心圆。南通市委网信办副主任成继唐和如皋市领导何益军、高峰、顾留忠参加会议。

△ 市委政法委员会全体委员会议暨各镇（区、街道）分管政法工作负责同志和政法委员述职评议会举行，对全市政法工作进行集中研究，不断提升政法工作整体水平。市委常委、政法委书记程瑞琴参加会议。

△ 全市新冠肺炎疫情防控工作会议举行，集中收看市疫情防控指挥部工作督查组在 12 月 21 日至 22 日期间现场督查的视频，部分部门、镇（区、街道）负责人就近期工作开展情况及下一步工作打算进行汇报。市领导顾留忠、黄文斌、张亚鸾、顾凡参加会议。

△ 如皋经济技术开发区商会成立大会暨2022年企业家迎新恳谈会举行。活动通过《如皋经济技术开发区商会章程(草案)》和《如皋经济技术开发区商会选举办法(草案)》,选举产生商会第一届领导班子。南通市工商联主席陆建新,如皋市委常委、如皋经济技术开发区党工委副书记卢志敏参加活动。

△ 如皋市举行智慧广电乡镇建设推进会,副市长张亚鸾参加活动。

30日 市委书记何益军主持召开市委常委会会议,传达学习省委经济工作会议精神和中共南通市委十三届二次全会精神,传达学习南通市委主要领导在《近期疫情防控工作要求》上的指示精神并研究部署如皋市贯彻落实工作,讨论《2022年民生实事候选项目计划安排情况》等议题。

△ 南通西北片引江区域供水三期工程正式建成通水。市委副书记、市长王鸣昊主持通水仪式并介绍项目相关情况,市委书记何益军致辞。南通市市政和园林局党组书记、局长汤葱葱,南通市水利局四级调研员范本华,海安市委常委、政法委书记王巧荣,如皋市领导司祝建、张元健、丁兴华、程瑞琴、顾留忠、黄文斌、吴海军、冒平等参加通水仪式。

△ 总投25.5亿元、编制床位1600张的如皋医学中心(如皋市人民医院新院区)举行开工奠基仪式,该项目的开工既是如皋市扩大医疗供给、提升服务水平的重要内容,也是深化健康如皋建设、增进民生福祉的关键举措。南通市副市长陈冬梅,如皋市领导何益军、王鸣昊、司祝建、张元健、丁兴华等共同为项目培土奠基。

△ 市委书记何益军在市行政中心第二会议室热情接待来访群众,仔细倾听群众关于退役军人补助问题等方面的诉求,做好接访记录,并依照政策法规解疑释惑,帮助群众排忧解难。市领导程瑞琴、张百璘、陈刚参加活动。

△ 市委书记何益军率队先后到江苏正威新材料股份有限公司、江苏九鼎新材料股份有限公司、江苏力星钢球股份有限公司,督查省环保督察交办信访问题整改及企业安全生产工作。市领导秦金春、吴海军参加活动。

△ 市第十七届人大常委会第四十三次会议召开。会议听取和审议市政府关于审计整改情况的报告,以及关于涉水收费欠缴问题整改情况的报告;会议听取市人大常委会任命的"一府两院"相关人员报告履职情况;会议听取和审议市政府关于2020年度市级预算执行和其他财政收支审计整改情况的报告、市政府关于2022年民生实事候选项目计划安排报告、市第十七届人大常委会代表资格审查委员会关于市第十八届人民代表大会代表的代表资格审查报告;审议通过市第十八届人民代表大会第一次会议有关事项和《如皋市人民代表大会常务委员会工作报告(稿)》,市人大常委会关于表彰基层人大工作先进单位、先进工作者、优秀代表建议、先进承办单位、代表履职先进个人、主题实践活动先进个人的决定。市人大常委会人事代表工作委员会向会议书面报告关于市镇两级人大代表选举工作的情况。会议还通过相关人事任免事项,司祝建为新任命人员颁发任命书,新任命人员进行宪法宣誓。

△ 政协如皋市十四届二十三次常委会议召开,听取市政协十四届五次会议以来的提案工作办理情况,通报十五届政协委员推荐情况,对第十五届政协委员名单进行协商讨论。会议协商通过政协相关委室人事调整方案、召开政协如皋市第十五届委员会第一次会议的决定(草案),以及市政协十五届一次会议的议程、日程(草案)等相关事宜,协商讨论《以治沙精神推动区域环境整治的建议案(草案)》、政协如皋市第十四届委员会常务委员会工作报告和提案工作情况的报告(征求意见稿)。

△ 市委常委、副市长陈鸣华率队赴长江镇走访国家管网集团西气东输苏北管理处南通作业区如皋分输站、南通海螺水泥有限责任公司、江苏宝众宝达药业有限公司等处,现场督查企业安全生产、疫情防控以及化工整治企业"两断三清"(断水、断电,清原料、清设备、清场地)工作完成情况。

△ 副市长顾凡带队行实地查看深海蓝鲸大酒店、如皋文峰大世界及东陈镇加油站等处,并随机抽查2家小餐饮企业,对如皋市餐饮燃气安全及疫情防控工作开展专项督查。

△ 市政府发布调整烟花爆竹禁限放区域通告，将全市烟花爆竹禁放区域调整为惠民路、花市路、丞相大道、万寿路形成闭合区域，万寿路、仁寿东路、李渔路、丞相大道形成闭合区域，通扬运河、惠民路、如海路、金轮路形成闭合区域。除禁放区域以外城市规划区和镇规划区为限制燃放区域。

31日

市委书记何益军发表二〇二二年新年贺词。

△ 市委十三届三次全体(扩大)会议在市行政中心礼堂举行。市委书记何益军代表市委常委会向大会作题为《弘扬治沙精神　全面乘势聚力　高质量建设南通跨江融合发展样板区》的工作报告。市委常委、副市长陈鸣华通报2021年全市产业项目建设考评结果，以及2021年20亿元以上高端制造业项目获奖情况。大会向年度项目建设先进单位授予流动红旗，高新区、丁堰镇、东陈镇负责人进行交流发言。会议审议通过《中国共产党如皋市第十三届委员会第三次全体(扩大)会议决议(草案)》。

△ 市委十三届三次全体(扩大)会议召开期间，与会人员实地走访如皋工业园区(如城街道)赛杰爱迪GIL高压及特高压金属封闭气体绝缘输电母线及输变电自动化系统生产项目，伟腾年产100万片高精微切割刀片项目，高新区(城南街道)正海磁材高性能稀土永磁体项目，丁堰镇清溢德可穿戴智能设备、功能性服装及高端自动化设备生产项目，九华镇奕隆汽车底盘电控部件生产项目等新开工项目、科创项目、竣工项目现场，观摩项目建设情况。

△ 市委十三届三次全体(扩大)会议期间，市委书记何益军分别参加高新区(城南街道)、经济技术开发区(城北街道)的分组讨论。市领导丁兴华、卢志敏参加讨论。

△ 市委十三届三次全体(扩大)会议召开期间，如皋市档案局、档案馆举办的"如皋治沙精神"图片展在市行政中心礼堂进行展出，市委书记何益军带领市四套班子领导和全体与会人员参观展览。

△ 如皋市举行"新时代新风尚 新青年新婚礼"集体婚礼主题实践活动。婚礼现场，如皋市委书记、市新时代文明实践中心主任何益军为28对新人证婚。

△ 市委副书记、市长王鸣昊到市人民来访接待中心，热情接待来访群众，耐心倾听群众关于医保退费等方面的诉求，尽心尽力为群众排忧解难。

12月，中国首座跨度超2000米的悬索桥张靖皋长江大桥(张皋过江通道)工程初步设计获江苏省发改委批复。